통찰경영

인문과
과학으로 보는
통찰경영

K-경영이 글로벌 스탠더드가 된다

이승한
김연성
최동현
이평수
이성호
정연승
김범수
설도원

BOOKSAYS
도서출판 **북쌔즈**

추천사

통찰 경영이 미래 경영학의
글로벌 스탠더드가 되기를 바라며

매우 방대한 내용의 책이다. 책 세 권 정도에 나눠서 담을 내용을 한 권에 집약한 것 같다.
이승한 회장이 평생 경영자로 일하면서 실천한 현장의 경험을 바탕으로 하여 여러 교수들이
이론으로 뒷받침한 역저이다. 실전과 이론이 합해지면서 책의 설득력이 강화되었다.
또한 다양한 한국과 외국 기업의 사례가 곳곳에 들어 있어서 이론을 실감나게 한다.

개념을 많은 그림으로 표현하여 이해를 돕고 있으며, 또 주요 내용은 여기저기 박스로 따로
요약해서 설명되어 있다. 그리고 곳곳에 경영자나 선각자들의 경귀와 조언이 들어 있어서
캐치프레이즈를 만드는데도 유용할 것 같다. 매우 친절한 책이다. '인문과 과학으로 보는'
이라고 제목에 붙어 있듯이 경영 이론과 인문학 감성 및 과학적 분석을 융합하려는 시도도
돋보인다. 이 책은 여섯 파트로 구성되어 있다.

제1부 '변화의 물결'은 현재 기업을 둘러싸고 있는 거대한 환경변화에 대한 설명이다.
두 가지가 두드러진다. 디지털과 AI로 인한 기술변화와 미중패권경쟁으로 인한 공급망의
변화와 지정학 리스크의 증가가 그것이다.

제2부는 '비전과 목표'라고 되어 있는데, 담대한 꿈을 가지고 실천가능한 목표를 설정하라는
것이다. 특히 6개의 상위목표 별로 측정가능한 세부목표를 제시하고 있어서 실무적으로
큰 도움이 될 것 같다. 오늘날 경영에서는 召命내지 미션의 의미를 되새길 만한다.
기업경영의 궁극적인 목표는 세상을 더 좋게 만드는 것이 되어야 하지 않을까?

제3의 '이기는 전략' 파트가 저자 분들이 이 책에서 가장 심혈을 기울여 쓰신 것 아닌가 여겨진다. 전략에 대해서는 아래서 더 살펴보기로 한다.

제4부의 '행동방식'은 우리가 보통 '조직과 인재'라고 하는 분야에 해당하는 것일 텐데, 이 책에서는 가치를 대폭 강조하고 있다. 핵심가치를 바탕으로 조직문화와 일하는 방식을 정립해서 팀워크를 달성하고 개인의 업무 몰입을 이끌어내는 것이 전략의 실행이다. 기업경영에서 가장 중요한 것이 바로 이 파트이다. 아무리 경영환경이 급변하고 경제가 어렵다고 해도, 조직이 똘똘 뭉쳐서 역경을 헤쳐 나간다면 두려울 것이 없을 것이다.

제5부의 '환경과 사회'는 기업의 사회적 역할에 대한 논의이고, 주로 ESG에 대한 전략적 접근을 논의한다. ESG는 지난 10여년 기업의 사회적 책임을 상징하는 개념이 되었다. 미국에서 공화당이 세력을 얻으면서 일부 보수파들이 ESG가 주주이익을 해친다고 불법화해야 한다고 입법까지 추진하고 있기는 하나, 세계적으로 정부보다 기업이 더 많은 자원을 갖고 있는 상황에서 기업이 사회문제 해결에 기여를 해야 하는 것은 변함이 없을 것이다.

제6부는 '됨됨이 리더십'이라는 재미있게 표현 되어있는 파트이다. 특히 돋보이는 내용은 곳곳에 동양문화와 서양문화를 비교하는 부분이다. 이승한 회장이 처음에 한국회사에서 일을 시작했지만, 나중에는 영국의 대형 유통회사에서 CEO로 오래 일했기 때문에 한국과 영국, 또는 동양과 서양의 문화적 차이를 실감했을 것 같다.

특히 제3부에서 전략을 보는 서양과 동양의 대비가 흥미롭다. "동양은 조화와 지혜를 강조하여 전쟁을 피하거나 최소한의 자원으로 승리하려는 접근을 하고, 서양은 구조적이고 체계적인 계획을 통해서 전쟁의 승리를 추구하는 경향이 강하다"고 설파하고 있다.

20세기에 미국이 동아시아에서 3번의 전쟁을 했는데 1승1무1패였다고 한다. 특히 미국이 패한 베트남전쟁을 보면 위 두 가지 접근의 차이가 두드러진다. 미국은 베트남 전쟁에 엄청난 인력과 물량을 투입했지만, 작은 거인인 호치민의 북베트남에게 패배를 당했다.

21세기의 최대의 글로벌 경쟁이 미중간의 패권경쟁이라고 보면, 앞으로 미국과 중국의 다른 접근에 대한 시사점을 얻게 된다. 제4부에 있는 동양과 서양의 조직문화의 차이도 흥미로우며, 더 심화시키면 좋을 것 같다. 서양의 문화는 '행동중심'이고, 동양의 문화는 '존재중심'이라는 대목도 흥미롭다.

이 책의 제3부에서 '싸우지 않고 이기는 것이 최고의 전략'이라는 손자병법의 지혜를 실천하는 방안을 제시하고 있다. 요즘 미국기업들이 애자일을 많이 이야기하지만, 동양이 원래 유연하고 융통적이어서 강점을 지닌 점을 인식할 필요가 있다.

이 책은 또한 이순신 장군의 전략을 '先勝求戰'으로 표현해서 '먼저 이기고 나중에 싸운다'라고 설명하고 있다. 먼저 승리를 확보한다는 의미는 전쟁에 대한 준비를 철저히 했다는 뜻인데, 이를 경영전략의 6가지 핵심전략과 연결하고 있다. 보통 상식으로는 임진왜란때 조선이 전혀 전쟁에 준비가 되어 있지 않았다고 알고 있는데, 이순신 장군은 미리 철저히 전쟁에 대비하고 있었다는 주장이다. 여기에 대한 설명과 이론의 뒷받침이 더 있다면 세계해군사에 남는 이순신 장군의 전략을 본격적으로 기업경영에 활용할 수 있지 않을까 기대가 된다.

제6부의 '됨됨이 리더십'에서는 '리더의 품성과 인격을 바탕으로 조직을 이끄는 지도자' 상을 제시하고 있다. 그리고 이러한 리더십이 동양적 가치와 한국의 문화에 뿌리를 두고 있다고 주장한다. 유교에서 말하는 修身齊家의 개념과 통하는 접근이다.

여기서 '세종의 K-리더십' 모형이 제시되어 있다. 세종의 리더십을 인재, 창조, 혁신, 지식, 감동, 열린 리더십의 여섯 가지로 설명하고 있다. 이순신 장군의 전략과 세종대왕의 리더십이 합쳐진다면, 광화문 광장에 계신 두 분이 통합되어서 K-경영의 주춧돌이 될 것도 같다.

제6부에 있는 '인체 리더십 광산'도 매우 흥미로운 접근이다. 인체의 인지기능, 연결기능과 실행기능을 경영과 연결시키고 있는데, 마치 韓醫學(?)을 경영에 적용한 것 같은 느낌이 든다. 이를 바탕으로 각 개인이 자신의 리더십 역량을 개발하는 과정까지 제시하고 있다.
이 책을 여러 차례 살펴보았지만 내용을 모두 이해하고 정리하기는 힘들다. 워낙 내용이 많고 구석구석에 풍부한 예시와 통찰이 있기 때문이다.

마지막으로 이 책이 시도하는 K-경영에 대해서 생각해 본다. 몇 년 전부터 국내 경영학계에서 K매니지먼트라는 화두가 자주 등장하고 있다. 한류가 세계적으로 크게 성공하면서 세계인들이 한국과 한국문화, 그리고 한국기업에 대한 관심이 많아진 것은 사실이다.

특히 지난 60년 동안에 한국 경제가 크게 성장했는데, 거기에는 삼성전자나 현대자동차 같은 한국의 우수한 기업의 역할이 크다는 점이 많이 알려졌다. 이 책에서도 이 두 회사의 비전이나 경영철학과 전략에 대한 언급이 많다. 그렇다면, K경영은 앞으로 어떻게 접근해야 할 것인가?

1980년대에 일본경영에 대해서 세계적인 관심이 있었고, 주로 평생고용이나 연공서열제, 집단의사 결정과 같은 인사 및 조직의 특징이 언급이 되었었다. 그러나 1991년경부터 일본기업의 성공이 둔화되면서 그러한 J경영의 특징이 고속성장기에나 가능했던 인사관행이었음이 밝혀졌다. 아직도 그런 관행이 남아 있기는 하지만, 성과와 연결되지 않다 보니까 관심이 없어진 것이다. 무엇보다도 1990년대 이후 디지털 혁명에서 일본 기업의 역할이 별로 없다 보니까 일본 기업에 대한 관심이 줄어 들게 된 것이다.

1990년대 초 이후의 디지털 혁신은 실리콘밸리에 있는 미국기업들이 주도하였고, 특히 2010년초부터는 구글, 아마존, 애플, 마이크로소프트와 같은 빅테크(요즘 말하는 황야의 7인의 무법자: Magnificent Seven)들이 세계경제를 주도하면서 일본이나 유럽의 기업은 상대적으로 퇴색 하게 되었다. 2025년 현재의 시점에서는 AI의 혁신을 누가 주도할 것인가가 초미의 관심사 이다.

1월 20일 트럼프 대통령이 취임하는 날 중국의 스타트업인 딥시크가 아주 저렴하면서도 유용한 언어모델을 소개하여 세계에 충격을 주었다. 이 사례는 앞으로 시사점이 클 것 같은데, 특히 이 책에서 제시하는 동양과 서양의 전략과 기업문화의 차이가 잠재적인 설명력이 있다.

20세기초 이후 세계경제는 거의 미국기업이 주도해 왔는데, 이는 미국경제의 규모와 혁신 역량 덕분이었다. 미국의 시장은 이미 1920년대부터 거대한 단일 소비시장으로 성장했기 때문에, 그 시장에서 성공한 기업이 세계로 뻗어 나가서 글로벌 기업이 되었다. 또한 제2차 세계대전에서 미국이 축적한 생산능력과 기술혁신이 전쟁 후에 미국기업의 경쟁력의 원천이 되었다. 그리고 1980년에 와서는 빌 게이츠, 스티브 잡스, 제프 베조스, 일론 머스크 같은 창업가들이 혁신을 주도하여 지금의 세계 기업 구도가 형성되었다.

이런 맥락에서 볼 때, 지난 30년의 한국기업의 성공은 대단하기는 하나 세계 경제에 대한 영향력이 그렇게 크지는 않다. 동아시아(한국, 일본, 중국)에 본부를 둔 기업들은 세계적으로 미국에 다음가는 규모와 경쟁력을 가진 것은 사실이다.

그러나, 지금까지는 미국기업이 혁신해서 나온 제품을 동아시아 기업들이 대량생산해 왔다. 중국이 본격적으로 개방을 시작한 1992년 이후 지난 30여년 간의 글로벌화는 미국과 동아시아의 혁신과 생산 분업에 의해서 최고의 효율성을 달성하였다. 이 기간의 한국기업의 성공도 바로 제조업에서의 효율적인 생산 역량에 바탕을 두고 있다.

그러니까 미국기업은 탐색(exploration)을 통한 혁신을 잘 했고, 동아시아 기업은 생산효율화를 통해서 대량생산(exploitation)을 잘 했던 것이다. 반도체 같은 제품은 미국과 동아시아 간에 이러한 분업이 여전히 작동하고 있지만, 소프트웨어나 디지털상품은 탐색과 대량생산이 잘 분리가 되지 않는다.

한편 미국은 지난 30년간 지속되어온 이 분업 구조를 바꾸려고 시도하고 있다. 미국 경제가 중국 제조업에 대한 의존도가 너무 크다는 자각도 있고, 중국의 기술혁신 역량이 미국을 위협하기 시작했다는 인식이 미국 내에서 확산되고 있다. 미국과 중국 간에, 또는 미국과 동아시아 간에 공급망 분리가 과연 가능한지는 두고 보아야 하겠으나, 쉽지 않을 것이다. 미국이 정책으로 이를 밀어붙인다고 해도 고비용으로 인한 부작용이 심각할 것이다.

현재 기술혁신의 초점인 AI도 탐색과 대량생산의 분리가 어려운 혁신이라서, 앞으로 미국과 동아시아의 분업의 형태가 어떻게 전개될지 흥미롭다. 특히 중국 기술기업과 스타트업의 전략과 조직에 대한 이해가 중요하다. 세계적으로 미국 빅테크의 독주를 저지할 유일한 가능성은 중국의 기술기업이다.

따라서 K경영에 대한 접근 방법에서 현재로서는 한국기업의 특징에 집중하기 보다는, 현재 전개되는 거대한 기술혁신 경쟁에서 동아시아와 미국이 어떻게 경쟁과 협력을 할지를 살피는 것이 필요하다. 그런 점에서 이 책은 앞으로 경영학의 새로운 틀을 만들어 글로벌 스탠더드가 되는데 있어서 충분한 잠재력이 있다고 생각한다.

2025년 2월 **정 구 현**

(제이캠퍼스 원장, 연세대학교 명예교수)

경영의 문을 들어가며

Enter the gate to learn wisdom and knowledge

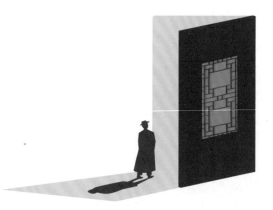

세상에 영원한 것은 없다
모든 것은 변한다

헤라클레이토스는 "같은 강물에 두 번 발을 담글 수 없다."고 말했다.
강물은 끊임없이 흐르며, 어제의 물과 오늘의 물이 다르고,
내일의 강물 또한 지금과 같지 않을 것이다. 변화란 그런 것이다.
우리는 지금 거대한 대전환의 시대를 살고 있다. 산업, 경제, 기술, 사회의 구조가
근본적으로 바뀌고 있다. 인공지능(AI)과 디지털 기술의 비약적인 발전은 기존의 비즈니스
질서를 뒤흔들고 있으며, 전통적인 산업 구조와 일자리 개념을 바꾸고 있다.
동시에 기후 변화와 ESG(환경, 사회, 거버넌스)의 부상은 기업의 역할과 생존 방식을 재정의하고
있다. 변화는 단순한 흐름이 아니라, 기업과 국가의 존속을 결정짓는 거대한 힘이다.

생존은 힘이 아니라 적응의 문제다.
변화의 속도가 과거 어느 때보다 빠른 지금, 적응하지 못하는 개인과 조직, 기업과 국가는
도태될 수밖에 없다. 변화를 읽고 대응하여 새로운 성장의 기회를 포착할 것인가,
아니면 과거의 성공 방정식에 갇혀 정체되다가 도태될 것인가. 선택의 순간은 이미
다가왔으며, 누구도 예외일 수 없다.
경영도 마찬가지다. '시장에 불변의 법칙이 있다면 그것은 변화다.'
변화를 읽는 기업이 시장에서 성장하고 승리하며, 변화를 읽지 못하는 기업은 점차 도태된다.
변화는 위기가 아니라 기회다. 단, 그 기회를 잡을 준비가 되어 있는 자에게만 열린다.
승리는 가장 끈기 있는 자에게 돌아간다는 시대는 지났다.
오늘날의 시대에서는 끈기만으로 충분하지 않다. 끊임없이 흐르는 변화의 강물을 읽어내는
통찰력, 그리고 그것을 실행할 수 있는 결단의 통합력이 필수적이다.

우리는 변화를 두려워하는 것이 아니라, 변화를 만들어가는 존재가 되어야 한다.
이 책은 바로 그 해답을 찾기 위한 여정의 시작이다.

경영은 통찰력이다
경영은 통합력이다

경영의 2가지 핵심은 통찰(Insight)과 통합(Alignment)이다.
통찰력이란 사물이나 현상을 꿰뚫어 보는 능력이다.
통찰력을 얻기 위해서는 과거를 다시 보는 조명력(Hindsight), 현재를 직시하는 현시력(Eyesight),
미래를 바라보는 선견력(Foresight)이라는 세 가지 시선으로 조합하여
사물을 이해하고 체계적 관찰을 통해 새로운 가치와 해결책을 제시하는 능력이다.
과거를 비추는 조명력은 길을 되돌아보게 하고, 현재를 직시하는 현시력은 발을 내딛을
순간을 포착하며, 미래를 내다보는 선견력은 가야 할 방향을 가리킨다.

통찰력은 단순한 정보의 퍼즐이 아니라 각각의 퍼즐 조각을 맞춰 그림을 완성하는 과정이다.
나무만이 아니라 숲 전체를 바라보며, 보이지 않는 흐름을 읽고 의미를 찾아내는 능력이다.
중요한 것은 통찰력을 바탕으로 의사결정이 제대로 된다 하더라도, 경영이 한방향으로
일사불란하게 움직이는 실행력이 없으면 아무런 힘을 발휘할 수 없게 된다.
이 힘을 주는 능력이 바로 통합력이다.

통합력은 여러 요소를 하나로 만드는 기획력과 여러 기능을 한방향으로 나아가게 하는
조정력이다. 기획력은 여러 요소를 결합하여 하나의 새로운 시스템이나 가치를 만들고,
조정력은 기존 요소들이 조화를 이루어 한방향으로 실행하게 한다.
조직에 기획조정실이 필요한 것도 위와 같은 이유 때문이다.

전통적인 경영학의 시대는 끝났다. 과거에는 경영이 생산, 마케팅, 인사, 재무 등 기능적 요소를
중심으로 정형화된 틀에서 운영되었다. 그러나 오늘날의 경영은 단순한 기능적 운영을 넘어,
끊임없이 변화하는 환경을 읽고 신속하게 대응하는 능력을 요구한다.
20세기까지 기업을 지배하던 성공방식 대신, 인문과 과학의 미래 경영학이 필요하다.
통찰력으로 길을 찾고, 통합력으로 조직을 움직여야 한다.

리더의 시선이
국가와 기업의 운명을 가른다

역사적으로 변화를 바라보는 리더의 시선에 따라 국가와 기업의 운명이 달라져 왔다.
1860년대, 세계는 산업혁명의 거대한 물결 속에 있었다. 같은 아시아의 조선과 일본,
그러나 두 나라는 정반대의 길을 걸었다. 일본은 명치유신으로 서구 문물을 적극적으로
받아들이고 개방과 개혁을 선택했지만, 조선은 쇄국정책으로 새로운 문물과 변화를 거부했다.

리더가 보는 시선의 차이로 선택의 결과는 극명했다. 100년 후, 1960년대 일본은
세계의 경제 대국으로 성장한 반면, 조선은 세계의 최빈국으로 전락했다.
그러나 1960년대 이후 한국은 국가 지도자의 조국근대화 비전과 경제개발계획,
그리고 기업가들의 애국심에 기반한 사업보국의 기업가정신이 결합되어 한강의 경제 기적을
이루었고 최근에는 1인당 국민소득이 일본을 추월하며 선진국 반열에 올라섰다.

하지만 지금 우리는 성장과 추락의 갈림길에 서 있다.
현재 한국 사회는 규제 일변도의 수박경제, OECD 꼴찌의 낮은 노동생산성, 파행적인
산학 미스매칭 교육 시스템, 높은 가계부채, 인구소멸의 위험, 심화되는 극단의 사회적 갈등,
안보 위협, 그리고 마지막으로 제일 중요한 기업가정신의 쇠퇴 등 복합적인 위기에
직면해 있다. 160년 전 쇄국정책의 그 시기보다 더 심각한 위기의 환경이다.
Financial Times는 최근 특집 기사에서 "한강의 기적은 끝났는가?"라는 의문을 제기했다.

거대한 폭풍이 몰려올 때, 어떤 이는 피할 곳을 찾고, 어떤 이는 돛을 펼친다.
바람이 강할수록 배는 더 멀리 나아갈 수 있다.
지금 대한민국 앞에는 거대한 파도가 몰려오고 있다.
하지만 위기는 방향을 바꾸는 바람이며, 도약을 위한 발판이다.
어둠이 짙어 질수록 새벽은 가까워지듯, 지금의 혼란이 곧 새로운 기적의 시작이다.

통찰경영의 책은 다시 오는 한강의 기적을 위해 쓰여졌다.

통찰경영의 책은 무엇이 다른가?
5가지 특별한 아이덴티티

인문과 과학의 눈으로 경영을 보는 책

인문으로 꿈꾸고 과학으로 관리한다.

전통적인 경영학을 넘어 인문학적 사유와 상상, 과학적 추론과 분석을 연결하여

변화하는 미래 시대에 적용할 수 있는 새로운 경영의 방법론을 제시한다.

6하원칙에 따라 경영의 흐름을 터득하는 책

6하원칙에 따라 경영의 구도와 원리를 쉽게 설명한다.

When 변화의 흐름, What 비전과 목표의 수립, How 이기는 경영전략, Why 핵심가치

바탕의 행동방식, Where 더 나은 세상을 위한 ESG 활동, Who 됨됨이 리더십 함양의

6가지 핵심 경영 요소를 이해하는 경영의 지도책이다.

그림과 산문시(Prosy) 형태로 서술한 책

시적 감수성과 서술적 논리를 결합한 독창적인 글쓰기 방식이다.

시처럼 함축적이면서도, 에세이처럼 부드럽고 논리적으로 서술하여

독자가 쉽게 이해할 수 있도록 했다. 그림과 비유의 소통으로 공감을 끌어낸다.

인체로 리더십을 설명한 책

인체의 리더십 광산에서 캐낸 12가지 리더십 원석을 보석으로 만드는 세계 최초의 리더십

이론과 모델이다. 아무리 지식이 많고 실천력이 강한 리더라도 '됨됨이' 덕목이 없으면 조직과

사람과 실적을 파괴시킨다.

성공의 확률을 높이는 K-경영의 책

스타트업부터 중소대기업까지 규모에 국한되지 않고, 기업 성공의 확률을 높이는

K-경영의 이론과 실천 모델로서 글로벌 스탠다드가 될 것이다.

보이지 않는 저 너머를 보라
Look beynd the Obvious

이 책이 발간되기까지 10명의 교수진과 연구진이 6개월 동안 함께 열공하고 토론했다.
이 책은 실물 경제와 학문이 만난 결정체이다.
55년 간의 삼성과 글로벌 다국적 기업, 그리고 소상공인의 경험, 그리고 대학에서의
경영학의 다양한 분야에 대한 학자들의 깊은 연구와 지식이 융합해져 나온 창조물이다.

먼저, 이 책의 추천사를 써 주신 정구현 원장님께 감사의 마음을 담아 드린다.
경제와 경영의 구루로서 한국의 경제사회 발전을 위한 이정표를 세우신 정교수님의
진심 어린 헌신에 존경심을 보내 드린다.
김연성 교수님은 학문과 실물경제의 오랜 벗이다. 12년 전부터는 통찰경영에 대한 담론을
함께 나누며 학문적 동지가 되었는데, 이 책의 전체적인 저술 및 편집 과정에서 보여준
탁월한 조정자 역할에 진심으로 감사드린다.
그리고, 6편의 분야에 학문적 깊이와 가치를 더해, 세상에 없던 새로운 개념의 통찰경영
책이 나오도록 열정을 다한 1편 변화의 물결의 최동현 교수, 2편 비전과 목표의 이평수 교수,
3편 이기는 전략의 이성호 교수, 4편 행동방식의 정연승 교수, 5편 ESG 환경과 사회의 김범수
교수, 6편 됨됨이 리더십의 설도원 교수 모두에게 크나큰 감사의 박수를 보내 드린다.
더불어, 책의 편집과 디자인, 출간의 전과정에 엄청난 몰입으로 헌신한 양문규 대표와 유용종
대표에게도 마음으로 고마움을 전한다.

'통찰이 없는 경영은 나침반 없는 항해이며, 통합이 없는 조직은 방향을 잃은 돛단배다.'
변화는 멈추지 않는다. 강물처럼 흐르고, 바람처럼 지나간다.
보이는 것을 넘어 보이지 않는 것을 보고, 변화를 창조하는 리더가 되어야 한다.
나아가는 자만이 길을 만든다. 통찰과 통합의 시선으로 더 나은 세상을 바라보라.
그 길 끝에 새로운 미래가 기다리고 있다. 보이지 않는 저 너머를 보라!

2025년 2월 북쌔즈 우주선에서 이 승 한

통찰경영의 병풍

프롤로그

경영의 문을 들어가며

Enter the gate to learn
wisdom and knowledge

▶ 프롤로그   16

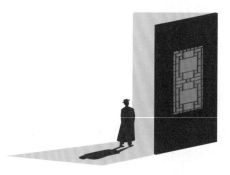

When

I.변화의 물결

'경영은 변화를 찾아 내면서 시작한다.'

▶ 변화의 유형과 패러다임   30

▶ 패러다임의 변화   32
    1. 디지털 대전환   34
    2. AI 대전환   42
    3. 공급망 대전환   50
    4. 녹색 대전환   58
    5. 인구구조 대전환   66
    6. 사회 대전환   74

▶ 트렌드의 변화   82

What

II.비전과 목표

'인문으로 꿈꾸고, 과학으로 관리한다.'

▶ 비전과 목표의 수립   94

▶ 목표의 설정과 관리   112

  1. 고객 만족   116

  2. 인프라 구축   118

  3. 경쟁력 강화   120

  4. 인재 육성   122

  5. 환경, 사회(ESG, 커뮤니티)   124

  6. 재무적 성과   126

▶ 경영 요소의 한방향 통합   132

How

III. 이기는 전략

'먼저 이기고, 나중에 싸운다.'

▶ 경영전략의 의미와 흐름   136

▶ 이기는 경영전략 36계   142

  1. 차별화 전략   144

  2. 창조 전략   158

  3. 혁신 전략   172

  4. 역량 전략   186

  5. 협업 전략   200

  6. 신뢰 전략   214

▶ K-36계 경영 전략   228

Why
IV. 행동방식

'전략의 실행을 가속화시킨다.'

▶ 행동방식의 의미   234

▶ 핵심 가치의 추구   240
   1. 고객 가치   250
   2. 직원 가치   251
   3. 협력회사 가치   252
   4. 지역사회 가치   253
   5. 국가인류 가치   254
   6. 주주 가치   255

▶ 조직 문화의 내재화   262

▶ 일하는 원칙의 실천   274

Where

V. 환경과 사회

'작은 도움이 더 나은 세상을 만든다.'

▶ ESG의 개념과 발전   284

▶ ESG의 전략적 접근   290
  1. 구조화 접근   292
  2. 집중화 접근   294
  3. 연계화 접근   296
  4. 통합화 접근   298
  5. 측정화 접근   300
  6. 내재화 접근   302

▶ ESG의 혁신 권고와 평가   304

Who

VI. 됨됨이 리더십

'덕목이 지식과 행동의 근본이다.'

▶ 됨됨이 리더십의 의미와 발전　　　　320

▶ 리더십 광산의 12가지 원석　　　　330

01. 뇌 - 긍정	350	07. 가슴 - 겸손	351
02. 눈 - 비전	352	08. 배　- 용기	353
03. 귀 - 수용	354	09. 손　- 신뢰	355
04. 코 - 대응	356	10. 둔부 - 회복	357
05. 입 - 정직	358	11. 다리 - 혁신	359
06. 목 - 협력	360	12. 발　- 열정	361

▶ 됨됨이 리더십 개발과 함양　　　　362

▶ 리더십을 완성하는 공감소통　　　　364

에필로그

경영의 문을 나가며

Leave the gate to serve
your country and mankind.

▶ 에필로그　　　　　　375

When

I. 변화의 물결

경영은 변화를
찾아내면서 시작한다.

변화에 대응하고
변화를 기회로 활용한다.

What

II. 비전과 목표

인문으로 꿈꾸고
과학으로 관리한다.

크고 담대한 꿈을 이루는
측정가능한 목표를 세운다.

Who

VI. 됨됨이 리더십

덕목이 지식과 행동의 근본이다.

함께 한마음으로 이끌어 가는
리더십의 마지막 열쇠는
리더의 됨됨이 이다.

인문과 과학으로 보는
통찰경영

How

III. 이기는 전략

먼저 이기고, 나중에 싸운다.
선승구전의 경영전략이다.

이기는 환경과 조건을 만들면,
싸워서 반드시 이긴다.

Where

V. 환경과 사회

작은 도움이
더 나은 세상을 만든다.

ESG로 기업이미지를 높여,
한계 이상의 성장을 한다.

Why

IV. 행동방식

전략의 실행을 가속화시킨다.

핵심가치를 바탕으로
조직의 문화와 일하는 방식이
팀웍과 몰입을 이끌어 낸다.

When

I. 변화의 물결

경영은 변화를 찾아 내면서 시작한다

▶ 변화의 유형과 패러다임

▶ 패러다임의 변화
    1. 디지털 대전환
    2. AI 대전환
    3. 공급망 대전환
    4. 녹색 대전환
    5. 인구구조 대전환
    6. 사회 대전환

▶ 트렌드의 변화

이승한
김연성
최동현

변화의 유형과 패러다임

변화의 물결

경영은 변화를 찾아내는 것으로 시작된다.

변화를 찾아내고, 이를 이해하고 분석해서 방향성을 설정하는 것이 먼저이다.

그리고, 변화에 적응하는 것뿐만 아니라 변화를 기회로 활용해 경쟁 우위를 확보해야 한다.

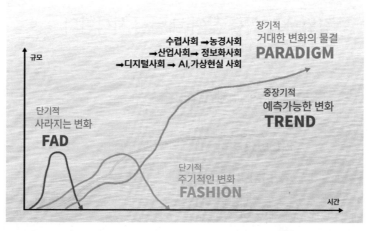

<Copyright by SH Lee>　　　　　　　　　　　　　[그림 1-1 변화의 유형]

변화는 끊임없이 밀려오는 파도와 같다.

작은 파도(Fad)는 금방 사라지지만, 큰 너울(Paradigm)은 해안 지형까지 바꾼다.

경영자는 작은 파도를 잘 타기 위한 단기적 민첩성과 동시에,

큰 너울이 닥칠 때 배의 방향을 조정할 장기적 시선을 가져야 한다.

"가장 강한 종이 살아남는 것이 아니라, 변화에 가장 잘 적응하는 종이 살아남는다." - 찰스 다윈

"변하지 않는 것은 변한다는 것뿐이다. 같은 강물에 두 번 들어갈 수 없다." - 헤라이클레이토스

변화라는 개념은 라틴어 cambiare에서 유래하여, 시간이 지나면서 대상이나 상태가 이전과
다르게 변하는 과정을 의미한다. 변화는 사회와 산업 전반에서 끊임없이 발생하며,
이를 표에서 보는 4가지 유형으로 이해하면 효과적으로 대응할 수 있다.

패드 : 단기간에 빠르게 사라지는 변화

Fad는 일시적으로 많은 관심을 받지만 빠르게 사라진다.
예로 황제 다이어트, 방탈출 게임 열풍, 슬라임 만들기 붐 등이 있다. 이러한 변화는 단기적
수익 기회를 제공할 수 있으나, 지속 가능성이 낮아 장기적 비즈니스 전략으로는 부적합하다.
기업은 이를 활용하되 과도한 의존을 피해야 한다.

패션 : 주기적으로 반복되는 변화

Fashion은 일정 주기로 반복되며, 시장의 흐름에 적시 대응이 중요하다.
예로 계절별 색상 트렌드, 벨보텀 청바지 유행, 아웃도어 용품의 인기 등이 있다. 이는 시장의
주기성을 이해하고 소비자 수요를 예측하는 능력을 요구한다. Fashion은 비교적 안정적인
수익 기회를 제공하지만, 장기적 경쟁력을 위해서는 추가적인 전략이 필요하다.

트렌드 : 중장기적으로 예측가능한 변화

Trend는 지속 가능성을 가진 변화로, 중장기적인 성장을 이끈다.
웰빙 소비, 친환경 제품, 전기차 보급, 디지털 교육 플랫폼 도입 등이 대표적이다. Trend는
소비자 행동과 시장 구조에 지속적인 영향을 미치며, 기업은 이를 활용해 장기적 성장 전략을
수립할 수 있다. 특히 지속 가능성이라는 글로벌 가치와 연결되며, 혁신과 책임 경영의 기회를
제공한다.

패러다임 : 장기적으로 사회 구조를 바꾸는 거대한 변화

Paradigm은 기존 시스템을 근본적으로 바꾸는 변화로, 기업의 비즈니스 모델 재편과 혁신을
요구한다. 예로 AI 사회로의 전환, 블록체인 기술의 확산, 재생에너지 중심의 경제 체제,
원격 근무의 보편화 등이 있다. Paradigm 변화는 기업들에게 도전이자 기회로 작용하며,
미래 경쟁력을 위해 이를 준비하는 것이 필수적이다.

패러다임의 변화

패러다임은 사고의 틀이나 이론적 모델을 말하며, 패러다임 전환은 기존의 규칙이 뒤바꾸는 순간이다. 패러다임의 변화를 읽는 통찰력으로 새로운 가치와 비즈니스를 창출할 기회로 활용해야 한다.

<Copyright by SH Lee>   [그림 1-2 패러다임의 대전환]

> 패러다임의 대전환은 익숙한 지도와 나침반을 버리고,
> 새로운 세상으로 향하는 항로를 별빛으로 그려가는 여정과 같다.
> 기술, 환경, 사회변화라는 이름의 소용돌이가 휘몰아치는 강은 혁신이라는 돛을 펴고,
> 지속가능성이라는 노를 저어야만 앞으로 나아갈 수 있다.
> 미래의 사회는 변화와 혁신, 지속 가능성, 협력을 준비하는 개인과 조직에 의해 결정 된다.
> 단기적 대응에 머물지 않고, 장기적이고 포괄적인 전략을 통해 새로운 시대에 발맞추어야 한다.

패러다임(paradigm)은 특정한 시대나 분야에서 일반적으로 받아들여지는 사고방식, 이론, 믿음, 또는 규칙 체계를 뜻한다. 주로 학문, 과학, 사회적 구조 등에서 지배적인 틀이나 모델을 지칭한다. 과학 철학자 토마스 쿤(Thomas Kuhn)이 그의 저서 과학 혁명의 구조에서 패러다임을 주요 개념으로 사용하면서 학문적, 사회적 맥락에서 널리 알려지게 되었다.

디지털 대전환(DX)은 AI, 빅데이터, 클라우드, IoT 등 기술의 발전으로 스마트화가 키워드로 산업과 일상 전반에 혁신을 가져오는 현상이다. 데이터는 새로운 경제 자원으로 부상하며, 기업들은 이를 활용해 생산성을 높이고, 고객 경험을 혁신하며, 스마트 공장과 전자상거래 등 새로운 비즈니스 모델을 창출하고 있다.

AI 대전환(AIX)은 AI 기술이 인간과 상호작용하며 산업과 일상에 깊이 스며드는 변화를 말한다. AI 챗봇, 생성형 AI 등은 고객 서비스, 제조, 의료, 교육 등 다양한 분야에서 활용되며, 인간의 협력자로 자리 잡고 있다. 기술 발전과 함께 윤리적 책임이 강조된다.

공급망 대전환(SCX)은 팬데믹과 지정학적 위기로 인해 안정적이고 유연한 공급망 구축이 중요한 과제로 떠오른다. 디지털 기술과 AI를 활용해 실시간 데이터 분석과 예측을 통해 공급망의 효율성을 높이고 있다.

녹색 대전환(GX)은 기후변화와 환경문제 해결을 위한 탄소중립과 재생에너지 확산을 목표로 한다. 스마트 농업과 수소 에너지 등 친환경 기술이 경제와 사회의 지속 가능성을 높이고 있다.

인구 대전환(DGX)은 저출생과 고령화로 인한 인구 구조 변화와 그 영향을 말한다. 1인 가구 증가로 새로운 소비 패턴이 확산되고, 실버 산업과 돌봄 경제가 중요한 역할을 하고 있다. 지방 소멸 문제는 도시 재생과 지역 균형 발전의 필요성을 강조한다.

사회 대전환(SX)은 ESG 경영과 의식 있는 자본주의 등 사회적 가치와 책임이 강조되는 변화다. 평화 추구와 사회적 약자 보호는 지속 가능한 사회 구축에 기여하고 있다.

이러한 대전환들은 기술적 변화를 넘어 경제와 사회 전반에 혁신을 요구하며, 인간의 사고방식과 생활 방식을 변화시키고 있다. 대전환을 이끄는 패러다임을 놓치면, 기업의 운명이 달라진다는 점에서 기업이 가장 주목하여야 할 변화의 물결이다.

⬡ 디지털 대전환

디지털 대전환의 개요

디지털 대전환은 4차 산업혁명에서 시작된다.

디지털 기술을 활용하여 기존의 사회 구조와 비즈니스 모델을 혁신하는 것을 의미한다.

기업의 조직 문화, 비즈니스 모델, 산업 생태계를 혁신하고, 고객과 시장의 변화에 대응하는 역량을 키워, 기업의 경쟁력을 강화하고 새로운 가치를 창출하는 것을 목표로 한다.

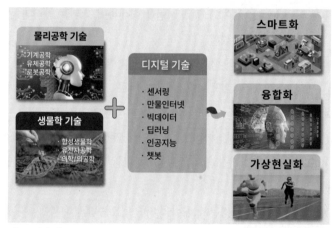

<Copyright by SH Lee>

[그림 1-3 디지털 대전환의 개요]

디지털 대전환은 물리공학 기술과 생물학 기술이 디지털 기술과 결합하며 스마트화, 융합화, 가상현실화로 진화하는 과정을 의미한다. 센서링, 빅데이터, 인공지능 같은 디지털 기술이 로봇공학, 유전자공학 등과 결합하여, 다양한 산업과 일상에 데이터 중심으로 사회와 산업 전반을 혁신하는 과정이다.

스마트화는 공장 자동화와 스마트 시티를 통해 효율성을 극대화하고 있으며, 가상현실화는 교육, 게임, 헬스케어 등에서 몰입형 경험을 제공한다. 또한 융합화는 물리공학, 생물학, 디지털 기술의 결합으로 새로운 산업과 가치를 창출한다.

예를 들어, AI와 IoT 기술을 활용한 스마트 팩토리는 실시간 데이터 분석을 통해 생산성을 향상시키고, 디지털 트윈은 가상공간에서의 시뮬레이션으로 비용과 리스크를 줄인다.

스마트화 - '연결된 세상으로의 진화'

사물인터넷(IoT)과 센서링 기술을 기반으로 한 스마트화는 물리적 환경과 디지털 기술이
결합하여 실시간 데이터 수집과 분석을 가능하게 하고, 이를 바탕으로 자동화된 의사결정을
지원한다. 예를 들어, 스마트 공장은 센서를 통해 기계 상태를 실시간으로 모니터링하고,
예측 분석을 통해 유지보수 비용을 줄이는 동시에 생산성을 향상시킨다. 또한 스마트 시티
솔루션은 교통 흐름을 최적화하고 에너지 사용을 효율화하며, 도시 거주자의 삶의 질을
높이는 데 기여한다.
이러한 기술은 제조업, 물류, 에너지 관리 등 다양한 산업에 걸쳐 폭넓게 적용되고 있다.

융합화 - '데이터 기반의 혁신적 솔루션'

디지털 융합화는 기술과 산업 간의 경계를 허물어 새로운 혁신을 창출하는 과정으로, 산업 간
경계 해체를 통해 ICT와 생명공학, 물리공학 등 다양한 기술이 결합하여 새로운 가치 사슬을
형성한다. 플랫폼 중심의 생태계 구축은 데이터와 네트워크 기반으로 협력과 공유를 촉진하며,
실시간 데이터 활용은 센서와 IoT 기술을 통해 신속한 의사결정이 가능하게 도와준다.
또한, 사용자 경험 강화를 통해 맞춤형 서비스를 제공하며, 자원 효율성을 높이고 환경 친화적
기술을 접목한다. 이러한 융합화의 대표적 사례인 스마트시티는 교통, 에너지, 환경 등
도시 전반에 ICT 기술을 접목해 효율성과 지속 가능성을 극대화하며, 디지털 트윈 기술을
활용해 미래 도시의 모델을 제시하고 있다.

가상현실화 - '현실과 가상의 융합'

디지털 시뮬레이션과 몰입형 경험 기술의 발전으로, 가상현실(VR)과 증강현실(AR)은 산업과
교육, 엔터테인먼트 분야에서 새로운 가능성을 열어가고 있다. 가상현실 기술은 스포츠 훈련,
의료 시뮬레이션, 제품 설계와 같은 분야에서 효율적인 학습과 운영 환경을 제공한다.
특히 메타버스(Metaverse) 환경은 가상 공간에서의 협업, 비즈니스 거래, 커뮤니티 형성을 가능
하게 하여 새로운 경제 생태계를 창출하고 있다. 이 기술은 시간과 공간의 제약을 넘어, 학습과
작업의 방식을 혁신하고 있다.

산업과 생활의 스마트화

산업과 생활의 스마트화는 기술과 데이터 융합을 통해 효율성과 자원 절약을 극대화하며 인간 중심의 혁신을 이루는 과정이다. 이는 다양한 산업과 생활 전반에 걸쳐 자동화와 디지털화를 도입하여 생산성을 높이고 소비자 경험을 개선한다. 미래에는 AI, IoT, 빅데이터 기술이 더욱 통합되어 지속 가능한 발전과 편리한 생활 환경을 실현하며, 산업 경계를 허물고 새로운 경제 생태계를 창출할 것으로 기대된다.

<Copyright by SH Lee>   [그림 1-4 전방위 산업의 스마트화 사례]

산업과 생활의 스마트화를 이루기 위해서는 먼저, 기기 간의 소통이 중요하다. 스마트폰, 가전제품, 자동차 등이 정보를 주고받아 하나의 시스템처럼 작동해야 한다. 또한, 즉각적인 반응이 필수적이다. 예를 들어, 스마트 워치가 심박수를 측정해 이상 신호를 발견하면 바로 의료진에게 알림을 보내는 것이다. 스스로 작동하는 시스템도 중요하다. 로봇 청소기가 집 구조를 파악해 알아서 청소를 진행하는 것이 그 예다. 마지막으로, 상황에 맞는 변화가 필요하다. 스마트 조명이 시간대나 날씨에 따라 밝기를 조정하는 것이다. 이러한 요소들은 우리가 더욱 편리하고 효율적인 스마트 생활을 누리게 하는 기반이 된다.

스마트 팜(Smart Farm) - 1차 산업

스마트화는 농업, 어업, 축산업 등에서 디지털 기술을 활용해 생산성을 높이고 자원 관리를 효율적으로 만든다. 스마트팜은 IoT 센서를 통해 온도, 습도, 토양 상태를 실시간으로 모니터링하며, 드론을 활용해 자율 농약 살포와 작물 관리가 이루어진다.

- 알리샤 밸리(Alisha's Valley): 스마트팜 시스템을 통해 드론과 로봇을 사용해 자동화된 농업 운영을 실현하고 있다. 이를 통해 농작물 수확량을 높이고 자원을 절약하고 있다.

스마트 팩토리(Smart Factory) - 2차 산업

제조업과 공정 관리의 스마트화가 이루어지고 있다. 스마트 팩토리는 IoT 센서와 AI 분석을 통해 공정 데이터를 실시간으로 수집, 최적화하여 생산 효율을 높이고 인력을 최소화하고 있다.

- 아디다스의 스피드 팩토리(Speed Factory): 120명의 인력이 필요했던 공정을 IoT와 로봇 자동화 기술로 16명으로 줄이며 효율성을 극대화했다. 이를 통해 대량 생산뿐만 아니라 맞춤형 제품을 신속히 제공하고 있다.

스마트 스토어(Smart Store) - 3차 산업

스마트화는 유통과 서비스 분야에서 고객 경험을 혁신하고 있다. 무인점포, QR 코드 결제, 자율 계산 시스템 등은 구매 과정을 간소화하고 효율성을 높이는 데 기여하고 있다.

- 아마존 고(Amazon Go): QR 코드와 AI 기술을 통해 고객이 계산대 없이 제품을 구매할 수 있는 시스템을 구축해 전통적 쇼핑 방식을 완전히 혁신했다.

스마트 라이프(Smart Life) - 서비스 산업과 생활

생활 서비스 중심에 디지털 기술을 접목해 자동화된 고객 서비스를 제공하고 있다. 스마트홈(Smart Home) 서비스는 IoT 기술을 기반으로 가전제품, 조명, 보안 시스템 등 가정 내 기기와 설비를 원격으로 인터넷으로 연결해 관리하여 시간과 비용을 절감하고 에너지 효율성 제고, 안전과 편리함을 제공하는 원스톱 서비스이다.

도미노 피자는 드론 배달 시스템을 도입해 배달 시간을 단축시키고 고객 경험을 향상시키며 효율성을 극대화하고 있다. 이를 통해 음식 배달 산업에서 새로운 표준을 제시하고 있다.

ICT 기술과 도시의 융합화

스마트 - 휴머니티 시티는 '살기 편한' 도시와 '살기 좋은' 도시의 조화를 이루는 '살고 싶은' 행복한 미래 도시의 모델이다. 살기 편한 도시는 빅데이터와 디지털 기술을 활용해 교통, 에너지, 치안 등 도시 생활의 문제를 효율적으로 해결하며 시민들에게 편리한 서비스를 제공하는 스마트 시티이고, 살기 좋은 도시는 약자를 배려하고 환경을 존중하며 인간 중심의 가치를 강조하는 휴머니티 시티이다. 이 두 가지 요소가 결합된 스마트-휴머니티 시티는 기술 혁신과 인간미 넘치는 설계로 지속 가능한 도시의 새로운 비전을 제시한다.

<Copyright by SH Lee>　　　　　　　　　　[그림 1-5 스마트-휴머니티 시티]

우리나라에서 연구개발하고 있는 대표 스마트시티의 사례를 보면, 물 관리와 친환경 에너지 활용을 기반으로 지속 가능한 도시를 목표로 하는 부산 에코델타시티와 자율주행, 스마트 모빌리티, AI 기반 공공서비스를 통해 효율적이고 편리한 생활 환경을 제공하는 세종 스마트 시티가 있다.

미래 시장에서 디지털 트윈 기술을 활용한 스마트 시티 기술은 가장 큰 수출 상품이자 거대한 핵심 시장으로 부상할 전망이다. 특히, 한국은 세계적 수준의 기술력과 IT 인프라를 바탕으로 스마트 시티 시장을 주도하고 이를 계기로 글로벌 리더로 자리 잡을 것이다.

'살기 편한' 스마트 시티의 핵심은 도시 기반 인프라, 산업 융합 생태계, 시민 서비스이다.
도시 기반 인프라는 교통 안전 시스템, 에너지 및 쓰레기 관리, 치안 및 재난 시스템과 같은
요소를 통해 도시의 효율성과 안전성을 극대화한다. 예를 들어, 스마트 교통 센서는 실시간
데이터를 활용하여 교통 혼잡을 줄이고 사고를 예방하며, IoT 기반 쓰레기 관리 시스템은 자원
재활용을 최적화하는 데 기여한다.

산업 융합 생태계는 스마트 공장을 중심으로 제조업과 ICT 기술의 결합을 통해 생산성을
높이고, 새로운 산업과 창업 인프라를 지원한다. 이를 통해 지역 경제가 활성화되고, 기술 혁신
이 촉진되며, ICT와 의료, 교육, 에너지 산업 간의 협력으로 글로벌 경쟁력을 갖춘 산업 단지가
형성된다. 특히, 데이터 기반 창업과 스타트업의 활성화는 새로운 일자리를 창출한다.

시민 서비스는 IoT와 AI를 활용한 스마트 공공 서비스, 개인 맞춤형 교육, 스마트 복지 및
헬스케어로 구성되며, 시민들의 삶의 질을 높이는 데 기여한다. 예를 들어, AI 기반 학습 시스템
은 시민들이 원하는 시간과 장소에서 교육을 받을 수 있도록 하며, 스마트 복지 서비스는
고령화 사회에서 원격 의료와 웨어러블 디바이스를 통해 개인화된 의료 서비스를 제공한다.

'살기 좋은' 휴머니티 시티는 사회적 약자 배려, 녹색 감성 문화, 인간 중심적 도시 구조로
구성된다.
사회적 약자를 위한 접근성과 서비스는 장애인과 노인 등 취약 계층의 삶을 개선하며,
IoT 기반 이동 보조 시스템과 맞춤형 돌봄 서비스는 사회적 평등을 강화한다.

녹색 감성 문화는 친환경 기술과 도시 설계를 통해 지속 가능한 환경을 조성한다. 스마트 교통
수단, 친환경 건축, 에너지 효율화 시스템은 환경 보호와 함께 도시의 효율성을 높이며, 미래
세대를 위한 지속 가능한 환경을 마련한다.

인간 중심적 도시 구조는 기술 중심이 아닌 인간 친화적 설계와 소규모 커뮤니티 활성화를
강조한다. 사람 간의 소통과 정서적 연결을 촉진하며, 기술과 감성이 조화를 이루는 도시
환경을 제공한다.

일상화의 메타버스 가상현실화

메타버스 가상현실의 본질은 인간의 상상과 욕망을 실현하는 것이다. 현실세계에서 경험하지
못하고, 이루어 내지 못한 것과 페르소나(Persona) 즉 체면때문에 하지 못하는 것을 가상현실을
통해서 충족할 수 있다. 메타버스는 인간의 상상력과 기술이 융합된 디지털 공간으로
가상현실에서의 인간의 상상과 욕구실현은 사람들의 생활 속에 빠르게 일상화될 것이다.

<Copyright by SH Lee>   [그림 1-6 가상현실의 기술 사례]

메타버스는 인간의 활동과 경험을 확장하는 새로운 플랫폼이다.
인문학적으로는 인간이 상상력을 통해 한계를 넘어서고자 하는 본능을 반영하며,
새로운 정체성과 의미를 탐구할 기회를 제공한다.
과학적으로는 가상현실(VR), 증강현실(AR), 혼합현실(MR) 등 첨단 기술의 결합으로,
현실 세계의 데이터를 디지털화하고 상호작용을 확장 시킨다.
사회적으로는 물리적 제약을 초월한 소통과 협업을 가능하게 하며, 전 세계적으로 연결된
커뮤니티를 통해 새로운 사회적 관계망을 구축한다. 또한, 기업들이 디지털 공간에서의
브랜드 경험을 설계하고, 소비자와 더 깊은 정서적 연결을 만들며, 새로운 비즈니스 모델을
창출할 기회를 제공한다.

고스트 페이서 아침 트레이닝 : AR 기술을 활용해 러닝 경험을 개인화한 사례로, 사용자는 가상의 트레이너와 함께 실시간으로 달리며 자신의 페이스를 조정하고 목표를 설정할 수 있다. 운동의 몰입도를 높이고, 체계적인 트레이닝을 가능하게 해 주는 혁신적인 운동 방식이다.

제페토 아바타 패션 상품 판매 : 아바타 패션 크리에이터 린지는 제페토에서 자신만의 패션 아이템을 디자인하고 판매하며 월 1천5백만 원의 수익을 올렸다. 이 플랫폼을 통해 사용자들은 자신만의 개성을 표현하며, 가상공간에서도 패션을 즐기고 소통할 수 있다. 메타버스는 창작과 경제활동, 소셜 커뮤니케이션이 가능한 현실의 확장판으로 발전하고 있다.

현대자동차 메타버스 VR 개발 : BMW와 현대자동차와 같은 글로벌 기업은 메타버스의 가상공간을 활용해 자동차 R&D의 혁신을 이루고 있다. 가상환경에서의 설계와 시뮬레이션은 시간과 비용 절감, 실제 제조 공정에서 발생할 수 있는 오류 최소화, 신속한 시장 출시를 돕는다.

걸그룹 에스파의 메타버스 심야 공연 : 가상의 콘서트 홀에서 열리는 에스파 걸그룹의 공연에 아바타로 참여해 초현실적인 무대와 몰입감 있는 경험을 즐긴다. 전세계에서 접속한 팬들과 함께 실시간으로 소통하며, 현실에서 불가능했던 상상 속 무대 연출과 인터렉티브 공연을 즐긴다. 또한, 공연 중 아바타를 통해 춤을 추거나 응원 메시지를 전송하며, 다양한 디지털 상품을 구매하거나 특별한 이벤트에 참여한다.

미래사회에는 가상세계가 일상화된 현실이 될 것인가?
미래는 현실과 가상의 경계가 흐려지는 시대가 될 것이다. 가상현실은 더 이상 단순한 기술이 아닌, 인간의 일상과 사고방식을 재구성하는 새로운 현실로 자리 잡을 것이다.
이 세대에게 가상은 새로운 가능성과 창의성을 실현하는 공간이며, 현실은 그 기반이 되는출발점이다. 가상이 현실을, 현실이 가상을 완성하는 상호작용 속에서 우리는 물리적 제약을 초월한 새로운 차원의 삶을 경험할 것이다. 이는 단순한 기술적 발전을 넘어, 인간의 상상력과 정체성을 확장하는 시대의 시작을 의미한다.

◯ AI 대전환

AI 와 인간의 협업

AI 대전환은 기술적 변화 이상의 의미를 가지며, AI는 도구가 아닌 협업의 동반자이다.
인간과 AI의 협업은 질문과 대답, 그리고 토론을 중심으로 이뤄지며, 이는 서로의 강점을
결합해 더 나은 결과를 도출하는 과정이다.

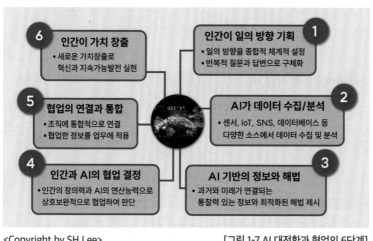

<Copyright by SH Lee>

[그림 1-7 AI 대전환과 협업의 6단계]

먼저, 인간은 문제를 정의하고 AI에게 방향성을 제시하는 질문을 던진다. AI는 이를 기반으로
센서, IoT, 데이터베이스 등 다양한 소스에서 데이터를 수집, 분석하여 인사이트를 제공한다.
AI가 제시한 정보를 통해 인간은 새로운 질문을 던지거나 의견을 교환하고 추가적인 방향성과
해법을 도출한다. AI는 수집한 데이터를 기반으로 과거와 미래를 연결하는 통찰력 있는 해법을
제안하고, 인간은 이를 창의력과 경험으로 종합하여 판단해 최종 결정을 내린다.

이 과정에서 AI는 반복적 작업과 방대한 연산을 처리하고, 인간은 전략적 판단과 가치 창출에
집중한다. 협업의 결과는 조직의 연결과 통합을 강화하며, 새로운 혁신과 지속 가능한 발전
으로 이어진다. AI와 인간의 상호보완적 협업은 미래 사회의 핵심 경쟁력으로 자리 잡고 있다.

AI 대전환은 방향 설정에서부터 새로운 가치 창출까지 인간과 AI 기술이 협업하는 과정이다. AI는 사고 방식과 문제 해결 방식을 변화시키며, 데이터 중심의 의사결정과 혁신적인 조직 문화를 기반으로 변화에 민첩하게 대응하는 조직만이 한계를 넘는 성장을 한다.

일의 방향 기획 : AI 도입 전에는 명확한 목표와 방향을 설정하고, 해결할 문제를 정의하며 적합한 전략과 실행 계획을 수립해야 한다. 예를 들어, 스마트 도시를 위한 AI 기반 교통시스템 설계는 도시 교통 문제를 해결하기 위한 전략적 접근의 사례다.

AI가 데이터 수집과 분석 : 데이터는 AI의 핵심 연료다. IoT, 센서, 소셜 미디어 등 다양한 소스에서 데이터를 수집하고 이를 정제해 분석 가능한 형태로 준비하는 것이 필수적이다. 유통업체는 고객 데이터를 분석해 소비 패턴을 파악, 맞춤형 전략을 수립해 경쟁력을 강화한다.

AI 기반의 정보와 해법 : 머신러닝과 딥러닝을 활용해 데이터를 분석하고 중요한 통찰을 도출함으로써 더 나은 의사결정을 지원한다. 이러한 기술은 금융, 농업, 의료 등 다양한 분야에서 새로운 가능성을 열어주며, 문제 해결과 효율성 향상에 기여한다.

인간과 AI 협업 결정 : AI는 인간의 능력을 확장하고 협력을 통해 높은 성과를 창출한다. 예를 들어, 의료 분야에서는 AI가 데이터를 분석해 진단을 보조하고, 최종 판단은 의사가 내리는 협업 구조를 통해 정확성과 효율성을 높인다.

협업의 연결과 통합 : AI가 생성한 데이터와 통찰을 조직 내 여러 부서와 프로세스에 통합함으로써 활용도를 극대화한다. 마케팅, 생산, 물류 등 다양한 분야에서 AI 데이터를 융합하여 효율성을 높이고 성과를 극대화할 수 있다. 이러한 접근은 조직의 경쟁력을 강화하고 혁신을 촉진한다.

인간이 가치 창출 : AI를 활용해 기존 모델의 한계를 뛰어넘는 제품과 서비스를 개발하며 지속 가능한 성장을 추구한다. 스마트 도시, 에너지 관리, 신약 개발 등은 이러한 혁신적 변화의 사례로, 산업 전반에서 변화를 이끌고 있다.

원스톱 서비스 AI 챗봇

생성형 AI는 텍스트, 이미지, 음악 등 다양한 콘텐츠를 자동으로 생성하는 인공지능 기술로,
기존 데이터를 학습해 새로운 결과물을 만들어내는 능력을 갖추고 있다. 이는 인간의 창의적
작업을 보완하며, 예술, 디자인, 교육, 비즈니스 등 다양한 분야에서 혁신을 촉진한다. 생성형
AI는 사용자 맞춤형 서비스 제공과 생산성 향상에 기여하며, 창의적 과정을 자동화해 인간과
협력적 관계를 구축하는 도구로 자리 잡고 있다.

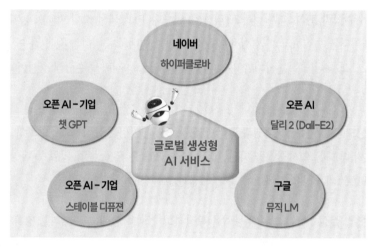

<Copyright by SH Lee>   [그림 1-8 글로벌 생성형 AI 서비스 현황]

AI 챗봇 서비스는 인간과 기계 간 상호작용을 증대시키며, 개인화된 서비스 제공과 접근성을
높이는 동시에 프라이버시와 윤리적 문제에 대한 우려를 제기한다. 이러한 기술 발전은 인간의
독창성과 창의력의 정의를 재고하게 하며, AI가 창작과 의사소통의 주체로 떠오르는 철학적
논의를 촉발한다. 경제적으로는 다양한 산업에서 비용 절감과 생산성 향상을 가능하게 하고,
AI 기반 서비스 산업의 성장을 극대화하는 잠재력을 제공한다. 결과적으로 AI 챗봇 서비스는
인간 삶의 질 향상과 산업 혁신을 이끄는 중요한 기술로 자리 잡으며, 이를 지속 가능하고
윤리적으로 활용하기 위한 전략적 접근이 필요하다.

ChatGPT : OpenAI가 개발한 대화형 인공지능 서비스로, 사람처럼 대화하며 질문에 답변하고, 문서를 작성하며, 번역 및 창작까지 광범위한 작업을 수행한다. 고객 상담, 콘텐츠 제작, 개인 비서 역할 등 실생활에서 다양하게 활용되며, 기업의 업무 효율성을 높이고 있다. 미래에는 의료 상담, 법률 자문, 전문 교육 분야에서, 사용자와 AI 간의 상호작용이 더욱 심화될 전망이다.

Stable Diffusion : 텍스트를 기반으로 이미지를 생성하는 오픈소스 AI 도구이다. 주로 예술, 광고, 디자인 작업에 사용된다. 이 기술은 건축 설계와 VR 콘텐츠 제작에도 적용 가능하며, 사용자가 원하는 비주얼을 손쉽게 창출하는 데 도움을 준다. 미래에는 더욱 정교하고 현실적인 이미지를 생성으로 개인화된 경험을 제공에 핵심적인 역할이 기대된다.

MusicLM : 구글이 개발한 음악 생성 AI로, 텍스트로 입력된 아이디어를 기반으로 다양한 스타일과 장르의 음악을 생성한다. 영화 배경음악 제작, 게임 사운드트랙, 개인 맞춤형 플레이 리스트 제작 등에서 활용 가능하다. 개인화된 음악 추천 시스템과 창작 협업 AI로 진화하면서, 특히 사용자의 특정 감정 표현과 특정 목적의 음악 생성에 강점이 기대된다.

DALL-E 2 : OpenAI의 이미지 생성 AI로, 텍스트 입력만으로 독창적이고 사실적인 이미지를 만들어낸다. 교육, 광고, 콘텐츠 제작에서 활용도가 높으며, 예술적 감각과 기술적 성과를 융합하여 시각적 의사소통의 새로운 방식을 제시한다. 사용자와의 상호작용 강화로 대규모 커스터마이징이 가능하며, 창의적 표현과 비주얼 작업 간의 경계를 허물 것이다.

하이퍼클로버 : 네이버가 개발한 한국어 특화 생성형 AI로, 텍스트 생성, 번역, 데이터 분석 등의 작업에 최적화되어 있다. 한국 사용자들에게 맞춤형 서비스를 제공하며, 국내 시장에서 독보적인 경쟁력을 가지고 있다. 앞으로 다국어 지원과 지역 특화 데이터를 기반의 더욱 정교한 서비스로, 전자상거래, 교육, 뉴스 생성 등 다양한 분야에서 활약할 것이다.

AI 휴머노이드

AI 휴머노이드란 무엇인가?

AI 휴머노이드는 인간의 외형을 모방하며, 인공지능(AI)을 탑재하여 인간의 언어를 이해하고, 생각하고, 감정을 표현하며 대화 소통하며 행동할 수 있는 로봇이다. 기계 학습, 자연어 처리 (NLP), 컴퓨터 비전 등 첨단 기술이 융합되어 발전하고 있다.

1. 두 발로 움직이는 휴머노이드
2. 기계화된 인간 모양의 휴머노이드
3. 인간을 많이 닮은 휴머노이드
4. 인간의 감성을 가진 휴머노이드

[그림 1-9 AI 휴머노이드의 발전]

'AI 휴머노이드'는 기술적 발전과 함께 다양한 산업과 일상에서 활용 가능성을 넓혀가고 있다. '두 발로 움직이는 휴머노이드'는 이동성과 환경 적응 능력을 강조하며, 물류나 재난 구호 같은 물리적 작업에 활용될 수 있다.

'기계화된 인간 모양의 휴머노이드'는 외형적 유사성을 통해 인간과의 친밀감을 높이며, 인간 - 로봇 상호작용의 가능성을 확장한다.

'인간을 많이 닮은 휴머노이드'는 외형뿐만 아니라 표정과 제스처를 통해 인간과 자연스러운 소통을 가능하게 한다.

'인간의 감정을 가진 휴머노이드'는 AI 기술로 감정적 교감을 제공하며, 심리적 안정과 동반자로서의 역할을 수행할 수 있다.

최근의 휴머노이드는 인간과 유사한 피부, 움직임, 언어 소통 능력까지 구현되고 있다. 다양한 작업을 자율적으로 수행하는 소프트뱅크의 '페퍼'와 보스턴 다이내믹스의 로봇, 테슬라의 '옵티머스'가 대표적 사례이다.

지금은 생성형 AI에게 지시한 결과물의 최종 행위는 결국 인간의 몫이었기 때문에 인간이 생성형 AI의 중간 명령을 따르고 있으나, 앞으로는 인간이 생성형 AI를 탑재한 휴머노이드 로봇에게 지시함으로써 최종 행위나 결과물을 인간이 하지 않아도 된다.

의료 현장에서 환자의 상태를 모니터링하거나 재활 치료를 지원하고, 교육에서는 맞춤형 학습 콘텐츠를 제공한다. 서비스 산업에서는 호텔, 공항 등에서 안내나 고객 응대를 담당하며, 위험한 작업 환경에서는 인간을 대신해 작업을 수행한다. 가정에서는 가사 도우미나 개인 비서 역할을 하며 생활의 편리성을 높이는 데 기여하고 있다.

AI 휴머노이드는 고령화 사회에서 간병인 부족 문제를 해결하거나, 위험 작업에서 인간을 보호하는 등 실질적인 기회를 제공한다. 하지만 동시에 일자리 감소, 개인정보 유출, 윤리적 딜레마 등의 문제도 제기된다. 가정에 자동차가 한 대씩 있듯이 언젠가는 집집마다 로봇 집사가 인간과 함께 살 날이 올 수 있다. 생성형 AI가 주로 화이트 컬러의 일자리에 영향을 미친다면 생성형 AI를 탑재한 휴머노이드 로봇의 대중화는 블루 컬러의 일자리를 대체할 것이다.

미래의 AI 휴머노이드는 더 높은 수준의 자율성과 지능을 갖추며, 개인 비서, 의료 보조, 재난 구조 등에서 더 중요한 역할을 수행하며 사회 효율성을 높일 전망이다. 그러나 윤리적 기준 마련, 법적 규제, 기술적 투명성 확보 등이 동반되어야 한다.

영화 'Be Right Back'은 AI가 인간의 기억과 데이터를 기반으로 재현된 존재로, 사랑하는 사람의 부재를 채우려는 시도를 보여준다. 이는 인간 정체성과 감정의 본질, 그리고 AI가 인간 관계에 미칠 영향을 근본적으로 묻는다. 기술이 감정적 결핍을 메울 수 있을지에 대한 철학적 논의와 함께, 인간 경험의 고유성을 어떻게 지킬 것인지 고민하게 한다. 인류는 AI의 윤리적 설계와 감정적 의존에 대한 경계를 설정하고, 기술의 진보 속에서도 인간성과 공감의 가치를 유지하는 방안을 준비해야 한다.

AI 를 위한 기본 인프라

AI를 위한 기본 인프라로는 데이터, 기술, 윤리의 세가지 영역이 있다.

이 중에서 방대한 데이터를 저장하고 분석할 수 있는 데이터 컴퓨터 인프라가 가장 중요하다.

양자컴퓨터는 기존 컴퓨터와 달리 양자역학의 원리를 활용해 작동하는 혁신적인 기술이다.

수퍼 컴퓨터 보다 30조배 빠른 연산 속도로 복잡한 문제를 동시에 계산한다.

[슈퍼 컴퓨터를 넘어 양자 컴퓨터]

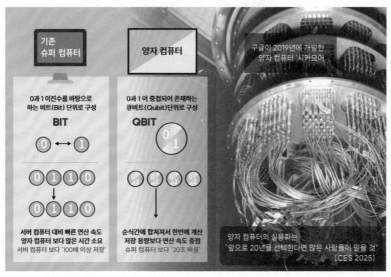

<출처: 조선일보 2025년 1월 10일자 위클리비즈> [그림 1-10 슈퍼 컴퓨터와 양자 컴퓨터의 비교]

초거대 인공지능은 끝없이 펼쳐진 광활한 도서관과 같다. 이 도서관의 책장은 사람의 상상력을 초월할 만큼 거대하며, 각 책장에는 전 세계의 지식, 언어, 이미지, 소리, 경험까지 모두 담겨 있다. 우리가 무엇을 묻든 이 도서관은 숨어 있는 책을 꺼내어 읽어주듯 해답을 찾아주고, 새로운 아이디어까지 제시한다.결국 초거대 인공지능은 그 거대한 지식 체계를 통해 인간에게 더 넓은 사고의 지평을 열어주는 든든한 조력자로 기능한다.

데이터 인프라

AI 대전환을 위한 데이터 인프라는 방대한 데이터를 처리하고 복잡한 연산을 수행할 수 있는 슈퍼 컴퓨터와 양자 컴퓨터이다. 슈퍼 컴퓨터는 고성능 병렬 연산으로 기상 예측, 신약 개발 등 대규모 시뮬레이션을 지원하며, 양자 컴퓨터는 기존 컴퓨터로는 해결하기 어려운 최적화 문제와 암호 해독 등에 혁신적인 가능성을 제공한다.

양자 컴퓨터는 기존 슈퍼 컴퓨터로 수백만 년이 걸릴 계산을 단 몇 시간 내에 해결하고, 특히 암호 해독, 최적화 문제, 분자 시뮬레이션 등 복잡한 계산에서 필수적이다.
양자 컴퓨터는
- 분자 구조와 화학 반응을 시뮬레이션하여 신약 개발을 가속화할 수 있다.
- 현재의 암호 체계를 빠르게 해독할 수 있어, 정보 보안의 새로운 패러다임을 요구한다.
- 금융 시장의 데이터 분석, 리스크 관리, 투자 전략 개발 등에서 복잡한 금융 모델을 빠르게 시뮬레이션하고 최적의 결정에 도움을 준다.
- 기후 변화 시뮬레이션, 에너지 효율 최적화, 신재생 에너지 개발 등의 기술 기반을 제공한다.
- 머신러닝 알고리즘의 효율성을 크게 향상시켜, AI 기술의 새로운 도약을 가능하게 한다.

기술 인프라

AI 기술 인프라는 데이터 저장 및 처리, 네트워크 연결, 클라우드 컴퓨팅 등 AI 기술을 구현하고 확산하는 데 필요한 기반을 제공한다. 빅데이터 플랫폼, IoT(사물인터넷) 네트워크, 5G 및 6G 초고속 통신 기술은 AI 모델 학습과 실시간 데이터 처리를 가능케 하며, AI 알고리즘 개발과 디지털 트윈 등 혁신적 기술 활용도 기술 인프라의 핵심이다.

윤리 인프라

AI 활용이 가져올 사회적 영향을 고려한 윤리 인프라는 AI 기술의 책임 있는 사용을 보장한다. 데이터 사용의 투명성, 개인정보 보호, 편향성 제거와 같은 윤리적 기준을 설정하며, AI 활용에 대한 법적 규제와 사회적 합의를 도출한다. 이를 통해 AI 기술이 인간 중심의 발전을 도모하며, 신뢰와 지속 가능성을 확보할 수 있다.

⬡ 공급망 대전환

공급망 대전환의 개요

공급망 대전환은 기존 글로벌 공급망 구조가 국제 정세 변화, 기술 경쟁, 지정학적 갈등, 환경 규제 강화 등 복합적 요인에 따라 재편되는 과정을 의미한다. 과거에는 비용 절감과 효율화를 위해 특정 지역에 집중된 저비용 생산 거점에 의존하는 구조가 일반적이었으나, 최근 변화하는 환경 속에서 기업과 국가들은 다음과 같은 새로운 방향성을 모색하고 있다.

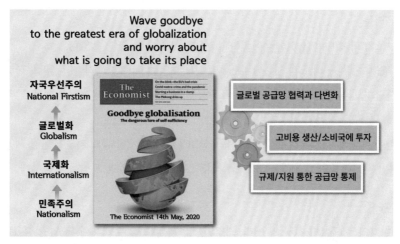

<Copyright by SH Lee>   [그림 1-11 공급망 대전환의 개요]

지역화와 경제 블록화를 통해 재편되는 글로벌 공급망은 자급자족 체계를 강화하며, 핵심 자원과 기술을 동맹국 내에서 순환시키려는 움직임을 보이고 있다.

자국 중심 공급망 구축은 단기적으로 비용 증가와 비효율성을 초래할 수 있지만, 장기적으로 안정성과 지속 가능성을 높여 공급망 리스크를 줄이는 데 기여할 전망이다. 또한, 환경과 사회적 책임(ESG) 및 디지털 규제를 준수하는 것이 글로벌 공급망의 필수 기준으로 자리 잡으며, 각국은 ESG를 반영한 정책 강화 및 친환경적이며 지속 가능한 생산 방식을 도입하고 있다.

글로벌 공급망 협력과 다변화

탈중국화와 지역화 : 중국 의존도를 줄이고 지정학적 리스크를 완화하기 위해 중국 중심의
생산과 조립 구조에서 벗어나, 동남아(베트남, 태국), 인도, 멕시코 등으로 생산 거점을 분산시키고
있다. 특히 반도체, 희토류, 배터리와 같은 첨단 기술 및 자원은 미국, 일본, 유럽 중심으로
재편되고 있다.

기술과 제조의 집중화 : 단순 제조는 비용 절감 차원에서 저비용 국가로 이동하고 있지만,
첨단 기술과 고부가가치 제조는 미국과 유럽 등 선진국으로 집중되고 있다.
이는 기술 유출 방지와 자국 내 첨단 산업 보호를 위한 전략적 선택이다.

고비용 생산 및 소비국으로의 투자 전환

해외 투자 방향성 변화 : 글로벌 기업들은 더 이상 저비용 생산 국가를 우선시하지 않고,
고비용 생산국이나 소비국으로 투자 방향을 전환하고 있다. 기업들은 생산 효율성만을
추구하는 대신, 자국 내 고용 창출과 안정적 공급망을 구축하기 위한 투자를 강화하고 있다.
ESG와 지속 가능성 강화 : 환경, 사회적 책임(ESG) 기준을 준수하는 것은 글로벌 기업들의
필수 전략으로 자리 잡고 있다. 생산 공정에서 친환경 기술과 지속 가능성을 강조하며,
이는 노동 및 환경 규범 준수로 이어지고 있다.
신뢰와 안정성을 기반으로 한 투자 : 투자 결정에서 국가 간 신뢰와 정치적 안정성이
핵심 요소로 부상했다. 불확실성이 높은 지역에서의 투자는 감소하고, 신뢰할 수 있는
동맹국 중심으로 경제 블록화가 강화되고 있다.

규제 및 지원 중심의 공급망 통제

미국의 규제와 지원 정책 : CHIPS Act, IRA(인플레이션 감축법)를 통해 미국은 자국의 반도체
생산을 지원하며, 첨단 기술 공급망을 자국 중심으로 재편하고 있다.
EU의 탄소국경조정제도(CBAM) : 수입품의 탄소 배출량에 따라 조정세를 부과하는
방식으로, 기업들이 지속 가능한 생산 방식을 채택하도록 유도한다.

글로벌 경제 변화와 공급망 재편

글로벌 경제 변화와 공급망 재편은 미-중 패권분쟁과 자국우선주의의 가장 직접적인 영향을 받는 영역이다. 이에 따라 전통적인 글로벌화에서 탈글로벌화(Deglobalization)와 지역화(Regionalization)로의 전환이 가속화되고 있다.

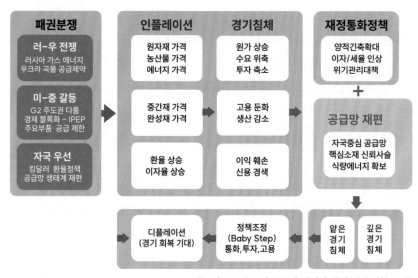

<Copyright by SH Lee>   [그림 1-12 글로벌 공급망 재편과 세계 경제 영향 사례]

위 사례는 자국우선주의와 패권 분쟁, 인플레이션, 경기침체가 글로벌 경제에 미치는 복잡한 영향을 종합적으로 보여준다. 이는 각국이 자국 중심의 공급망 재편과 핵심 자원의 확보를 강화하고, 경제 정책을 조정하며 경기 회복을 모색하는 상황을 시사한다.
그러나 이러한 변화는 글로벌 경제 협력을 약화시키고 지역 간 경제 양극화를 심화시키며, 장기적으로 새로운 경제 질서의 형성을 가속화할 것이다.

패권 분쟁의 심화

러시아-우크라이나 전쟁은 가스와 에너지 공급의 불안정성을 초래하며, 글로벌 에너지 가격 상승과 경제적 긴장을 유발하고 있다. 우크라이나는 곡물 수출 주요국으로, 전쟁으로 인해 글로벌 농산물 공급망에도 충격을 주고 있다.

미-중 간 패권 경쟁은 G2(미국과 중국) 간 경제 블록화를 심화시키고, 주요 부품과 원자재의 공급 제한으로 이어졌다. 이는 반도체, 희토류 등 핵심 자원의 공급망 불안정을 악화시키며, 미국 중심의 자국 공급망 강화 정책(자국우선주의)을 가속화했다.

인플레이션과 경기침체

에너지 및 농산물 가격의 급등은 중간재와 완성재의 가격 상승으로 이어져 글로벌 공급망 전체에 부정적인 영향을 미치고 있다. 원가 상승과 수요 위축은 기업들의 투자를 축소시키며, 고용 감소와 생산량 하락을 유발하여 글로벌 경제는 깊은 경기침체의 위험에 직면하고 있다. 인플레이션 억제를 위해 미국과 주요 국가들은 금리 인상과 긴축적 재정 정책을 시행하고 있다단기적으로는 경기가 위축되고 있으나, 장기적으로 경기 안정을 목표로 한다.

공급망 재편의 방향

자국우선주의는 각국이 글로벌 공급망 의존도를 줄이고, 핵심 소재 및 기술의 자국 내 확보를 목표로 하게 만들었다. 미국은 반도체, 전기차 배터리, 희토류 등 전략 자원 공급망을 북미 지역 중심으로 재편하고 있다. 식량과 에너지 자원의 확보는 국가 안보와 직결되며, 각국은 자급자족 체계 구축을 강화하고 있다. 이러한 변화는 공급망의 신뢰성과 지속 가능성을 높이는 동시에, 국제 협력의 필요성을 증대시킨다.

미래 전망

경기침체의 압박 속에서도 각국은 완화된 정책(Baby Step)을 통해 투자와 고용을 회복하려 하고 있다. 디스플레이션(물가 상승 둔화)과 안정적인 성장으로 이어지는 것이 최종 목표이다. 자국 중심의 공급망 강화와 블록화가 지속되며, 국제 무역의 양극화와 지역화가 심화될 전망이다.

자국우선주의로 인한 공급망 갈등

미국의 자국우선주의(America First) 정책은 글로벌 공급망 재편의 핵심 원인으로 작용하며, 보호무역과 국가 안보 중심 전략을 통해 국가 간 경제적 긴장과 산업별 공급망 재구축을 촉진하고 있다. 미중 기술 경쟁, 자원 확보 갈등, 지정학적 리스크와 같은 문제는 미국 중심의 새로운 산업 및 상품 공급망 동맹을 형성하는 계기가 되고 있다.

<Copyright by SH Lee>   [그림 1-13 글로벌 공급망 동맹과 전망]

공급망 동맹의 특징은 글로벌 경제 구조의 재편을 가속화하고 있다.
미국은 동맹국과의 협력을 통해 핵심 산업의 안정성을 확보하고, 첨단 기술 분야에서 주도권을 강화하고 있다. 특히, 반도체와 전기차 배터리 같은 전략적 자원의 국지화는 자국 중심의 생산 체계를 강화하는 동시에 동맹국과의 기술 협력을 통해 시너지를 창출한다. 지역화된 경제 블록은 기존 글로벌화에서 벗어나 각 지역의 자급자족 비율을 높이며, 지정학적 리스크를 최소화하고 있다. 북미, 아시아, 유럽은 경제와 기술 협력을 강화하며 지역 내 순환형 공급망을 구축하고 있다. 이러한 변화는 ESG와 지속 가능성의 확대와 결합하여 친환경 기술과 정책을 중심으로 한 새로운 경제 질서를 형성하고 있다.

주요 공급망 갈등 요인

미-중 갈등과 기술 분쟁 : 미국은 반도체, 5G, AI와 같은 첨단 기술 산업에서 중국의 부상을 견제하기 위해 중국 기업에 대한 제재를 강화하고 있다. 반도체 공급망은 미국, 대만, 일본, 한국 중심으로 재편되고 있으며, 중국은 자체 기술 공급망 구축을 가속화하고 있다.

친환경 기술 및 자원 갈등 : 전기차 배터리와 희토류 등 핵심 자원에서 중국 의존도를 줄이고자 미국은 호주, 캐나다와 협력을 강화하며, 자원 확보와 공급 안정성을 준비한다.

지정학적 리스크와 제조업 리쇼어링 : 러-우 전쟁, 대만 문제 등 지정학적 갈등은 미국이 제조업 리쇼어링 정책을 강화하는 계기가 되었다. 베트남, 멕시코 등 신흥 시장이 중국을 대체하는 생산 허브로 부상하며, 미국 내 첨단 제조업의 복귀가 진행 중이다.

산업별 공급망 동맹의 변화

반도체 산업 : 미국은 반도체 동맹(Chip 4 Alliance)을 통해 대만, 일본, 한국과 협력하며 반도체 공급망을 재편하고 있다. 미국 내 반도체 제조 설비 투자(예: TSMC, 삼성, 인텔의 공장 건설)를 확대하며, 중국 의존도를 줄이고 있다.

전기차 및 배터리 산업 : IRA(인플레이션 감축법)을 통해 전기차 배터리 공급망을 북미 중심으로 재구축하고 있다. 북미나 동맹국에서 생산된 원료만 세제 혜택을 받을 수 있도록 하며, 캐나다, 호주 등과 자원 협력을 강화하고 있다. 유럽 및 일본과의 협력도 확대해 기술 공유와 생산 최적화를 추구하고 있다.

청정에너지 및 친환경 기술 : 미국은 풍력, 태양광 등 재생에너지 산업에서 중국 의존도를 줄이고, EU, 일본 등과 협력하여 친환경 기술을 개발하고 상용화하고 있다. 또한, 자국 내 청정에너지 생산 인프라를 강화하고 있다.

희토류 및 자원 산업 : 중국이 세계 희토류 생산의 60% 이상을 차지하고 있는 상황에서, 미국은 호주, 캐나다와 협력하여 희토류 채굴 및 가공 산업을 자국 및 동맹국 중심으로 재편하고 있다.

미래 공급망 체계의 방향

위 여섯 가지 변화는 현재의 산업 및 물류 환경에서 발생하고 있는 흐름을 반영하고 있으며,
미래 공급망 체계를 효율적이고 유연하게 구축하는 데 필요한 방향성을 제시하고 있다.
이러한 변화는 디지털화, 자동화, AI 활용, 고객 중심 접근 등 현대적인 공급망 요구를
충족시키는 핵심 요소이다.

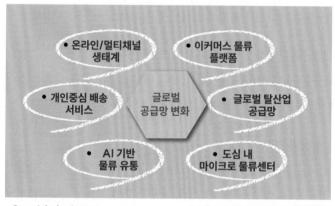

\<Copyright by SH Lee\>   [그림 1-14 미래 공급망 체계의 방향]

폴 크루그먼(Paul Krugman) – 노벨 경제학상 수상자인 그는 "글로벌 공급망은 현대 경제의
복잡성과 상호 의존성을 가장 잘 보여주는 예시"라고 강조했다.

마이클 포터(Michael Porter) – 경쟁 전략의 대가인 그는 "효율적인 공급망 관리는 기업
경쟁력의 핵심 요소이며, 이를 통해 가치 사슬 전반에서 우위를 확보할 수 있다"고 말했다.

조지프 스티글리츠(Joseph Stiglitz) – 노벨 경제학상 수상자인 그는 "글로벌 공급망의 불균형은
경제적 불평등을 심화시키며, 이는 지속 가능한 발전을 저해한다"고 언급했다.

온라인/멀티 채널 공급망 생태계 완성 : 온라인 중심의 공급망은 디지털 전환과 전자상거래의 성장에 따라 점점 중요해지고 있다. 온라인 쇼핑의 급격한 증가로 물류 시스템의 디지털화와 연결성이 필수적이다. 통합 플랫폼, 실시간 트래킹, 자동화 기술을 통해 공급망 생태계를 구축하면 주문에서 배송까지의 과정이 더욱 효율적이고 투명해진다.

이커머스 물류 플랫폼 강화 : 이커머스의 성장과 함께 이를 지원하는 물류 플랫폼의 역량 강화가 필수적이다. 다양한 고객의 요구를 충족시키기 위해 신속하고 정확한 물류 서비스가 필요하다. AI 및 빅데이터를 활용한 주문 예측, 효율적인 창고 관리, 라스트 마일 배송 최적화 등의 기술이 활용된다. 이를 통해 물류 비용을 절감하고 고객 만족도를 높일 수 있다.

탈산업 글로벌 공급망 출현 : 전통적인 산업 중심에서 벗어나 보다 유연하고 분산된 글로벌 공급망이 나타나고 있다. 기후 변화, 지정학적 리스크, 팬데믹 등 외부 변수에 대응하기 위해 공급망의 유연성과 적응력이 요구된다. 지역 간 공급망 다변화, 탈중앙화된 생산 구조, 리쇼어링(국내 회귀 생산)과 니어쇼어링(인접국 생산)을 통해 리스크를 줄이고 효율성을 확보할 수 있다.

마이크로 풀필먼트 센터 구축 : 소규모 지역 중심의 풀필먼트 센터는 물류의 효율성과 속도를 높이는 데 중요한 역할을 한다. 도심 근처에 분산된 소규모 풀필먼트 센터는 라스트 마일 배송 문제를 해결하는 효과적인 방법이다. 도심지 근처의 풀필먼트 센터를 통해 당일 배송과 같은 빠른 물류 서비스를 가능하게 하고, 물류 비용 절감 및 고객 만족도를 극대화할 수 있다.

AI 기반 물류경로와 재고관리 : AI를 활용한 물류 최적화와 재고 관리는 공급망의 핵심 요소로 자리잡고 있다. AI는 복잡한 물류 경로를 최적화하고, 예측 모델을 통해 재고를 효율적으로 관리한다. AI 기반의 경로 최적화는 연료 소비를 줄이고 배송시간을 단축하며, 재고 최적화는 과잉 재고와 부족 재고를 방지하여 비용을 절감한다.

고객 중심의 물류 체계 : 고객의 요구에 맞춘 물류 시스템 구축은 공급망 혁신의 최종 목표이다. 고객 경험이 비즈니스 성공의 중요한 요소가 되고 있는 만큼, 고객 중심 접근법이 필수적이다. 고객이 주문 상태를 실시간으로 확인할 수 있도록 하고, 유연한 배송 옵션과 개인화된 서비스(예: 배송 시간 예약)를 제공함으로써 고객 만족을 증대 시킨다.

녹색 대전환

녹색 대전환의 배경

지구온난화로 인해 발생하는 환경문제들은 궁극적으로 지구 생태계를 위협한다. '녹색 대전환(Green Transformation)'은 지구환경 보호와 지속 가능한 발전을 위해 에너지, 농업, 산업 등 경제, 사회, 도시 구조, 소비 행태 등 전 영역에서 친환경적으로 패러다임을 전환하는 것을 의미한다.

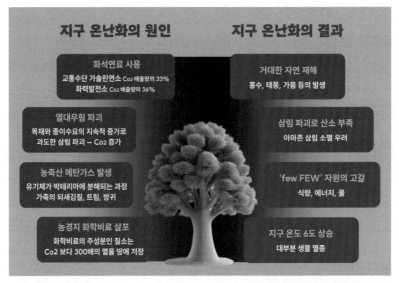

<Copyright by SH Lee>   [그림 1-15 지구온난화에 따른 생태계 파괴 영향]

지구온난화로 인한 생태계 붕괴는 인간 사회와 경제 시스템에 큰 충격을 주고 있다. 이에 따라 산업 구조는 친환경 중심으로 전환되며, 정부는 탄소중립 목표와 환경 규제를 강화하고 있다. 기업은 ESG 경영을 실천하며 지속 가능한 성장 모델을 채택하고, 시민사회는 지속 가능한 소비와 행동 변화를 이끌고 있어 기후 위기 대응이 가속화되고 있다.

환경적으로, 기후 변화로 인해 많은 생물이 서식지를 잃거나 환경 변화에 적응하지 못해 멸종 위기에 처하고 있다. 북극곰의 서식지 축소와 산호초 백화현상이 대표적인 사례이며, 이는 생태계 균형을 위협한다. 극단적인 기상 현상인 홍수, 가뭄, 태풍, 산불 등이 점점 더 빈번해지며 생태계를 파괴하고 인간의 삶에도 심각한 영향을 미친다. 특히, 해수 온도 상승과 산성화는 산호초의 생태계를 파괴하고 어류 개체 수를 급격히 줄이며, 어업 의존도가 높은 지역 사회의 생계를 위협한다. 이러한 환경적 변화는 생물 다양성을 감소시키고, 지구 생태계의 복원력을 약화시키고 있다.

사회적으로, 해수면 상승, 가뭄, 폭염 등으로 인해 거주지를 잃는 기후 난민이 급격히 늘어나고 있다. 이러한 난민들은 이주 과정에서 갈등과 사회적 문제를 야기하며, 이는 글로벌 차원의 복잡한 문제로 확대되고 있다. 또한, 기후 변화로 인한 피해는 주로 저소득층과 개발도상국에 집중되며, 기후 정의 문제와 함께 사회적 불평등을 심화시키고 있다. 대기 오염과 전염병 확산, 열사병과 같은 건강 문제도 증가하고 있으며, 이는 특히 어린이와 노약자 등 취약 계층에 심각한 영향을 미친다.

경제적으로, 이상 기후로 인해 농업 생산성이 저하되어 주요 곡물의 생산량이 줄어들고 있으며, 이는 식량 가격 상승과 글로벌 식량 안보 위기로 이어지고 있다. 지속적인 기온 상승은 물, 토양, 에너지 자원의 효율적 사용을 어렵게 만들어 자원 고갈 문제를 더욱 심화시키고 있다. 자연재해와 환경 복구에 드는 비용이 증가하며, 일부 지역에서는 기후 변화로 인해 거주와 생산 활동이 불가능한 상황에 이르렀다. 이는 경제적 불안정을 초래하고, 개발도상국이나 취약 지역에서는 빈곤이 악화되는 결과를 낳고 있다.

지구온난화로 인한 생태계 파괴는 기존 패러다임에 도전장을 던지며 경제, 산업, 사회 전반에 지속 가능성을 중심으로 한 변화와 혁신을 요구하고 있다.
기업과 정부는 환경 중심의 정책과 기술 혁신을 통해 문제 해결에 나서고, 소비자와 시민은 지속 가능한 삶의 방식을 선택하며 변화에 동참하고 있다.

지구 온난화의 원인 - 인재(人災)

지구 온난화는 자연의 경고이자 인간 경제 활동의 부작용으로, 산업화와 경제 성장이 만들어낸
비대칭적 결과물이다. 화석연료 중심의 에너지 소비와 대량 생산·소비 체제는 경제적 번영을
가져왔지만, 그 대가로 생태계의 균형을 무너뜨렸다. 인간이 자연을 지배하려는 태도와
자원 남용은 기후 위기를 가속화했으며, 이를 극복하기 위해서는 친환경 기술 개발,
지속 가능한 소비, 그리고 자연과의 조화를 회복하는 노력이 필요하다.

<Copyright by SH Lee>   [그림 1-16 지구온난화의 원인]

지구 온난화는 인간 활동의 누적된 결과물로, 우리가 직면한 가장 중대한 도전 중 하나이다.
화석연료의 사용, 열대우림 파괴, 농축산업의 메탄가스 배출, 화학비료의 과도한 사용은
온실가스를 증가시키며 지구 생태계를 위협하고 있다. 빌 게이츠는 "기후 변화는 우리가 당장
해결해야 할 복잡한 문제지만, 동시에 가장 큰 기회이기도 하다"고 말하며, 기술 혁신과
지속 가능한 에너지로의 전환이 핵심이라고 강조했다.
이제 우리는 더 이상 뒤로 물러설 수 없으며, 환경 문제 해결에 있어 개인과 기업, 국가 모두가
함께 노력해야 할 시점이다.

화석 연료 사용 : 화석 연료는 현대 산업 사회의 근간을 이루는 에너지원이지만, 그 사용은 지구온난화의 주요 원인으로 작용하고 있다. 교통수단의 가솔린 연소는 전체 이산화탄소 배출량의 33%를, 화력 발전소는 36%를 차지한다. 녹색 대전환의 첫 번째 과제는 재생 가능 에너지로의 전환이다. 태양광, 풍력, 수소 에너지와 같은 친환경 에너지를 적극적으로 도입해야 한다. 에너지 저장 기술(ESS), 스마트 그리드 시스템, 전기차와 대중교통의 보급 확대, 건물의 에너지 효율 개선 등 기업과 소비자 모두가 참여해야 한다.

열대우림 파괴 : 열대우림은 탄소를 흡수하고 산소를 생산하는 지구의 '허파' 역할을 하는 중요한 생태계이다. 목재와 종이 수요의 증가로 열대우림이 과도하게 파괴되고 있다. 삼림 파괴는 생태계의 균형을 무너뜨리고, 탄소 흡수량을 감소시키며 이산화탄소 배출량을 늘리는 결과를 초래한다. 삼림이 파괴되면서 야생 생물의 서식지가 사라지고, 생물 다양성도 급격히 줄어들고 있다. 삼림 벌채를 줄이고, 친환경 인증 목재와 종이를 사용하도록 장려하며 파괴된 숲을 복원하는 노력이 필요하다.

농축산 메탄가스 발생 : 가축의 트림, 방귀, 분뇨 처리 과정에서 발생하는 메탄가스는 이산화탄소보다 강력한 온실가스이다. 메탄가스는 동일한 양의 이산화탄소보다 약 25배 강한 온실 효과를 미친다. 해결 방법으로 식물 기반 대체 식품의 개발 및 소비를 장려해야 한다. 최근에는 콩, 완두 등 식물성 원료를 이용한 대체육이 상용화되며 축산업 의존도를 낮추고, 메탄 배출을 줄이는 데 기여한다. 가축의 사료에 메탄 배출을 억제하는 첨가제를 사용하는 등의 기술 개발도 중요하다.

농경지 화학비료 살포 : 화학비료는 농업 생산성을 높이는데 기여했지만 생태계에 심각한 부작용을 초래한다. 질소는 토양에 이산화탄소를 저장하는 과정에서 강력한 온실가스인 아산화질소를 방출하고 아산화질소는 이산화탄소보다 약 300배 강한 온실 효과를 가진다. 화학비료 대신 자연 비료나 바이오 기반 대체제를 사용하는 것이 필요하다. 예를 들어, 퇴비나 녹비 작물을 사용하면 화학비료 의존도를 줄일 수 있다. 스마트 농업 기술을 통해 비료 사용량을 정확히 조절하고, 농업 폐기물을 에너지로 전환하는 자원순환 기술의 도입이 필요하다.

지구 온난화의 결과 - 생태계 파괴

지구 온난화는 단순한 기후 변화가 아니라, 인간과 자연, 경제 간의 복잡한 균형이 무너진 결과로 나타난 위기이다. 해수면 상승과 기상이변은 생태계를 위협할 뿐 아니라, 농업, 산업, 인프라 등 경제 구조 전반에 치명적인 영향을 미친다. 이는 인간의 삶의 방식을 근본적으로 재고하도록 요구하며, 지속 가능한 발전 모델로의 전환이 필수적임을 시사한다.

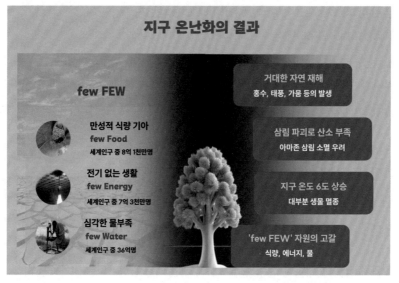

<Copyright by SH Lee>   [그림 1-17 지구온난화의 결과]

극단적인 기후 현상은 홍수, 가뭄, 태풍과 같은 자연재해를 빈번하게 만들고, 생태계뿐 아니라 인간의 생존에도 심각한 위협이 되고 있다. 유엔환경계획(UNEP)은 생태계 붕괴를 단순한 환경 문제가 아니라 인류의 지속 가능성과 직결된 문제로 경고하며, 자연 복원과 보전의 중요성을 강조한다. 식량, 물, 에너지 부족 현상은 사회적 불평등과 경제적 불안정으로 연결되고 있다. 그러나 이러한 위기는 친환경 기술 개발과 재생에너지 산업 성장의 기회로 전환될 수 있으며, 환경 산업은 지속 가능한 미래를 위한 핵심 동력이 될 수 있다.

자연재해 - 극단적 기후 현상 증가

지구온난화로 인해 홍수, 태풍, 가뭄 등 자연 재해가 빈번해지고 강도가 증가하며, 인명 피해와 재산 손실이 급증하고 있다. 해수면 상승은 해안 도시를 위협하고, 폭염과 한파는 농작물 피해와 에너지 소비 증가를 초래한다. 온실가스 배출을 획기적으로 줄이고 재생 가능 에너지로 전환해야 한다. 재난 복원력을 높이는 인프라와 기후 적응 기술(홍수 방지 시스템, 해안 보호 시설 등)을 개발하여 자연 재해로 인한 피해를 최소화해야 한다.

산소 부족 - 삼림 파괴와 탄소 흡수 능력 상실

삼림 파괴는 지구의 탄소 흡수 능력을 약화시키고 산소 풀필먼트 센각한 영향을 미친다. 아마존 삼림의 소멸 우려는 산소 부족과 탄소 농도 증가를 동시에 초래하며, 생물 다양성 상실로 생태계의 균형도 무너지고 있다.
지속 가능한 산림 관리와 재조림 프로젝트를 확대해야 한다. 친환경 인증 목재와 종이 사용을 장려하고 불법 벌채를 방지하며, 탄소 배출권 거래와 같은 제도를 통해 삼림 보존을 위한 자금을 조달해야 한다.

생물 멸종 - 생태계 붕괴

지구 온도가 6도 상승할 경우 대부분의 생물이 서식지를 잃고 멸종 위기에 처할 것으로 예상된다. 서식지 파괴와 기후 변화는 생물 다양성을 급격히 감소시키며, 이는 생태계 균형 붕괴로 이어진다. 생물 다양성을 보존하기 위해 보호 구역을 확장하고 멸종 위기종 복원을 위한 국제적 협력을 강화해야 한다. 서식지 복구 기술과 생태계 복원 정책을 도입하며, 탄소 배출 감소와 기후 변화 완화를 통해 생물 서식지를 보호해야 한다.

자원 고갈 - 식량, 에너지, 물 부족

식량농업기구(FAO)에 따르면 약 8억 1천만 명이 기아 상태에 있다. 기후 변화로 농업 생산성이 저하되고 가뭄과 홍수로 농작물 피해가 증가한다. 약 7억 3천만 명이 전기 없이 생활하며 폭염과 한파로 에너지 수요가 증가한다. 약 36억 명이 물 부족으로 고통받고 있다. 강수량의 변화, 가뭄, 오염은 물 자원 위기를 심화시킨다.

환경산업은 미래 신성장 동력

'Go-Green!' - 녹색으로 가야 한다.

녹색 이슈는 순수 환경산업에 국한되지 않고, 전방위 산업에 걸쳐 핵심 과제로 부상하고 있다.

'Green is Green' - 그린은 돈이다.

녹색은 곧 돈(USD)이 되는 시대가 열리고 있다. 환경산업은 더 이상 비용을 수반하는 선택이 아닌, 미래를 위한 필수적이고 강력한 신성장동력으로 자리 잡고 있다.

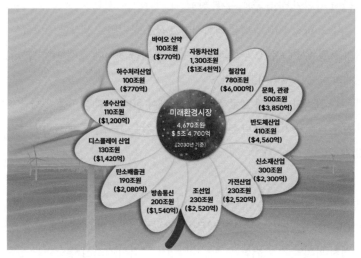

<Copyright by SH Lee>   [그림 1-18 환경산업의 규모]

'Green is Great Market' - 그린은 거대한 시장이다.

2030년 전방위 산업의 녹색 시장 규모는 4천 670조원으로 세계 반도체 시장 규모의 약 2.5배이다. 미래의 녹색시장은 위기가 아니라 무한한 기회이다.

'Green Ecomagination' - 그린은 상상으로 실현한다.

환경(ECO)과 상상력(Imagination)을 결합한 개념으로, 친환경 기술과 혁신을 통해 경제적 가치와 환경적 가치를 동시에 창출하려는 접근을 의미한다.

환경 문제 해결, 새로운 비즈니스 기회 창출, 글로벌 경쟁력에 기여한다.

녹색 시장과 상품

지속 가능한 제품과 서비스를 중심으로 빠르게 성장 중인 전기차와 수소차는
미래 교통 시장의 중심으로, 에너지 효율성과 환경친화적 기술을 기반으로 확대되고 있으며,
신소재 및 자원 관리 재활용 소재와 탄소중립 제품은 기존 산업을 혁신하며, 탄소배출권
거래 시장도 지속 성장 중이다. 또한, 문화/관광 산업은 친환경 관광과 문화 콘텐츠로 소비자
가치 변화에 맞춰 새로운 시장을 창출하고 있다.

녹색 기술

환경산업의 혁신을 주도하며 지속 가능한 경제 전환을 가능하게 한다. 태양광, 풍력, 수소 등
재생 에너지 기술은 에너지 시장의 탈탄소화를 이끌고 있다. 스마트 농업 기술은 물과 에너지
효율을 극대화하고 탄소 배출을 획기적으로 줄이고 있다.
스마트 그리드, ESS 에너지 저장 시스템 등을 이용하여 에너지 소비를 최적화한다.
탄소포집하고 저장하는 기술은 온실가스 감축 목표를 실현할 열쇠다.

녹색 일자리 창출

새로운 기술과 인프라 구축으로 다양한 일자리를 창출한다.
태양광, 풍력, 수소 에너지 생산 및 유지보수 분야 및 신소재 개발, 재활용과 자원 관리 분야,
친환경 관광, 도시 재생, 생태계 복원 분야에서도 전문적인 일자리가 급증하고 있다.

글로벌 경쟁력

녹색 기술과 시장 선점은 국가와 기업의 글로벌 경쟁력을 좌우하는 핵심 요소다. 탄소중립
목표와 탄소세 도입 등 규제가 강화되면서, 녹색 기술 보유 기업이 시장에서 우위를 점하고
있다. 또한, 친환경 제품과 서비스는 글로벌 시장에서 수요가 증가하고 있으며, 특히 유럽과
북미 지역에서 탄소중립을 충족하는 제품이 높은 가치를 인정받고 있다. 각국은 녹색 기술
R&D에 집중 투자하여, 글로벌 환경 시장의 리더십을 강화하고 있다.

'녹색은 미래이며 경쟁력이자 생존의 문제이다.'
환경산업은 녹색시장과 기술을 통해 새로운 경제적 가치를 창출하고, 녹색 일자리를 통해
사회적 가치를 확산하며 글로벌 경쟁력을 강화하고 있다.
녹색전환은 단순한 환경보호를 넘어 경제와 사회 전반을 지속 가능한 방향으로 전환하는
열쇠가 되며, 환경 기술을 선도하는 국가가 글로벌 리더십을 가지고 성장을 주도할 것이다.

⬡ 사회 대전환

사회 대전환의 배경

현대 사회는 정치·경제·문화의 급격한 변화 속에서 새로운 방향성을 요구받고 있다.
한국 사회 또한 뿌리 깊은 갈등, 후진적 국민의식, 왜곡된 시장경제라는 구조적 문제에
직면하고 있다. 이러한 도전은 위기이자 기회로 작용할 수 있으며, 사회적 통합과 경제 혁신,
공공의식 제고를 통해 새로운 미래를 설계할 수 있다. 이제, 한국 사회는 포용적이고
지속 가능한 대전환을 이루어야 할 시점이다.

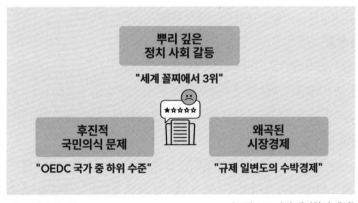

<Copyright by SH Lee>   [그림 1-19 사회 대전환의 배경]

뿌리 깊은 정치·사회 갈등: 세대, 계층, 성별 간 갈등을 완화하려면 소통과 통합 문화를
확대하고, 정치 개혁과 사회적 대화 체계를 구축해야 한다.
후진적 국민의식 문제: 공공 의식과 윤리 교육을 강화하고, 지역 사회 협력 문화를 활성화하여
공동체 의식을 높이며, 배려와 공감을 중심으로 캠페인과 정책을 추진해야 한다.
왜곡된 시장경제: 신산업 규제를 혁신하고, 유연한 노동시장을 통해 고용 안정과 생산성을
높이며, 중소기업과 스타트업을 지원해 공정 경제를 구축해야 한다.

뿌리 깊은 정치·사회 갈등

갈등지수 세계 3위로 평가되며, 정치적 양극화, 세대 갈등, 젠더 문제, 지역 간 대립 등 다양한 갈등이 한국 사회를 분열시키고 있다. 정치적 당파 싸움은 국민 신뢰를 약화시키며, 생산적 대화를 가로막고 있다. 이러한 분열은 국가적 목표 설정과 실현을 어렵게 만들며, 사회적 비용을 증가시킨다. 특히 젠더 갈등은 성별 간 역할과 권리에 대한 상반된 의견 차이로 인해 사회적 논란을 일으키고 있으며, 세대 간 갈등은 청년층과 고령층의 상호 이해 부족과 자원 배분의 불균형으로 확대되고 있다. 또한 수도권과 지방 간 경제적·사회적 격차는 지역 간 경쟁과 불만을 심화시키고 있다. 이러한 갈등은 국가의 사회적 자본을 훼손하며, 공동의 목표를 이루는 데 걸림돌로 작용하고 있다.

후진적 국민의식 문제

OECD 37개국 중 국민의식 수준 세계 26위로, 사회적 책임감 부족과 개인주의적인 태도가 문제로 지적된다. 배려와 공감 부족, 기본 규범 무시는 공공질서를 해치고, 사회적 연대를 약화시킨다. 국민 개개인의 공공성 결여는 사회적 불평등과 상호 불신을 심화시키고 있다. 특히 공익보다 사익을 우선시하는 태도는 사회적 신뢰를 떨어뜨리고, 공동체의 발전을 저해하고 있다. 이는 단순한 개인의 문제를 넘어 사회 전반에 걸쳐 공공 의식의 부재로 이어지며 공동체의 지속 가능성을 위협하고 국가적 성장 잠재력을 약화시킬 우려가 크다.

왜곡된 시장경제

한국은 규제 일변도의 경제 구조로 인해 혁신과 성장이 정체된 "씨 없는 수박 경제"로 비유된다. 과도한 규제는 신산업과 창업의 발목을 잡고, 기업 활동의 유연성을 저해하고 있다. OECD 최하위권의 노동 생산성과 노동시장의 경직성과 지나치게 대립적인 노사 관계는 기업의 경쟁력을 약화시키며, 생산성과 고용 창출에도 부정적인 영향을 미친다. 대기업 중심의 경제 구조는 중소기업의 경쟁력을 약화시키고, 경제 전반의 다양성과 유연성을 낮추고 있다. 더 나아가, 급변하는 글로벌 경제 환경에 대응하지 못하는 구조적 문제는 한국 경제의 지속 가능성을 위협하고 있다. 친환경 기술과 디지털 경제로 전환이 요구되는 시점에서, 왜곡된 시장경제는 미래 산업을 준비하는 데 심각한 장애물이 되고 있다.

뿌리깊은 정치사회갈등

사회갈등의 실태를 파악하는 것은 사회 통합과 지속 가능한 발전의 출발점이다.
갈등은 단순한 대립이 아닌 불평등, 권력 분배, 인간 존엄성과 정의의 문제를 드러낸다.
이를 정확히 이해하고 진단해야 구조적 문제를 해결할 수 있다. 실태 조사는 사회적 약자의
목소리를 반영하고, 대화를 기반으로 상생의 해법을 모색하며, 건강한 민주주의와
포용적 사회를 구축하는 핵심적 역할을 한다. 갈등은 변화의 원동력이자 공존의 윤리를
탐구할 기회를 제공한다.

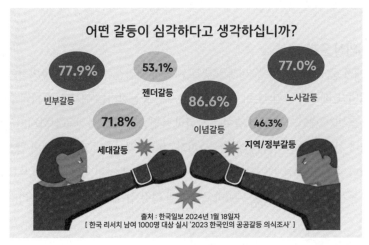

[그림 1-20 한국의 사회 갈등 의식조사 결과]

사회갈등을 대전환하기 위해선 구조적 변화와 포용적 접근이 필요하다.
첫째, 사회적 대화 플랫폼을 구축해 다양한 집단이 참여하는 공론의 장을 마련해야 한다.
둘째, 교육과 의식 전환을 통해 갈등의 본질을 이해하고 상호 존중 문화를 확산시켜야 한다.
셋째, 포용적 정책과 제도 개선을 통해 불평등을 줄이고, 약자와 소외된 집단의 권익을
보장해야 한다.
마지막으로, 갈등을 변화의 동력으로 삼아 창의적이고 협력적인 해결 방안을 모색해야 한다.
이러한 전환은 사회 통합과 지속 가능성을 높이는 새로운 출발점이 될 것이다.

이념 갈등

'2023 한국인의 공공갈등 의식조사'에 따르면, 응답자의 86.6%가 진보와 보수 세력 간의 이념 갈등이 심각하다고 인식했다. 이는 2019년부터 이념 갈등이 가장 심각한 갈등 유형으로 부상한 이후 정치적 대립과 사회적 분열이 이념 갈등을 더욱 심화시키고 있다.

빈부 갈등

같은 조사에서 빈부 갈등이 심각하다는 응답은 77.9%로 나타났다. 2013년 86.1%에 비해 다소 감소한 수치이지만, 여전히 많은 국민이 경제적 불평등을 중요한 사회 문제로 인식하고 있다. 소득 격차와 자산 불평등이 사회적 긴장의 원인으로 작용하고 있다.

노사 갈등

노사 갈등에 대한 인식도 여전히 높다. 통계청이 발표한 '2023 한국의 사회지표'에 따르면, 국민의 68.9%가 근로자와 고용주 간의 갈등이 심각하다고 응답했다. 노동 환경의 변화와 고용 불안정성이 지속되면서 노사 간의 대립이 계속되고 있음을 시사한다.

세대 갈등

세대 간 갈등에 대한 인식도 증가하고 있다. 같은 조사에서 국민의 55.2%가 세대 갈등이 심각하다고 응답했다. 특히 젊은 세대와 기성 세대 간의 가치관 차이와 경제적 기회에 대한 불만이 갈등의 주요 원인으로 지목된다.

젠더 갈등

젠더 갈등에 대한 인식도 주목할만하다. '2023 한국인의 공공갈등 의식조사'에 따르면, 남녀 갈등이 심각하다는 응답은 2013년 47.5%에서 2023년 67.2%로 크게 증가했다. 성평등에 대한 사회적 논의가 활발해지면서 남녀 간의 갈등이 부각되고 있음을 보여준다.

지역 - 정부 갈등

지역과 중앙정부 간의 갈등도 중요한 사회적 이슈로 대두되고 있다. 수도권과 지방 간의 불균형 발전과 자원 배분의 불공정성에 대한 불만이 지역 - 정부 갈등의 주요 원인으로 작용하고 있다. 지역 주민들의 소외감을 증대시키고, 지역 간 불균형을 심화시키는 요인이 된다.

후진적 국민의식 수준

국민의식 수준은 한 나라의 경제적 성장(GDP)보다 더 중요한 사회적 자산으로
장기간에 걸친 국부를 형성한다. 1년간의 국가 총생산을 의미하는 높은 GDP는 물질적 풍요를
의미하지만, 국민의식 수준은 장기간에 걸쳐 지속되며 GDP 소득수준에 상응하지 못하면
사회적 갈등과 신뢰 부족하게 되고 국가의 지속 가능한 발전이 저해될 수 있다.

<Copyright by SH Lee>   [그림 1-21 한국인의 국민의식]

위의 9가지 국민의식은 한국 사회에서 부정적으로 작용하고 있는 의식과 행동을 상징적으로
보여준다. 이는 한국 사회의 여러 문제를 반영한다. 각 항목별로 그 의미와 사례를 통해
살펴본다.

위 이미지에서는 한국인의 일부 뒤처진 국민의식 수준을 비유적으로 표현하며, 우리 사회가 겪고 있는
다양한 문제들을 시사적으로 담고 있다.
그림 속 등장하는 비유의 키워드들은 포용 부족, 인종 차별, 배타성, 짜탕 문화, 왕따, 기본 예절 부족,
배려 결핍 등을 포함하고 있으며, 현대 한국 사회의 부정적 사회현상을 상징적으로 보여 주는 언어이다.
이러한 비유는 우리 사회가 더 성숙하고 건강한 공동체로 발전하기 위해 해결해야 할 과제를 제시하고 있다.

포용 부족은 다른 사람이나 집단을 받아들이고 이해하려는 태도가 결여된 상태를 말한다. 다문화 가정에 대한 편견, 외국인 노동자와 장애인을 배려하지 않는 사회적 환경 등이 그 예다.

배타성은 자기 집단 외의 사람이나 문화를 배척하는 태도로 나타난다. 지역감정으로 특정 지역 출신 사람들을 차별하거나 학교나 직장에서 다른 배경을 가진 사람들을 소외시키는 행위가 이에 해당한다.

기본 예절 부족은 공공장소나 대인 관계에서 지켜야 할 최소한의 매너가 결여된 상태를 말한다. 예를 들어, 지하철에서 큰 소리로 전화 통화를 하거나 식당에서 쓰레기를 정리하지 않고 떠나는 모습이 여기에 포함된다.

배려 결핍은 타인의 입장을 고려하지 않는 이기적인 행동을 의미하며, 대중교통에서 노약자 좌석을 차지하거나 무리하게 끼어들기를 하는 운전 습관 등이 사례로 들 수 있다.

우기기법은 자신의 주장만 옳다고 고집하며 타인의 의견을 무시하는 태도를 뜻한다. 정치 토론에서 논리나 증거 없이 자신의 입장만 강조하는 모습이 대표적이다.

왕따 문화는 특정 개인을 집단적으로 소외시키고 따돌리는 행위를 말한다. 학교에서 외모나 경제적 배경을 이유로 친구를 따돌리거나 직장에서 특정 동료를 집단적으로 배척하는 경우다.

짜탕 문화는 짜장밥과 탕수육처럼 서로 다른 요소가 섞이지 못하고 대립하거나 조화를 이루지 못하는 경향을 은유적으로 표현한 것이다. 서로 다른 정치적 입장이나 세대 간 가치관 차이로 대화를 거부하거나 협력이 어려운 상황이 이에 해당한다.

떼한민국은 집단적으로 행동하며 자신의 주장을 강요하거나 다수를 동원하는 문화를 의미한다. 특정 집단이 자신들의 요구를 관철시키기 위해 공공장소에서 과도한 시위를 벌이거나 인터넷에서 다수의 의견으로 소수를 공격하는 행위가 그 예다.

9가지 국민의식은 한국 사회의 부정적인 단면을 상징적으로 보여주며, 각각의 문제는 현대 한국 사회의 주요 갈등 요소로 작용하고 있다. 이를 극복하기 위해선 개인과 공동체의 노력이 필요하며, 사회적 성숙을 통해 포용성과 배려, 기본 예절과 조화로운 문화가 자리 잡아야 한다.

왜곡된 시장경제

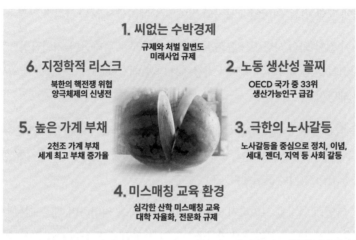

1. 씨없는 수박경제
규제와 처벌 일변도
미래사업 규제

6. 지정학적 리스크
북한의 핵전쟁 위험
양극체제의 신냉전

2. 노동 생산성 꼴찌
OECD 국가 중 33위
생산가능인구 급감

5. 높은 가계 부채
2천조 가계 부채
세계 최고 부채 증가율

3. 극한의 노사갈등
노사갈등을 중심으로 정치, 이념,
세대, 젠더, 지역 등 사회 갈등

4. 미스매칭 교육 환경
심각한 산학 미스매칭 교육
대학 자율화, 전문화 규제

<Copyright by SH Lee>　　　　　　　　　[그림 1-22 왜곡된 시장 경제]

대한민국 경제 문제 중 가장 중요한 요소들은 '씨 없는 수박경제'로 대표되는
과도한 규제'와 '노동 생산성의 한계'로 이어지는 경직된 노동시장이다. 과도한 정부 규제로
인해 시장 자율성이 제한되고, 혁신을 위한 환경이 부족해 신산업과 창업이 위축되고 있다.
예를 들어, IT와 바이오 산업에서의 규제는 신기술의 빠른 상용화를 가로막고 있다.

또한, 노동시장의 경직성과 노사 간 대립은 기업의 경쟁력을 약화시킨다.
기업들이 필요한 생산성을 확보하지 못해 국제 경쟁에서 뒤처지고, 이는 청년 실업률
증가로 이어진다.

따라서, 규제 완화를 통해 기업의 자발적 혁신을 촉진하고, 노동시장의 유연성을 높여야
한다. 이를 통해 기업들이 보다 역동적이고 창의적으로 경제 활동을 할 수 있는
환경을 조성해야 할 것이다.
이 과정에서 신뢰 회복을 통한 노사 협력을 강화하는 것 역시 중요하다.

씨 없는 수박경제 : 대한민국의 경제 구조는 '씨 없는 수박경제'로 비유될 만큼, 겉은 시장 경제의 형태를 갖추고 있지만 속은 규제와 비효율로 인해 성장 동력을 상실하고 있다. 정부의 과도한 규제가 미래산업의 발전을 저해하며, 경제의 자율성을 제한하고 있다. 혁신을 촉진하기 위한 환경이 부족하고, 기업 활동의 유연성도 떨어져 신산업과 창업 생태계가 위축되고 있다.

노동 생산성의 한계 : 대한민국의 노동 생산성은 OECD 33위로 하위권에 머무르고 있다. 특히, 생산 가능 인구의 급감이 예측되는 상황에서 노동시장의 구조적 문제가 심각하게 대두되고 있다. 노동시장은 경직되어 있고, 노사 간 대립은 경제 효율성을 저해하고 있다. 이로 인해 기업의 경쟁력은 약화되고, 장기적으로 국가 경제의 성장 잠재력을 갉아먹고 있다.

극한의 노사 갈등 : 한국 사회는 노사 간의 갈등이 극단적으로 심화되어 있다. 이러한 갈등은 정치적, 경제적, 사회적 신뢰를 약화시키고, 협력을 저해하며 사회적 비용을 증가시키고 있다. 특히, 임금, 근로 조건, 노동시간 등을 둘러싼 노사 간의 갈등은 생산성 향상과 기업의 경쟁력 강화에 어려움을 주고, 국가 경제 발전을 저해하는 요인으로 작용하고 있다. 이러한 노사갈등은 국가 경쟁력을 저하와 사회적 안정과 발전을 위해 필요한 합의 도출을 방해하고 있다.

미스매칭 교육 환경 : 대한민국의 교육 시스템은 산업계의 수요와 심각하게 괴리된 상태이다. 대학교 졸업자의 양적 증가는 이루어졌으나, 질적 경쟁력과 산업계가 요구하는 전문성이 부족하다. 이는 청년 실업률을 높이고, 인재 활용의 비효율성을 초래하고 있다. 더불어, 교육의 지나친 규제와 대학 자율화의 부재는 학문의 다양성과 창의성을 저해하고 있다.

높은 가계 부채 : 한국의 가계 부채는 2천조 원을 넘어섰으며, GDP 대비 부채 비율은 105%로 세계 최고 수준에 달한다. 이는 가계 소비를 위축시키고, 경제의 안정성을 위협하는 주요 요인으로 작용한다. 부동산 중심의 경제 구조와 과잉 대출은 부채 문제를 심화시키고 있으며, 이는 국가 경제 전반의 불안정성을 더욱 가중시키고 있다.

전쟁 위협과 지정학적 리스크 : 북한의 핵 위협과 국제적으로 양극화된 체제는 대한민국의 경제와 안보를 동시에 위협하고 있다. 군사적 긴장과 지정학적 리스크는 투자 환경을 불안정하게 만들고, 경제적 신뢰를 떨어뜨리는 주요 요인이다. 이러한 상황은 대한민국이 글로벌 경제에서 안정적인 위치를 유지하는 데 어려움을 가중시키고 있다.

⬡ 인구구조 대전환

세계의 인구현황 및 전망

세계 인구는 역사상 가장 큰 전환기를 맞이하고 있다. 세계 인구는 2086년 104억 명으로 정점을 찍고 점차 감소할 것으로 보인다. 저출산과 고령화로 인해 생산 가능 인구 감소와 복지 부담 증가가 주요 도전 과제로 떠오르고 있다. 이러한 변화는 인구 수의 문제가 아니라 노동력 부족, 산업 구조 전환, 지역 불균형 심화 등의 사회적·경제적 변화를 초래할 전망이다.

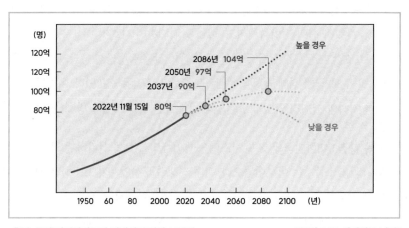

<출처: 유엔 경제사회국의 세계인구 전망 보고서>   [그림 1-23 세계인구 전망]

세계 인구는 2086년 약 104억 명으로 정점에 도달한 뒤 감소할 것으로 예측되고, 선진국에서는 저출산과 고령화로 인구가 감소하는 반면에 아프리카는 지속적인 인구 증가를 기록하며 세계 인구의 중심으로 떠오를 전망이다. 아시아는 증가세 이후 완만한 감소하고, 유럽과 일본 등은 지속적인 감소 추세이다.

한국 인구는 2020년대 초반을 정점으로 하락세로 전환하였으며, 2070년대에는 인구가 약 3700만 명 수준으로 감소할 예정이다. 65세 이상 고령 인구 비중은 2025년 약 20%를 넘어서면서 초고령사회에 진입 중이다.

인구 구조 변화는 인류에게 근본적인 질문을 던지고 있다. 과거 인구 증가는 사회 발전의 상징이었지만, 지속 가능한 발전과 환경 보호의 관점에서 더 많은 인구가 긍정적인 것인지 의문이 제기된다. 반대로 인구 감소는 출산 기피와 결혼 지연 등 개인의 자유로운 선택의 결과로 나타나며, 이는 현대 사회의 가치관이 과거와 근본적으로 달라졌음을 보여준다.

인구 구조 변화는 각국의 정치, 경제, 사회 시스템에 큰 영향을 미친다. 선진국에서는 출산율 저하와 고령화로 인해 노동력 부족, 경제 성장 둔화, 복지 비용 증가의 위기가 가중되고 있다. 한국은 2022년 합계출산율이 0.78명으로 세계 최저를 기록하며, 빠른 고령화 속도가 노동력 감소와 세대 간 갈등을 초래하고 있다. 반면, 아프리카 등 개발도상국은 젊은 인구 비율이 높아 풍부한 노동력을 활용할 가능성이 크다.

경제적으로, 노동 가능 인구의 감소는 생산성 저하와 복지 비용 증가를 초래하며, 선진국의 경제 성장 둔화로 이어질 수 있다. 특히 청년층의 감소는 소비 시장 축소로 연결되며, 국가 경제에 큰 부담을 준다. 반대로, 고령화 사회에서는 실버 산업과 같은 새로운 시장이 형성되고, 인공지능(AI)과 자동화 기술 발전을 통해 노동력 부족을 보완할 기회가 생긴다. 젊은 인구가 많은 지역에서는 생산 기지와 소비 시장으로 성장할 가능성이 있다.

이 변화에 대응하기 위해 국가, 기업, 개인의 협력이 필수적이다. 국가 차원에서는 출산율 증가와 고령화 사회에 적합한 복지 체계를 구축하고, 다문화 사회로의 전환을 준비해야 한다. 이민자와 외국인 노동자를 적극 수용하는 정책도 중요하다. 기업은 고령 인구와 청년층 모두를 위한 제품과 서비스를 개발하며, 기술 혁신을 통해 노동력 감소 문제를 해결해야 한다. 개인은 지속 가능한 소비와 세대 간 협력을 실천하며, 변화에 적극적으로 대응해야 한다.

인구 구조 변화는 위기와 기회를 동시에 제공한다. 이를 극복하기 위해선 국가와 사회가 새로운 균형점을 찾아 지속 가능한 미래를 설계해야 하며, 이러한 변화는 국제 협력과 개인의 적극적인 참여를 통해 가능하다.

한국의 인구 구조의 변화추이

한국의 인구구조는 급격한 변화의 시기를 맞고 있다.

세대별로는 청년층과 생산 가능 인구가 감소하는 반면, 고령 인구는 2060년까지 전체 인구의
약 40%를 차지할 것으로 예상된다. 이는 세대 간 책임과 역할을 재정의하며, 경제적 생산성과
복지 비용 간의 불균형을 심화시키고 있다.

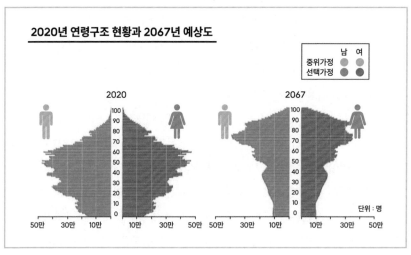

<출처: 통계청>   [그림 1-24 한국 연령 구조 예상]

한국의 인구구조는 급격히 변화하며, 복합적이고 심층적인 사회적 도전을 제기하고 있다.

2020년 연령구조는 젊은 층이 상대적으로 두터운 피라미드 형태를 이루며, 고령층의 비율은
낮은 편이었다. 그러나 2067년에는 고령화와 출산율 저하로 인해 65세 이상의 고령층이 전체
인구의 절반에 가까운 비중을 차지하는 역삼각형 형태로 예상된다. 20세 미만 인구는 급격히
감소하며, 노동 가능 인구(15~64세)는 대폭 축소되어 경제 활력이 약화될 가능성이 높다.

특히, 2067년에는 80세 이상의 초고령 인구가 크게 증가하여 의료와 복지 서비스에 대한
수요가 폭증할 것으로 보인다.

한국 출산율 감소의 주요 원인으로는 혼인율 감소와 청년층의 경제적 불안정성이 꼽힌다. 젊은 세대는 결혼을 부담스럽게 여기는 경향이 커졌고, 이는 결혼과 출산을 직결시키는 보수적 가치관과 맞물려 출생률 감소로 이어지고 있다. 고령 인구는 급속히 증가하고 있다. 베이비붐 세대가 노년층에 진입하며 한국의 고령화율은 현재 15.7%에 도달했으며, 2060년에는 전체 인구의 40%가 노인으로 구성될 것으로 전망된다.

한국 사회는 전통적으로 결혼과 출산을 강하게 연결하는 가치관을 가지고 있어 혼외자 비율이 OECD 최저 수준(1.9%)에 머물러 있다. 이는 유럽 국가들과 뚜렷이 대비된다. 프랑스나 스웨덴 등은 혼외자를 포함한 다양한 가족 형태를 인정하며 출산율을 유지하거나 반등시킨 사례를 보였다.

노동력 감소와 경제 성장 둔화는 한국이 직면한 주요 과제이다. 제조업 중심의 고성장 시대를 가능하게 했던 풍부한 인적자원이 줄어들면서 산업계는 효율성을 극대화할 필요가 있다. 발전된 기계와 AI 기술은 이러한 노동력 부족 문제를 보완할 수 있는 대안으로 제시되고 있으며, 이는 노동 시장 구조를 근본적으로 변화시킬 전망이다. 과거 하나의 직업으로 생계를 유지하던 방식에서 벗어나, 복수의 직업을 가지며 다양한 방식으로 경제 활동에 참여하는 형태가 점차 보편화될 것으로 보인다.

이민자 유입은 또 다른 변화의 축이다. 노동력을 보충하고 인구를 증가시키기 위한 현실적 대안으로 제시되며, 이민자들이 가정을 꾸리고 출산율 증가에도 기여할 수 있다. 다만, 이민자 유입은 문화적 다양성을 확대하는 긍정적 효과와 함께 사회적 갈등과 분란을 초래할 위험도 내포하고 있다. 따라서, 이민자들이 한국 사회에 자연스럽게 통합되고 융화될 수 있는 방안을 마련하는 것이 중요하다.

인구 구조 변화는 단순한 숫자 변화가 아닌, 한국 사회 전반의 경제적, 사회적, 문화적 환경을 근본적으로 바꾸는 요인으로 작용하고 있다. 노동 인구 감소와 고령화, 저출산 문제는 복지 체계와 노동 시장의 혁신을 요구하며, 이민과 다양한 가족 형태 수용은 새로운 인구 정책의 중요한 축이 될 것이다. 이러한 변화 속에서 한국은 사회적 유연성과 문화적 개방성을 바탕으로 지속 가능한 발전을 모색해야 한다.

적정인구

적정인구는 한 국가 또는 지역이 보유한 자원과 사회적 시스템이 경제적·환경적으로 지속 가능한 수준에서 지원할 수 있는 인구 수를 말한다. 적정인구는 단순히 최대 수용 가능한 인구를 뜻하지 않으며, 사회의 경제적 생산성, 환경의 자원 용량, 인프라 수용 능력, 그리고 인구 구성(연령 구조 등)을 종합적으로 고려한 결과로 정의된다.

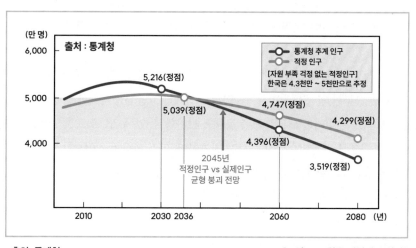

<출처: 통계청>   [그림 1-25 한국 적정인구 전망]

한국에서는 자원 부족과 경제적 부담을 고려할 때, 약 4,300만~5,000만 명이 적정인구로 제시된다. 이는 현재와 미래의 경제 생산성과 사회 안정성을 유지하면서 자원과 환경을 지속 가능하게 관리할 수 있는 범위다.

저출산과 고령화로 인해 실제 인구가 적정인구에 미치지 못할 가능성이 높아지면서 이를 보완할 노력이 경제, 사회, 환경, 기술, 복지 분야에서의 정책적 접근이 필요하다.
이러한 종합적 대응은 대한민국이 인구구조 변화 속에서도 지속 가능한 발전을 이룩하고, 경제적·사회적 회복력을 강화하는 데 기여할 것이다.

노동력 부족 문제를 해결하기 위해 경제적 접근이 우선되어야 한다. 기술 혁신과 로봇, AI의 적극적인 도입을 통해 제조업과 중소기업의 생산성을 높이고, 노동력을 대체할 자동화 시스템을 확대해야 한다. 이민자를 유치하여 노동력을 보완하고, 이민자들이 한국 사회에 자연스럽게 통합될 수 있도록 언어 교육과 직업 훈련 프로그램을 제공해야 한다. 동시에 고령 인구가 경제활동에 더 오래 참여할 수 있도록 재교육과 유연근무제를 도입해 경제적 자립을 지원해야 한다.

사회적 차원에서는 출산율 증가와 보육 지원 강화가 필수적이다. 젊은 세대가 자녀를 낳고 키울 수 있도록 고품질의 보육시설을 확충하고, 부모 친화적인 근무 환경을 조성해야 한다. 학령 인구 감소를 대비하여 교육 시스템을 직업 중심으로 개편하고, 청년층이 경제활동에 빠르게 진입할 수 있도록 지원해야 한다. 또한, 고령화로 심화될 수 있는 세대 간 갈등을 완화하기 위해 세대 간 상호 이해와 협력을 증진하는 사회적 대화와 프로그램이 필요하다.

환경적 관점에서도 인구 변화에 대응한 정책이 중요하다. 자원 관리의 효율성을 높이고 재활용 시스템을 확대함으로써 자원의 지속 가능성을 확보해야 한다. 또한, 인구 이동과 감소를 고려하여 공공 인프라를 효율적으로 관리하고, 에너지 절약형 친환경 도시 설계를 통해 환경 문제를 해결해야 한다. 이러한 노력은 기후 위기 대응과 지속 가능한 사회 구축을 위한 기반이 된다.

기술 분야에서는 디지털 전환과 기술 격차 해소가 핵심 과제다. 스마트 기술과 AI를 활용한 자동화 시스템은 노동력 부족 문제를 해결하는 데 중요한 역할을 하며, 제조업, 서비스업 등 다양한 산업에서 디지털 혁신을 촉진해야 한다. 동시에 고령층과 저소득층 등 디지털 소외 계층을 대상으로 기술 교육을 강화하여 디지털 전환의 혜택을 모든 계층이 누릴 수 있도록 해야 한다.

복지 분야에서는 고령화와 인구 감소로 인한 경제적 부담으로 연금 제도를 개편하고 건강보험을 효율화하여 복지 비용 부담을 줄이고, 건강관리 프로그램과 노인 돌봄 서비스를 확대해야 한다. 기본소득 도입이나 사회적 안전망 강화를 검토하는 것도 중요하다.

노동인구 구조변화와 전망
'로봇인구는 노동인구에 포함되어야 하는가?'

한국은 저출산과 고령화로 인한 노동력 감소라는 심각한 인구구조 변화를 겪고 있다.
이러한 변화는 노동시장과 산업구조에 큰 영향을 미치며, 새로운 해결책을 요구하고 있다.
이에 따라 로봇과 AI 기술이 노동력 부족 문제를 보완하는 핵심 수단으로 떠오르고 있다.
국제로봇연맹에 따르면 2023년 한국은 현재 제조업에서 로봇 밀도 세계 1위를 기록하며,
직원 1만명당 로봇 1,012대를 쓰는 나라로, 로봇 노동인구 1,000만명 시대가 도래했다.

<출처: 조선일보 2025년 1월2일자>   [그림 1-26 로봇 밀도 순위]

기아 오토랜드 전기차 전용 공장에서는 전기차 조립은 로봇이 담당한다.
사람 한두 명이 완전 자동화 로봇 수십대를 작동하고, 주요 공정을 로봇이 처리한다. 대표적인
차체와 배터리 모듈 시스템을 조립하는 공정을 보면, 전기차 몸체가 조립 라인 상부에
도착하면 수십 대의 로봇이 그 밑에서 배터리 시스템을 나사로 조이고 합체한다.
기아 관계자는 "이를 통해 압력을 너무 주거나 혹은 덜 줘서 생기는 각종 사고를 방지할 수
있다."고 했다. 제조업뿐 아니라, 물류, 서비스업 현장에서도 로봇 활용도 100%를 달성한 곳은
적지 않다. 국내 1위 택배업체 CJ 대한통운의 용인 스마트 센터에서는 직원은 35명이 일하고
로봇만 수백 대가 움직인다.

로봇은 대규모 제조업에서 차체 조립과 같은 단순 반복 공정을 처리하며, 중견, 중소기업에서도 작업 효율을 높이는 데 활용되고 있다. 일부 주요 공정에선 '1직원 1로봇'을 훌쩍 넘어 '1직원 N로봇' 시대에 이미 진입했다. 그러나 로봇 기술만으로는 노동인구 감소 문제를 완전히 해결할 수 없으며, 다음과 같은 정책적 접근이 필요하다.

학령제 축소로 조기 노동력 투입

청년들이 조기 졸업 후 노동시장에 진입할 수 있도록 학제를 개편하고, 실질적인 직업 교육과 경제 활동 중심의 커리큘럼을 강화해야 한다. 이는 젊은 인력을 빠르게 경제활동에 투입하는 효과를 가져올 수 있다.

산학 미스매칭 해소

산학 미스매칭은 현장 기술인력의 부족 문제를 악화시키는 요인이다. 기업이 필요로 하는 직무와 기술에 대한 정확한 데이터를 제공하고, 대학과 산업계 간 협력을 강화해 맞춤형 교육과 직업훈련을 제공해야 한다. 반도체 산업의 기술인력 부족은 산학 미스매칭의 대표적 사례다.

고령인구 경제활동 확대

고령인구의 경제활동 참여를 장려하는 정책도 중요하다. 연금 수급 기준 연령을 점진적으로 상향 조정하고, 고령층이 재취업할 수 있도록 직업 훈련과 유연한 근로 환경을 제공해야 한다. 이를 통해 노동력 부족 문제를 완화하고, 고령층의 경제적 자립도 지원할 수 있다.

출산과 보육 지원

저출산 문제 해결은 노동인구 감소를 근본적으로 완화할 수 있는 핵심 과제다. 출산과 보육 지원을 강화해 가정을 이루고 자녀를 낳는 데 따른 경제적 부담을 줄여야 한다. 예를 들어, 출산 장려금 지급, 유연근무제 도입, 보육시설 확충 등은 젊은 세대가 출산을 선택하도록 유도한다.

로봇 노동인력과의 협업

로봇과 AI 기술은 노동력 부족 문제를 해결하는 데 필수적이다. 자동화와 디지털 전환(DX)을 적극 도입해 생산성을 극대화하고, 단순 반복 작업에서 인력을 해방시켜 고부가가치 업무에 배치할 수 있다. 특히 제조업과 물류업에서 로봇과 인간이 협력하는 시스템을 구축해야 한다.

◯ 트렌드 변화

트렌드 변화 6가지

트렌드(Trends)는 특정 시점에서 나타나는 지속적이고 반복적인 변화와 흐름을 의미하며,
1년마다 바뀌는 것이 아니며, 최소 3년 이상에 걸쳐 지속되고 반복되는 것이다.
인간의 가치관, 행동, 사회 구조의 변화를 반영한다. 이는 새로운 규범과 기술, 사고방식이
확산되는 과정을 보여주며, 시장의 수요와 공급, 기술 발전, 사회적 책임 등 다양한 요소를 통해
미래의 방향성을 제시한다. 트렌드는 시대를 관통하며, 변화하는 사회와 경제적 흐름을
이해하고 준비하는 데 중요한 지표로 작용한다.

<Copyright by SH Lee>   [그림 1-27 트렌드 변화 6가지]

사회적으로는 개인화와 자아실현을 중시하는 경향이 강해지면서, 사람들의 가치관과 행동
양식이 더욱 다양화되고, 소속감과 연결을 중시하는 소비 패턴이 형성된다. 경제적으로는
소비 시장의 양극화가 심화되며, 고급 소비와 경제적인 소비 간의 차별화가 이루어지고 있다.

이에 기업은 개인화된 맞춤형 상품과 효율적 소비를 겨냥한 혁신적인 서비스를 제공해야 한다.
경영학적으로는 소비자 경험 중심의 전략이 중요해지며, 디지털 기술과 데이터를 활용한
맞춤형 서비스 제공이 경쟁력을 강화하는 핵심 요소로 떠오르고 있다.

나만의 자아실현 생활

개인의 건강, 미용, 웰빙에 대한 관심이 증가하면서 소비자들은 자신의 행복과 삶의 질을 높이는 제품과 서비스에 집중하고 있다. 이는 헬스케어, 뷰티 산업, 맞춤형 상품 및 서비스 시장의 성장을 촉진하며, 기업은 개인화된 경험과 건강 중심 제품을 개발해 경쟁력을 확보해야 한다.

나홀로 핵개인 생활

1인 가구의 증가와 간편성을 중시하는 라이프스타일 변화는 주거, 식품, 반려동물 시장의 핵심 트렌드로 자리 잡았다. 간편식, 소형 가전, 1인 주거 공간 설계 등 새로운 산업 기회를 창출하며, 기업은 변화하는 소비자 행동에 맞춘 혁신적인 상품과 서비스를 제공해야 한다.

따라하는 '디토' 소비

소비자들은 단순한 유행이 아닌 자신이 공감할 수 있는 주체적 가치나 콘텐츠를 기반으로 소비하며, 이는 소셜미디어와 유통 채널의 영향력을 확장시키고 있다. 브랜드는 진정성을 바탕으로 한 스토리텔링과 콘텐츠 마케팅 전략을 통해 소비자와의 신뢰를 구축해야 한다.

우물형 양극화 소비

소비자 계층의 양극화는 고급 브랜드와 경제적인 브랜드 모두에게 성장 기회를 제공하는 한편, 중간 가격대 브랜드의 입지를 약화시키고 있다. 기업은 명확한 포지셔닝과 소비자층에 맞춘 차별화된 가치를 제공해 경쟁력을 강화해야 한다.

전방위 돌봄 경제

고령화 사회와 더불어 돌봄 산업이 확장되며, 기술 기반의 스마트 헬스케어 서비스와 액티브 시니어 계층이 새롭게 부상하고 있다. 기업은 돌봄 및 웰빙 산업에 첨단 기술을 접목하여 효율적이고 포괄적인 서비스를 제공함으로써 새로운 시장 기회를 창출할 수 있다.

소규모 '메타니티' 경제 - METANITY(META와 Community의 합성어)

사람들은 목적 지향적인 소규모 커뮤니티에서 배움, 경험, 관계를 중요시하며 함께 활동하려는 경향이 증가하고 있다. 이는 새로운 '경험 경제'를 활성화하며, 기업은 커뮤니티 기반의 서비스와 플랫폼을 제공해 소비자와의 관계를 강화할 필요가 있다.

나만의 자아실현 생활

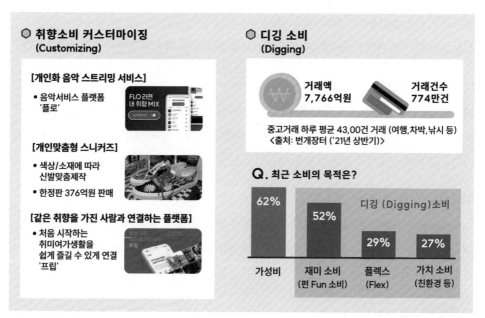

<Copyright by SH Lee>

[그림 1-28 트렌드 변화 : 나만의 자아실현생활]

디깅 소비와 개인화 트렌드

개인의 특별한 가치와 취향, 그리고, 경험을 파고 드는 자아실현 생활에 돈과 시간을
아끼지 않고 소비를 하는 트렌드를 말한다.

MZ세대를 중심으로 확산되고 있는 디깅 소비는 개인의 독특한 취향과 경험을 깊이 파고들며,
단순한 제품 구매를 넘어 소비자 자신의 가치를 실현하려는 경향을 보여준다. 이에 따라 기업은
소비자 경험 중심의 전략을 강화해야 하며, 디지털 기술과 데이터를 적극 활용해 소비자
행동을 분석하고, 맞춤형 경험을 제공하는 개인화된 서비스와 커스터마이징 상품을 통해
소비자와 정서적 연결을 구축해야 한다.

디깅 소비는 중고 거래, ESG 경영과 같은 지속 가능한 소비 트렌드와도 밀접하게 연결되어
있으며, 이러한 개인화와 지속 가능성을 결합한 전략은 기업이 경쟁력을 확보하고 시장 우위를
점하는 데 중요한 요소가 되고 있다.

나홀로 핵개인 생활

[그림 1-29 트렌드 변화 : 나홀로 핵개인 생활]

기술과 편리성, 사회적 연대가 균형을 이루는 새로운 소비와 생활 트렌드
1인 가구는 현재 전체 가구의 40%를 차지하며, 핵개인 중심의 생활 방식은 주거, 식품,
반려동물 시장 등 다양한 산업에서 핵심 트렌드로 자리 잡고 있다. AI, 로봇, 디지털 기술의
발전은 1인 가구의 효율적이고 편리한 생활을 가능하게 한다. 특히 1인 가구는 단순한
소규모 소비자를 넘어 시장의 중심 축으로 부상하고 있으며, 기업은 1인 가구의 니즈에
부합하는 혁신적 상품과 서비스를 개발하는 데 주력해야 한다.

1인 가구의 증가로 인해 개인적 편리성이 강조되는 한편, 고립과 같은 사회적 문제로 이어질
가능성도 있다. 예방책으로 커뮤니티 기반의 서비스와 지속 가능한 정책이 필요하다.
개인의 편리성을 강화하는 기술과 사회적 연대를 증진하는 시스템 간 균형을 맞추는 것이
핵개인 생활 트렌드 속에서 사회적 안정과 경제적 성장을 동시에 이룰 수 있는 핵심 과제이다.

따라하는 디토 소비

<Copyright by SH Lee>

사람 디토

'나의 가치관과 얼마나 일치하는 사람인가?'
를 추종하는 소비

- 미국 팝스타인
  '올리비아 로드리고'의
  스텐리 텀블러

⬡ You Choose, I'll Follow
'디토소비'

맹목적으로 따라 하는 것과 달리,
나의 가치관에 맞는 대상을 찾고
그 의미를 받아들이는 주체적 추종의 모습

콘텐츠 디토

영화/드라마의 유행을
추종하는 소비자 증가

- 오징어게임 이후
  한국행 항공권 검색 급증

커머스 디토

특정 버티컬 플랫폼을 추종하여 구매하는 방식

- 트레이더 조 (에코백)의
  특정한 색채, 디자인 선호

[그림 1-30 트렌드 변화 : 따라하는 디토소비]

집단 선호와 유행을 통해 소속감을 찾는 새로운 소비 트렌드

디토 소비는 소비자가 최신 유행과 집단 선호를 따르며 자신이 사회적 흐름에 동참하고 있음을 표현하는 소비 트렌드이다. 소셜미디어에서 유명 인플루언서가 추천한 화장품이 폭발적인 인기를 얻고, 많은 소비자들이 이를 구매하며 유행을 따르는 모습이 대표적이다.

이러한 소비는 단순히 제품 구매를 넘어, 사회적 소속감을 느끼고 소외되지 않으려는 심리적 안정감을 추구하는 데서 비롯된다. "요즘 다 이거 쓰던데?"라는 사고방식의 표현이다.

애플 에어팟의 경우 초기에는 혁신적인 기술로 주목받았지만, 이후 "모두가 사용하니까"라는 동조 심리로 인해 판매량이 폭발적으로 증가한 사례가 이를 뒷받침한다.

기업은 이러한 소비 심리를 파악해 대중의 공감을 얻는 마케팅과 대중적 상품 개발을 통해 시장 경쟁력을 높일 수 있다.

우물형 양극화 소비

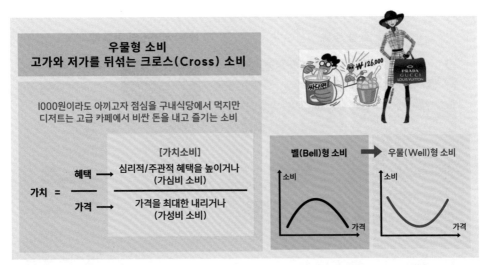

우물형 소비
고가와 저가를 뒤섞는 크로스(Cross) 소비

1000원이라도 아끼고자 점심을 구내식당에서 먹지만
디저트는 고급 카페에서 비싼 돈을 내고 즐기는 소비

[가치소비]

가치 = 혜택 → 심리적/주관적 혜택을 높이거나
(가심비 소비)

가격 → 가격을 최대한 내리거나
(가성비 소비)

벨(Bell)형 소비 → 우물(Well)형 소비

소비
가격

소비
가격

<Copyright by SH Lee>

[그림 1-31 트렌드 변화 : 우물형 양극화 소비]

고급과 저가 제품만 선택받는 양극화된 소비 패턴의 확산

소비자는 특정 제품이나 서비스에서 명확한 가치를 기대하며, 고급 제품은 품질과 경험에, 저가 제품은 경제성에 중점을 두는 양극화된 소비 패턴을 보이고 있다. 이로 인해 소비자들은 고급(프리미엄) 제품이나 저가(가성비) 제품을 선택하는 경향이 강해지고 있으며, 중간 가격대와 품질의 제품은 점차 외면 받는 추세다.

자동차 시장을 예로 들면, 메르세데스-벤츠와 같은 고급 브랜드와 현대 엑센트 같은 저가형 브랜드가 인기를 얻는 반면, 중간 가격대 세단 모델은 상대적으로 소비자의 관심에서 멀어지고 있다. 이러한 양극화된 소비 패턴은 기업에게 명확한 포지셔닝과 소비자층에 맞는 차별화된 전략을 요구한다.

기업은 고급 제품에서는 품질과 경험을, 저가 제품에서는 경제성을 극대화하여 각각의 소비자 니즈를 충족시키는 것이 필수적이다. 이처럼 우물형 양극화 소비는 소비자 가치 기준의 변화와 시장 재편을 나타내는 주요 트렌드다.

전방위 돌봄 경제

<Copyright by SH Lee>

[그림 1-32 트렌드 변화 : 전방위 돌봄경제]

고령화 사회와 기술 기반 스마트 헬스케어가 만드는 새로운 돌봄 산업의 기회

고령화 사회와 함께 돌봄 산업이 빠르게 확장되며, 기술 기반의 스마트 헬스케어 서비스와 액티브 시니어 계층이 주목받고 있다. 기업은 돌봄과 웰빙 산업에 첨단 기술을 접목하여 효율적이고 포괄적인 서비스를 제공함으로써 새로운 시장 기회를 창출할 수 있다.

소비자들은 고급(프리미엄) 제품과 저가(가성비) 제품 중 명확한 가치를 기반으로 선택하는 경향이 강해지고 있다. 중간 가격대의 제품은 점차 외면받고 있으며, 기업은 소비자 니즈에 맞춘 명확한 포지셔닝 전략이 필요하다.

돌봄 경제는 단순한 서비스 제공을 넘어, 기술과 품질을 기반으로 한 지속 가능한 비즈니스 모델을 요구하고 있다.

소규모 메타니티 경제

[그림 1-33 트렌드 변화 : 소규모 메타니티 경제]

관심사와 가치를 중심으로 사회적 연결망과 지속 가능한 비즈니스의 새로운 중심

현대 사회의 중요한 사회적 연결망으로 자리 잡고 있는 소규모 커뮤니티는 단순히 취미나
활동을 공유하는 것을 넘어, 디지털과 현실을 연결하는 새로운 플랫폼으로 발전하고 있다.
온라인과 오프라인을 융합한 기술과 서비스는 소비자 경험을 극대화하며, 커뮤니티 내에서의
소속감과 신뢰를 강화하는 데 중요한 역할을 한다.

지역 기반 커뮤니티 활동은 사회적 연대와 지역 경제 활성화를 촉진하며, 지역 단위에서
경제적·사회적 변화를 이끌어낸다.

기업은 커뮤니티 중심의 경험을 제공하며 단순한 제품 판매를 넘어 소비자와의 신뢰와 충성도를
강화해야 한다. 예를 들어, 특정 관심사를 공유하는 커뮤니티에 맞춘 맞춤형 상품과 서비스를
제공하거나, 지역 활동을 지원함으로써 브랜드의 가치를 높일 수 있다.

둘러 보는 시선

과거를 돌아보는 조명력
(hindsight)과 현재를 직시하는 현
시력(eyesight), 미래를 상상하는
선견력(Foresight)을
아울러 둘러 보는 시선이
통찰력(Insight)을 가져온다.

달리 보는 시선

애플의 핵심가치는
'Think Different'이다.
일 할 때마다 달리 보는 시선이
개인용 맥 컴퓨터와 아이폰을
탄생시켰다. 세상을 바꾸는
창조력의 샘물이 된 것이다.

멀리 보는 시선

멀리 보는 긍정의 시선으로
결코 포기하지 않으면 풀리지
않는 일은 없다.
숲속의 두 갈래 길에서 나는
사람이 덜 밟은 길을 택해 내
운명을 축복으로 이끌었다.

변화를 보는 시선

높이 보는 시선

그런 저런 작은 목표를 비전이라
부르지 않는다. "BHAG"
Big, Hairy, Audacious, Goal,
크고 머리가 쭈뼛 설 정도로
담대한 목표를 높이 보는
비전이라 부른다.

건너 보는 시선

아픔을 겪은 사람만이
아픔을 이해할 수 있다.
상대방 입장에 건너가 보는
시선으로 지쳐있는 한 마리의
새를 둥지로 되돌려 보낼 수
있다면 얼마나 좋을까?

깊이 보는 시선

우물을 깊게 파려면 넓게
파지 않으면 안 된다. 착안대국
착수소국(着眼大局 着手小局),
착안할 때는 크고 넓게 보고,
착수할 때는 작은 일부터
깊이 보고 시작하라.

What

II. 비전과 목표

인문으로 꿈꾸고
과학으로 관리한다.

크고 담대한 꿈을 이루는
측정가능한 목표를 세운다.

How

III. 이기는 전략

먼저 이기고, 나중에 싸운다.
선승구전의 경영전략이다.

이기는 환경과 조건을 만들면,
싸워서 반드시 이긴다.

When

I. 변화의 물결

경영은 변화를
찾아내면서 시작한다.

변화에 대응하고
변화를 기회로 활용한다.

인문과 과학으로 보는

통찰경영

Why

IV. 행동방식

전략의 실행을 가속화시킨다.

핵심가치를 바탕으로
조직의 문화와 일하는 방식이
팀웍과 몰입을 이끌어 낸다.

Who

VI. 됨됨이 리더십

덕목이 지식과 행동의 근본이다.

함께 한마음으로 이끌어 가는
리더십의 마지막 열쇠는
리더의 됨됨이 이다.

Where

V. 환경과 사회

작은 도움이
더 나은 세상을 만든다.

ESG로 기업이미지를 높여,
한계 이상의 성장을 한다.

What

II. 비전과 목표

인문으로 꿈꾸고, 과학으로 관리한다

▶ 비전과 목표의 수립

▶ 목표의 설정과 관리

    1. 고객 만족

    2. 인프라 구축

    3. 경쟁력 강화

    4. 인재 육성

    5. 환경 · 사회 기여

    6. 재무적 성과

▶ 경영요소의 한방향 통합

이승한
김연성
이평수

⬡ 비전과 목표의 수립

목표의 의미와 유형

목표는 학문적 개념으로 보면 특정 결과를 달성하기 위해 설정된 바람직한 상태나 지향점을
의미한다. 심리학,사회학,경영학 등 다양한 학문 분야에서 중요하게 다루어진다.
철학적 개념으로 보면 모든 행위가 특정 목적(텔로스)을 향해, 인간의 자유의지와 자율성을
구현하는 수단으로 여겨진다.

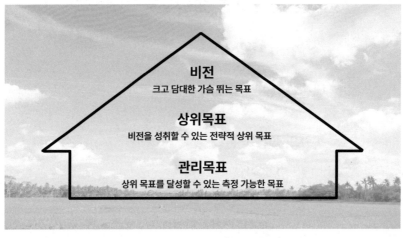

<Copyright by SH Lee>   [그림 2-1 변화의 유형]

경영학의 관점에서 보면, 목표는 조직의 성과 관리와 전략 수립의 기본 요소로 간주되며,
효율적으로 자원을 활용하고, 구성원의 행동을 조율하며, 성과를 평가하는 기준이다.
목표는 크고 담대한 비전, 비전을 달성하기 위한 전략적 상위 목표, 측정 가능한 관리 목표,
세가지 유형으로 구성된다. 목표를 명확히 설정하는 일은 조직의 성공을 좌우하는
가장 중요한 요소로 작용하며, 조직의 변화와 지속 가능한 발전을 이끄는 원동력이 된다.

담대한 비전

비전은 조직의 미래 방향을 제시하는 포괄적인 목표로, 조직이 달성하고자 하는 꿈이나 이상적인 상태를 나타낸다. 변화 중심의 비전은 현재의 상태에서 벗어나 조직이 미래를 창조하도록 유도하는 중요한 요소이다. 비전은 도전적이고 때로는 현실적으로 도달하기 어려울 수 있지만, 이러한 비전이야말로 조직의 변혁과 혁신을 이끌어내는 기회가 된다. 비전은 구성원들에게 영감을 주고, 그들이 목표 달성을 위해 나아가게 하는 원동력이 된다.

전략적 상위 목표

상위 목표는 비전을 현실로 만들기 위해 특정 기간 내에 이루어야 할 전략적 주요 목표이다. 이 목표들은 조직의 비전을 구체화하고, 실행 가능한 방향으로 나아가게 한다. 조직이 나아가야 할 방향을 명확히 하고, 각 구성원이 어떤 목표를 달성해야 하는지를 이해할 수 있도록 돕는다. 또한, 조직의 우선순위를 설정하고, 자원 배분을 효율적으로 할 수 있게 해준다. 조직 전체가 하나의 방향으로 나아가도록 통합하는 역할을 한다.

측정 가능한 관리 목표

관리 목표는 상위 목표 달성을 위해 매일 매일 실천해야 할 구체적이고 측정가능한 과업이다. 실질적인 행동을 통해 목표를 달성하게 하며, 조직의 일상적인 운영에 직접적인 영향을 미친다. 세부적인 실행 계획을 통해 목표 달성의 체계적인 접근을 가능하게 한다. 각 팀과 개인의 역할을 명확히 하여, 책임감을 부여하고 성과를 측정할 수 있는 기준을 제공하며, 진행 상황을 모니터링하고, 필요에 따라 조정할 수 있는 유연성을 갖추게 한다.

착안대국(着眼大國), 착수소국(着手小'國)
- '크게 생각하고, 작게 행동하라.'

인문학적으로 착안대국은 큰 그림을 보고 맥락을 이해하라는 뜻으로 전체를 보는 통찰력이 요구되며 철학적, 역사적, 예술적, 그리고 세상을 바라보는 시각과 연결된다. 착수소국은 작은 행동에서 시작하여 실천적이고 점진적으로 이루어 가는 것을 강조한다.
경영학적으로는 착안대국은 장기적이고 통합적 관점에서 조직의 비전을 수립하고, 착수소국은 전략적 목표와 관리 목표를 통해 구체적으로 비전을 실천해 가는 것이다.

명확한 목표가 성공의 첫걸음

목표를 갖는 것은 개인의 삶에 명확한 방향을 제시한다. 목표가 있을 때 필요한 행동과
결정을 체계적으로 할 수 있어, 더 큰 성취와 만족으로 이어진다. 또한, 목표는 도전과
어려움을 극복하는 데 필요한 동기를 제공해 삶의 의미를 깊게 만들어준다.

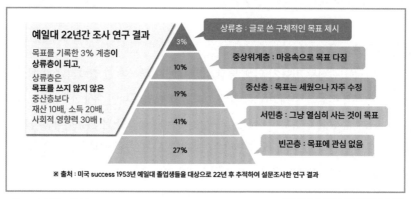

예일대 22년간 조사 연구 결과

목표를 기록한 3% 계층이
상류층이 되고,

상류층은
목표를 쓰지 않은
중산층보다
재산 10배, 소득 20배,
사회적 영향력 30배 ↑

- 3% 상류층 : 글로 쓴 구체적인 목표 제시
- 10% 중상위계층 : 마음속으로 목표 다짐
- 19% 중산층 : 목표는 세웠으나 자주 수정
- 41% 서민층 : 그냥 열심히 사는 것이 목표
- 27% 빈곤층 : 목표에 관심 없음

※ 출처 : 미국 success 1953년 예일대 졸업생들을 대상으로 22년 후 추적하여 설문조사한 연구 결과

<Copyright by SH Lee>   [그림 2-2 목표 설정의 중요성]

예일대학교에서 진행된 성공에 대한 연구에서는 목표를 갖는 것이 개인의 성공과 삶의
만족도에 미치는 영향을 다루고 있다. 이 연구는 1950년대 초반 졸업한 남성들을 대상으로
삶의 목표, 성취도, 행복, 직업적 성공, 인간 관계를 조사했다. 22년 후, 이들을 다시 추적하여
삶을 재조사한 결과, 중요한 통찰이 도출되었다.

"인간은 지향이 있는 한 방황한다" – 괴테
이 말은 모순적인 비문으로 보인다. 지향점이 있다면 흔들리거나 방황하지 않아야 할 것처럼
느껴지기 때문이다. 그러나 방황은 단순히 혼란이나 방향 상실을 의미하는 것이 아니다.
방황은 자신의 한계를 넘어 더 나은 길을 모색하고, 성장과 변화를 위한 중요한 과정이다.
이는 고정된 상태에 안주하지 않고 끊임없이 질문하고 탐구하며 목표를 향해 나아가는 역동적
움직임을 내포한다. 방황 속에서 우리는 새로운 가능성을 발견하고, 스스로의 지향점을 더욱
명확히 다질 수 있다.

목표의 명확성

연구에 따르면 상위 3%의 졸업생들은 명확한 삶의 목표를 가지고 있었고, 이를 달성하기 위해 꾸준히 노력하는 경향이 있었다. 이들은 목표를 설정하는 과정에서 자신이 원하는 바를 분명히 하고, 이를 이루기 위한 전략적인 행동을 취했다. 반면, 목표를 명확히 설정하지 않은 중산층은 이들에 비해 경제적 성취가 현저히 낮았다.

삶의 의미와 만족도

목표를 가진 사람들은 단순히 물질적 성공을 넘어서 삶의 의미를 찾고, 더 큰 성취와 장기적인 행복을 경험했다. 연구 결과, 목적 의식을 가진 사람들은 더 높은 소득과 사회적 영향력을 가지며, 이는 삶의 질을 향상시키는 데 기여했다.

기업과 조직에의 적용

이러한 연구 결과는 개인적인 삶뿐만 아니라 기업 환경에서도 중요한 교훈을 제공한다. 명확한 비전과 장기적인 목표를 설정하는 것은 조직의 성공에 필수적이다. 모든 구성원이 공유하는 목표는 팀워크를 강화하고, 공동의 방향성을 제공한다. 조직 내에서 명확한 목표는 직원들이 자신의 역할을 이해하고, 조직의 전체적인 비전과 연결되도록 돕는다. 이는 직원의 동기부여와 생산성을 높이는 데도 기여한다. 예를 들어, 목표를 명확히 설정한 기업은 불확실한 환경에서도 효과적으로 대응할 수 있으며, 이를 통해 지속 가능한 성장을 도모할 수 있다. 이는 목표 설정이 단순히 개인적인 성공의 요인에 그치지 않고, 조직적 차원에서도 전략적 우위를 확보하는 데 중요한 역할을 한다는 점을 강조한다.

목표가 있는 경영은 항해이고, 목표가 흐릿한 경영은 표류이다.
목표를 세우는 순간, 그것은 행동을 이끄는 원동력이 되고, 지속 가능한 성취를 가능하게 한다.
성공을 원한다면, 먼저 당신의 목표를 명확히 하라.

목표 수립에 유용한 프레임워크

효과적인 목표 수립은 조직의 성공과 지속 가능성을 결정짓는 핵심이다. 목표는 방향성을 제시하는 도구를 넘어 조직의 역량을 집중시키고 자원을 효율적으로 활용하게 만드는 설계도다. 변화와 불확실성이 지속되는 환경에서, 명확한 목표는 조직이 방향성을 유지하고 구성원들이 비전을 공유하며 협력할 수 있도록 돕는다.

[그림 2-3 목표의 수립 과정]

SMART 프레임워크는 효과적인 목표 수립을 위한 체계적인 접근 방식으로, Specific(구체성), Measurable(측정 가능성), Achievable(달성 가능성), Relevant(조직 연관성), Time-based(기한 설정)의 다섯 가지 기준으로 구성된다. 이 프레임워크는 목표를 추상적인 개념에서 구체적이고 실행 가능한 형태로 전환하여, 조직 전체가 동일한 방향으로 움직이도록 돕는다.

Specific : 구체성은 목표를 명확히 정의하고, 불필요한 모호성을 제거하여 실행 가능성을 높인다. 구체적인 목표는 조직이 명확한 방향성을 유지하며 비전을 현실화하는데 중요한 역할을 한다.

Measurable : 측정 가능성은 목표 달성 여부를 평가할 수 있는 기준을 제공한다. 진행 상황을 지속적으로 모니터링하며, 필요에 따라 조치를 취하거나 계획을 조정할 수 있다. 측정은 개선의 출발이라는 점에서 중요하다.

Achievable : 달성 가능성은 목표가 현실적으로 실행 가능하도록 설정되었는지를 보장한다. 조직의 자원과 역량을 고려해 목표를 설정함으로써, 도전적이면서도 실행 가능한 과제를 통해 성과를 극대화할 수 있다.

Relevant : 조직 연관성은 목표가 조직의 비전 및 전략적 방향성과 일치하도록 보장하는 요소이다. 모든 목표는 조직의 장기적 비전과 연계되어야 하며, 목표 간의 일관성을 유지하고 조직 전체가 동일한 방향으로 움직일 수 있도록 한다.

Time-based : 기한 설정은 목표가 명확한 시간 기한을 가지도록 함으로써 실행력을 강화한다. 조직 내 구성원들에게 시간적 긴박감을 부여하고, 목표 달성에 대한 책임감을 명확히 한다.

이러한 체계적 접근법은 비전과 목표 간의 일관성을 유지하며, 조직이 변화와 불확실성 속에서도 명확한 방향을 설정하고 지속 가능한 성과를 달성할 수 있도록 돕는다. SMART 프레임워크는 비전, 상위목표, 관리목표를 유기적으로 연결하여, 조직이 목표를 넘어 실제 성과로 나아갈 수 있는 강력한 기반을 제공한다.

비전의 의미

철학적 관점에서 비전은 단순히 현실을 계획하는 것이 아니라, 이상적 목표를 상상하고
이를 실현하려는 과정으로 정의된다.

조직의 비전 역시 장기적으로 달성하고자 하는 이상적인 상태를 정의하며, 전략적 방향성을
제시하는 핵심 요소다. 조직의 비전은 목표 달성과 조직 내 활동을 통합하는 구심점이 되며,
극심한 환경 변화 속에서도 일관된 방향성을 유지할 수 있도록 한다. 이는 목표 설정을 넘어
조직이 미래를 계획하고, 그에 맞는 행동을 조율하는 기초가 된다.

비전은 미지의 바다를 항해할 때 꼭 필요한 나침반과 같다. 미래의 불확실성 속에서 비전은
방향을 제시하며, 현실의 한계를 넘어 가능성을 상상하고 이를 현실로 만들어가는 힘이다.

<출처 : 반미령 화백 "보이지 않는 너 저머를 보라">   [그림 2-4 비전의 의미]

"우리가 상상할 수 있는 이상은 현실을 넘어 더 나은 세계를 창조하는 힘이다." - 플라톤
"행동하지 않는 비전은 공허하며, 비전 없는 행동은 혼란을 초래한다." - 칸트
"인류의 역사는 인간의 상상과 생각을 현실로 만들어 온 과정이다." - SH Lee

비전에 대한 철학적 의미는 인간의 삶과 조직의 목적, 방향성을 근본적으로 이해하려는 시각에서 비롯된다. 비전은 단순히 목표를 넘어, 존재 이유와 본질적 가치를 담고 있다.

비전과 존재의 목적(Telos)

아리스토텔레스의 목적론(Teleology)은 모든 존재가 추구하는 궁극적인 목적(Telos)을 강조한다. 비전은 "왜 존재하는가?"라는 질문에 대한 답이 된다. 예를 들어, 기업의 비전은 수익 창출을 너머 인간 삶의 질을 향상시키는 데 기여한다.

비전과 시간성(Temporal Aspect)

비전은 현재와 미래를 연결하는 철학적 시간성의 개념과도 관련되며, 하이데거의 존재론에서는 인간이 '미래를 향해 열려 있는 존재'임을 강조하며, 비전은 현재의 행동과 결정을 미래의 이상적 상태에 맞추도록 이끄는 역할을 한다.

비전과 집단적 윤리(Collective Ethics)

칸트의 도덕 철학에서는 인간은 스스로를 목적으로 대우해야 한다고 주장한다. 비전은 개인을 넘어 공동체와 인류 전체에 긍정적 영향을 미치는 윤리적 지향점을 포함해야 한다. 예를 들어, 기업은 사회적 책임과 윤리적 리더십을 함께 가진다는 점에서 철학적 의미가 있다.

비전과 상상력(Visionary Imagination)

루소와 칸트는 인간의 상상력이 현실을 초월한 가능성을 창출하는 힘임을 강조했다. 비전은 상상력을 통해 현재에 갇히지 않고, 새로운 가능성과 잠재성을 탐구하게 한다. 조직적으로 비전은 혁신과 창의성의 원동력으로 작용하며, 현실에서 이루어지지 않은 새로운 상태를 목표로 설정한다.

변화는 예측할 수 없는 요소로 다가오지만, 비전은 이를 기회로 전환할 수 있는 능력을 강화한다. 상상력을 기반으로 한 비전은 조직이 현재의 한계를 뛰어넘고, 미래를 선도할 수 있도록 돕는다. 패러다임의 변화 속에서도 조직이 명확한 목표와 실행력을 유지할 수 있는 근본적 토대를 제공한다. 변화를 능동적으로 수용하고 선도할 수 있는 비전은 조직의 경쟁력을 높이고, 지속적인 성장을 가능하게 한다.

인문학으로 보는 비전 수립
(상상력 기반의 연역적 접근)

인류의 역사는 인간의 생각과 상상을 현실로 만들어 온 과정이다. 인간은 불가능해 보이는 것들을 끊임없이 꿈꾸고, 이를 기술과 혁신으로 실현하며 문명을 발전시켜왔다.
이러한 상상력은 시대를 초월해 다양한 형태로 표현되었고,
때로는 그 시대의 문화와 기술 수준을 반영하면서도 경계를 넘어서는 영감을 주었다.

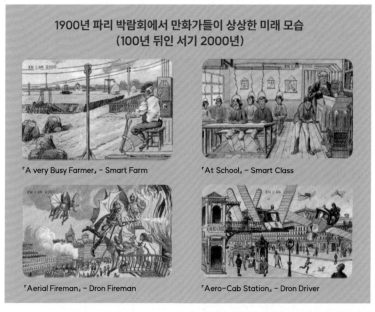

[그림 2-5 통찰력, 상상력 기반의 연역적 접근]

1900년 파리 만국박람회(Exposition Universelle)에서는 100년 후인 2000년의 세상을 상상한 흥미로운 그림들이 소개되었다. 이 그림들은 프랑스 상업 예술가 장-마르크 코테와 그의 동료들이 1899년부터 1910년 사이에 제작한 "En L'An 2000"(2000년의 프랑스) 시리즈의 일부로, 미래에 대한 독창적이고 흥미로운 상상을 담고 있다.
100년 후인 지금 2000년대에 역사 속에서 현실화되고 있다.

스마트 농장(Smart Farm)

만화에서는 농부가 기계를 활용해 농사를 짓는 모습이 그려졌다. 현재는 스마트 농업이 발전하여 드론, IoT, 자율주행 트랙터가 도입되었으며, 데이터 기반 농업으로 생산성이 향상되었다.

스마트 교실(Smart Class)

학생들이 헤드폰을 쓰고 기계를 통해 학습하는 모습이 등장했다. 오늘날 온라인 교육과 AI 맞춤형 학습이 이를 실현했으며, VR·AR 기술로 가상 교실이 보편화되고 있다.

드론 소방관(Drone Fireman)

하늘을 나는 소방관이 화재를 진압하는 장면이 있었다. 현대에는 소방 드론과 로봇이 고층 화재나 산불에서 활약하며, 원격 조종 기술을 활용해 소방 안전을 강화하고 있다.

드론 택시(Drone Taxi)

공중을 나는 택시가 도시를 이동하는 장면이 그려졌다. 오늘날 도심 항공 모빌리티(UAM)가 개발 중이며, 자율주행 항공기와 드론 택시가 가까운 미래에 상용화를 앞두고 있다. 상상력은 인문학적 통찰과 결합될 때 가장 강력한 도구가 된다. 인문학적 상상은 인간의 본질과 가치를 탐구하며, 단순한 기술적 발전을 넘어 인류와 사회가 함께 발전할 수 있는 비전을 제시한다. 이는 새로운 문명적 기술 변화와 연결되며, 현재의 한계를 넘어설 수 있는 희망과 방향성을 제공한다. 과거와 현재를 연결하고, 새로운 가능성을 발견하며, 인류가 공유할 수 있는 미래를 설계하는 데 상상력과 통찰은 없어서는 안 될 기둥이다.

Big	크고	짐 콜린스(Jim Collins)의 BHAG(Big Hairy Audacious Goal)은 조직이 장기적으로 달성하려는 대담하고 도전적인 목표를 뜻한다. BHAG는 조직 구성원들에게 영감을 주고 강력한 결속을 형성하며, 현실적 한계를 뛰어넘는 혁신을 가능하게 한다. 구체적이고 측정 가능하며, 단순한 목표가 아닌 기업의 비전과 깊이 연계되어 있다. 아마존의 "세계에서 가장 고객 중심적인 회사"라는 목표는 BHAG의 대표적 사례이다.
Hairy	섬뜩하고	
Audacious	담대한	
Goal	목표	

과학으로 보는 비전 수립
(데이터 기반의 귀납적 접근)

운영중심의 귀납적 접근은 별을 향해 사다리를 놓는 접근법이다.
별은 비전이라는 궁극적인 목표를 상징하며, 사다리는 실적과 데이터를 기반으로
한 단계씩 쌓아가는 전략적 접근을 나타낸다.
이 사다리는 현재의 상황에서 출발해 체계적으로 목표에 도달할 수 있도록 설계된 도구다.

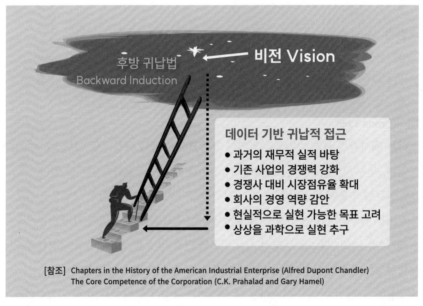

후방 귀납법
Backward Induction

비전 Vision

데이터 기반 귀납적 접근

● 과거의 재무적 실적 바탕
● 기존 사업의 경쟁력 강화
● 경쟁사 대비 시장점유율 확대
● 회사의 경영 역량 감안
● 현실적으로 실현 가능한 목표 고려
● 상상을 과학으로 실현 추구

[참조] Chapters in the History of the American Industrial Enterprise (Alfred Dupont Chandler)
The Core Competence of the Corporation (C.K. Prahalad and Gary Hamel)

[그림 2-6 데이터 기반의 귀납적 접근]

"데이터는 새로운 석유다. 하지만 그것을 정제하지 않으면 아무 쓸모가 없다." - 클라이브 험비

"과거를 분석하지 않는 자는 미래를 예측할 수 없다." - 조지 산타야나

귀납적 접근은 현실에서 꿈으로 이어지는 계단이다.

운영 중심의 귀납적 접근은 구체적인 사례와 데이터를 바탕으로 비전을 도출하는 실용적이고 과학적인 방법이다. 다양한 사례를 분석하여 성공과 실패 요인을 파악하고, 반복적인 패턴과 트렌드를 기반으로 미래 전략을 수립한다. 추상적, 비현실적 목표 설정을 지양하며, 구체적이고 실현 가능한 비전을 도출한다. 데이터와 실적 기반이 핵심이다.

과거의 재무적 실적 바탕

지금까지 달성한 재무적 성과와 실적을 기반으로 분석하여, 현재의 강점과 약점을 파악한다. 비전이 이상적이지 않고, 현실적으로 달성 가능한 수준으로 설정된다. 예를 들어, 매출 성장률과 시장 점유율 데이터를 통해 미래의 구체적 성장 목표를 제시할 수 있다.

기존 사업의 경쟁력 강화

현재 조직이 보유한 핵심 역량과 기존 사업 영역에서의 경쟁 우위를 분석한다. 잘하는 부분에 초점을 맞추면서, 경쟁력을 강화하는 방향으로 설계된다. 예를 들어, 특정 제품군의 기술적 우위를 기반으로 새로운 시장을 개척하는 비전을 설정할 수 있다.

경쟁사 대비 시장점유율 확대

경쟁사와의 성과 데이터를 비교 분석하여, 시장에서 개선할 수 있는 점을 파악한다. 경쟁사 대비 유, 불리한 점을 명확히 인식하고, 시장 점유율 확대를 비전의 일부로 설정한다.

회사의 경영 역량 감안

조직의 자원, 기술, 인력 등을 현실적으로 평가하고 반영한다. 과도한 목표를 설정하는 것을 방지하며, 실행 가능성을 높인다. 예를 들어, 현재 보유한 기술력과 예산 규모 내에서 확장 가능한 신사업 목표를 설정할 수 있다.

현실적으로 실현 가능한 목표 고려

설정된 비전이 실현 가능하도록 구체적인 실행 계획과 연계한다. 데이터 기반 분석으로 단기, 중기, 장기의 목표를 세분화하고, 단계적으로 실행 가능한 로드맵을 설계한다.

상상을 과학으로 실현 추구

창의적 아이디어를 구체적인 목표로 설정하고, 과학적 방법론과 데이터 기반으로 접근한다. 과거에 경험하지 못했던 전기차를 대중화하겠다는 담대한 비전을 실현하기 위해 배터리 효율 향상과 친환경 기술 개발의 구체적인 과학적 목표를 통합적으로 활용하고 있다. 인문과 과학이 결합될 때, 세상은 바뀐다. 비전은 혁신적 현실로 변모할 수 있다.

삼성의 비전 사례

삼성의 비전은 창업자인 이병철 회장의 '사업보국' 철학에서 시작해, 시대적 요구에 따라 이건희 회장의 '사업부국' 그리고 지금의 삼성은 '인류사회 공헌' 으로 진화해왔다. 삼성은 각 시대마다 명확한 비전과 전략을 통해 기업의 성공과 국가 및 사회 발전에 기여하며 글로벌 리더로 자리 잡았다.

[그림 2-7 삼성의 비전(1)]

이병철 회장은 '사업보국' 철학을 바탕으로, 기업 경영이 단순한 이윤 추구를 넘어 국가와 사회 발전에 기여해야 한다고 강조했다. 그는 국가와 국민이 필요로 하는 전방위 산업의 인프라 구현을 통해 한국의 국가경제발전에 기여할 발판을 마련했다. 특히 1983년 "반도체로 세계 정상에 오르겠다"는 선언과 함께 반도체 산업에 도전했다. 당시 기술적·경제적으로 큰 위험이 따랐지만, 그는 인문학적 상상력과 대담한 비전을 기반으로 이를 추진했다. 반도체가 인간의 삶과 국가 경제를 혁신할 잠재력을 예측하며, 삼성이 세계 경제에서 리더로 자리 잡을 것을 상상했다. 그 결과, 삼성은 반도체 사업을 성공적으로 안착 시키며 세계 시장을 선도했고, 이는 국가 경제 발전에 기여하는 상징적 사례가 되었다.

1987년 취임한 이건희 회장은 "마누라와 자식 빼고 다 바꾸자"는 신경영 철학을 통해 전사적
혁신을 이끌며 삼성을 탈바꿈시켜 '세계 초일류 기업'으로 파괴적 변화를 시켰다. 이는 이후
한국의 기업들이 세계 초일류 기업, 세계 일등이라는 의식을 갖게 만드는 큰 자극이 되었다.
이 시기 삼성은 제품 품질 혁신과 글로벌 브랜드 가치를 강화하며 반도체, 가전, 모바일 분야에
서 세계적 선두주자로 성장했다. 또한, 그는 기업의 사회적 책임을 강조하며 자유, 평등,
환경 보호 등 시대적 흐름을 반영한 비전을 제시해 사회와 함께 성장하는 기업의 역할을
강조했다.

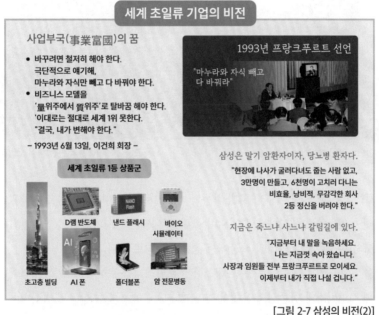

[그림 2-7 삼성의 비전(2)]

지금은 '인재와 기술을 바탕으로 최고의 제품과 서비스를 통해 인류 사회에 공헌한다'는 비전을
중심으로, 보이지 않는 기술을 강화하며 삼성이 지속 가능한 미래로 나아가도록 이끌고 있다.
보이지 않는 기술, 제품 뒤에서 작동하는 혁신적 기술을 통하여 삼성이 시장에서의 초격차를
유지할 수 있도록 집중하고 있다. 또한 인재 양성과 반도체, AI, 바이오, 로봇 등 핵심 분야 등
미래사업 발굴을 최우선 과제로 삼아 글로벌 리더십을 공고히 하고 있다.

현대차의 비전 사례

1970년대, 현대자동차는 자동차 산업 기반이 부족한 상황에서도 한국형 자동차를 독자적으로 개발하겠다는 목표를 세웠다. 이는 단순히 차량을 생산하는 것을 넘어, 한국 경제를 대표하는 산업을 육성하겠다는 대담한 결정이었다.

<Copyright by SH Lee>   [그림 2-8 현대차의 인간 중심 모빌리티 비전]

현대자동차는 1967년 설립 이후 글로벌 자동차 제조사로 성장하며 비전을 실현해왔다. 초기에는 내연기관 차량 생산에 주력했으며, 2010년대에는 전기차와 수소연료전지차 개발을 선도하며 친환경 모빌리티 시장에서 글로벌 리더로 자리 잡았다.

동시에 자율주행과 커넥티드 기술을 통해 스마트 모빌리티를 구현하고, 보스턴 다이내믹스 인수를 통해 로보틱스와 이동성의 융합을 추구했다. 최근에는 도심 항공 모빌리티(UAM)와 목적 기반 모빌리티(PBV) 등 미래 모빌리티 솔루션 개발에 박차를 가하며, 지속 가능한 이동성과 인간 중심 혁신을 통해 비전을 구체화하고 있다.

> "목표에 대한 신념이 투철하고, 이에 상응하는 노력을 기울인다면
> 누구든 어떤 일이든 해낼 수 있다." - 정주영
>
> "임자, 해봤어?" "시련은 있어도 실패는 없다." - 정주영

현대자동차는 모빌리티 혁신을 통해 지속 가능한 미래를 창조하는 것을 비전과 목표로 한다. 자동차 제조를 넘어 스마트 모빌리티 솔루션 제공자로 전환하고 있으며, 지속 가능성, 기술 혁신, 사람 중심의 가치를 바탕으로 미래 도시와 사회를 재구성하는 데 주력하고 있다.

친환경 모빌리티 선도

현대자동차는 전기차(EV), 수소연료전지차(FCEV), 플러그인 하이브리드 차량(PHEV) 등 친환경 차량 개발을 핵심 전략으로 삼고 있다. 특히 수소연료전지 기술 분야에서 글로벌 선두 주자로 자리 잡고 있으며, 수소 기반 에너지 생태계 구축을 목표로 한다. 이를 통해 탄소 배출을 줄이고 지속 가능한 에너지 전환을 실현하려고 한다.

도시 항공 모빌리티(UAM)

현대자동차는 도심 교통 문제를 해결하기 위해 도시 항공 모빌리티(UAM) 기술 개발에 투자하고 있다. 공중 이동 수단으로 교통 혼잡을 완화하고 이동 시간을 단축하며 지속 가능한 에너지 사용을 지향한다. 2030년 상용화를 목표로 한 UAM은 도심형 에어택시에서 물류 운송까지 다양한 활용 가능성을 제시한다.

자율주행 및 연결성 기술

자율주행 기술을 활용한 미래 모빌리티 혁신에도 주력하고 있다. 완전 자율주행(레벨 4 및 5)을 목표로 기술을 개발해 안전하고 효율적인 이동 경험을 제공하려고 한다. 차량과 차량(V2V), 차량과 인프라(V2I), 차량과 모든 사물(V2X)을 연결하는 기술을 통해 스마트 도시 구축에도 기여하고 있다.

로보틱스와 스마트 모빌리티 생태계

현대자동차는 로보틱스 기술을 활용해 모빌리티의 개념을 확장하고 있다. 보스턴 다이내믹스 인수를 통해 이동성뿐만 아니라 산업 및 일상생활에서의 로봇 활용 가능성을 탐구하고 있다. 목적 기반 모빌리티(PBV)를 활용한 맞춤형 이동 솔루션으로 물류, 공유 모빌리티, 상업 서비스 등 다양한 분야에서 가치를 창출하려고 한다.

인간 중심의 비전

기술 혁신의 목적을 사람의 삶의 질 향상에 두고 있다. 인간 중심 설계를 통해 사용자의 요구를 충족하고, 미래 모빌리티가 단순한 이동 수단을 넘어 새로운 삶의 방식을 제공하는 플랫폼이 되도록 추구한다.

변화를 이끄는 글로벌 기업의 비전

세계적인 기업들의 비전은 단순히 기업의 목표를 넘어, 사회와 인류의 미래를 변화시키는 강력한 동기를 제공한다. 이 기업들의 비전은 사회적 가치와 지속 가능성을 중시하며, 인류와 지구에 긍정적인 영향을 미치고 더 나은 미래를 만들겠다는 대담한 목표의식을 담고 있다.

⌂ 글로벌 한국 기업의 비전

기업	비전
삼성전자	우리는 인재와 기술을 바탕으로 최고의 제품과 서비스를 창출하여 인류사회에 공헌한다. We dedicate our talent and technology to creating superior products and services that contribute to a better global society.
현대자동차	함께 앞으로 나아가다. Together for a better future
LG에너지솔루션	에너지로 세상을 깨우다. Empower Every Possibility
CJ제일제당	건강, 즐거움, 편리를 창조하는 글로벌 생활문화기업 Forward thinking lifestyle company inspiring a new life of health, happiness, and convenience
카카오	새로운 연결, 더 나은 세상 Connect Everything
쿠팡	고객이 '쿠팡 없이 어떻게 살았을까'라고 생각하는 세상을 만드는 것 Creating a world where customers think, 'How did I ever live without Coupang?'
SM 엔터테인먼트	지속가능한 문화산업의 글로벌 선구자 Global Pioneer for Sustainable Cultural Industry

[그림 2-9 글로벌 한국 기업의 비전]

글로벌 외국 기업의 비전

기업	비전
Apple (애플)	To create the best products on earth, and to leave the world better than we found it. 지구상에서 최고의 제품을 만들고, 우리가 발견한 세상보다 더 나은 세상을 남기는 것
Tesla (테슬라)	To accelerate the world's transition to sustainable energy 세계의 지속 가능한 에너지로의 전환을 가속화한다
Google (구글)	To organize the world's information and make it universally accessible and useful. 세상의 정보를 체계화하여 모두가 접근하고 유용하게 사용할 수 있도록 한다.
Microsoft (마이크로소프트)	To help people throughout the world realize their full potential 전 세계 모든 사람들이 자신의 잠재력을 최대한 발휘할 수 있도록 돕는 것
Amazon (아마존)	To be the most customer-centric company on the planet, creating a place where people can find and discover everything they want to buy online. 지구상에서 가장 고객 중심적인 기업이 되어, 사람들이 온라인에서 구매하고 싶어 하는 모든 것을 찾고 발견할 수 있는 곳을 만드는 것
Disney (디즈니)	To make people happy 사람들을 행복하게 만드는 것

[그림 2-10 글로벌 외국 기업의 비전]

⬡ 목표의 설정과 관리

상위 목표의 설정

전략적 상위 목표는 조직이 비전을 구체적으로 실행하기 위해 설정하는 핵심 목표로,
비전 실현을 위한 중요한 중간 단계다. 이러한 목표는 조직의 운영, 성장, 지속 가능성을 모두
아우르는 다양한 측면에서 설정되며, 구체적이고 실현 가능한 형태로 정의된다.

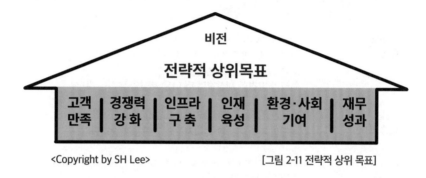

<Copyright by SH Lee>   [그림 2-11 전략적 상위 목표]

고객 만족 고객의 기대를 충족하거나 초과하여 제품과 서비스 품질을 유지하고,
고객 경험을 개선해 고객의 충성도와 시장 점유율을 확대한다.

인프라 구축 IT 시스템, 물류 인프라, 빅 데이터 분석 능력 등 기술적·물리적 자원을
체계적으로 확보해 효율적인 운영과 시장 변화 대응력을 강화한다.

경쟁력 강화 구매, 공급망, 생산, 판매 등 핵심 업무 영역에서의 효율성을 높여
비용 절감, 품질 향상, 고객 가치를 제공하며 시장 우위를 확보한다.

인재 육성 우수 인재의 채용과 역량 개발을 통해 충성도와 몰입도를 높여
기업의 경쟁력과 혁신 동력을 강화한다.

환경·사회(ESG) 환경, 사회, 지배구조에 대한 책임을 다하며 성장과 사회적 가치를
창출하고 장기적 경쟁 우위를 확보한다.

재무 성과 매출 증가, 이익 극대화, 부채 감소, 자금수지 개선 등을 통해
성장성, 수익성, 재무 안정성을 실현한다.

관리 목표의 설정

측정할 수 없으면 관리 할 수 없다.

If you can't measure it, you can't manage it . - Peter Drucker

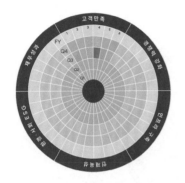

스티어링휠 모델은 전략적 상위 목표를
측정가능한 관리 목표로 세분화하여
성과를 평가할 수 있는 모델이다.
목표 달성 현황을 시각적으로 표현하여
관리자가 실적 진척도를 직관적으로 파악하고
신속한 조치를 취할 수 있게 한다.

<Copyright by SH Lee>

[그림 2-12 측정 가능한 36가지 관리 목표 사례]

측정가능한 관리 목표 평가

경영목표의 평가방법은 로버트 S. 케플란(Robert S. Kaplan)이 개발한 BSC(Balanced Scorecard)을
바탕으로 글로벌 기업들에 의해서 스티어링휠(Steering Wheel) 평가 방법으로 도입되어 왔다.
이 방법은 상위 목표를 달성하기 위해, 측정가능한 관리 목표를 설정하고
그 성과를 지속적으로 측정하고 평가할 수 있는 목표관리 방법이다.

<Copyright by SH Lee>　　　　　[그림 2-13 스티어링휠]

BMW는 1990년대 초, 자동차 조향장치를 직관적으로 나타내는 스티어링휠 평가법을
개발하여 목표 달성을 위해 실행 가능한 재무, 고객, 내부 프로세스, 학습과 성장의 4가지로
성과 관리 시스템을 설계하여 관리했다.

Tesco는 1990년대 후반, 시장 점유율을 확대하기 위해 유통산업에 맞는 고객, 운영, 직원,
재무, 4가지 영역으로 적용하여 사용했다.
이후 비전과 목표 달성을 위한 스티어링휠 모델을 고객 만족, 경쟁력 강화, 인프라 구축,
인재 육성, 환경·사회(ESG), 재무성과의 6가지 영역으로 확대한 새로운 모델이,
미래 변화에 대응하고 전방위 산업에 적용할 수 있는 통합적 모델로 평가받고 있다.

Steering Wheel 평가 방법 6단계

1. 관리 목표의 주요 영역을 정한다

조직의 핵심 목표를 설정하고 전략별 중요도를 고려해 주요 영역을 정한다. 고객, 인프라, 인재, 재무 등의 핵심 분야를 선정하고, 기업이 성장할 수 있도록 하는 기초를 다지는 작업이다.

2. 주요 영역별로 측정 가능한 세부 목표를 정한다

각 영역별 목표를 정량적으로 측정하는 KPI를 설정한다. 예를 들어, "고객 만족도 90% 이상 유지" 구체적인 목표를 정한다. 이렇게 하면 실적을 객관적으로 평가할 수 있다.

3. 월별, 분기별, 연간으로 나눠 지속 평가한다

목표가 효과적으로 실행되는지를 확인하기 위해 정기적인 평가 프로세스를 운영한다. 매월, 분기별, 연간 단위로 실적을 검토하고, 데이터 기반 분석을 통해 성과를 측정한다. 이를 통해 실적의 흐름을 파악하고, 장기적으로 조직의 성과를 지속적으로 개선할 수 있도록 한다.

4. 평가의 방법을 색상 코드로 시각화한다

성과를 보다 쉽게 파악하기 위해 색상 코드를 활용하여 시각화한다. 평가 결과는 Blue(초과 달성), Green(목표 달성), Amber(계획 미달), Red(심각한 미달)로 구분하여 실적을 한눈에 확인하도록 하고 이를 통해 신속한 의사 결정과 필요한 조치를 취할 수 있도록 한다.

5. 평가 결과에 따라 신속히 개선한다

Amber와 Red 상태의 영역에 대해 문제의 원인을 분석하고, 구체적인 개선 전략을 실행한다. 부족한 부분을 보완하기 위해 실행 가능한 해결책을 제시하여 개선을 추진한다. 이를 통해 성과가 미달된 영역에서는 목표를 달성할 수 있도록 한다.

6. 시장과 고객의 변화에 따라 새로운 목표를 설정한다

외부 환경과 시장의 변화에 따라 목표를 지속적으로 조정해야 한다. 정기적인 리뷰를 통해 목표와 전략을 재평가하고, 필요시 새로운 목표를 설정하여 조직이 변화에 민첩하게 대응할 수 있도록 한다.

고객만족 목표관리

고객만족은 기업의 경쟁력 강화와 지속 가능한 성장을 위한 핵심 전략적 목표다. 고객의
기대를 충족하고 긍정적인 경험을 제공하는 것은 신뢰 구축과 장기적 관계 형성의 기반이
된다. 스티어링휠 모델을 통해 지표를 관리하고 지속적으로 개선하는 노력이 필수적이다.

<Copyright by SH Lee>   [그림 2-14 스티어링휠 모델: 고객만족]

'고객 만족' 영역은 1분기, 2분기 동안 6개의 KPI가 Green 상태를 유지하며 양호한 실적을
보였으나, 3분기에 일부 지표가 Amber와 Red로 변하며 실적이 하락했다.
특히 시장점유율, 가격경쟁력, 직원친절도에서 부진한 성과가 확인되었으며,
이는 외부 경쟁 심화, 가격 전략 부적합, 고객 접점에서의 서비스 저하 등의 원인일 가능성이
있다. 4분기에는 개선 조치가 효과를 발휘하여 KPI가 다시 Green과 Blue로 회복되었다.

이러한 분석을 통해 경영진은 성과 하락 시점의 원인을 조기에 파악하고, 적시 조치를 취하는
중요성을 확인할 수 있다. 또한, 실적 회복은 문제 해결을 위한 정확한 분석과 신속한 실행의
효과를 보여준다. 정기적인 모니터링과 협업을 통해 실적 변동에 유연하게 대응하는
체계 구축이 장기적인 성공의 열쇠이다.

1. 시장 점유율

조직의 제품이나 서비스가 전체 시장에서 차지하는 비중으로, 고객만족도가 높을수록 시장에서의 영향력과 경쟁우위가 강화된다. 이는 소비자 신뢰와 충성도를 높이며 기업의 지속 가능성을 평가하는 데 중요한 역할을 한다.

2. 품질 경쟁력

제품이나 서비스의 품질이 경쟁사 대비 얼마나 우수한지를 나타내며, 고객 기대를 충족하거나 초과 달성하는 데 중요한 역할을 한다. 이는 내구성, 성능, 안전성 등 다양한 품질 요소를 포함하며 고객만족과 재구매 의도를 강화한다.

3. 가격 경쟁력

제품이나 서비스의 가격이 경쟁사 대비 얼마나 경제적이고 합리적인지를 평가하며, 고객의 구매 결정에 큰 영향을 미친다. 적정한 가격 책정과 가성비를 통해 소비자 만족도를 높이고 고객 충성도를 확보하는 데 기여한다.

4. 가용 재고

고객이 필요로 하는 제품을 원하는 시점에 공급할 수 있는 능력을 평가하며, 물류와 공급망 관리의 효율성을 나타낸다. 즉시 제공 가능한 재고는 구매 경험을 개선하고, 고객 이탈을 방지하는 중요한 요소이다.

5. 직원 친절도

고객과의 상호작용에서 직원이 얼마나 친절하고 전문적으로 대응하는지를 평가하며, 고객 경험의 질을 크게 좌우한다. 직원의 태도와 서비스 품질은 고객의 신뢰와 만족도를 높이며, 긍정적인 브랜드 이미지를 형성한다.

6. 고객 편의성

제품 구매 과정이나 서비스 이용이 얼마나 간편하고 효율적인지를 평가하며, 고객의 시간과 노력을 최소화하는 데 중점을 둔다. 사용의 용이성, 접근성, 주문 및 결제 과정의 간소화 등을 포함하며, 반복 구매를 유도하는 핵심 요인이다.

인프라구축 평가관리

인프라 구축은 기업의 안정성과 효율성을 뒷받침하는 핵심 기반으로, 모든 성장과 혁신의
출발점이다. 제대로 설계된 인프라는 내부 자원과 외부 환경을 유기적으로 연결하며, 변화하는
시장에서도 민첩하게 대응할 수 있는 능력을 제공한다.

<Copyright by SH Lee>   [그림 2-15 스티어링휠 모델: 인프라 구축]

1분기에는 AI 협업 인프라와 디지털 인재 역량이 Red 상태로 부진했으며,
나머지 항목도 Amber로 다소 미흡한 실적을 보였다.
2분기에는 개선 조치로 대부분 Amber로 상승했으나 안정화되지는 못했다.
3분기에는 디지털 인프라와 시스템 인프라가 Green으로 회복되었으며, 4분기에는
시스템 인프라가 Blue로 진입하는 등 지속적인 개선이 이루어졌다.

초기의 Red와 Amber 상태는 인프라 투자와 실행 부족을 시사하며, 효과적인 개선 조치와
체계적 실행이 필요하다. 특히 AI 협업과 디지털 인재 역량 강화가 지속 가능한 성장의
핵심이며, 이를 위해 장기적 전략과 적절한 자원 배분이 중요하다.

1. AI 협업 인프라

인공지능 기술을 활용한 협업 플랫폼과 시스템의 구축 수준을 평가하며, 조직 내 AI 기반 의사결정과 업무 자동화를 촉진하는 역할을 한다. 이는 효율적인 데이터 활용과 혁신적인 협업 환경 조성에 기여한다.

2. 디지털 인프라

기업의 디지털 전환을 지원하는 네트워크, 클라우드, 데이터 센터 등의 물리적 및 가상 인프라를 의미하며, 안정적이고 확장 가능한 디지털 생태계를 구축하는 데 중점을 둔다.

3. 디지털 인재역량

디지털 기술을 활용할 수 있는 직원들의 역량 수준과 교육 프로그램의 효과를 평가한다. 이는 디지털 전환의 성공 여부를 좌우하는 핵심 요소로, 조직 경쟁력을 강화한다.

4. R&D 인프라

신기술 개발과 혁신을 지원하는 연구개발 시설, 도구, 프로세스를 포함하며, 기술 경쟁력을 높이고 지속적인 혁신을 가능하게 하는 기반을 제공한다.

5. 시스템 인프라

기업 운영 전반에 걸쳐 통합적이고 효율적인 IT 시스템의 구축 상태를 평가하며, 데이터 통합과 운영 효율성을 높이는 데 기여한다.

6. ESG 시스템

환경, 사회, 지배구조(ESG) 관리를 지원하는 시스템의 구축 및 활용 수준을 평가하며, 지속 가능 경영과 규제 준수, 기업 이미지 제고에 도움을 준다.

경쟁력강화 평가관리

경쟁력 강화는 지속 가능한 성장을 위한 기업의 핵심 과제다. 스티어링휠 평가관리는
경쟁력 강화를 체계적으로 지원하는 도구로, 이를 통해 기업은 경쟁사보다 한발 앞서 나가며,
변화하는 시장 요구를 능동적으로 충족시킬 수 있다.

<Copyright by SH Lee>   [그림 2-16 스티어링휠 모델: 경쟁력 강화]

1분기에는 일부 지표가 Red 상태로 부진했고, 특히 재고 회전율과 물류 손익률에서
성과 저하가 두드러졌다.
2분기 이후에는 대부분 Amber로 개선되었으나 안정적이지 못했고,
4분기에는 일부 지표에서 Blue로 전환되며 회복세를 보였다.
1분기의 낮은 재고 회전율과 물류 손익률은 운영 비효율과 원가 관리 부족을 나타낸다.
이후 납기 준수율과 안전 준수율에서의 Blue 성과는 체계적 개선 조치의 결과로 보인다.

경쟁력 강화를 위해 초기 문제 지표의 원인 분석과 해결이 중요하다. 재고 관리 최적화와
물류 효율성 개선을 통해 지속 가능한 Green 또는 Blue 상태를 유지하도록 집중할 필요가
있다.

1. 생산성 효율

단위 시간당 생산되는 제품 또는 서비스의 양을 측정하며, 작업 효율성과 자원의 최적 활용 정도를 평가한다. 이는 기업 운영의 효율성을 극대화하는 데 중요한 기준이다.

2. 제품 불량률

생산된 제품 중 결함이 발생한 비율을 나타내는 지표로, 품질 관리의 효과성을 평가한다. 낮은 불량률은 고객 신뢰를 높이고, 생산 비용 절감 및 수익성 강화에 기여한다.

3. 납기 준수율

고객에게 약속한 납기일을 지키는 비율로, 공급망의 신뢰성과 고객 만족도를 평가한다. 높은 준수율은 고객 충성도를 강화하고 시장 경쟁력을 높인다.

5. 안전 준수율

작업 현장에서 안전 규정을 준수하는 비율로, 근로자 보호와 운영 안정성을 평가한다. 높은 준수율은 사고를 줄이고, 지속 가능한 작업 환경을 유지하는 데 기여한다.

4. 재고 회전율

보유 재고가 일정 기간 동안 얼마나 자주 판매되고 교체되는지를 나타내는 지표로, 재고 관리 효율성과 자본 활용도를 평가한다. 높은 회전율은 비용 절감과 고객 수요 충족을 동시에 달성한다.

6. 물류 손익율

물류 운영의 수익성과 비용 효율성을 나타내는 지표로, 운송, 보관, 배송 등 전반적인 물류 활동의 효과를 평가한다. 이는 기업의 수익성 강화와 운영 최적화에 기여한다.

인재육성 평가관리

인재육성은 조직의 지속적인 혁신과 성장을 가능하게 하는 핵심 동력이다. 조직은 적합한
인재를 채용하고, 이들의 역량을 체계적으로 개발하며, 공정한 보상과 경력 개발을 통해
장기적인 동기 부여와 유지를 실현해야 한다.

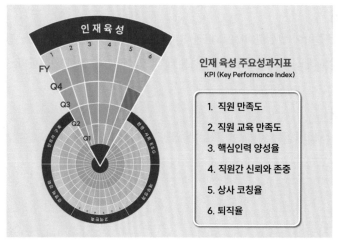

<Copyright by SH Lee>   [그림 2-17 스티어링휠 모델: 인재 육성]

전반적으로 직원 만족도와 핵심인력 양성률은 Blue와 Green을 유지하며 긍정적인 성과를
보였으나, 퇴직률은 3분기에 Red로 악화되었다가 4분기에 Amber로 다소 개선되었다.
이는 직원 이탈 증가로 인한 인적 자원의 불안정을 나타낸다.
퇴직률 관리가 핵심 과제로, 이탈 원인을 심층 분석해 경쟁력 있는 보상 체계와
근무 환경 개선을 추진해야 한다. 동시에, 핵심인력 양성과 상사 코칭률 같은 긍정적인 지표를
더욱 강화해 직원 몰입도를 높이고 조직 안정성을 유지하는 것이 중요하다.

1. 직원 만족도

직원들이 조직 내 업무 환경, 복지, 성장 기회 등에 대해 얼마나 만족하는지를 측정하는 지표로, 직원의 업무 몰입도와 조직에 대한 충성도를 평가한다. 높은 만족도는 생산성과 조직 안정성을 높이는 데 기여한다.

2. 직원 교육 만족도

교육 및 훈련 프로그램에 대한 직원의 만족도를 평가하며, 학습 효과와 직무 능력 향상에 미친 영향을 측정한다. 이는 조직의 교육 투자가 직원 성장에 얼마나 기여했는지를 보여준다.

3. 핵심인력 양성율

조직의 미래를 이끌어갈 핵심 인력을 성공적으로 육성한 비율을 나타내며, 인재 육성 전략의 효과성을 평가한다. 이는 조직의 지속 가능성과 경쟁력을 강화하는 데 핵심적인 요소다.

4. 직원간 신뢰와 존중

조직 내 팀워크와 협업을 촉진하는 직원 간의 신뢰와 존중 수준을 평가한다.
긍정적인 조직 문화를 조성하며, 업무 효율성과 직원 만족도에 직간접적으로 영향을 미친다.

5. 상사 코칭율

상사가 직원들에게 피드백과 조언을 제공하며 성장을 지원하는 빈도를 평가하는 지표로, 리더십의 질과 직원 개발 지원의 수준을 나타낸다. 이는 직원 역량 강화와 업무 성과에 중요한 역할을 한다.

6. 퇴직율

일정 기간 동안 조직을 떠난 직원 비율을 나타내며, 인재 유출 위험과 조직의 안정성을 평가하는 데 활용된다. 낮은 퇴직율은 직원 만족도와 조직의 매력도를 반영한다.

환경 사회기여 평가관리

환경·사회, ESG는 기업이 지속 가능성과 사회적 책임을 동시에 실현하기 위한 핵심으로 여겨진다. 자원 효율화와 탄소 감축에서부터 윤리적 경영과 사회적 가치 창출까지, ESG는 기업의 현재와 미래를 연결하는 중요한 축이 된다.

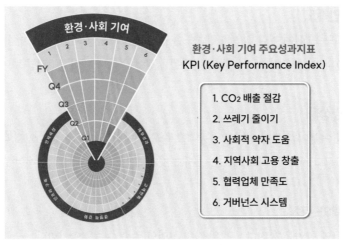

<Copyright by SH Lee>   [그림 2-18 스티어링휠 모델: 환경·사회 ESG]

1분기에는 일부 지표가 Red로 부진했고, 2분기부터 Amber와 Green 상태로 점진적으로 개선되며 4분기에는 대부분의 KPI가 Green 또는 Blue로 개선되었다.
초기 부진은 CO2 배출 절감 및 쓰레기 줄이기와 사회적 약자 도움 지표에서의 부진한 활동과 미흡한 협력업체와의 관계 형성이 원인일 수 있다.
이후 개선은 체계적인 목표 관리와 실행 강화의 효과로 판단된다.

ESG 성과는 지속적인 관리와 협력업체 및 지역사회와의 유기적인 관계가 중요하다.
초기 실행 전략의 정교화와 투명한 커뮤니케이션을 통해 지표를 꾸준히 개선하고,
Blue 수준의 목표를 안정적으로 유지할 수 있는 장기적 접근이 필요하다.

1. 이산화탄소 배출 절감율

기업의 운영 과정에서 발생하는 탄소 배출량을 줄이는 비율로, 기후 변화 대응과 환경 보호에 대한 기업의 노력을 나타낸다. 이는 에너지 효율 개선과 재생 가능 에너지 사용 확대를 통해 달성할 수 있다.

2. 쓰레기 줄이기

기업의 폐기물 관리 수준을 평가하며, 쓰레기 발생을 줄이고 재활용률을 높이는 활동을 포함한다. 자원 효율성을 높이고 환경 부담을 줄이는 데 기여한다.

3. 고객의 건강한 삶 지원

취약 계층에게 실질적인 지원을 제공함으로써 사회적 불평등을 완화하고 포용적 성장을 촉진하는 ESG 활동이다. 이를 위해 교육, 의료, 생활지원 프로그램 등을 운영하며, 소외 계층의 자립과 삶의 질 향상을 목표로 한다.

4. 지역사회 기여도

지역사회 내 일자리 제공을 통해 경제적 안정과 지역 발전에 기여하는 활동이다. 이를 위해 현지 인력 채용, 창업 지원, 지역 특화 사업 등을 추진하며, 지역사회와의 지속 가능한 협력 관계를 구축하는 것을 목표로 한다.

5. 협력업체 만족도

공급망 내 협력업체와의 관계를 평가하며, 공정한 거래와 상호 신뢰를 기반으로 한 협력 수준을 측정한다. 이는 공급망의 지속 가능성과 안정성을 강화한다.

6. 거버넌스 시스템

기업의 의사결정 구조와 투명성을 평가하며, 윤리적 경영, 주주와의 소통, 내부 규정 준수 등을 포함한다. 이는 신뢰받는 기업 운영의 기반을 제공한다.

재무 성과 평가관리

재무적 성과는 기업의 모든 활동이 숫자로 나타나는 가장 명확한 결과물이자, 성장의 기본이다. 매출과 이익, 자산 활용 등 재무 지표는 기업의 건강 상태를 보여주는 동시에 미래를 설계하는 중요한 지표다.

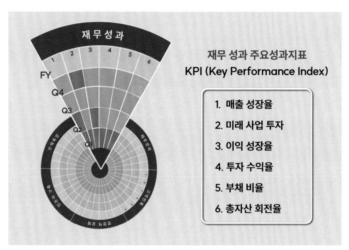

<Copyright by SH Lee>   [그림 2-19 스티어링휠 모델: 재무 성과]

1분기에는 미래 사업 투자와 총자산 회전율에서 Red를 기록하며 부진했고, 매출 성장률과
이익 성장률도 Amber에 머물렀다.
2분기 이후 매출 성장률은 Green으로 회복되었고, 3~4분기에는 Blue로 상승했다.
미래 사업 투자는 점진적으로 개선되어 4분기에는 Green을 기록했다.

초기 Red는 전략적 투자 부족과 자산 활용 비효율로 인해 발생한 것으로 보이며,
개선 조치 후 매출 성장률과 투자 수익률이 긍정적으로 변화했다.
미래 사업 투자와 자산 활용의 효율성을 지속적으로 개선해야 한다.
매출 성장세를 유지하면서 전략적 투자 비중을 확대하고, 자산 회전율 관리로
안정적 재무 구조를 확보하는 것이 중요하다.

1. 매출 성장율

기업의 매출이 전년 대비 증가한 비율을 나타내는 지표로, 시장 점유율 확대와
고객 수요 충족 정도를 평가한다. 매출 성장율은 기업의 외형 성장과 시장 경쟁력을 반영한다.

2. 미래 사업 투자

미래 성장을 위한 신규 사업이나 R&D에 투입된 자본의 비율로, 기업의 혁신 역량과 장기적인
경쟁력 확보를 위한 노력을 평가한다. 이는 지속 가능한 성장을 위해 필수적인 요소다.

3. 이익 성장율

전년 대비 기업의 순이익 증가율을 측정하며, 수익성을 강화하기 위한 경영 효율성과
비용 절감 성과를 평가한다. 이는 기업의 재무적 안정성과 경영 성과를 종합적으로 보여준다.

4. 투자 수익율(ROI)

투자에 대해 발생한 수익의 비율을 나타내며, 자본 사용의 효율성과 투자 성과를 평가한다.
높은 투자수익율은 경영진의 의사결정 능력을 반영하는 중요한 지표다.

5. 부채 비율

총 자산 대비 부채의 비율을 측정하며, 기업의 재무 건전성과 채무 상환 능력을 평가한다.
적정한 부채비율은 재무 위험을 줄이고 투자자 신뢰를 강화한다.

6. 총자산 회전율

기업의 총 자산이 매출을 창출하는 데 얼마나 효율적으로 사용되는지를 나타내는 지표로,
자본 효율성과 운영 성과를 평가한다. 높은 회전율은 자산 활용의 효율성을 의미한다.

글로벌기업의 관리목표 사례

세계 최고 수준의 유통회사가 되는 것이라는 홈플러스의 경영 목표와 비전은 단순히 시장 점유율 확대를 넘어, 경영의 질적 수준에서도 세계적인 기업으로 도약하겠다는 강한 의지를 담고 있다.

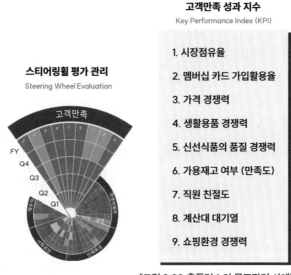

고객만족 성과 지수
Key Performance Index (KPI)

스티어링휠 평가 관리
Steering Wheel Evaluation

1. 시장점유율
2. 멤버십 카드 가입활용율
3. 가격 경쟁력
4. 생활용품 경쟁력
5. 신선식품의 품질 경쟁력
6. 가용재고 여부 (만족도)
7. 직원 친절도
8. 계산대 대기열
9. 쇼핑환경 경쟁력

[그림 2-20 홈플러스의 목표관리 사례]

"비전이 없는 조직은 생존할 수 없다.
우리는 항상 미래를 향한 큰 그림을 그려야 한다."

"목표는 마감시한이 있는 꿈이다.
마냥 계획을 세워놓고 기다리기만 한다면 그것은 목표가 아니다."

목표는 캔버스 위에 밑그림을 그리는 과정이고, 실행은 그 위에 빛과 그림자를 조화롭게 채워 넣는 과정이다. 이 둘이 어우러질 때 걸작이 탄생한다.

홈플러스의 스티어링휠 목표관리

홈플러스는 스티어링휠 모델을 도입하여 고객 감동, 경쟁력 강화, 인프라 구축, 인재 육성,
커뮤니티 기여, 재무 성과의 5가지 핵심 목표를 설정하고 이를 체계적으로 관리했다.
예를 들어, 고객 감동과 관련된 주요 KPI로는 시장점유율, 멤버십 카드 가입 및 활용률,
가용재고 여부, 직원 친절도, 계산대 대기열 관리 등이 있다. 멤버십 카드 가입률과 활용률은
고객과의 유대감을 형성하며 충성도를 높였고, 가용재고 여부는 고객이 원하는 상품을 적시에
제공해 쇼핑 만족도를 높였다. 직원 친절도는 고객과의 접점에서 신뢰와 감동을 이끌어냈으며,
계산대 대기열 관리는 쇼핑의 편리함과 효율성을 강화하는 데 기여했다.

스티어링휠 모델은 이러한 KPI를 기반으로 고객 감동 목표의 성과를 정량적으로 평가하며,
대시보드를 통해 성과 상태를 실시간으로 모니터링했다. 예를 들어, 계산대 대기열이 황색으로
표시될 경우, 추가 인력 배치나 시스템 개선을 통해 문제를 해결했다. 이러한 체계적인
관리 시스템은 고객에게 일관된 긍정적 경험을 제공하는 데 중요한 역할을 했다.
이와 같은 노력의 결과로 홈플러스는 1999년 12위에서 출발해 불과 12년 만에 매출 12조 원을
달성하며 국내 유통 시장의 선두주자로 성장했다.

홈플러스는 비전 변화에 따라 스티어링휠 목표관리의 초점을 조정하며, 조직의 성장과
사회적 책임을 동시에 달성하기 위해 노력했다. 초기에는 매출 확대와 시장 점유율 증대에
중점을 두었지만, ESG 경영을 목표 관리의 핵심 축으로 확대했다. 이러한 변화는 존경받는
기업으로 성장하기 위한 전략적 기반을 강화한 결과다.
이러한 접근은 홈플러스가 경제적 성과를 넘어 지속 가능한 발전과 사회적 책임을 이행하는
기업으로 자리매김하는 데 중요한 역할을 했다.

IBM의 관리목표 사례

IBM은 창립 초기부터 비전 중심 목표를 설정하고 관리해왔다. 20세기 중반, CEO 토마스 왓슨 주니어는 'Think'라는 철학을 강조하며 조직 내 창의적 사고를 촉진했다. 1990년대, 루 거스너는 고객 중심 전략을 도입하여 하드웨어에서 소프트웨어 및 서비스로 사업을 전환했다. 현재 IBM은 AI, 클라우드, 퀀텀 컴퓨팅을 핵심 전략으로 설정하며, 100년이 넘는 역사를 통해 시대적 변화와 기술 발전에 유연하게 대응하며 글로벌 IT 산업의 선두주자로 자리 잡았다.

단계	기간	주요 관리 목표	주요 KPI
창립 및 성장 초기	1910s~1950s	기술 혁신, 시장 개척	R&D 투자, 신제품 출시수 고객 확보율
성장 및 성숙	1960s~1980s	메인프레임 시장 지배 서비스 강화	시장 점유율, 서비스 품질, 운영 효율성
도전 및 재조정	1990s	PC 사업 적용, 비용 절감 사업구조 재조정	비용 절감율, 조직 효율성, 사업부문 매출 비중 변화
전환기	2000s	서비스 중심 비즈니스 모델 클라우드 데이터 서비스	소프트웨어 매출, 서비스 계약수, 클라우드 서비스 성장율
혁신 및 쇄신	2010s~현재	클라우드, AI 하이브리드 클라우드 혁신	하이브리드 클라우드 매출, AI 서비스 성과, ESG 목표 달성

<Copyright by SH Lee>   [그림 2-21 IBM의 성장 단계와 관리 목표의 변화]

IBM의 경영 방식과 목표 설정은 다양한 경영 구루들의 이론과 맞닿아 있다.
피터 드러커는 "기업의 목표는 고객을 창출하는 것"이라 강조했으며, 이는 IBM이 고객 중심의 디지털 트랜스포메이션을 추진하는 방향과 일맥상통한다.
짐 콜린스는 "좋은 기업에서 위대한 기업으로(From Good to Great)"라는 개념에서 일관된 비전과 단계적 목표의 중요성을 강조했는데, 이는 IBM의 지속적인 혁신 전략과 연결된다. 클레이튼 크리스텐슨의 '파괴적 혁신' 이론 또한 IBM의 AI 및 클라우드 기술 혁신과 관련이 깊다.
IBM은 내부 혁신과 지속 가능한 목표 관리를 통해 변화하는 시장에서도 지속적으로 경쟁력을 유지하며, 경영 구루들의 핵심 원칙을 실천하는 대표적인 기업으로 평가받고 있다.

IBM의 성장 단계와 관리 목표의 변화

IBM은 초기 단계에서 기계 제조와 프로세스 자동화를 통해 운영 효율성을 높이는 데
주력했으며, 연구개발(R&D)을 통해 신제품을 출시하며 시장 개척에 나섰다.
1950년대까지 IBM은 전자 계산기와 같은 기업용 기계를 공급하며 컴퓨터 기술의 개척자로
자리매김하고 안정적인 성장을 이루었다.

1960~80년대에는 메인프레임 컴퓨터와 소프트웨어 사업을 확장하며 관리 목표를 시장
점유율 확대와 서비스 강화로 전환했다. 메인프레임 컴퓨터를 통해 기업 데이터 처리 요구를
충족시키며 시장 지배력을 강화했다. 이 시기 IBM은 생산성과 효율성을 높이며 IT 업계의
리더로 자리매김했다.

1990년대에는 PC 시장 경쟁과 사업 구조 재조정이라는 도전에 직면했다. 비용 절감과
조직 효율성 강화를 목표로 대대적인 구조 조정을 단행했고, 기존 하드웨어 중심 사업에서
소프트웨어와 서비스로 포트폴리오를 재조정했다. IBM은 하드웨어 의존도를 줄이고
IT 서비스 중심으로 변화를 모색했다.

2000년대는 IBM의 전환기로, 소프트웨어 및 서비스 중심 비즈니스 모델로 본격 전환했다.
IT 서비스와 컨설팅을 강화해 기업 고객들에게 종합적인 솔루션을 제공했으며, 클라우드
컴퓨팅과 데이터 분석에 집중 투자했다. IBM은 하드웨어에서 소프트웨어 및 서비스 중심
기업으로 성공적으로 전환했다.

IBM은 AI와 클라우드, 특히 하이브리드 클라우드에 집중하며 혁신을 지속해왔다. 2018년
레드햇(Red Hat)을 인수해 오픈 소스와 클라우드 기술을 강화했으며, Watson AI와 IBM
Cloud를 주요 성장 동력으로 삼았다. 이러한 전략으로 IBM은 하드웨어 중심 기술 회사에서
클라우드와 AI 중심의 디지털 혁신 회사로 탈바꿈하며 새로운 성장 동력을 확보했다.

스티어링휠로 인생을 경영하다

인생은 자동차와 같아, 올바른 방향을 설정하고 조정해야 원하는 목적지에 도달할 수 있다.
이를 가능하게 하는 것이 '스티어링휠(Steering Wheel)'이다.

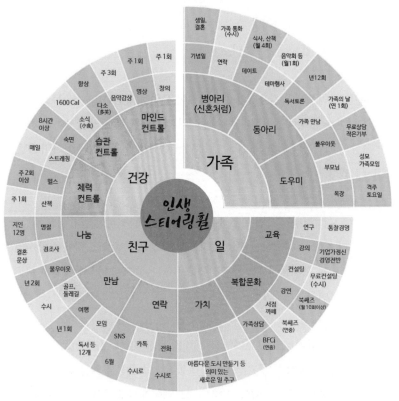

<Copyright by SH Lee>   [그림 2-22 인생 스티어링휠]

인생을 더욱 가치 있고 행복하게 만들기 위해 무엇이 필요한지를 고민하며, 이를 위한 도구로
인생 스티어링휠을 만들었다. 우리는 행복한 삶을 위해 건강, 일, 가족, 친구의 네 가지 요소를
핵심으로 삼았다. 매년 새해에는 가족과 함께 스티어링휠을 점검하며 변화에 맞춰 삶의 방향을
조정한다. 은퇴 후에도 우리의 스티어링휠은 변할 것이며, 지미 카터처럼 마지막까지 의미
있는 삶을 살아가는 것이 목표다.

가족은 개인의 삶에서 가장 중요한 요소 중 하나로, 정서적 안정과 심리적 건강을 제공하며, 삶의 가치관 형성에 큰 영향을 미친다. '인생 스티어링휠'에서 가족 영역은 병아리, 동아리, 도우미의 세 가지 주요 요소로 구성된다.

먼저, '병아리'는 가족 구성원의 성장과 발전을 의미한다. 생일과 결혼 기념일을 기념하는 것은 가족 구성원 간의 정서적 연결을 강화하며, 기념일과 같은 특별한 날을 함께 보내는 것은 공동체 의식을 높인다. 또한, 가족 등록과 같은 경제적 요소의 공유는 가족 구성원 간의 신뢰와 협력을 기반으로 한다. 이를 통해 가족 내에서 개개인의 성장을 지원하고, 함께 발전하는 문화를 형성할 수 있다.

'동아리'는 가족 내 관계를 강화하고 공통의 관심사를 공유하는 활동을 의미한다. 정기적인 식사는 단순한 식사 이상의 의미를 가지며, 서로의 삶을 공유하고 감정을 나누는 시간을 제공한다. 또한, 월 1회의 문화 활동은 가족 간 공통의 관심사를 만들고, 새로운 경험을 공유하는 기회가 된다. 이러한 모임은 번개모임과 같은 즉흥적인 방식으로도 이루어질 수 있어 일상에서 자연스럽게 소통할 수 있도록 돕는다. 독서 토론을 통해 가족 구성원 간 지적 교류와 가치관을 공유하고, 정기적인 가족 여행을 통해 새로운 환경에서 함께 시간을 보내는 것도 포함된다.

마지막으로, '도우미'는 가족이 사회적 책임을 수행하는 부분을 포함한다. 무료 상담이나 작은 기부 활동을 통해 나눔의 가치를 실천하고, 부모님과의 교류를 통해 세대 간 연결을 유지하는 것은 매우 중요하다. 또한, 성묘 및 명절 가족 모임을 통해 가족 전통을 계승하고, 격주 토요일 가족 행사를 마련하여 정기적으로 함께하는 시간을 가지는 것이 바람직하다. 이러한 활동을 통해 가족은 단순한 생활 공동체를 넘어 사회적 역할을 수행하는 중요한 단위가 된다.

가족 관계를 유지하고 발전시키기 위해서는 지속적인 노력이 필요하다. 정기적인 가족 행사 기획, 원활한 의사소통, 그리고 일상 속에서 감사를 표현하는 습관이 중요하다. 이렇게 가족 간의 공유된 가치관은 개인의 성장과 삶의 방향을 설정하는 데 결정적인 영향을 미친다.

How

III. 이기는 전략

먼저 이기고, 나중에 싸운다.
선승구전의 경영전략이다.

이기는 환경과 조건을 만들면,
싸워서 반드시 이긴다.

Why

IV. 행동 방식

전략의 실행을 가속화시킨다.

핵심가치를 바탕으로
조직의 문화와 일하는 방식이
팀웍과 몰입을 이끌어 낸다.

What

II. 비전과 목표

인문으로 꿈꾸고
과학으로 관리한다.

크고 담대한 꿈을 이루는
측정가능한 목표를 세운다.

인문과 과학으로 보는

통찰경영

Where

V. 환경과 사회

작은 도움이
더 나은 세상을 만든다.

ESG로 기업이미지를 높여,
한계 이상의 성장을 한다.

When

I. 변화의 물결

경영은 변화를
찾아내면서 시작한다.

변화에 대응하고
변화를 기회로 활용한다.

Who

VI.됨됨이 리더십

덕목이 지식과 행동의 근본이다.

함께 한마음으로 이끌어 가는
리더십의 마지막 열쇠는
리더의 됨됨이 이다.

How

III. 이기는 전략

먼저 이기고, 나중에 싸운다

▶ 경영전략의 의미와 흐름

▶ 이기는 경영전략

    1. 차별화 전략

    2. 창조 전략

    3. 혁신 전략

    4. 역량 전략

    5. 협업 전략

    6. 신뢰 전략

▶ 이기는 경영전략 36계

이승한
김연성
이성호

⬡ 경영전략의 의미와 흐름

전략이란 무엇인가?

전략의 어원은 그리스어 strategia에서 유래했으며, stratos(군대)와 agein(이끌다)의 합성어로
"군대를 이끄는 기술"을 의미하며, 전쟁의 기술 "Art of War"이라고 한다.
서양은 구조적이고 체계적인 지휘와 전술을 통해 전쟁을 결정적으로 끝내는 데 중점을 두고,
동양은 전쟁을 피하거나 최소화하려는 지혜와 조화를 강조한다.
두 관점 모두 현대 경영 전략, 국가 운영, 군사 전략 등에 깊은 영향을 미쳤으며,
오늘날에도 동양의 유연성과 서양의 체계성을 결합한 접근이 효과적임을 보여준다.

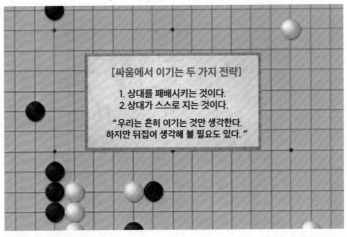

[싸움에서 이기는 두 가지 전략]

1. 상대를 패배시키는 것이다.
2. 상대가 스스로 지는 것이다.

"우리는 흔히 이기는 것만 생각한다.
하지만 뒤집어 생각해 볼 필요도 있다."

<Copyright by SH Lee>   [그림 3-1 전략의 정의]

사마의와 제갈량은 두 번 싸운다. 사마의는 당대 최고의 전략가였던 제갈량의 능력을 인정하고
자신의 부족함을 받아들이고, 절대 싸우지 않기로 결심한다. 전투의 역량에서는 제갈량이
앞섰지만, 전쟁의 역량에선 사마의가 앞섰다.
제갈량은 전투에선 이겼지만 전쟁에서는 졌다. 사마의가 싸움에 나서지 않자, 제갈량은 싸우지
않기로 결정한 상대를 '이길 수는' 없었다.
사마의가 제갈량을 패배시킨 것이 아니라, 제갈량이 사마의에게 진 것이다.

인류의 역사는 끊임없는 도전과 선택의 연속이었다. 불확실한 미래를 앞에 두고 누군가는 위험을 감수하고, 누군가는 안전을 추구했다. 고대 전쟁터에서 지휘관이 휘두르던 깃발과 현대 기업의 회의실에서 울리는 키보드 소리 사이에는 수천 년의 간극이 존재하지만, 그 근본에는 하나의 질문이 흐른다. '어떻게 승리할 것인가? 어떻게 목표를 이루고 비전을 실현할 것인가?'

전략은 단순히 목표를 향해 나아가는 계획을 넘어, 목표를 달성하고 더 나아가 이기는 길을 설계하는 지혜의 산물이다. 때로는 장군의 전술이 되어 전쟁을 승리로 이끌었고, 때로는 지도자의 비전이 되어 나라를 번영으로 인도했으며, 때로는 기업의 혁신이 되어 변화를 주도해 왔다. 전략이 없다면 비전은 희망에 그치고, 목표는 이룰 수 없는 꿈으로 남을 것이다.

역사 속에서 뛰어난 전략은 승리를 만들고, 평범한 전략은 현실에 머물게 했다. 이기는 전략은 단순히 경쟁을 피하거나 생존하는 것이 아니라, 최적의 경로를 찾아 비전을 현실로 만들고 목표를 달성하는 힘이다. 그것은 장기적 관점에서 큰 그림을 그리되, 현재의 상황을 냉철히 분석하고 변화에 적응하며 끊임없이 혁신을 추구하는 과정이기도 하다.

결국 전략은 더 나은 미래를 상상하고 그 비전을 이뤄내기 위한 인간의 의지이자 지혜의 집약체이다. 비전을 현실로, 목표를 승리로 바꾸기 위해 우리는 전략을 어떻게 세우고, 어떻게 실행해야 하는가? 전략 챕터에서는 비전과 목표를 달성하는 이기는 전략에 대해 알아본다.

> "전략은 모든 요소를 통합하고 조화시켜 시너지를 창출하는 것이다."
> (Strategy is about combining activities in a way that creates synergy.)
> 경쟁우위를 달성하기 위해 기업의 모든 활동은 통합적으로 설계되어야 한다.
> - 마이클 포터, 『경쟁전략(Competitive Strategy)』

동서양의 전략을 보는 관점

군대와 전쟁에서의 전략(Strategy)은 동양과 서양에서 각기 다른 철학적, 문화적, 실천적 관점에서 발전했다. 동양은 주로 조화와 지혜를 강조하며 전쟁을 피하거나 최소한의 자원으로 승리를 달성하려는 접근법을 취한 반면, 서양은 구조적이고 체계적인 계획을 통해 전쟁의 승리를 추구하는 경향이 강했다.

	서양	동양
중심 철학	구조적 계획, 체계적 자원 활용	조화, 지혜, 최소한의 희생
목표	전쟁 승리로 정치적 목표 달성	싸우지 않고 이기는 것
전술	병력 집중, 정면 대결, 기동성	심리전, 약점 공략, 지형 활용
접근법	조직적이고 체계적인 실행	융통성과 유연성을 중시
대표 사례	마라톤 전투, 칸나이 전투	적벽대전, 손자병법

<Copyright by SH Lee>   [그림 3-2 동서양 전략의 비교]

[서양 전략 사례]
마라톤 전투(기원전 490년)에서 그리스는 병력을 중앙에 집중시키는 대신 양쪽 측면을 강화하는 전략을 통해 수적으로 우세한 페르시아군을 격파한다.
칸나이 전투(기원전 216년)에서 카르타고의 한니발은 로마군을 포위 섬멸하며 병력 배치의 창의성과 전술적 승리의 중요성을 보여준다.

[동양 전략 사례]
적벽대전(208년, 중국 삼국지)에서 조조의 대군에 맞서 손권과 유비는 동맹을 맺고, 불리한 지형 조건을 역으로 활용하여 화공(火攻)으로 승리한다. 이는 조화를 중시하며 지형과 심리전을 활용한 동양 전략의 전형적인 사례이다.

● 서양에서의 전쟁 전략 - 계획과 구조

그리스는 군사적 승리를 위해 자원과 병력을 조직적으로 활용하는 것을 중시한다. 로마는
군사적 효율성과 조직력을 바탕으로 전략을 실행한다. 로마군의 구조적 전투 방식은 현대의
군사 전략의 토대가 된다. 클라우제비츠: 서양의 전략은 근대에 이르러 전쟁을
"정치의 연장"으로 간주하며, 국가의 목표를 달성하기 위한 수단으로 발전했다.

[서양의 이기는 주요 전쟁 전략]

- 정면 대결과 병력 집중: 적의 핵심 전력을 정면으로 공격하여 승리
- 군사적 조직과 계획: 체계적 병력 배치와 전략적 자원 활용
- 결과 중심 접근: 승리를 통해 정치적, 경제적 목표 달성
- 속도와 결단력: 빠르고 강력한 군사 작전으로 전투를 단기간에 끝냄

● 동양에서의 전쟁 전략 - 조화와 지혜

손자병법(孫子兵法)은 동양 전쟁 전략의 대표적 고전으로, 손자는 "싸우지 않고 이기는 것이
최고의 전략"이라고 강조한다. 이는 전쟁의 본질을 정치적, 경제적, 심리적 요인과 연결하여
자원의 최소화를 추구한다. 동양의 전략은 도(道)와 조화, 자연과 인간의 조화를 중요하게
여기며, 전쟁에서도 이 조화를 깨지 않는 방법을 선호한다.
무리한 전쟁보다는 적의 약점을 이용하거나 외교적 해결책을 모색한다.

[동양의 이기는 주요 전쟁 전략]

- 싸우지 않고 승리하기: 심리적 압박, 외교, 정보전을 통해 전쟁 자체를 피함
- 상대의 힘을 약화시키기: 정면 대결보다는 적의 약점을 공략
- 융통성과 유연성: 상황에 따라 전술과 전략을 변경하며, 지형과 환경을 활용
- 통합적 관점: 단순히 군사적 측면을 넘어 정치, 외교, 경제 등 모든 분야와 연결

이순신 장군의 이기는 전략

"선승구전 先勝求戰"
먼저 이기고, 나중에 싸운다. Win First, Fight Later

판옥선
배 바닥이 넓고 소나무 선체 견고
속도는 느리지만 빠른 회전 가능
화포 28개 설치 – 원거리 공격

차별화

주력선 세키부네
배 바닥이 좁고 뾰족한 협저선
속도는 빠르지만 회전에 불리
함포 장착과 원거리 화력전에 취약

화포
화포사거리 최장 600m 조총 압도
각궁 사거리 100m 분당 20회 발사

조총
100m 살상 거리 분당 2~3회 발사
20% 병력이 조총수

거북선
지붕에 철판 씌워 방어력 제고
용머리로 화포 발사
깊숙히 침투 후 적선 격파

창조

장군선 아다카부네
배 바닥이 좁고 뾰족한 협저선
속도는 빠르지만 회전에 불리
단조로운 등선육박 전술 구사

학익진(鶴翼陣)
학의 날개 모양, 반원 형태 배치
전력의 열세를 뒤바꾸는 전법

혁신

백병전 (白兵戰)
직선형으로 배를 배치해 접근
조총과 왜도로 백병전 전개

2. 창조

1. 차별화　　3. 혁신

4. 역량　　6. 신뢰

5. 협업

고강도 집중 훈련
학익진 위한 판옥선 운행 훈련
300m 화포 쏘기 집중 훈련
3배 빠른 100m 활쏘기 집중 훈련

협업으로 군량미 조달
군민이 협업하여 둔전 개발
수확량 공유시스템 도입
삼도수군 협력으로 승전

살신구국의 애국심
그릇된 왕명을 거역, 투옥됨
장수와 병졸, 백성들이 한마음으로
목숨을 건 애국심으로 나라를 구함
나아가 나라와 백성을 지켜냄

<Copyright by SH Lee>

[그림 3-3 이순신 장군의 선승구전 전략]

이순신 장군의 선승구전(先勝求戰) 전략은 "먼저 승리를 확보한 뒤 싸움을 시작한다"는 의미로, 전략적 준비와 실행의 철저함을 강조한다. 이를 현대 경영전략에 연결하면 6가지 핵심전략으로 구체화된다.

차별화 전략 : 적보다 강력한 화포로 300~600m 거리에서 적을 타격하며 조총의 사격거리를 압도한다. 경영에서 독특한 강점을 확보해 경쟁자를 압도하는 차별화 전략과 맥을 같이 한다.

혁신 전략 : 학익진(鶴翼陣)은 적을 둘러싸고 효율적으로 공격하는 혁신적 진법이다. 이는 경영환경에서 새로운 비즈니스 모델이나 프로세스를 도입해 효율성과 경쟁력을 높여 원가우위를 확보하는 혁신 활동과 유사하다.

창조 전략 : 거북선이라는 혁신적인 전함을 창조해 적의 우위를 무너뜨렸다. 이는 새로운 제품/서비스 창출로 경쟁의 판도를 바꾸는 혁신과 연결된다. 창조는 경쟁사보다 한발 앞선 전략적 무기를 만드는 과정이다.

역량 전략 : 이순신 장군은 병사들에게 철저한 훈련을 통해 전투 역량을 극대화했다. 이는 조직 내 인재와 자원을 개발하고, 핵심 역량을 강화하는 경영전략에 해당한다. 전문성과 숙련도는 성과를 좌우하는 핵심 요소이다.

협업 전략 : 이순신은 지역 주민들과 협력해 자원을 효율적으로 동원하고 군대를 지원받는다. 이는 조직 내외부의 협력을 통해 목표를 달성하는 협업 문화와 밀접히 연결된다.

신뢰 전략 : 이순신 장군은 개인의 희생을 감수하며 국가를 위해 헌신했다. 이는 장수와 병졸, 백성들에 대한 신뢰 구축으로 연계되며, 장기적인 가치를 위해 단기적인 희생을 감수하는 리더십의 본보기로 작용한다.

이순신 장군의 차별화, 혁신, 창조, 역량, 협업, 신뢰의 6가지 전략은 현대 경영전략의 핵심 요소들과 맥을 같이 하여, 불확실한 시장 환경에서도 철저한 준비와 실행력으로 조직의 한계 이상의 성장을 위한 전략 모델로 활용할 수 있다.

⬡ 이기는 경영 전략

6가지 이기는 경영 전략

이순신 장군의 선승구전 전략은 "먼저 이길 준비를 한 뒤 싸움에 나선다."는 철학으로
차별화, 창조, 혁신, 역량, 협업, 신뢰 전략을 현대 경영전략에 그대로 적용할 수 있다.

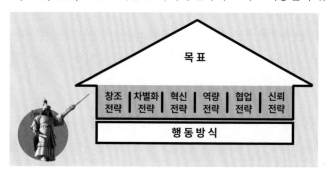

<Copyright by SH Lee>   [그림 3-4 6가지 이기는 경영 전략]

이기는 경영 전략은 기업이 경쟁 우위를 확보하고 시장에서 지속 가능한 성장을 이루기 위한
체계적이고 포괄적인 접근을 말한다.

첫째, 시장과 고객의 요구를 철저히 분석하고, 차별화된 가치 제공에 집중한다.
제품이나 서비스의 독창성, 품질, 가격 등에서 경쟁자들과 구별되는 요소를 강조하며
고객의 충성도를 높인다.

둘째, 자원의 효율적 배분과 기술 혁신을 통해 생산성과 운영 효율성을 최적화한다.
이를 위해 내부 프로세스를 지속적으로 개선하고, 디지털화 및 자동화 등 최신 기술을
적극적으로 도입하여 경쟁력을 강화한다.

셋째, 경쟁자 분석을 통해 시장의 변화에 빠르게 대응하고, 자사의 강점과 약점을 정확히
파악하여 전략적으로 대응한다. 또한, 리스크를 관리하고 위기 상황에서도
유연한 의사결정을 통해 비즈니스 연속성을 유지한다.

마지막으로, 장기적인 비전과 목표를 설정하고, 이를 달성하기 위한 지속적인 투자와
조직 문화를 구축하는 것이 중요하다.

차별화 전략 : 기업이 경쟁우위를 확보하기 위해 사용하는 경쟁전략 중 하나로, 제품이나 서비스에 독특한 가치를 추가하여 시장에서 차별화된 위치를 확보하는 시장 전략이다. 이는 경쟁사와 차별화되는 요소를 강조함으로써 고객에게 더 큰 가치를 제공하여 가격 경쟁에 휘말리지 않으면서 고객의 충성도를 높여 준다.

창조 전략 : 기존의 경쟁이 치열한 시장(레드오션)을 떠나, 새로운 수요를 창출하고 경쟁자가 없는 시장(블루오션)을 개척하는 데 초점을 맞춘다. 이 전략은 기업이 혁신을 통해 고객에게 새로운 가치를 제공하고, 경쟁 대신 창조를 통해 성장을 추구하는 시장 전략이다.

혁신 전략 : 기존의 원가우위 전략과 혁신 전략을 결합하여 보다 적은 자원으로 혁신적인 제품 또는 서비스를 제공하는 것을 목표로 한다. 이 전략은 기업이 원가 효율성을 극대화하면서도 혁신을 통해 고객에게 차별화된 가치를 제공하는 데 중점을 둡니다.

역량 전략 : 자원(Resource)와 역량(Capability)이 경쟁우위와 지속가능한 성과를 결정합니다. 이 전략은 기업이 외부 변화나 경쟁 상황보다, 자신만의 강점과 자원을 활용해 경쟁력을 키우는 데 집중하는 방식이다. 핵심은 "우리만이 잘할 수 있는 것"에 집중하여 경쟁에서 앞서는 것이다. 기업이 가진 자원이 가치가 있고, 희소하며, 쉽게 따라 할 수 없고, 효율적으로 운영된다면, 경쟁우위를 확보할 수 있다.

협업 전략 : 기업이 외부 파트너, 고객, 공급업체, 또는 심지어 경쟁사와의 협력을 통해 경쟁우위를 확보하는 데 초점을 맞춥니다. 또한, 생태계 전략은 기업이 네트워크와 생태계를 구축하여 장기적인 경쟁우위를 확보합니다.

신뢰 전략 : 기업과 고객, 파트너, 그리고 사회 간의 신뢰를 핵심 자산으로 구축하고 유지함으로써 장기적인 성공을 도모하는 접근 방식입니다. 이 전략은 신뢰를 통해 충성도를 강화하고, 브랜드의 지속가능성을 높이며, 고객과의 강력한 관계를 형성하는 것을 목표로 합니다. 신뢰는 브랜드 자산, 오퍼링 자산, 관계 자산, 지식 자산, 고객 자산, 문화 자산과 같은 여섯가지 주요 구성 요소로 형성됩니다.

⬡ 제1편 차별화 전략 - Black Hole

차별화 전략은 기업이 단순히 경쟁하는 것이 아니라, 고유한 가치를 창조하는 과정이다. 이는 마치 예술가가 자신만의 독창적인 작품을 만들어내거나, 철학자가 기존의 사상에 새로운 관점을 더하는 것과 같다. 즉, 기업이 고객과 소통하는 언어이며, 브랜드의 정체성을 결정하는 철학적 기반이다. 성공적인 차별화는 단순한 선택이 아니라, 고객의 기억 속에 오래 남는 독창적인 경험을 창출하는 과정이다.

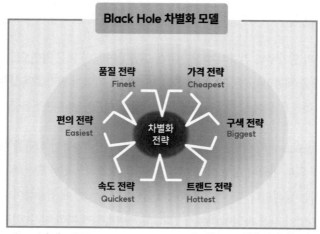

<Copyright by SH Lee>   [그림 3-5 브랙홀 차별화 모델]

차별화는 단순한 기능적 차이를 넘어, 고객의 감성과 경험을 변화시키는 힘을 가진다. 이는 마치 블랙홀이 주변 물질을 끌어당기며 독자적인 중력을 형성하는 것과 같다. 기업은 가격, 품질, 속도, 편의성, 트렌드, 구색 등 특정 요소에서 강력한 차별성을 구축해야 한다. 최고의 품질을 추구하는 기업은 장인의 철학을 담고, 속도를 중시하는 기업은 즉각적인 만족을 제공하며, 편의성을 강조하는 기업은 고객의 삶을 단순하고 효율적으로 만든다. 이런 전략을 통해 기업은 고객의 선택을 이끌어낸다. 블랙홀 차별화 모델은 기업이 어떤 핵심 가치를 강화할 것인지 명확히 선택하고, 지속적으로 이를 발전시켜야 함을 의미한다. 결국, 차별화 전략이 강력할수록 기업은 더욱 독보적인 존재가 되고, 고객은 자연스럽게 그 중력장 안으로 빨려 들어오게 된다.

품질 전략(Finest) : 최고의 품질을 목표로 하며, 제품과 서비스의 우수성을 통해 소비자의
신뢰를 구축한다. 엄격한 품질 관리와 연구개발(R&D)에 집중하며, 고급 원자재 사용, 정밀한
제조 공정을 통해 차별화를 시도한다. 명품 브랜드나 하이엔드 전자제품 시장에서 두드러지며,
품질이 곧 브랜드 가치와 기업 신뢰도를 결정하는 중요한 요소로 작용한다.

가격 전략(Cheapest) : 최저 가격을 유지하는 전략으로, 원가 절감과 대량 생산을 통해 가격
경쟁력을 확보한다. 공급망 최적화, 생산 공정 자동화 등을 활용해 합리적인 가격으로 제품을
제공하며, 대형 할인 마트나 저가 항공사가 대표적이다. 또한, 소비자의 가격 민감도를 고려해
최적의 가격을 유지하면서도 품질을 일정 수준 이상으로 유지하는 것이 중요하다.

구색 전략(Broadest) : 다양한 제품과 서비스를 제공하는 전략으로, 소비자의 선택권을 넓혀
맞춤형 소비를 가능하게 한다. 대형 쇼핑몰, 전자상거래 플랫폼 등이 대표적이며, 고객이
원하는 다양한 제품을 한 곳에서 구매할 수 있도록 한다. 이를 통해 고객은 다양한 옵션을
비교하며 자신에게 최적의 제품을 선택할 수 있으며, 기업은 고객 만족도를 높이고 충성도를
강화할 수 있다.

트렌드 전략(Hottest) : 최신 트렌드에 맞춰 제품과 서비스를 빠르게 업데이트하는 전략이다.
빠른 시장 조사와 기획을 통해 신선한 제품을 제공하며, 패션, 화장품, 테크 업계에서 중요하다.
트렌드 변화에 민감한 고객층을 공략하며, 빠르게 변화하는 소비 패턴에 적응할 수 있는
유연한 생산 및 유통 시스템이 필수적이다.

속도 전략(Quickest) : 신속한 제품 공급과 서비스 제공을 핵심 가치로 삼는다. 빠른 배송,
즉각적인 고객 지원을 도입해 소비자의 시간을 절약할 수 있도록 한다. 온라인 쇼핑몰의 당일
배송, 패스트푸드 업계의 신속한 주문 처리 등이 대표 사례. 즉각적인 대응 능력이 중요한
요소이며, 서비스 속도를 유지하면서도 품질을 확보하는 것이 관건이다.

편의 전략(Easiest) : 소비자가 쉽게 이용할 수 있도록 편리함을 극대화하는 전략이다.
UX 개선, 직관적인 인터페이스, 간편 결제 등을 도입해 소비자가 번거로움 없이 원하는 것을
이용할 수 있도록 한다. 모바일 간편 결제 서비스, 원클릭 주문 시스템, 음성 인식 기반 쇼핑
서비스 등이 대표적이며, 사용자의 경험을 단순화하여 접근성을 높이는 것이 핵심이다.

1계 – 품질 차별화 전략

삼성은 '물량주의에서 질 위주로'의 전환을 강조하며, 설계·제조·서비스의 전 과정에서
품질 우선 원칙을 확립했다. 연구개발(R&D)과 제조공정을 혁신하고, 인재 육성 및
글로벌 표준을 적용하는 등 전사적 노력을 기울였다.

[그림 3-6 삼성전자의 애니콜 화형식]

삼성전자는 1993년 이건희 회장의 '신경영 선언'을 통해 '양보다 질'이라는 혁신적 방향 전환을
단행했다. 당시 삼성의 제품들은 글로벌 시장에서 기술력과 품질 면에서 경쟁력을 잃고
있었으며, 초일류 기업으로 도약하기 위해 근본적인 변화가 필요했다. 이를 상징하는 사건이
'애니콜 화형식'으로, 500억 원 규모의 불량 휴대폰 15만 대를 공개적으로 소각함으로써
품질 혁신의 결의를 다졌다.
이러한 전략은 브랜드 신뢰도와 기술 경쟁력을 높이며, 삼성전자가 반도체, 스마트폰,
TV 등에서 글로벌 1위 기업으로 도약하는 초석이 되었다. 결국, 신경영 선언은 기업의 생존을
위한 절박한 현실 인식과 함께, 최고 품질로 세계 시장을 선도하겠다는 강력한 의지를
반영한 혁신 전략이었다.

기업이 시장 경쟁에서 우위를 점하기 위한 극한의 품질 차별화 전략은 단순한 품질 개선을 넘어, 경쟁사와의 격차를 극대화하여 프리미엄 시장에서 독보적인 위치를 확보하는 것을 목표다.

삼성은 말기 암환자이자, 당뇨병 환자다.
삼성은 한때 비효율, 낭비, 무감각이 만연한 기업이었다. 현장에서 나사가 굴러다녀도 줍는 사람이 없었고, 3만 명이 제품을 만들면 6천 명이 수리하러 다녀야 하는 구조였다.
이러한 문제를 해결하지 않으면 세계 1위가 될 수 없다는 삼성의 위기의식(Sense of Crisis)과 절박감(Sense of Urgency)을 불러일으키는 비유이다.
지금은 죽느냐 사느냐 갈림길에 있다.
"지금부터 내 말을 녹음하세요. 나는 지금껏 속아 왔습니다."
"사장과 임원들 전부 프랑크푸르트로 모이세요."
"이제부터 내가 직접 나설 겁니다."

"마누라와 자식 빼고 다 바꿔라" - 1993년 프랑크푸르트 신경영 선언
프랑크푸르트에서 이건희 회장은 "비즈니스 모델을 양 위주에서 질 위주로 파괴적으로 탈바꿈 해야 한다. 이대로는 절대로 세계 1위 못한다. 결국 내가 변해야 한다. 바꾸려면 철저히 해야 한다. 극단적으로 얘기해 마누라와 자식 빼고 다 바꿔야 한다."고 선언했다.
이로 인해 삼성은 반도체 사업 진출 후 1994년 9월에 세계 최초로 256MD램 반도체 개발에 성공했다. 또한, 이를 기반으로 삼성은 D램 반도체, 낸드 플래시, AI폰, 폴더블폰, 바이오 시뮬레이터, 암 전문병동, 초고층 빌딩 등의 세계 1등 상품군을 확보하는 초일류기업의 반열에 올랐다.

> **다이슨 무선 청소기**는 성능과 디자인에서 차별화를 이루며 프리미엄 시장을 선도한다. 초고속 회전 디지털 모터와 5단계 필터링 시스템으로 미세먼지와 큰 이물질을 강력하게 흡입하며, 리튬이온 배터리로 성능을 유지한다. 경량화된 인체공학적 설계로 편리한 사용감을 제공하고, 다양한 액세서리와 유연한 구조로 실용성이 높다. 또한, 분리와 조립이 쉬운 모듈식 설계와 벽걸이형 도킹 스테이션으로 유지관리와 보관이 간편하다.

2계 - 가격 차별화 전략

극한의 가격 차별화 전략은 시장에서 최저가를 지향하여 소비자에게 강력한 경제적 유인을
제공하고, 비용 절감 및 효율성을 통해 경쟁우위를 확보한다.

[그림 3-7 다이소의 극한의 가격 차별화 전략]

다이소는 가격 차별화 전략을 통해 국내 생활용품 시장에서 독보적인 위치를 차지했다.
다이소의 핵심은 "균일가" 정책을 기반으로 한 초저가 전략으로, 1,000원에서 5,000원 사이의
파격적으로 저렴한 가격에 제공하여 가성비에 민감한 소비자들을 타깃으로 하여 폭넓은
고객층을 확보하게 된다.
극한의 가격 차별화는 다이소의 독점적 유통망과 대량 구매 시스템을 통해 이루어진다.
또한, 글로벌 소싱 네트워크를 구축해 대량으로 저렴하게 물품을 구매하고, 소비자에게 낮은
가격으로 제공하며, 자체 물류 시스템을 최적화하여 유통 비용을 줄이고, 매장 내 최소한의
인테리어와 효율적인 운영 방식으로 비용 절감을 실현한다.
다이소의 가격 전략은 저렴한 가격 제공을 넘어 소비자들에게 "가성비가 높은 생활용품의
원스톱 쇼핑 공간"이라는 브랜드 이미지를 심어준다. 이로 인해 다이소는 국내 생활용품
시장에서 강력한 영향력을 발휘하고 있다.

극한의 가격 차별화 전략은 가격에 민감한 고객층을 대상으로 낮은 가격을 유지하는 방식이다. 대량 구매와 생산 최적화를를 통한 원가 절감(Cost Reduction), 운영 효율성으로 가격 경쟁력 강화, 가격 민감 고객층을 위한 접근성 확대(Affordability) 등이 주요 전략이다.

극한의 가격 차별화 전략은 단순한 저가 정책이 아니라 가격에 민감한 고객층을 대상으로 하며, 대량 생산, 간소화된 공급망, 운영 효율화를 통해 낮은 가격을 유지하는 방식이다. 먼저, 원가 절감(Cost Reduction)을 위해 대량 구매와 생산 최적화를 통해 비용을 낮추고, 운영 효율화를 통해 가격 경쟁력을 강화한다. 다음으로, 고객 접근성 확대(Affordability) 전략을 통해 합리적인 가격을 설정해 다양한 소비자층, 특히 가격에 민감한 고객들이 쉽게 접근할 수 있도록 한다.

규모의 경제(Economies of Scale)를 적극 활용하여 대량 생산과 유통을 통해 단위당 비용을 절감하고, 최저 가격을 유지하는 것도 중요한 요소다. 또한, 효율적 운영 모델(Efficient Operations)을 구축해 매장 설계, 물류, 제품 구성을 단순화함으로써 비용을 줄이고 운영 효율성을 극대화한다.

유니클로(UNIQLO)는 SPA(제조-유통 일괄관리) 모델을 통해 기획·생산·유통을 직접 운영하며 중간 유통 비용을 절감해 가격 경쟁력을 확보했다. 글로벌 대량 생산을 통해 원가를 낮추고, 히트텍·에어리즘 같은 기능성 제품을 지속적으로 개발해 품질을 유지하면서도 합리적인 가격을 제공한다. 미니멀하고 기능적인 기본 디자인을 유지해 트렌드 변화에 영향을 덜 받으며, 매장 운영을 최적화하고 온라인 판매를 강화해 비용 절감과 효율성을 극대화하고 있다.

이마트 트레이더스는 창고형 할인점 모델을 도입해 인테리어와 운영비를 최소화하고, 대량 구매를 통해 원가를 절감하여 저렴한 가격을 실현했다. 회원제 없이 누구나 이용할 수 있도록 해 접근성을 높였으며, PB(자체 브랜드) 상품을 확대해 유통 비용을 줄이고 가성비를 강화했다. 셀프 결제 시스템과 간소화된 운영 방식을 적용해 비용 효율성을 높였으며, 소비자들에게 대용량·저가격 상품을 제공하는 전략을 지속적으로 추진하고 있다.

3계 - 구색 차별화 전략

구색(Range)은 기업이 제공하는 상품이나 서비스의 폭과 깊이를 의미하며, 고객 니즈 충족의 핵심 전략이다. 단순한 상품 나열이 아니라 최적화된 선택지를 제공하는 것이 중요하다. 경영학적으로 구색은 폭(Breadth)과 깊이(Depth)로 나뉜다. 폭은 제품군의 다양성, 깊이는 특정 제품군 내 다양한 옵션을 뜻한다. 아마존은 폭과 깊이를 극대화해 고객이 원하는 모든 제품을 제공하며, 코스트코는 폭을 줄이고 깊이를 강화해 대량 구매를 유도하는 전략을 활용한다.

[그림 3-8 아마존의 구색 차별화]

아마존의 구색 차별화 전략은 단순한 상품 나열이 아니라, 고객의 숨겨진 니즈까지 반영해 최적의 선택지를 구성하는 과정이다. 아마존은 약 20억 개 이상의 상품을 취급하며 전자기기, 패션, 도서, 식료품 등 다양한 카테고리를 포괄한다. 이러한 방대한 구색은 소비자에게 폭넓은 선택지를 제공하며, 플랫폼 경쟁력을 강화하는 핵심 요소다.

아마존의 구색 선정은 철저한 데이터 분석과 소비자 수요 기반으로 이루어진다. 판매자들은 검색 알고리즘에 최적화된 상품 정보를 입력하고, 가격 경쟁력과 리뷰 평가 등을 고려해 리스팅을 조정한다. 또한, 자체 알고리즘을 활용해 인기 상품을 우선 노출하고, 소비자 행동 데이터를 분석해 맞춤형 추천을 제공한다. 이를 통해 소비자는 원하는 제품을 신속하게 찾을 수 있으며, 판매자는 효율적으로 매출을 극대화할 수 있다.

극한의 구색 차별화 전략은 다양한 제품과 서비스 라인업을 제공한다. 특정 카테고리에 집중하여 차별화하는 방식이 바람직하다. 특히 디지털 플랫폼 비즈니스에서 효과적으로 활용되며, 고객이 특정 카테고리 내에서 원하는 모든 제품을 한곳에서 찾을 수 있도록 돕는다. 핵심 요소는 광범위한 선택지 제공 및 플랫폼화를 통한 경쟁우위 확보, 데이터 기반 최적화로 구성된다. 소비자는 다양한 옵션 속에서 원하는 제품을 쉽게 찾을 수 있으며, 기업은 이를 통해 고객 만족도와 충성도를 높일 수 있다. 또한, 고객 데이터를 분석하여 인기 상품을 최적화하고, 트렌드에 맞는 제품군을 신속히 확대함으로써 지속적인 경쟁력을 유지한다.

이케아(IKEA)는 다양한 가격대와 디자인을 갖춘 가구 및 인테리어 제품을 제공한다. 고객은 기본형부터 고급형까지 다양한 가구를 선택할 수 있으며, DIY 조립 방식을 통해 경제성과 맞춤형 구성을 극대화했다. 또한, 쇼룸을 통해 소비자가 직접 제품을 체험하고, 식료품과 생활용품까지 구색을 확장하여 종합적인 쇼핑 경험을 제공한다. 이러한 폭넓은 선택지는 다양한 소비자층을 공략하는 데 효과적이다.

넷플릭스(Netflix)는 방대한 콘텐츠 라이브러리를 기반으로 구색 차별화 전략을 실행하고 있다. 다양한 장르의 영화와 TV 시리즈를 제공하며, 사용자 데이터 기반 추천 시스템을 통해 개인 맞춤형 콘텐츠 경험을 제공한다. 자체 제작(오리지널) 콘텐츠를 강화하여 차별화된 선택지를 확보하는 것도 특징이다. 이를 통해 넷플릭스는 구색의 다양성을 유지하면서도, 개인화된 큐레이션 시스템을 활용해 고객 만족도를 높이고 있다.

네이버 스마트스토어는 대형 브랜드부터 개인 판매자까지 다양한 상품을 한 플랫폼에서 제공하는 대표적인 예다. 고객은 소형 가전, 의류, 식료품 등 수많은 카테고리에서 원하는 제품을 찾을 수 있으며, 판매자별 맞춤형 가격과 혜택을 비교할 수 있다. 네이버는 검색 데이터와 고객 행동 패턴을 분석하여 트렌드에 맞는 제품을 우선 노출하고, AI 기반 추천 시스템을 통해 쇼핑 경험을 최적화한다.

4계 - 트렌드 차별화 전략

트렌드는 단순한 유행이 아니라, 소비자의 욕망과 사회적 변화를 반영하는 강력한 흐름이다.
시장에서 차별화된 가치를 창출하려면 단순히 트렌드를 따라가는 것이 아니라, 이를 해석하고
재창조하는 능력이 필요하다. 트렌드 차별화 전략은 변화의 최전선에서 고객의 숨겨진 니즈를
발견하고, 선제적으로 제품과 서비스에 반영하는 과정이다. 기업이 트렌드를 주도할 때,
단순한 공급자가 아닌 문화와 라이프스타일을 창조하는 존재가 된다.

<출처 : 무신사 뉴스룸>　　　　[그림 3-9 무신사의 트랜드 차별화 전략]

무신사는 빠르게 변화하는 패션 시장에서 차별화된 트렌드 전략을 통해 시장을 선도하고
있다. 2018년 매출 약 1,000억 원에서 2023년 약 9,931억 원으로 5년 만에 9배 이상의 성장을
이루었다. 이러한 성장은 10~20대 남성 고객층을 중심으로 한 결과이다.
소비자 중심 트렌드 반영으로 10~20대가 선호하는 브랜드를 적극 유치하고, 데이터 분석을
활용해 신상품과 기획 컬렉션을 출시했다. 콘텐츠 기반 마케팅으로 연간 4만 5천 건 이상의
패션 콘텐츠를 제작해 브랜드와 소비자를 연결하고, 인플루언서, 스타일링 가이드,
유저 리뷰를 활용해 단순 판매가 아닌 문화와 라이프스타일을 제공하는 차별화된 플랫폼을
구축했다. 브랜드와의 상생 전략을 통해 평균 12.2%의 낮은 수수료율을 적용하고, 쿠폰·적립금
비용의 95% 이상을 무신사가 부담하여 브랜드의 경쟁력을 높였다. 향후 오프라인 매장 확대와
고객층 다변화를 통해 온라인 패션 플랫폼에서 종합 패션 기업으로 도약을 목표로 한다.

트렌드 차별화 전략은 빠르게 변화하는 소비자 취향을 반영하여 최신 유행을 선도한다. 핵심 요소는 트렌드 반영, 고객 중심 혁신, 사회적 연결성, 브랜드 이미지 강화로 구성된다. 이러한 전략은 단순한 제품 판매를 넘어 소비자와의 정서적 연결을 강화하고 브랜드 충성도를 높이게 돕는다.

올리브영은 빠르게 변화하는 소비자 니즈를 포착하고 선점해 K-뷰티 시장을 선도하고 있다. 빠른 트렌드 반영을 위해 독점 브랜드와 자체 기획 상품(PB)을 출시하며, 최신 뷰티 트렌드를 반영한 큐레이션을 제공한다. 명동 플래그십 스토어 등에서는 트렌디한 제품을 직접 체험할 수 있는 공간을 마련해 고객 경험을 강화한다. 디지털 기술과 옴니채널 전략을 접목해 '오늘드림' 같은 신속 배송 서비스를 제공하고, AI 기반 개인 맞춤형 추천 시스템을 운영한다. 또한, 고객 데이터를 분석해 지역별 인기 제품을 차별화하는 전략을 적용해 소비자의 만족도를 높인다. 올리브영은 단순한 H&B 스토어가 아니라, 트렌드를 창출하고 확산하는 플랫폼으로, 글로벌 K-뷰티 시장에서도 경쟁력을 강화하고 있다

애플은 기술 및 디지털 트렌드를 선도하며, 지속적인 혁신을 통해 소비자들의 기대를 충족시키는 대표적인 기업이다. 애플은 단순히 새로운 기술을 도입하는 것이 아니라, 사용자 경험을 극대화하는 방향으로 혁신을 추진한다. 최신 아이폰과 애플 워치는 매년 디자인과 기능이 개선되며, 트렌드에 맞춰 새로운 컬러 옵션과 사용자 인터페이스(UI)를 적용한다. 또한, 에어팟 시리즈는 무선 오디오 시장에서 새로운 기준을 제시하며, 패션 아이템으로서도 자리 잡았다. 애플은 새로운 기능을 단순히 기술적 업그레이드로 접근하는 것이 아니라, 소비자의 생활 패턴과 연계하여 트렌드를 창출하는 방식으로 차별화를 이루고 있다.

노스페이스 역시 아웃도어 브랜드에서 벗어나 스트리트 패션 시장에서도 강력한 트렌드를 주도하는 브랜드로 자리 잡았다. 단순히 기능성 의류를 제공하는 것이 아니라, 젊은 층을 겨냥한 감각적인 디자인과 한정판 협업 컬렉션을 통해 브랜드 가치를 더욱 높이고 있다. 대표적으로, 슈프림(Supreme), 구찌(Gucci) 등 글로벌 브랜드와 협업해 한정판 제품을 출시하면서 희소성을 강조하고 있으며, 이를 통해 브랜드에 대한 관심과 충성도를 극대화하고 있다.

5계 - 속도 차별화 전략

"속도는 현대 비즈니스의 새로운 화폐다. (Speed is the new currency of business.)" - 마크 베니오프
경영에서 속도는 단순한 신속함을 넘어, 경쟁력 확보, 고객 만족, 시장 점유율 확대, 비용 절감
등의 핵심 요소로 작용한다. 이는 기업이 변화하는 시장 환경에 얼마나 민첩하게 대응할 수
있는지를 결정짓는다.

<출처 : 데일리 펌>   [그림 3-10 쿠팡 로켓배송의 속도별화 전략]

쿠팡은 고객이 주문한 상품을 익일 또는 당일 배송하는 서비스인
로켓배송을 통해 구현된다. 2023년 기준, 쿠팡의 물류센터는 전국 100여 곳 이상이며, 한국
인구의 70%가 10km 이내에서 배송 받을 수 있는 시스템을 구축했다. 이로 인해 2022년
쿠팡의 총 매출은 약 26조 원을 기록하며 전년 대비 11% 성장했다. 로켓배송 도입 후
재구매율이 70% 이상으로 증가했으며, 구독 서비스인 '로켓와우' 회원 수는 2023년
1,200만 명을 돌파했다. 이를 통해 쿠팡은 충성 고객을 확보하고, 국내 e커머스 시장 점유율을
40% 이상 차지하며 압도적 1위로 자리 잡았다. 쿠팡에게 빠른 배송은 단순한 편의성 제공을
넘어, 물류 네트워크의 효율성을 극대화하여 비용 절감 및 운영 최적화를 이끄는 핵심 성장
동력으로 작용하고 있다.

속도 차별화 전략은 신속성, 효율성, 편리성을 핵심으로 하며, 빠른 서비스 제공이 고객 만족과 충성도에 직접적인 영향을 미치는 분야에 효과적이다. 기업은 배송, 고객 지원, 문제 해결 등에서 신속한 대응을 통해 고객의 시간을 절약하고, 첨단 기술과 데이터 분석을 활용한 운영 효율성 강화를 통해 프로세스를 최적화한다. 또한, 시간 기반 경쟁 우위를 확보함으로써 경쟁사보다 빠른 서비스를 제공하고, 고객 편의성을 극대화하여 더 나은 사용자 경험을 제공하는 것이 핵심이다.

배달의 민족(배민)은 음식 배달 시장에서 속도를 핵심 경쟁력으로 삼아 차별화를 이루고 있다. 배민은 배달 라이더 네트워크 최적화, 효율적인 주문 관리 시스템, AI 기반 경로 최적화 등을 통해 고객이 음식을 신속하게 받을 수 있도록 한다.
특히, 배민의 'B마트 즉시 배달 서비스'는 음식 뿐만 아니라 생필품까지 빠르게 배송하며, 고객의 편의성을 극대화하고 있다. 또한, 앱 내 알림 기능을 활용해 주문 상태를 실시간으로 제공하고, 고객과 라이더 간에 실시간 소통이 가능하여 전체적인 배달 경험을 개선했다.

DHL은 글로벌 물류 기업으로, 신속한 국제 배송을 차별화 전략으로 활용하고 있다. DHL은 긴급 배송 서비스를 통해 전 세계 어디든 빠른 시간 내에 물품을 배송하며, 항공·해상·육로 물류망을 최적화하여 속도를 극대화했다.
특히, IoT(사물인터넷)와 AI 기술을 접목한 실시간 물류 추적 시스템을 운영하여 배송 현황을 정확하게 파악할 수 있다. 이를 통해 DHL은 글로벌 기업뿐만 아니라 개인 고객에게도 신뢰성을 제공하며, 속도를 기반으로 한 경쟁력을 강화하고 있다.

현대자동차 블루링크(Bluelink) 서비스는 자동차 사용자들에게 실시간 지원과 원격 제어 기능을 제공하여 빠른 응답성과 편의성을 극대화한다. 스마트폰 앱을 통해 차량 원격 시동, 도어 잠금 및 해제, 공조 시스템 제어 등이 가능하여 운전자의 편의를 높였다. 또한, 긴급 구난 서비스를 통해 사고 발생 시 즉각적인 도움을 받을 수 있도록 하며, 실시간 차량 진단 기능을 제공하여 문제 발생 시 빠르게 대응할 수 있도록 지원하여 현대자동차는 신속하고 편리한 기능을 제공하는 스마트 모빌리티 플랫폼으로 발전시키고 있다.

6계 - 편의 차별화 전략

고객은 가장 편리한 길을 선택하며, 편리함을 창조하는 기업이 시장을 지배한다.
편의 차별화 전략은 소비자가 제품이나 서비스를 더 쉽고 빠르게 이용할 수 있도록 하여
경쟁 우위를 확보하는 전략이다. 특히, 디지털 전환이 가속화되면서 편의성이 비즈니스 성장에
미치는 영향이 더욱 부각되고 있다.

[그림 3-11 카카오톡의 편의 차별화 전략]

카카오톡은 사용자 중심의 서비스 혁신을 통해 시장 지배력을 강화하고
있다. 간편검색 기능으로 원하는 정보를 쉽게 찾고, 이모티콘 간편전송 기능으로 감정을
빠르게 표현할 수 있다. 비밀채팅 모드는 PC 기록을 남기지 않아 보안성을 높이며, 대화 상단
고정 기능은 중요한 채팅방을 쉽게 접근하도록 돕는다.
재초대 거부 기능으로 원치 않는 그룹 초대를 차단하고, 프로필 움직이는 사진 적용 기능은
개성을 표현하는 요소로 활용된다. 사진 해상도 지정 전송 기능은 원하는 품질로 이미지를
공유할 수 있으며, 채팅방 내 메시지 삭제 기능은 실수로 보낸 메시지를 삭제해 사용자 편의를
극대화한다.
이러한 기능 덕분에 카카오톡은 국내 메신저 시장 점유율 90% 이상을 유지하며, 2023년
3분기 매출이 전년 동기 대비 12% 증가한 1조 7천억 원을 기록했다.

편의 차별화 전략은 사용자 경험을 최우선으로 고려하여 불편을 최소화하고, 편리성을 극대화한다. 이를 통해 고객이 보다 직관적으로 서비스를 이용하고, 최소한의 시간과 노력으로 원하는 결과를 얻을 수 있도록 한다. 사용자 경험(UX) 최적화, 접근성 강화, 시간과 노력 절약, 고객 중심 혁신이 핵심요소이다.

ChatGPT는 AI 기반의 대화형 서비스로, 사용자가 자연어를 통해 다양한 질문을 하면 실시간으로 답변을 제공한다. 직관적인 인터페이스를 갖추고 있어 누구나 쉽게 사용할 수 있으며, 전문적인 정보 검색부터 창작 지원, 코드 작성, 번역 등 다양한 분야에서 활용된다. 기존의 정보 검색 방식은 사용자가 여러 웹사이트를 직접 탐색해야 했지만, ChatGPT는 질문의 맥락을 이해하고 즉각적으로 적절한 답변을 제공함으로써 시간과 노력을 절약할 수 있다. 또한, 지속적인 AI 학습과 모델 개선을 통해 더욱 정교한 답변을 제공하며, 사용자의 피드백을 반영하여 정확도를 높이고 있다.
최근에는 다양한 산업에서 ChatGPT를 활용해 고객 상담, 자동 응답 시스템, 문서 요약, 데이터 분석 등 실무적인 영역에서도 적용 범위를 넓히고 있다.

네이버는 다양한 서비스를 한 플랫폼에서 제공하여 편의성을 극대화한 대표적인 사례다. 단순한 검색 엔진을 넘어, 네이버 지도, 쇼핑, 뉴스, 웹툰, 결제(네이버페이), 예약 시스템 등 다양한 서비스를 통합하여 사용자들이 원스톱으로 여러 기능을 활용한다. 예를 들어, 사용자가 네이버에서 특정 음식점을 검색하면 네이버 지도에서 위치를 확인하고, 네이버 예약을 통해 좌석을 예약하며, 네이버페이로 결제까지 가능하다. 이처럼 서비스 간의 유기적인 연결을 통해 사용자는 별도의 앱을 다운로드하거나 다른 사이트를 방문할 필요 없이, 네이버 생태계 안에서 모든 것을 해결할 수 있다.

토스는 금융 서비스의 복잡성을 제거하고, 간편한 송금과 결제, 금융 관리 기능을 제공하는 혁신적인 핀테크 서비스다. 기존의 은행 송금은 공인인증서, OTP 입력 등 복잡한 절차가 필요했으나, 토스는 간단한 터치 한 번으로 송금을 완료할 수 있다. 또한, 신용등급 조회, 투자 서비스, 보험 관리 등 금융 관련 기능을 직관적으로 제공하며, 고객이 금융 정보를 쉽게 이해하고 활용할 수 있도록 돕는다.

⬡ 제2편 창조 전략 - Blue Ocean

창조 전략은 싸우지 않고 이기거나 덜 싸워서 이기는 전략으로 새로운 시장 개척, 새로운 기술,
새로운 상품 개발을 통해 경쟁 없는 공간을 창조하는 것으로 '블루오션 전략'이라고 한다.

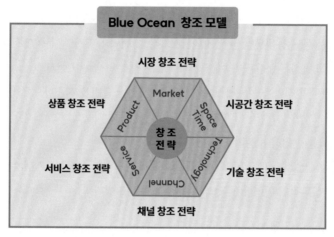

<Copyright by SH Lee>   [그림 3-12 블루오션 창조 모델]

블루오션 창조 전략은 급변하는 시장 환경 속에서 기업이 지속가능한 성장과 혁신을 이루기
위한 강력한 도구입니다. 기업이 이 모델을 성공적으로 활용하려면, 고객의 니즈를 깊이
이해하고 끊임없이 변화를 수용하는 자세가 필요합니다.

The Blue Ocean Creation Strategy is a powerful tool for companies to achieve
sustainable growth and innovation in a rapidly changing market environment.
To be successful with this model, companies need to have a deep understanding of
their customer's needs and a willingness to embrace change constantly.

블루오션 창조 전략은 경쟁이 치열한 레드오션에서 벗어나, 새로운 시장과 기회를 발굴하여 경쟁 없는 공간(블루오션)을 창조하는 접근 방식이다. 이 전략은 단순히 시장 점유율 경쟁에 초점을 맞추는 것이 아니라, 차별화된 가치를 창출하여 새로운 수요를 형성하고, 혁신적인 방식으로 기존 한계를 뛰어넘는 것을 목표로 한다.

시장 창조 전략 : 기존에 존재하지 않던 시장을 개척하거나, 새로운 고객층을 발굴하여 경쟁 없는 새로운 공간을 창출한다. 이는 기존 고객의 요구를 재해석하거나, 새로운 트렌드를 반영하여 달성할 수 있다.

시공간 창조 전략 : 제품 또는 서비스가 전달되는 장소나 환경 즉 공간 또는 시간을 혁신적으로 바꾸어 경쟁우위를 확보한다. 새로운 유통 경로, 혁신적인 물리적 또는 디지털 장소, 새로운 시간 창조 등을 활용해 고객 경험을 극대화한다.

기술 창조 전략 : 신기술 개발 및 적용을 통해 기존 제품이나 서비스를 뛰어넘는 혁신적인 가치를 제공한다. 인공지능, 블록체인, IoT 등의 첨단 기술을 활용해 시장에서 독보적인 위치를 확보할 수 있다.

채널 창조 전략 : 다양한 채널을 통합하여 고객이 원하는 방식으로 제품과 서비스를 제공하며, 고객 접근성을 높이고 일관된 브랜드 경험을 제공한다. 이는 디지털 및 오프라인 채널을 융합한 새로운 비즈니스 모델을 포함한다.

서비스 창조 전략 : 고객 맞춤형 서비스나 기존에 없던 고유의 서비스를 창출하여 고객 만족도를 극대화하고 차별화를 꾀한다. 고객의 숨겨진 니즈를 발굴하거나, 기존 서비스의 질을 혁신적으로 향상시키는 것이 포함된다.

상품 창조 전략 : 기존 시장에서 볼 수 없었던 독창적이고 혁신적인 상품을 개발하여 시장의 판도를 바꾼다. 이는 고객의 문제를 새로운 방식으로 해결하거나, 완전히 새로운 경험을 제공하는 제품일 수 있다.

7계 - 시장 창조 전략

새로운 시장(New Market) 전략은 기존 시장에서 경쟁하기보다는, 경쟁이 없는 새로운 시장을 창출함으로써 기존 경쟁의 틀을 벗어난다. 기존 고객의 요구를 새롭고 창의적인 방식으로 충족하거나, 아직 충족되지 않은 숨겨진 니즈를 발견하여 새로운 수요를 창출한다.

<출처 : 한국교육신문>　　　　　[그림 3-13 태양의 서커스단의 블루오션 창조전략]

태양의 서커스(Cirque du Soleil)는 전통 서커스와 차별화된 프리미엄 아트 서커스 시장을 창출했다. 기존 서커스가 동물 쇼와 가족 중심 공연에 집중한 반면, 태양의 서커스는 연극, 무용, 음악, 조명 효과를 결합해 예술적 가치를 높였다. 이를 통해 기존의 저가형 서커스 대신 고급 문화 공연 시장을 형성하며, 평균 티켓 가격을 기존(20~30달러)의 두 배 이상인 150~250달러로 책정해 높은 수익성을 확보했다. 또한, 라스베이거스, 뉴욕, 런던 등 글로벌 대도시에서 장기 공연을 운영하며 브로드웨이급 상설 공연 시장을 개척했다. 그 결과, 태양의 서커스는 연 매출 10억 달러, 연간 1,500만 명 이상의 관객을 유치하며 기존 서커스를 압도하는 성과를 거뒀다. 이는 전통 서커스가 아닌 프리미엄 아트 서커스 시장을 창출한 블루오션 전략의 대표 사례이다.

시장 창조 전략은 기존 시장에서 경쟁하는 대신 새로운 시장을 개척하여 경쟁을 회피하는 방식으로 기존 고객의 요구를 새로운 방식으로 충족하거나, 숨겨진 니즈를 발견해 새로운 수요를 창출한다. 이를 통해 기업은 경쟁 없는 시장을 선점하고 장기적인 성장 기반을 구축할 수 있다. 기업은 혁신적인 기술, 서비스 모델, 고객 경험을 통해 새로운 기회를 창조한다.

삼성전자의 '무풍 에어컨'은 기존 에어컨 시장에서 경쟁하는 대신 소비자가 직접적인 찬 바람을 불편해한다는 점에 착안해 '무풍 기술'을 도입했다. 바람 없이도 시원함을 제공하는 이 제품은 쾌적한 환경 조성이라는 새로운 가치를 창출하며 차별화에 성공했다. 기존의 냉방 성능 경쟁에서 벗어나, 새로운 소비자 경험을 제공함으로써 프리미엄 가전 시장에서 독보적인 입지를 구축했다.

웅진코웨이(현 코웨이)의 렌털 서비스는 기존 제품 판매 중심의 정수기 시장에서 벗어나, 렌털 모델을 도입해 초기 구매 비용 부담을 낮추었다. 소비자는 월 렌털료만 내고 정기적인 유지 보수 서비스를 받을 수 있어 부담이 줄었으며, 이는 새로운 소비 패턴을 형성했다. 이후 공기청정기, 비데 등으로 확대되며, 렌털 시장을 성장시키는 기반이 되었다.

테슬라(Tesla)는 전기차를 단순한 친환경 차량이 아닌 고성능 럭셔리 자동차로 포지셔닝하며 새로운 시장을 창출했다. 기존 자동차 시장이 내연기관 차량 중심이었던 반면, 테슬라는 전기차를 혁신적인 모빌리티 솔루션으로 재정의했다. 이를 위해 배터리 기술과 자율주행 시스템을 결합하고, 전기차 전용 플랫폼을 개발해 성능을 극대화했다.

특히, 소프트웨어 업데이트(OTA) 방식을 도입하여 차량이 출시된 후에도 지속적으로 성능을 개선하고, 슈퍼차저 충전 인프라 네트워크를 구축해 전기차의 불편함을 해소했다. 이러한 전략을 통해 테슬라는 단순한 자동차 브랜드를 넘어 소프트웨어 중심의 미래 모빌리티 기업으로 자리 잡았다. 이를 바탕으로 전기차 시장을 선도하며 자동차 산업의 패러다임을 변화시키고 있다.

8계 - 상품 창조 전략

새로운 상품 전략은 기존 시장에 존재하지 않던 독창적이고 혁신적인 상품을 개발하여
고객의 니즈를 새로운 방식으로 충족시키거나 전혀 새로운 경험을 제공한다.

<출처 : 폰아레나>   [그림 3-14 삼성전자 폴더블폰의 상품 창조 전략]

삼성전자의 폴더블폰은 스마트폰 시장에서 새로운 카테고리를 창출하며 혁신적인 사용자
경험을 제공한 사례다. 2019년 첫 폴더블폰인 갤럭시 폴드를 출시하면서, 기존 바(Bar) 타입
스마트폰과 차별화된 대화면과 휴대성을 동시에 만족시키는 제품군을 만들었다.
이는 스마트폰 사용 방식 자체를 변화시키는 혁신적인 기술 도입이었다.
폴더블폰의 가장 큰 의미는 프리미엄 스마트폰 시장에서 새로운 수요를 창출했다는 점이다.
기존 스마트폰 시장은 디자인과 성능 개선의 한계에 다다른 상황이었으나, 삼성은 폴더블
디스플레이와 멀티태스킹 기능을 강화하여 새로운 소비자 경험을 제공했다. 이를 통해
비즈니스 사용자, 콘텐츠 소비자, 테크 얼리어답터 등 새로운 고객층을 유입하며 프리미엄
시장에서 경쟁력을 확보했다.

상품 창조 전략은 혁신적인 제품을 통해 새로운 시장을 개척하고 차별화를 이루는 전략이다. 단순히 성능을 개선하는 것이 아니라, 고객의 숨겨진 니즈를 충족시키거나 완전히 새로운 소비 방식을 제안한다. 이를 위해 기업들은 기술 혁신, 디자인 차별화, 사용자 경험 개선 등을 통해 고객 가치를 극대화한다. 성공적인 상품 창조 전략은 단기적인 시장 점유율 확대뿐만 아니라, 장기적으로 브랜드 충성도를 높이고 지속적인 경쟁력을 유지하는 데 필수적이다.

현대자동차의 아이오닉 5는 전기차 시장에서 차별화된 고객 경험을 제공하며 글로벌 시장을 선도하고 있다. 현대자동차는 전기차 전용 플랫폼인 E-GMP를 기반으로 배터리 효율과 실내 공간 활용성을 극대화한 아이오닉 5를 출시했다. 800V 초급속 충전 시스템을 통해 18분 만에 80% 충전이 가능하며, 넓은 실내 공간과 플랫 플로어 설계를 도입해 전통적인 자동차 디자인을 혁신했다. 또한, V2L(Vehicle-to-Load) 기능을 지원해 차량이 외부 전력 공급원이 될 수 있도록 하여 전기차의 활용도를 확장하는 등 아이오닉 5는 미래형 모빌리티 플랫폼으로 자리 잡고 있다.

테슬라의 모델 S는 기존 전기차의 한계를 뛰어넘어 프리미엄 전기차 시장을 개척한 대표 사례다. 기존 전기차는 성능이 내연기관 차량에 비해 떨어진다는 인식이 강했으나, 모델 S는 고성능 전기차로 포지셔닝하여 이러한 고정관념을 깨뜨렸다. 최대 652km의 주행거리, 0-100km/h 가속 2초대의 강력한 성능을 갖추면서도, 전기차의 친환경성을 유지했다. 또한, 테슬라는 오토파일럿(자율주행 보조 시스템)과 OTA(Over-the-Air) 소프트웨어 업데이트를 통해 지속적으로 성능을 개선하여 시장을 주도하고 있다.

다이슨의 무선 진공 청소기는 기존 유선 청소기의 불편함을 해결하면서도 강력한 흡입력과 편리한 사용성을 결합한 혁신적인 제품이다. 다이슨은 디지털 모터 기술을 활용해 강력한 성능을 유지하는 기술을 개발했다. 다이슨 V10 모델은 최대 60분 사용이 가능하며, 다양한 청소 모드를 지원하여 실내 환경에 최적화된 기능을 제공한다. 또한, HEPA 필터 시스템을 적용해 미세먼지를 99.99%까지 걸러내는 등 다이슨은 기능성과 디자인을 강화하여 프리미엄 라이프스타일 가전 시장을 창출했다.

9계 - 서비스 창조 전략

새로운 서비스 창조는 작가가 독자의 감정을 울리는 한 편의 시를 쓰는 것과 같다. 고객의 기대를 뛰어넘는 새로운 맞춤형 서비스를 제공하여 사용자가 자연스럽게 그 안에서 새로운 경험을 만들어갈 수 있도록 해야 한다. 결국, 서비스 창조는 인간의 욕구를 깊이 이해하고, 기술과 감성을 결합하여 삶의 가치를 높이는 예술적 과정과 같다.

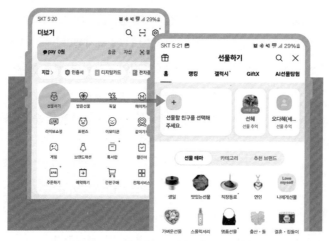

[그림 3-15 카카오톡 선물하기의 서비스 창조전략]

카카오톡 선물하기의 가장 큰 장점은 받는 사람의 주소를 몰라도 선물을 보낼 수 있는 편의성이다. 기존의 온라인 쇼핑은 구매자가 배송지를 직접 입력해야 하는 방식에 대비된다. 즉흥적인 선물, 비대면 선물 문화, 간편한 기프팅 경험이 가능해졌다. 이 서비스는 단순한 편리함을 넘어, 새로운 소비 문화를 창출했다는 점에서 의미가 크다. 주소 입력 과정이 필요 없고, 클릭 몇 번만으로 선물을 주고받을 수 있어 디지털 선물 시장을 활성화시켰다. 특히, 생일이나 기념일에 빠르게 선물할 수 있는 시스템으로 구매 장벽을 낮추고 충동 구매를 유도했다. 2010년 출시 후, 2021년에는 연 거래액 3조원을 돌파하며 급성장했다. 카카오톡 선물하기는 단순한 전자상거래를 넘어, 모바일 기반의 새로운 기프팅 시장을 창출했으며, 이는 서비스 창조 전략이 사용자의 행동 변화를 이끌어낼 수 있음을 보여 준다.

서비스 창조 전략은 고객의 숨겨진 니즈를 발굴하거나 기존 서비스의 품질을 혁신적으로 향상시키는 것을 목표로 한다. 단순한 제품 제공을 넘어, 고객이 경험하는 모든 과정에서 차별화된 가치를 제공하는 것이 핵심이다. 기업들은 프리미엄 서비스, 차별화된 멤버십 혜택, 감성적 경험 창출 등을 통해 고객과의 장기적인 관계를 구축한다. 이를 통해 고객 충성도를 높이고 브랜드 경쟁력을 강화하며, 지속적인 성장을 가능하게 한다.

자포스(Zappos)의 고객 서비스는 고객 만족을 최우선 가치로 두는 전략을 통해 신발 브랜드 충성도를 극대화한 사례다. Zappos의 핵심 서비스 가치 제안은 고객이 최고의 경험과 행복을 느낄 수 있도록 24시간 고객 지원, 무료 반품 및 교환, 맞춤형 고객 응대를 제공한다. 예를 들어, 고객이 특정 신발을 찾지 못할 경우, 경쟁사의 웹사이트에서라도 구매할 수 있도록 안내하는 방식으로 고객 감동을 실현하고 있다. 또한, 고객이 원할 경우 몇 시간 동안 고객 상담원이 친절하게 대화를 이어가는 사례도 유명하다.

아마존 프라임(Amazon Prime)은 단순한 전자상거래 플랫폼을 넘어, 멤버십 기반의 고급 서비스를 제공하는 전략을 통해 고객 생애가치를 극대화했다. Prime 회원들은 무료 빠른 배송, Amazon Prime Video의 독점 콘텐츠, 음악 스트리밍, 전자책 서비스 등 다양한 혜택을 받을 수 있다. 특히, Prime Day와 같은 멤버십 전용 이벤트를 통해 고객이 지속적으로 서비스를 이용하도록 유도하며, 이를 통해 회원 이탈을 방지하고 충성도를 유지하고 있다.

현대카드의 '라이브러리' 서비스는 금융 서비스에 감성적인 요소를 결합하여 브랜드 차별화를 극대화한 사례다. 현대카드는 단순한 신용카드 혜택을 제공하는 것이 아니라, 디자인 라이브러리, 뮤직 라이브러리, 트래블 라이브러리 등 테마별 공간을 운영하며 고객에게 독창적이고 감성적인 경험을 제공한다. 예를 들어, 디자인 라이브러리는 전 세계 희귀 디자인 서적을 모아둔 공간으로, 현대카드 고객만이 이용할 수 있는 특별한 경험을 선사한다. 이는 단순한 금융 서비스를 넘어, 브랜드 아이덴티티를 강화하고 고객과의 정서적 유대감을 형성하는 중요한 요소로 작용한다.

10계 - 시공간 창조 전략

시공간 창조 전략은 물리적 공간과 시간 개념을 혁신적으로 설계하여 고객 서비스와 경험을 극대화하는 경영 방식이다. 먼저 공간적 개념에서는 단순한 소비의 공간이 아닌, 문화와 결합된 '체험적 공간'으로 재구성하며, 새로운 라이프스타일을 제안한다. 또한 시간적 개념에서는 시간을 절약하는 절시(絶時), 시간을 확장하는 확시(擴時), 동시에 여러가지 경험을 가능하게 하는 활시(活時)의 3가지 소비자 경험을 가능하게 합니다.

<Copyright by SH Lee>   [그림 3-16 복합문화공간 북쌔즈의 시공간 창조 전략]

북쌔즈 공간은 뭐하는 공간입니까?

한마디로, 사람들이 대단히 궁금해하는 '갸우뚱 공간'입니다. 밖에서 보면, 유럽에 와 있는 느낌이 들지요. 런던의 Mayfair 지역에 있는 어느 공작의 집처럼 보이기도 하고, Heywood Hill 서점을 보는 듯한 느낌도 들지요. 육중한 문을 열고 들어서면, 콘서트 홀이나, 오페라 하우스? 책방? 빵과 커피가 있는 카페테리아? 비즈니스 포럼 장소? 미팅 룸? 동영상 촬영 스튜디오? 같기도 합니다. 어떤 사람들은 Harry Potter의 집 같은 느낌이 든다고도 합니다. 예쁜데, 품위도 있고 엄청 편안하다고 합니다. 건축 인테리어 측면에서 보면, 클래식과 모던 컨템포러리가 한꺼번에 아우러져 융합의 특별함을 느끼는 것 같습니다.

원스톱 라이프를 제안하는 것은 어떤 내용입니까?

단순하게 하나의 경험을 제공하는 것이 아니라, 원스톱으로 한꺼번에 다양한 라이프 스타일의 경험과 서비스를 제안하는 복합문화공간입니다. 그 새로운 경험은,

학(學)의 문화 경험입니다. 아침에는 클래식 음악을 들으면서 간단한 식사와 커피를 들면서 과학과 기술, 경영 그리고 인문에 대한 강의를 듣고, 도서관에서는 열공 할 수 있습니다.

휴(休)의 문화 경험입니다. 점심 때에는 경쾌한 팝 음악을 들으며, 사람들과 만나고 식사와 음료를 나누며 담소하고 쉴 수 있습니다.

동(動)의 문화 경험입니다. 오후에는 지인들과의 만남과 비즈니스 미팅이 이뤄집니다. 우주선 미팅룸에서 중요한 M&A 기업인수합병이 잘 성사되기도 했습니다.

감(感)의 문화 경험입니다. 저녁에는 음악 공연, 그리고 철학과 인문학, 과학과 경영에 대한 강연 이 있고, 그리고 출판 기념회도 있습니다.

공(共)의 문화 경험입니다. 퇴근 후에는 자선공연을 보거나, 무료가족연합상담도 받을 수 있어 작은 도움의 느낌을 주고받을 수 있습니다.

신(新)의 문화 경험입니다. 특히, 휴일에는, 공부하는 분위기입니다. 그리고 새롭게 생각하고 새롭게 행동하는 사유의 공간이 되기도 합니다.

스타벅스나 예술의 전당과는 어떤 차이점이 있는지요?

기존 공간에서는 한 공간에 머무르면서 다양한 문화를 동시에 만나기가 어렵습니다. 예를 들면, 스타벅스에서 아침에 커피를 마실 수는 있지만 세상 돌아가는 강연을 들을 수가 있을까요? 오후 시간에 비즈니스 미팅을 할 수 있는 분위기가 될까요? 저녁에는 자선공연이나 무료가족상담 같은 나눔 활동을 할 수 있을까요? 예술의 전당 콘서트홀에서는 음악은 들을 수 있지만 커피나 식사를 하려면 다른 장소로 옮겨가야 합니다. 북쌔즈에서는 한 공간에서 다양한 콘텐츠와 문화를 동시에 만날 수 있습니다. 결국은, 모든 다양한 문화가 한 장소에서 복합되어 있느냐가 가장 큰 차이점입니다.

> 좋은 골목길이 좋은 동네를 만들고, 좋은 동네가 좋은 도시를 이루고, 좋은 도시가 좋은 국가를 만듭니다. 결국 골목길의 한 복합문화공간이 국부를 만들어 좋은 국가를 만드는 꿈을 실현시킨다고 생각합니다. 하버드비즈니스스쿨과 북쌔즈가 파트너쉽으로 FGI(Focus Group Interview) 코스를 수행했는데, 이 때에 하버드 학생들로부터 보스톤에도 북쌔즈 같은 공간이 있으면 정말 좋겠다는 피드백을 받았습니다.

11계 - 기술 창조 전략

'기술이 곧 인간이다.'라는 말처럼, 기술은 사고방식과 삶의 방식을 형성하며 진화한다.
인쇄술은 지식을 대중화했고, 산업혁명은 노동 개념을 바꾸었다. 현대의 AI와 디지털 기술은
인간과 기계의 경계를 허물며 새로운 시장을 창조하고 있다. 기술 창조 전략은 R&D 투자,
오픈 이노베이션, 디지털 전환을 포함하며 기업이 신기술을 개발하고 혁신을 통해 시장을
개척하는 전략이다.

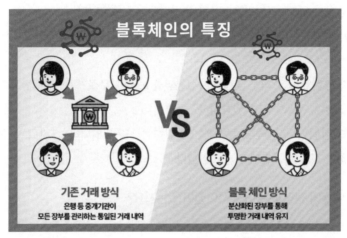

<출처 : 삼성반도체 뉴스룸>　　　　　　[그림 3-17 블록체인의 기술 창조 전략]

현재 블록체인은 금융, 물류, 의료, 공공 서비스 등 다양한 산업에 적용되고 있다.
비자(Visa), JP모건, IBM 등 글로벌 기업들은 블록체인을 활용해 금융 및 결제 시스템과
공급망 관리의 혁신을 이루고 있다. 금융 분야에서는 블록체인 기반 국제 결제 시스템을
도입해 송금 비용 절감과 거래 속도 향상을 달성하고 있다. 또한, IBM과 월마트(Walmart)는
공급망에서 식품 및 물류 데이터를 실시간 추적하여 투명성을 강화하고 위변조를 방지하며,
신속한 문제 해결로 식품 안전성을 높이고 있다.
향후 블록체인은 확장성과 보안성을 강화하여 더욱 다양한 산업으로 확장될 것이다.
디지털 자산, 중앙은행 디지털화폐(CBDC), 메타버스, 사물인터넷(IoT)과 결합해 신뢰 기반의
데이터 경제를 구축하는 핵심 기술로 자리 잡을 것으로 전망된다.

인공지능(AI) 및 로보틱스 : AI와 로봇 기술의 융합으로 자동화와 효율성이 증대되고 있다. OpenAI는 GPT-4 개발을, NVIDIA는 AI 칩 시장에서 2023년 매출 270억 달러를 기록했다. AI 시장 규모는 2030년까지 2조 달러 이상 전망된다.

지속 가능한 에너지 기술 : 에너지 효율화 및 저장 기술이 강조되고 있다. Tesla는 2023년 25GWh 이상의 배터리를 공급했으며, Ørsted는 15GW의 재생에너지를 생산하고 있다. 2050년까지 전 세계 에너지 소비의 85%가 재생에너지로 전환될 전망이다.

디지털 헬스케어 : 디지털 기술을 활용한 건강 모니터링과 원격 진료가 발전하고 있다. Teladoc은 2023년 10억 달러 이상의 매출을 기록했으며, 시장 규모는 2030년까지 6000억 달러 예상된다.

양자 컴퓨팅 : 기존 컴퓨팅 한계를 뛰어넘어 복잡한 문제 해결이 가능하다. IBM은 2024년까지 1000큐비트 양자 컴퓨터를 상용화할 계획이며, 시장규모는 2035년까지 650억 달러로 예상된다.

모빌리티 혁신 : 자율주행차, 전기차 등의 기술이 교통의 효율성과 안전성을 높이고 있다. Tesla는 2023년 180만 대 이상의 전기차를 판매했으며, 시장규모는 2030년까지 2조 달러로 예상된다.

사물인터넷(IoT) : 다양한 기기가 연결되어 스마트 홈, 스마트 시티가 발전하고 있다. AWS IoT는 2억 개 이상의 기기를 관리하며, IoT 시장은 2025년까지 1.6조 달러 규모로 성장할 전망이다.

생명공학 및 합성생물학 : 유전자 편집 기술로 질병 치료와 농업 생산성이 향상되고 있다. Therapeutics는 최초의 유전자 편집 치료제를 승인받았으며, 생명공학 시장 규모는 2030년까지 1조 달러로 전망된다.

신소재 및 나노기술 : 혁신적인 신소재 개발이 전자제품과 의료기기 성능을 향상시키고 있다. 삼성SDI는 2023년 20억 달러 이상을 투자했고, 나노소재 시장은 2025년까지 750억 달러 규모로 성장할 전망이다.

에너지 저장 및 배터리 기술 : 고효율 배터리와 에너지 저장 시스템 발전으로 전기차 보급이 확대되고 있다. CATL은 2023년 배터리 시장 점유율 37%를 기록했으며, 글로벌 배터리 시장은 2030년까지 5조 달러 규모로 성장할 전망이다.

12계 - 채널 창조 전략

디지털 및 AI 모바일 기술의 발달로 새로운 채널이 등장하고 있다. 최근의 경향은 멀티채널에서 통합된 옴니채널로 진화하고 있다. 온라인과 오프라인, 모바일, 소셜미디어 등 다양한 판매 및 커뮤니케이션 채널을 통합하여 고객에게 일관되고 원활한 브랜드 경험을 제공한다.

<출처 : CJ 뉴스룸>   [그림 3-18 올리브영의 채널 창조전략]

올리브영은 온라인과 오프라인을 결합한 옴니채널을 통해 H&B(헬스&뷰티) 시장에서 차별화된 고객 경험을 제공하고 있다. 고객이 모바일 앱과 매장을 유기적으로 연결해 제품을 탐색하고 구매할 수 있도록 시스템을 구축했다.

"오늘드림" 서비스를 통해 고객이 모바일 앱에서 제품을 주문하면, 가까운 매장에서 바로 픽업하거나 3시간 내 빠른 배송을 받을 수 있도록 하고 매장 내에서도 셀프 계산대 및 QR코드 스캔을 활용한 제품 정보 제공 시스템을 도입해 고객 편의성을 극대화하였다. 이를 통해 올리브영은 온라인-오프라인의 경계를 허물고, 소비자가 언제 어디서든 편리하게 제품을 구매할 수 있는 환경을 조성하며 옴니채널 경쟁력을 강화하고 있다.

옴니채널 전략은 디지털과 오프라인 채널을 완벽히 통합하여 고객 경험을 일관성 있고 원활하게 제공하는 방식이다. 고객은 온라인에서 제품을 검색한 후 오프라인 매장에서 픽업하거나, 오프라인에서 경험한 제품을 온라인에서 쉽게 구매할 수 있다. 옴니채널은 모바일 앱, 인공지능(AI), 데이터 분석 등의 기술을 활용해 개인화된 맞춤 서비스를 제공하고, 고객이 여러 접점에서 일관된 브랜드 경험을 누릴 수 있도록 최적화한다.

신세계백화점 SSG 닷컴은 신세계그룹의 온라인 플랫폼으로, 온·오프라인을 유기적으로 연결하는 옴니채널 전략을 통해 차별화된 쇼핑 경험을 제공하고 있다. 고객이 온라인에서 주문한 상품을 가까운 이마트, 신세계백화점에서 빠르게 픽업할 수 있는 '쓱배송', '매장 픽업' 서비스를 운영하여 쇼핑 편의성을 극대화했다.
특히, '쓱배송'은 전국 이마트 점포를 물류 거점으로 활용해 빠른 당일 배송을 가능하게 했으며, 백화점 상품 역시 온라인에서 쉽게 주문하고 방문 없이 받아볼 수 있도록 했다. 또한, 신세계 그룹 내 다양한 브랜드와 연계해 오프라인 쿠폰과 온라인 혜택을 통합 제공하여 고객의 구매 여정을 일원화했다.

현대백화점 커넥트는 온라인과 오프라인을 연결하는 대표적인 옴니채널 사례다.
고객은 모바일 앱을 통해 미리 상품을 검색하고, 원하는 매장에서 손쉽게 픽업할 수 있다.
또한, 매장 내에서도 QR코드를 스캔하여 상품 정보를 확인하고, 결제까지 온라인으로 진행할 수 있는 시스템을 구축했다. 이를 통해 고객은 번거로운 계산대 결제 없이 쇼핑을 완료할 수 있으며, 백화점은 매장 내 체류 시간을 줄여 효율적인 고객 경험을 제공할 수 있다.

스타벅스 '사이렌 오더 서비스'는 옴니채널 전략을 효과적으로 구현한 사례다.
고객은 모바일 앱을 통해 가까운 매장의 혼잡도를 확인하고, 원하는 메뉴를 사전에 주문한 후 매장에서 기다림 없이 픽업할 수 있다. 특히, 앱과 스타벅스 리워드 시스템을 연계하여 고객이 모든 채널에서 동일한 혜택을 받을 수 있도록 설계했다. 이를 통해 온라인과 오프라인의 경계를 허물고, 소비자가 가장 편리한 방식으로 커피를 주문하고 받을 수 있도록 지원하고 있다.

⬡ 제3편 혁신 전략 - TOWBID

토비드(TOWBID) 혁신 전략은 기업의 전방위 부문의 경쟁력을 극대화시키는 경영혁신 전략이다. 기술, 생산성, 효율성, 구매와 영업, 자본과 투자, 협업의 6대 영역에서 혁신을 통해 원가를 최소화하고 효율을 극대화하여 경영 전체의 통합적인 경쟁력을 확보한다.

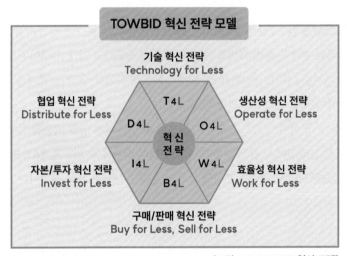

TOWBID 혁신 전략 모델

기술 혁신 전략
Technology for Less

협업 혁신 전략
Distribute for Less

생산성 혁신 전략
Operate for Less

T4L   D4L   O4L   혁신
전략   I4L   W4L   B4L

자본/투자 혁신 전략
Invest for Less

효율성 혁신 전략
Work for Less

구매/판매 혁신 전략
Buy for Less, Sell for Less

\<Copyright by SH Lee\>   [그림 3-19 TOWBID 혁신 모델]

한 남자가 새를 잡으러 숲으로 갔다. 남자는 어린 독수리를 잡아 집으로 데려온다. 그리고 닭과 오리가 들어있는 우리에 넣고 닭 모이를 줘서 키운다. 5년 후 독수리는 3m나 되는 날개를 갖고도 날지 않는 닭과 같이 되어 있었다.

우연히 이 집을 들른 동물학자는 독수리를 다시 날게 하고 싶었다. 하지만 닭모이에 만족한 독수리는 날기를 거부한다. 무엇이 문제인가? 동물학자는 독수리의 몸에 독수리 정신 대신 닭의 정신이 깃들어 있음을 본다. 어느 날 그는 아침해가 떠오르는 높은 산으로 올라가 웅장한 자연 앞에 독수리를 세운다. 그러나 산 아래 닭우리에 미련을 버리지 못한 채 그냥 그곳에 머물러 있을 뿐이다.

[날고 싶지 않은 독수리] - 제임스 애그레이

기술 혁신 전략 : 기술 혁신을 통해 비용 절감과 경영 효율성을 극대화하는 전략이다.
디지털 전환, 자동화, 인공지능(AI), 사물인터넷(IoT) 등을 활용하여 운영 비용을 절감하고
생산성을 높인다. 예를 들어, 제조업에서는 스마트 팩토리 도입을 통해 공정을 최적화하고,
유통업에서는 AI 기반 재고 관리 시스템으로 물류비를 절감하는 방식이 있다.

생산성 혁신 전략 : 비효율적인 업무를 제거하고, 모든 프로세스를 표준화하여
운영 효율성을 극대화하는 전략이다. 불필요한 업무를 최소화하고, 업무 방식을 단순화해
속도를 높인다. 예를 들어, 제조업에서는 린(Lean) 생산 방식을 적용하여 낭비를 줄이고,
IT기업에서는 애자일(Agile) 방법론을 도입하여 프로젝트 운영을 최적화할 수 있다.

효율성 혁신 전략 : 빠른 의사결정을 통해 업무 생산성을 높이고 조직 운영을 효율화하는
전략이다. 의사결정 속도가 빠를수록 불필요한 비용이 절감되고 기회 손실이 줄어든다.
보고 체계를 단순화하고, 데이터 기반 의사결정을 도입하여 신속하고 정확한 의사결정을
지원해야 한다. 이를 통해 조직의 민첩성을 높이고 시장 변화에 효과적으로 대응할 수 있다.

구매/판매 혁신 전략 : 구매와 판매 과정에서 비용을 절감하여 고객에게 최적의 가치를
제공하는 전략이다. 원가 절감을 위해 대량 구매를 통해 단가를 낮추고, 최적의 공급망(SCM)을
구축하여 물류비를 절감하는 방식이 있다. 또한, 온라인 유통 플랫폼을 활용해 유통 비용을
줄이고, 직접 판매(D2C) 모델을 도입하여 중간 마진을 축소하는 전략이 효과적이다.

자본/투자 혁신 전략 : 최소한의 자본으로 최대의 성과를 창출할 수 있도록 자원을
최적화하는 전략이다. 불필요한 비용을 제거하고, 투자 우선순위를 정해 운영비 절감을
극대화한다. 예를 들어, 공유 경제 모델을 활용해 고정 자산을 줄이고, 외부 자원을 적극적으로
활용하는 방식이 있다. 또한, 벤처 캐피털이나 정부 지원 프로그램을 통해 외부 자금을
효과적으로 조달하여 재무 건전성을 유지하는 것도 포함된다.

협업 혁신 전략 : 기업 내부와 외부 파트너 간의 협력을 강화하여 자원을 최적화하고
비용을 절감하는 전략이다. 공급망 최적화, 오픈 이노베이션, 전략적 제휴 등을 통해 협업의
효과를 극대화한다. 예를 들어, 스타트업과 협업하여 기술 개발 비용을 절감하거나,
공동 물류 시스템을 구축하여 물류비를 낮추는 방식이 있다.

13계 - 기술 혁신 전략

기술 혁신 전략은 첨단 기술을 활용하여 원가를 절감하고, 빠르고 정확한 의사결정을 가능하게
함으로써 전방위적 경영 혁신과 효율성을 극대화 한다.

[그림 3-20 쿠팡 풀필먼트 물류센터의 기술 혁신 모델]

쿠팡은 물류센터에 로봇과 인공지능(AI)을 도입하여 생산성을 극대화하고 있다.
자동유도차량(AGV)은 상품이 진열된 선반을 작업자에게 직접 운반하며, 자동포장기기인
오토 배거(Auto Bagger)는 작업자가 물건을 포장백에 넣으면 자동으로 포장 과정을 완료한다.
또한, 분류 로봇은 운송장을 스캔하여 상품을 지역별로 신속하게 분류한다.
이러한 자동화 기술의 도입으로 작업 효율성이 크게 향상되었으며, 기존에 작업자가 3시간
동안 처리하던 업무량을 1시간 만에 처리할 수 있게 되었다.
이러한 기술 혁신은 쿠팡의 로켓배송을 가능하게 하여 고객 만족도를 높이고, 기업의 경쟁력을
강화하는 데 기여하고 있다. 또한, 물류센터의 자동화는 작업자의 업무 부담을 줄이고,
보다 안전한 작업 환경을 조성하는 데도 도움이 된다.

기술 혁신(Technology for Less) 전략은 첨단 기술을 활용하여 원가를 절감하고, 신속하고 정확한 의사결정을 가능하게 함으로써 경영의 전반적인 효율성을 극대화하는 접근 방식이다. 단순한 시스템 개선이 아니라, 기업 전체의 비즈니스 모델을 근본적으로 혁신하는 전략적 도구로 작용한다.

디지털 전환, 자동화, 데이터 분석 등의 기술을 통합하여 운영 프로세스를 최적화하고, 실시간 의사결정을 지원하는 시스템을 구축하여 비용을 절감하면서도 생산성을 극대화할 수 있다.

LG CNS는 제조업의 생산성을 극대화하고 원가를 절감하기 위해 IoT, AI, 빅데이터를 활용한 스마트 팩토리 솔루션을 제공하고 있다. 이 솔루션은 공장 내 설비와 생산 공정을 실시간으로 모니터링하고, 자동화를 통해 인적·물적 자원의 효율성을 높인다.

예를 들어, AI 기반의 예측 분석 기능을 통해 장비 고장을 사전에 감지하여 유지보수 비용을 줄이고, 생산 라인의 비효율성을 최소화할 수 있다. 또한 빅데이터 분석을 활용해 생산계획을 최적화함으로써 불필요한 원자재 사용을 줄이고, 운영 비용을 절감하는 효과를 거두고 있다. 이를 통해 제조업체들은 높은 품질을 유지하면서도 비용 절감과 생산성 향상이라는 두 가지 목표를 동시에 달성할 수 있다.

홈플러스는 실시간 데이터를 기반으로 혁신적인 유통 전략을 도입하여 운영 효율성과 고객 충성도를 극대화했다. 실시간 발주 시스템(RDF: Retek Demand Forecasting)은 매출 정보와 재고 데이터를 실시간으로 분석하여 자동으로 상품을 발주하는 시스템이다. 필요한 상품을 정확한 시점에 확보하고, 품절 문제를 해결해 고객 만족도를 향상시켰다.

2002년 11월에는 업계 최초로 패밀리 카드(Family Card) 시스템을 도입하여 고객 데이터를 활용한 맞춤형 마케팅을 실현했다. 도입 한 달 만에 100만 회원을 돌파하고, 2009년에는 1,200만 명의 회원을 확보하며 국내 경제활동 인구의 절반 이상이 가입한 대표적인 멤버십 시스템으로 자리 잡았다. 이를 통해 고객의 구매 패턴을 분석하고, 맞춤형 로열티 프로그램과 프로모션을 운영하여 강력한 고객 충성도를 구축했다. 특히, 대규모 고객 데이터 기반의 원투원(1:1) 마케팅 전략을 가능하게 하여, 유통업계의 혁신적인 마케팅 모델을 제시한 사례이다.

14계 - 생산성 혁신 전략

생산성 혁신 전략은 불필요하거나 낮은 생산성을 유발하는 요소를 과감히 제거하고, 모든
업무를 표준화(Standardization) 및 단순화(Simplification)하여 효율성을 극대화 한다.

<출처 : 한국경제>   [그림 3-21 현대자동차 싱가포르 글로벌 혁신센터의 생산성 혁신 전략]

현대자동차는 싱가포르에 글로벌 혁신센터(HMGICS)를 통해 '이포레스트(E-FOREST)'라는
스마트 팩토리 브랜드를 구축하고 있다. 이 공장은 인공지능(AI), 로봇 기술, 빅데이터 등을
활용하여 생산 공정을 자동화/지능화해 운영한다.
자율주행 운송로봇(AMR)을 도입하여 부품 운송을 자동화하고, 무한다축홀딩픽스처 기술로
다양한 차종을 한 라인에서 생산한다. 200대 이상의 로봇이 도입되어 있고,
전체 27개 작업 셀 중 11개 셀은 완전 자동화되어 있다.
이러한 자동화로 인해 생산 준비 기간이 40% 단축되고, 생산성이 2배로 향상되며,
제조 비용은 50% 절감될 것으로 예상된다. 기술 혁신으로 생산비 절감 등의 생산 효율성이
크게 향상되고, 소프트웨어 중심 공장(SDF)으로의 전환을 통해 생산 공정의 디지털화를
가속화하고, 데이터 기반의 의사결정을 가능하게 하여 품질 향상과 생산성 증대를 이루고
있다.

생산성 혁신 전략(Operate for Less)은 단순한 비용 절감을 넘어, 자원의 낭비를 줄이고, 공정의 유연성과 효율성을 향상시키는 데 중점을 둔다. 생산 공정을 자동화하고 표준화하면 생산 속도를 높이고 불량률을 줄이며, 인적·물적 자원을 보다 효율적으로 활용할 수 있다. 또한, 기업이 변화하는 시장 수요에 신속하게 대응할 수 있도록 돕는다. 스마트 팩토리, 인공지능(AI), 사물인터넷(IoT), 로봇 기술 등 첨단 기술을 활용한 혁신이 생산성 향상의 핵심 동력이 된다.

도레이는 생산성 혁신을 통해 글로벌 화학소재 기업으로 자리매김했다. 특히, 2004년 에너지혁신부문 대상을 수상하며 에너지 절감과 효율성 향상에 주력했다. 급배기 열교환 시스템 개선, 공정 스팀트랩 이중화, 천장 배기 폐열 재활용 등을 통해 에너지 사용량을 크게 줄였다. 또한, ERP 시스템 도입으로 업무 프로세스를 표준화하고 자원 낭비를 최소화하여 내부 업무 생산성을 향상시켰다.

포스코는 제조 공정의 표준화와 자동화를 통해 생산성을 극대화하는 스마트 제조 혁신 전략을 추진하고 있다. 특히, 스마트 공장 기술을 활용하여 철강 생산 공정을 최적화하는 데 집중했다. AI와 빅데이터 분석을 통해 공정을 자동화하고, 설비 유지보수를 예측하여 생산성을 높이는 기술을 도입했다. 이를 통해 철강 생산의 효율성을 높이고 원가 절감 효과를 거두었다.

유통 회사의 스태프 스케쥴링(Staff Scheduling)은 계산대 고객대기열 감축을 목표로 (One in Front) 52주 3년간 캐셔(cashier) 스케쥴링과 현상을 분석해서 매출/객수 데이터 기반으로 최적의 근무 스케줄을 산출하고 적용했다. 그 결과 줄을 서지 않는 계산대를 실현하여, 12% 인력 감축, 12% 급여 인상, 12% 원가 절감을 이뤄냈다.

또한, 유통 회사의 묶음 진열(RRP - Retail-Ready Racking)은 과거 낱개 단위 진열로 작업 효율이 낮았고 과다 인력이 투입되고 과다 인건비가 발생하는 문제를 개선하여 RRP 박스 단순 진열로 진열 효율을 극대화하면서 상품의 가시성을 높이고 진열 시간이 획기적으로 감축되는 효과를 달성하였다.

15계 - 효율성 혁신 전략

'원스톱 의사결정은 의사결정과 실행의 축지법이다.'

의사결정 과정을 간소화하고 단숨에 결정하여 신속한 실행과 업무 효율성을 높여야 한다.

"기업이 망하는 가장 큰 이유가 잘못된 의사결정(misdecision)이 아니라,

결정을 미루거나 타이밍을 놓치는 것(non-decision, delayed decision)이다." - 피터 드러커

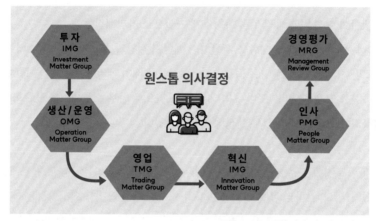

<Copyright by SH Lee>　　　[그림 3-22 원스톱 의사결정을 통한 효율성 혁신 전략]

One-Stop 의사결정 체계는 수직적인 품의 형태의 다단계 결재 과정을 생략하고, 관련 소그룹 중심의 수평적 의사결정 구조를 구축한다. 각 부문의 전문가들이 빠르게 논의하고 즉시 결정을 내릴 수 있도록 운영되며, 이를 통해 시장 변화에 신속하게 대응할 수 있는 민첩성을 확보한다.

투자부터 생산/운영, 영업, 혁신, 인사, 경영 평가그룹에 이르는 6가지 그룹에 관련된 소그룹 전문가들이 모여 신속한 의사결정이 가능해 업무 속도를 극대화하고 실행력을 강화한다. 미래의 의사결정 체계에는 AI가 필수적으로 포함되어 의사결정 속도와 정확성을 높이고 리스크를 최소화하도록 해야 한다. AI는 빅데이터 분석과 예측 모델을 활용하여 최적의 전략을 도출하며, 반복적인 의사결정을 자동화해 경영진이 중요한 전략적 판단에 집중할 수 있도록 지원한다. AI 기반 의사결정 체계 구축이 미래 경쟁력의 핵심 요소가 될 것이다.

효율성 혁신 전략(Work for Less)은 불필요한 절차와 중복 업무를 제거하고, 실시간 정보 공유와 신속한 의사결정을 통해 업무 효율성을 극대화하는 접근법이다. 클라우드 기반의 협업 플랫폼, 인공지능(AI) 기반 데이터 분석, 애자일(Agile) 조직 운영 방식이 대표적인 사례다. 효율적인 의사결정이 가능하면 시장 변화에 민첩하게 대응하고, 불필요한 시간과 비용 낭비를 줄이며, 기업의 경쟁력을 강화할 수 있다.

네이버 워크플레이스와 카카오 아지트는 기업의 업무 효율성을 극대화하는 디지털 협업 플랫폼이다. 워크플레이스는 전자결재, 일정 관리, 프로젝트 관리 등을 통합한 올인원 협업 툴로, 특히 중소기업과 스타트업이 신속한 의사결정을 내릴 수 있도록 지원한다.

쿠팡은 방대한 데이터를 실시간으로 분석하여 의사결정을 수행하는 내부 데이터 기반 의사결정 시스템을 운영하고 있다. 이를 통해 시장 상황과 고객 데이터를 분석하고 즉각적인 조치를 취할 수 있도록 지원한다. 예를 들어, 주문량 증가를 감지하면 자동으로 물류 프로세스를 최적화하고, 인기 상품의 재고를 사전에 확보하는 등의 대응이 가능하다.

SK텔레콤은 전통적인 계층적 조직 구조에서 벗어나 애자일(Agile) 방식을 도입하여 신속한 의사결정을 가능하게 했다. 애자일 조직 운영은 작은 팀 단위로 프로젝트를 진행하면서 의사결정 과정을 단축하고, 즉각적인 피드백을 반영하는 방식이다. 업무의 유연성과 속도를 높이고, 프로젝트 성공률을 극대화하고 있다. 특히, 5G, AI, 클라우드 사업 등 기술 기반 사업 부문에서 빠르게 변화하는 시장에 대응하기 위한 필수적인 전략으로 자리 잡았다.

쇼피파이(Shopify)는 효율적인 의사결정 구조를 통해 빠른 제품 개발과 혁신을 추구한다. 내부적으로 'Get Shit Done(GSD)' 시스템으로, 프로젝트를 제안서, 프로토타입, 빌드, 릴리즈, 결과의 5단계로 관리해 신속한 의사결정을 지원한다. 과거 10개 사업부로 운영되던 GM(General Manager) 구조를 기능별 2개 부서로 재편하여, 제품 확장과 기능 개발을 효과적으로 관리하여 조직의 민첩성을 높이고, 신속한 의사결정을 가능하게 한다.

16계 - 구매/판매 혁신 전략

'구매가 중요한가? 판매가 중요한가?'

구매/판매 혁신(Buy for Less, Sell for Less) 전략은 구매 단계에서의 비용 절감을 통해
판매 단계에서 경쟁력있는 가격을 설정하여 고객가치를 높이고 시장 점유율을 확대한다.

<출처 : PRICERY 홈페이지>   [그림 3-23 월마트 EDLP의 구매/판매 혁신 전략]
<Copyright by SH Lee>

월마트는 일관된 저가 정책 유지와 효율적인 공급망 관리와 대량 구매를 통해 가격 경쟁력을
확보하고 있다. 강력한 구매력을 활용해 협력업체와의 협상을 유리하게 이끌어 원가를 낮추고,
이를 소비자 가격에 반영하여 경쟁력을 강화한다. 또한, 첨단 기술을 활용한 재고 관리와 물류
최적화를 통해 운영 비용을 절감하며, 고객에게 지속적으로 낮은 가격을 제공하고 있다.
자체 브랜드(PB) 상품의 비중이 23.3%에 달해 원가 절감과 수익성 향상에 기여하며, PB 상품의
품질 개선과 카테고리 확장을 아마존은 할인 행사나 프로모션 없이도 소비자에게 일관되게
낮은 가격을 제공하는 전략으로 경쟁력 있는 가격 정책을 실현하고 있다.

코스트코는 대량 구매와 회원제 모델을 결합하여 소비자에게 저렴한 가격의 제품을 제공하는 창고형 할인점이다. 대량 구매(Bulk Buying) 전략을 활용해 공급업체와의 협상력을 극대화하여 상품 단가를 낮추고, 이를 소비자 가격에 반영하고 있다.

또한, 자체 브랜드(PB)인 커클랜드 시그니처(Kirkland Signature)를 적극 활용하여 제조사와 직접 협력하고, 유통 단계를 줄여 원가 절감을 실현한다. PB 제품은 브랜드 제품보다 낮은 가격에 제공되면서도 높은 품질을 유지하여 고객 만족도를 높이고 있다.

코스트코는 연회비 기반의 회원제(Membership) 모델을 통해 추가적인 수익을 확보하고, 이를 바탕으로 제품 마진을 최소화하여 '최저가 전략'을 유지하고 있다.

알디는 초저가 전략과 효율적인 공급망 관리를 통해 소비자에게 높은 가성비의 제품을 제공하는 할인형 슈퍼마켓이다. 대형 마트가 수만 개의 SKU(상품)를 운영하는 것과 달리, 알디는 약 1,500개 SKU만 운영하여 관리 및 재고 비용을 최소화하고 있다.

또한, 전체 제품의 90% 이상을 자체 브랜드(PB)로 구성하여 브랜드 마케팅 비용을 없애고, 제조업체와 직접 협력하여 유통 단계를 줄여 원가 절감을 실현하고 있다. 이러한 방식으로, 브랜드 제품보다 20~40% 저렴한 가격을 유지하면서도 품질을 보장한다.

알디는 매장 운영 비용 절감을 위해 셀프 계산대 도입, 제품 박스 진열(Box Display) 방식 적용, 신용카드 대신 직불카드 결제 유도 등 다양한 효율화 전략을 실행하고 있다.

이마트 트레이더스는 대량 구매와 단순한 유통 구조를 활용하여 소비자에게 저렴한 가격의 제품을 제공한다. 자체 브랜드(PB) 상품을 적극적으로 활용하여 제조사와 직접 협력하고, 유통 단계를 줄여 원가 절감을 실현하고 있다. 이를 통해 창고형 할인점 모델을 최적화하고, 고객들에게 높은 가성비의 상품을 지속적으로 제공하며, 유통 혁신을 주도하고 있다.

17계 - 자본/투자 혁신 전략

자본 혁신 전략은 기업이 자본을 효율적으로 관리하고, 불필요한 비용을 제거하며, 최소한의
자본으로 최대의 성과를 도출한다.

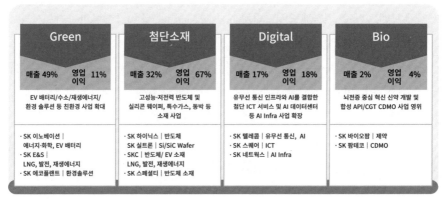

Green	첨단소재	Digital	Bio
매출 49% 영업이익 11%	매출 32% 영업이익 67%	매출 17% 영업이익 18%	매출 2% 영업이익 4%
EV 배터리/수소/재생에너지/환경 솔루션 등 친환경 사업 확대	고성능·저전력 반도체 및 실리콘 웨이퍼, 특수가스, 동박 등 소재 사업	유무선 통신 인프라와 AI를 결합한 첨단 ICT 서비스 및 AI 데이터센터 등 AI Infra 사업 확장	뇌전증 중심 혁신 신약 개발 및 합성 API/CGT CDMO 사업 영위
· SK 이노베이션 | 에너지·화학, EV 배터리 · SK E&S | LNG, 발전, 재생에너지 · SK 에코플랜트 | 환경솔루션	· SK 하이닉스 | 반도체 SK 실트론 | Si/SiC Wafer · SKC | 반도체/ EV 소재 LNG, 발전, 재생에너지 · SK 스페셜티 | 반도체 소재	· SK 텔레콤 | 유무선 통신, AI · SK 스퀘어 | ICT · SK 네트웍스 | AI Infra	· SK 바이오팜 | 제약 · SK 팜테코 | CDMO

<출처 : SK 주식회사 기업가치 제고 계획(2024년1월>   [그림 3-24 SK 주식회사의 자본/투자 혁신 전략]
<Copyright by SH Lee>

K그룹이 219개 계열사를 통제 가능한 범위 내로 축소하는 대대적인 구조조정에 나섰다.
무분별한 확장과 대규모 투자 손실로 인한 위기의식에서 비롯된 결정이다. 핵심 원칙은
'질적 성장'과 '백 투 베이직(Back to Basic)'으로, 그룹의 핵심 사업 경쟁력을 강화하는 데
집중한다. 반도체와 AI(인공지능) 외 신규 투자는 재검토하고, 핵심 사업과 무관한 기존 투자는
과감히 정리할 방침이다.
최근 수펙스 회의에서 AI·반도체 투자 강화와 그린·바이오 사업의 구조조정을 강조했다.
SK그룹은 AI·반도체, 그린·바이오를 양대 축으로 삼되, 투자는 AI·반도체에 집중하고,
중복 투자가 많았던 그린·바이오 분야는 구조조정과 축소를 단행한다. 이에 따라 배터리,
에너지, 바이오 사업의 매각 및 통폐합 가능성이 높아졌으며, SK그룹은 이를 통해 효율성을
극대화하고 지속 가능한 성장 기반을 마련할 것으로 보인다.

자본 혁신 전략은 자본의 최적 배분, 자산 효율화, 투자 우선순위 설정, 자원 낭비 제거를 통해 기업의 경쟁력을 극대화하는 접근 방식이다. 기업은 한정된 자본을 어떻게 효율적으로 활용하느냐에 따라 수익성, 안정성, 성장 가능성이 결정된다.

단기적인 수익을 추구하면서도 장기적인 성장과 지속 가능성을 고려한 균형 있는 투자 전략이 필수적이다. 이를 위해 데이터 분석, AI 기반 예측, 자동화 기술 등을 활용하여 자본의 효율성을 극대화하는 것이 중요하다.

아스트라제네카는 2030년까지 20개의 신약 출시를 목표로, 글로벌 연구개발(R&D)과 생산시설 확장에 대규모 투자를 단행하고 있다. 최근 캐나다에 약 7,700억 원, 미국 내 연구 및 제조 시설에 약 4조 6천억 원을 투자하며 생산 역량을 강화하고 있다.

이러한 투자 전략은 장기적인 시장 점유율 확대와 글로벌 제조 거점 구축을 위한 전략적 자본 배분의 일환이다. 특히, 고부가가치 신약 시장을 선점하고, 미국·캐나다 등 선진 시장뿐만 아니라 신흥 시장에서도 영향력을 확대하는 전략을 구사하고 있다.

화이자는 대규모 M&A(기업 인수·합병)를 활용하여 신약 포트폴리오를 확장하고, 시장 지배력을 빠르게 확보하는 전략을 추진하고 있다.

2022년에는 바이오헤이븐 파마슈티컬스(Biohaven Pharmaceuticals)를 약 15조 원에 인수하여 편두통 치료제 시장을 강화했으며, 같은 해 글로벌 블러드 테라퓨틱스(Global Blood Therapeutics)를 약 7조 원에 인수하여 희귀 질환 분야에서 입지를 확대했다.

이러한 전략은 내부 개발보다 자본을 활용한 외부 혁신 기술의 신속한 확보를 통해 시장 우위를 유지하는 방식이다.

애플은 자본 활용 효율성을 극대화하는 전략을 통해 세계 최고 수준의 수익성을 유지하고 있다. 공급망을 철저히 관리하여 재고를 최소화하면서도 생산과 공급이 원활하게 이루어지도록 조정한다. 예를 들어, 폭스콘(Foxconn)과 같은 협력업체를 활용하여 자체 생산 시설을 운영하지 않고도 생산을 최적화하며, 이를 통해 불필요한 자본 투입을 방지하고 수익성을 극대화한다. 이러한 전략 덕분에 최소한의 자본으로도 최대의 성과를 창출하는 구조를 유지하고 있다.

18계 - 물류·유통 혁신 전략

물류유통 혁신 전략은 기업이 내부 팀과 외부 파트너를 포함한 밸류체인(value Chain) 내
모든 구성원과의 협력을 통해 자원의 효율적 배분을 실현하고, 최소한의 비용으로
더 높은 성과를 달성한다.

<출처 : 롯데쇼핑(오카도 물류센터)>   [그림 3-25 풀필먼트 물류센터의 물류/유통 혁신 전략]

풀필먼트 센터는 물류유통 혁신의 주요 방향이 되고 있다.
풀필먼트 센터(Fulfillment Center)는 전자상거래 및 유통업에서 주문 처리의 핵심 거점 역할을
하는 물류 시설이다. 고객의 주문이 접수되면, 상품 보관, 주문 분류, 포장, 배송 준비, 반품 처리
등의 전 과정이 자동화 시스템과 함께 운영된다. 기존의 단순한 창고 기능을 넘어 빠르고
효율적인 물류 운영을 지원하며, 기업은 물류 비용을 절감하고 고객은 신속한 배송 서비스를
받을 수 있다.

쿠팡은 전국에 30개 이상의 풀필먼트 센터를 운영하며, 95% 이상의 인구를 10시간 내 배송 가능 지역으로 설정했다. AI 기반 수요 예측 시스템을 활용해 인기 상품을 주요 도시에 미리 배치하고, 자체 배송 네트워크(쿠팡친구)를 통해 당일·새벽배송 서비스를 강화했다. 또한, 3P 셀러를 위한 풀필먼트 서비스(Coupang Logistics Service, CLS)를 운영하여 온라인 판매자들의 물류 부담을 줄였다. 이를 통해 빠른 배송과 물류 효율성을 극대화하고 있다.

오카도와 롯데는 AI·로봇 자동화 기술을 적용한 스마트 풀필먼트 센터(SFC)를 구축하고 있다. 오카도는 영국의 온라인 식료품 유통 기업으로, 자체 개발한 '오카도 스마트 플랫폼 (Ocado Smart Platform, OSP)'을 활용해 풀필먼트 자동화 및 물류 혁신을 시도하고 있다. 로봇이 상품을 자동으로 피킹 및 포장하며, AI 기반 주문 예측 시스템으로 배송 시간을 단축한다. 롯데는 이를 통해 롯데온, 롯데마트, 롯데슈퍼와 연계한 온·오프라인 통합 물류망을 구축하고, 쿠팡·SSG닷컴과의 경쟁력을 강화하고 있다. 서울 및 주요 도시에 AI·로봇 기반 스마트 풀필먼트 센터(SFC) 건설하며 자동화 물류 시스템을 활용해 배송 효율성을 높이고 비용 절감 효과를 극대화하는 혁신 모델로 자리 잡고 있다.

네이버는 자체 물류망을 구축하는 대신, CJ대한통운·위킵·아워박스 등과 협업하는 네이버 풀필먼트 얼라이언스(NFA)를 운영한다. 이를 통해 중소 셀러들이 물류 인프라 없이도 당일·새벽배송이 가능하도록 지원한다. AI 기반 데이터 분석을 활용해 수요 예측 및 재고 최적화를 구현하고, 주문 후 자동 출고·배송 시스템을 구축했다. 이 전략을 통해 네이버는 셀러들의 배송 부담을 줄이고, 고객에게 신속한 배송을 제공하는 등 이커머스 시장 내 경쟁력을 강화하고 있다.

CJ대한통운은 TES(Technology, Engineering, System) 기반의 자동화 물류 혁신을 통해 스마트 풀필먼트 센터를 운영한다. AI·빅데이터·로봇 자동화를 도입해 재고 관리, 주문 처리, 배송 효율화를 최적화했다. 'MEGA 허브 풀필먼트 센터'(용인·군포 등)를 구축하여 하루 200만 건 이상의 주문을 처리할 수 있으며, 네이버와 협업하여 중소기업 및 셀러들에게 풀필먼트 서비스를 제공하고 있다. 이를 통해 라스트마일 배송 최적화 및 온라인 쇼핑몰과의 협업 확대를 추진하고 있다.

제4편 역량 전략 - CapaCibility

역량 전략은 인적 역량과 물적 역량의 적절한 조합으로 경영의 인프라를 만든다.

사람의 역량을 말할 때, 우리는 그릇이 큰 사람, 작은 사람으로 이야기한다.

기업도 역량의 그릇이 큰 기업, 작은 기업이 있다.

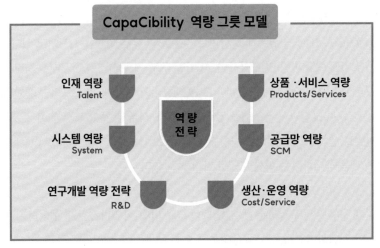

<Copyright by SH Lee>   [그림 3-26 CapaCibility 역량 그릇 모델]

CapaCibility는 Capacity와 Capability의 합성어이다.

Capacity는 시스템 등 물적역량, Capability는 인적역량이다.

CapaCibility는 기업 전체의 역량의 그릇을 의미한다.

"핵심 역량은 경쟁의 원동력이며, 이를 통해 기업은 차별화된 가치를 창출한다." - 게리 하멜

"고객의 신뢰는 역량과 진정성을 통해 쌓을 수 있다." - 구본무 전 LG 그룹 회장

역량을 쌓는 데에는 시간이 걸리더라도, 한번 쌓은 역량은 경쟁에서 큰 힘을 발휘한다.

마치, 우회축적의 원리와도 같다.

역량 전략은 인적 역량과 물적 역량의 조화를 통해 경영의 인프라를 구축하고 지속가능한 성장을 도모한다. 또한 역량 전략은 기업의 경쟁력을 구축하는 데 중요한 요소이다. 세부 역량들을 통합적으로 관리하고 발전시키는 것이 성공적인 경영 전략의 핵심이다.

인재 역량(Talent) **전략 :** 기업의 핵심 자산인 인적 자원의 역량 개발 전략이다. 인재를 발굴하고 육성하여, 기업의 경쟁력을 강화한다. 주요 활동으로는 리더십 개발, 직무별 전문성 강화, 조직문화 개선 등이 있다.

시스템 역량(System) **전략 :** 기업의 운영과 관리를 지원하는 정보 시스템 및 프로세스의 효율화 전략이다. 조직 내 업무의 생산성과 정확성 향상을 목표로 한다. 주요 활동은 ERP, CRM, AI 기반 데이터 관리 시스템 등을 구축하는 것이다.

데이터/연구개발 역량(R&D/Big Data) **전략 :** 혁신과 데이터 기반 의사결정을 위한 연구개발 및 빅데이터 활용 전략이다. 시장의 변화에 신속히 대응하고 새로운 가치 창출을 목표로 한다. 주요 활동은 데이터 분석 플랫폼 구축, AI 및 머신러닝 활용, 신제품 개발 등이다.

상품/서비스 역량(Products/Services) **전략 :** 소비자의 요구에 부응하는 고품질의 상품 및 서비스를 개발한다. 차별화된 상품과 서비스를 통해 고객 만족 극대화를 목표로 한다. 주요 활동으로 상품 포트폴리오 최적화, 서비스 품질 관리 등이 있다.

공급망/물류 역량(SCM/Distribution) **전략 :** 원활한 자재 조달과 제품의 유통을 위한 공급망 관리를 의미한다. 비용 효율화 및 공급망의 투명성 향상이 목표이다. 주요 활동은 물류 최적화, 공급업체 관리, 리스크 대응 전략 등이 있다.

생산/운영 역량(Cost/Service) **전략 :** 생산 및 운영 과정에서의 비용 절감과 서비스 품질 관리 전략을 의미한다. 운영 효율성을 높이고 비용 대비 가치 극대화를 목표로 한다. 주요 활동은 Lean 생산 방식 도입, 프로세스 자동화, 품질 관리 등이다.

19계 - 인재 역량 전략

인재 역량 전략은 조직의 성과를 극대화하기 위해 인적 자원의 능력을 개발하고 활용하는 데 중점을 둔다. 적합한 인재를 채용하고 육성하며, 조직의 목표와 개인의 성장을 조화롭게 추구한다.

[그림 3-27 홈플러스 무의도 아카데미의 인재 역량 전략]

홈플러스 아카데미는 환경, 리더십, 전문성, 서비스 등 다양한 분야의 교육을 제공하는 세계 최초의 탄소 제로 아카데미다. Green Academy는 태양광, 지열 등 70여 가지 친환경 기술을 적용하여 탄소 배출을 제로화하고, 지속 가능한 환경 교육을 실시한다. Leadership Academy는 글로벌 리더 양성을 목표로 맞춤형 교육을 제공하며, 협력사 직원들에게도 리더십, 마케팅 교육을 지원해 동반 성장을 실천한다. Craft Academy는 '서비스 달인 아카데미', '수·축산 명장 아카데미'를 운영해 유통 전문가를 양성하며, 신선식품 품질과 서비스 향상에 기여한다. 이 프로그램은 국내 대형 유통업체의 공식 교육 과정으로도 활용된다. Service Academy는 고객 서비스 전문 교육을 통해 감성 응대법과 글로벌 경영 프로그램을 도입하여 한 차원 높은 서비스 인재를 육성하고 있다.

삼성그룹 삼성인력개발원은로 글로벌 인재 육성과 리더십 강화를 위한 체계적인 프로그램을 운영한다. 해외 MBA 지원을 통해 글로벌 비즈니스 감각을 배양하고, AI·데이터 분석 교육으로 디지털 전환 대응 역량을 강화한다. 또한, 맞춤형 직무 교육을 통해 개인과 조직의 성장을 연계하며, 이를 통해 기업의 지속 가능한 경쟁력을 확보하고 있다.

삼성은 글로벌 인재 양성을 위해 '지역 전문가 제도(Global Expert Program)'를 운영하였다. 선발된 임직원들은 1년간 해외 주요 거점에서 현지 언어와 문화를 익히고 비즈니스 환경을 경험하며, 이를 통해 맞춤형 사업 전략을 수립하고 글로벌 네트워크를 구축한다.

이를 통해 각국의 경제·산업·문화에 정통한 인재를 양성하고, 해외 시장 경쟁력을 강화한다. 또한, 삼성은 내부 혁신과 스타트업 육성을 위한 C-Lab 및 오픈 이노베이션 프로그램을 운영한다. C-Lab 인사이드는 임직원의 창의적 아이디어를 실험하는 내부 창업 프로그램, C-Lab 아웃사이드는 외부 스타트업과 협력해 기술력과 네트워크를 활용하는 엑셀러레이팅 프로그램이다. 이를 통해 삼성은 혁신 기술을 확보하고 개방형 혁신 전략을 강화하며, 지속 가능한 성장 기반을 마련하고 있다.

엔비디아는 AI·반도체·데이터센터 산업을 선도하기 위해 글로벌 인재 확보와 내부 역량 강화를 동시에 추진하고 있다. 세계 각국에서 AI·GPU·반도체 전문가를 적극적으로 채용하며, 연구기관 및 대학과 협력해 신진 기술 인력을 유치하고 있다. 또한, 업계 최고 수준의 보상과 연구 환경을 제공하여 우수한 인재가 지속적으로 성장할 수 있도록 지원한다.

내부적으로는 사내 교육 및 리더십 프로그램을 운영하여 직원들이 AI·데이터 과학 등 핵심 기술을 지속적으로 학습하고, 프로젝트 기반으로 다양한 직무 경험을 쌓을 수 있도록 유연한 조직 운영을 지향한다. 동시에, 실패를 두려워하지 않는 실험적 조직 문화를 조성하여 창의적 아이디어를 실현할 수 있는 환경을 마련하고 있다.

또한, 개발자 커뮤니티와 오픈소스 프로젝트에 적극적으로 기여하며, 외부 인재와의 협력을 극대화하여 혁신적인 기술을 빠르게 도입한다. 이를 통해 엔비디아는 최고 수준의 인재를 확보하고, 지속적인 혁신을 주도할 수 있는 경쟁력을 유지하고 있다.

20계 - 시스템 역량 전략

시스템 역량 전략은 기업 운영의 효율성을 극대화하고, 정확하고 신속한 의사결정을 지원하기 위해 정보 시스템과 프로세스를 강화한다.

<출처 : 조선일보>   [그림 3-28 CU 심야무인매장의 시스템 역량 전략]

CU와 GS25는 디지털 기술을 활용한 무인점포 운영과 스마트 솔루션 도입을 통해 편의성을 극대화하고 있다. CU는 스마트 키오스크와 무인 점포를 확대하며 고객이 직접 결제와 상품 구매를 간편하게 처리할 수 있도록 하고 있다. 또한, CU 모바일 앱을 통해 할인 쿠폰, 포인트 적립, 멤버십 서비스를 제공하여 고객 맞춤형 쇼핑 환경을 조성하고 있다. 이를 통해 비대면 쇼핑이 활성화되면서 운영 효율성이 증가하고, 고객 경험이 개선되고 있다.

GS25 역시 디지털 기술을 적극 활용하여 무인 편의점 시스템을 확대하고 있다. 24시간 운영이 가능한 스마트 스토어를 통해 고객은 언제든지 빠르고 간단하게 구매할 수 있다.

또한, 배달 서비스를 도입해 고객이 GS25 상품을 모바일 앱에서 간편하게 주문할 수 있도록 함으로써 시간 절약과 접근성을 극대화하고 있다.

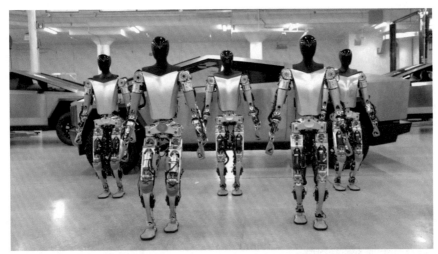

<출처 : 테슬라>   [그림 3-29 테슬라의 팩토리의 시스템 역량 전략]

테슬라는 AI와 로봇 자동화를 활용해 생산 공정을 혁신하고 있다. AI를 통해 수요 예측, 부품 공급망 최적화, 생산 일정 조정 등을 자동화하여 효율성을 극대화하고 있으며, 자율주행 데이터를 활용한 자동차 소프트웨어 업데이트까지 연계하여 완전한 디지털 제조 생태계를 구축하고 있다. 이를 통해 빠른 생산 속도, 높은 품질 유지, 원가 절감이라는 세 가지 목표를 동시에 달성하고 있다.

팀코러스(Team Korea + US)의 주축인 한전과 한수원은 원자력 발전소 건설 및 운영에 시스템 역량 노하우를 보유하고 있다. 효율성과 안전성을 극대화하기 위해 디지털 트윈과 인공지능 (AI) 기반 운영 시스템을 적극 도입하고 있다. 디지털 트윈 기술은 원전의 물리적 설비를 가상 환경에서 실시간으로 모니터링하고 시뮬레이션할 수 있도록 해, 설비 이상을 사전에 감지하고 최적의 유지보수 방안을 제시한다. 이를 통해 예측 정비가 가능해져 계획되지 않은 가동 중단을 최소화하고, 운영 비용 절감과 안전성 강화를 동시에 실현하고 있다.

AI 기반 데이터 분석 시스템은 방대한 운전 데이터를 실시간으로 처리하며, 이상 징후를 조기에 탐지하고 최적의 운전 방식을 자동으로 추천한다. 머신러닝 알고리즘을 활용해 고장 예측과 설비 수명을 분석하여 정비 일정 최적화를 가능하게 한다.

또한, 원격 감시 시스템과 결합하여 비상 상황 발생 시 신속한 대응이 가능하도록 지원한다.

21계 - 연구개발 역량 전략

AI 및 디지털 대전환 시대에 기업은 데이터 기반 의사결정을 위한 연구개발로 차별화된 기술과 제품을 창출해야 한다.

특히 빅데이터, 인공지능 등의 기술을 결합하여 새로운 비즈니스 기회를 모색하고 있다.

[2023년 대기업 R&D 투자]

단위: 원, 자료: CEO스코어

삼성전자	28조3528억
LG전자	4조2834억
SK하이닉스	4조1884억
현대자동차	3조9736억
기아	2조6092억
LG디스플레이	2조3995억
LG화학	2조857억
네이버	1조9926억
현대모비스	1조5941억
카카오	1조2236억

[미국 특허 등록 상위 기업]

순위	기업명	'23년 등록 건수
1 (-)	삼성전자	6,165
2 (▲5)	퀄컴	3,854
3 (-)	TSMC	3,687
4 (▼2)	IBM	3,658
5 (-)	캐논	2,890
6 (▲6)	삼성디스플레이	2,564
8 (▼2)	LG전자	2,296
17 (▲7)	기아	1,536
18 (▼1)	현대자동차	1,534
30 (▼2)	SK하이닉스	873

[그림 3-30 삼성전자의 연구개발 역량 전략]

2023년 국내 R&D 투자 1위는 삼성전자(28조 3528억 원)로, 2위 LG전자(4조 2834억 원)의 약 6.6배에 달한다. SK하이닉스(4조 1884억 원), 현대차(3조 9736억 원), 기아(2조 6092억 원) 등이 뒤를 잇는다.

특히 삼성전자는 미국 특허 등록에서도 6,165건으로 1위를 기록하며 연구개발 투자가 글로벌 기술 경쟁력으로 이어지고 있음을 입증했다. LG전자(2,296건), 기아(1,536건), 현대자동차(1,534건) 등도 상위권에 포함됐다.

이러한 R&D 투자는 반도체, 디스플레이, AI, 전기차, 친환경 기술 등 미래 산업을 선도하는 데 필수적이다. 또한, 특허 경쟁력 강화를 통해 글로벌 시장에서의 브랜드 가치와 수익성을 높이는 핵심 요소로 작용한다.

네이버는 AI 및 빅데이터 분석을 활용하여 검색, 번역, 클라우드 등 다양한 서비스에서 혁신을 이루고 있다. 대표적인 예로, 클로바 AI는 음성 인식, 이미지 검색, 자연어 처리 등의 기능으로 사용자 경험을 향상시킨다. 또한, 빅데이터를 기반으로 검색 알고리즘을 개선하고, 맞춤형 광고 및 추천 시스템을 최적화한다.

SK하이닉스는 HBM(High Bandwidth Memory) R&D에 집중하며, 차세대 AI 및 데이터센터 시장을 선도하기 위해 연구개발을 강화하고 있다. 2023년 R&D 투자액은 4조 3000억 원으로, 이는 매출의 약 20%에 해당하며, 지속적인 기술 혁신을 위한 전략적 투자로 평가된다. 특히 HBM3E 메모리 개발을 통해 기존 제품 대비 데이터 처리 속도를 50% 향상시키고, 전력 효율을 30% 개선하는 성과를 거두었다. 이러한 기술 발전은 AI 연산 및 고성능 컴퓨팅 (HPC) 환경에서 더욱 높은 성능과 에너지 효율성을 제공하는 핵심 요소로 작용한다. 현재 SK하이닉스는 AI 반도체 및 데이터센터용 메모리 수요 증가에 대응하기 위해 HBM4 및 차세대 D램 기술 개발에도 박차를 가하고 있으며, 엔비디아, AMD, 인텔 등 글로벌 반도체 기업들과 협력해 HBM 시장 점유율 50% 이상을 목표로 하고 있다. 이를 통해 글로벌 메모리 반도체 시장에서의 경쟁력을 더욱 공고히 하며, AI 및 빅데이터 시대를 주도하는 핵심 기업으로 자리매김하고 있다.

LG전자는 스마트 가전·전장·AI R&D에 2023년 약 5조 원을 투자하며 매출의 8.5%를 연구개발에 집중했다. 특히 webOS 플랫폼과 AI 기반 ThinQ 가전으로 스마트홈 시장을 선도하고 있으며, 전장사업에서는 자율주행 ADAS 시스템 개발에 집중, 관련 부문 매출이 전년 대비 20% 증가하는 성과를 거뒀다.

퀄컴은 Snapdragon 프로세서 및 5G 모뎀 R&D에 2023년 약 12조 원(90억 달러)을 투자하며, 매출의 약 25%를 연구개발에 할애했다. AI 기반 프로세싱 강화로 모바일, IoT, 자동차 반도체 시장에서 점유율을 확대하고 있으며, 최신 칩셋 출시 후 반도체 부문 매출이 30% 성장하는 성과를 달성했다.

22계 - 상품/서비스 역량 전략

상품/서비스 역량 전략은 소비자의 요구와 기대를 충족시키기 위해 고품질의 상품과 서비스를 설계, 개발, 제공한다.

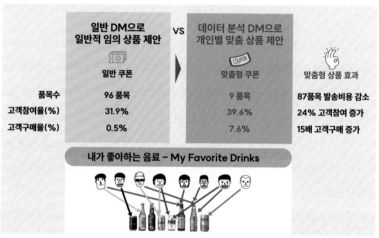

<Copyright by SH Lee>　　　　[그림 3-31 고객맞춤형 제품의 상품/서비스 역량 전략]

데이터 기반 의사결정과 혁신적인 연구개발을 통해 기업은 시장 변화를 선도하고 지속 가능한 가치를 창출할 수 있다. 특히 데이터 분석을 활용하면 고객 맞춤형 전략을 도입하여 비용 절감과 매출 증대를 동시에 달성할 수 있다.

홈플러스의 경우 일반적인 DM(Direct Mail) 방식에서는 96개 품목을 제안했던 반면, 데이터 분석을 활용한 맞춤형 DM에서는 9개 품목만을 추천하여 87개 품목의 발송 비용을 절감했다. 그 결과, 고객 참여율이 31.9%에서 39.6%로 24% 증가했고, 고객 구매율도 0.5%에서 7.6%로 15배 상승했다. 이는 무분별한 상품 제안보다 개인 맞춤형 마케팅이 소비자 반응을 높이고 실질적인 구매로 이어지는 것을 보여준다. 나아가, 연구개발 역량 강화를 통해 기업은 신기술을 창출하고 제품 혁신을 이루며, 경쟁사와 차별화된 가치를 제공할 수 있다.

고품질의 상품과 차별화된 서비스를 설계, 개발, 제공하는 것은 기업의 성장과 지속 가능성을 결정짓는 요소 중 하나다. 이를 위해 기업들은 상품 포트폴리오 최적화, 서비스 품질 관리, 지속적인 개선 등의 전략으로 고객 만족을 극대화하고 브랜드 충성도를 확보한다.

상품 포트폴리오 최적화

기업은 포트폴리오 전략을 통해 브랜드 이미지를 강화하고, 소비자의 선택 폭을 넓혀 지속적인 성장을 도모하고 있다. 예를 들어, 삼성전자의 갤럭시 시리즈는 프리미엄 스마트폰부터 중저가 라인업까지 다양한 제품군을 운영하여 소비자의 다양한 요구를 충족시키고 있다. 글로벌 스마트폰 시장에서 고객층을 세분화하고 시장 점유율을 확대하는 전략이다. 현대자동차의 제네시스 브랜드는 프리미엄 세단 시장을 타깃으로, 고급 차량을 원하는 고객층을 겨냥한 차별화된 상품 전략을 추진하고 있다.

서비스 품질 관리

기업은 서비스의 품질을 높이고 고객의 만족도를 극대화하는 전략을 채택하여 시장 내에서 차별화를 이룬다. 애플은 iPhone뿐만 아니라 App Store, iCloud, Apple Music 등의 서비스와 연계하여 고객 충성도를 높이고, 생태계 형성으로 지속적인 고객 유입을 유도한다. Amazon Prime 서비스 역시 고객 만족도를 극대화하기 위한 전략적인 서비스 제공 방식이다. Amazon은 빠른 배송, 스트리밍 서비스, 독점 혜택 등을 제공하여 고객이 한 번 가입하면 지속적으로 서비스를 이용할 수 있도록 유도하며, 장기적인 고객 충성도를 확보하고 있다.

지속적인 개선과 혁신

삼성전자는 스마트폰, 가전제품 등 다양한 제품군에서 지속적인 연구개발(R&D) 투자를 통해 혁신적인 기술을 적용하며, 매년 새로운 모델을 출시하고 있다. 현대자동차는 커넥티드카, 전기차, 자율주행 기술 등을 적용한 혁신적인 제품을 지속적으로 개발하며 자동차 산업의 패러다임 변화에 대응하고 있다. 이러한 지속적인 개선과 혁신이 상품 및 서비스의 경쟁력을 높이는 핵심 요소다.

23계 - 공급망/물류 역량 전략

상품/서비스 역량 전략은 소비자의 요구와 기대를 충족시키기 위해 고품질의 상품과 서비스를 설계, 개발, 제공한다.

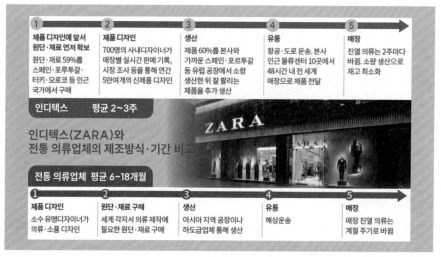

[그림 3-32 인디텍스의 공급망/물류 역량 전략]

인디텍스는 시장 반응 중심의 공급망 혁신을 통해 시장대응속도를 획기적으로 개선했다. 전통 의류업체가 제품 디자인 후 원단을 구매하고 생산을 진행하는 방식과 달리, 인디텍스는 원단과 재료를 미리 확보한 상태에서 디자인을 진행해 생산 시간을 단축했다. 또한, 제품의 60%를 본사와 가까운 지역에서 제조하여 신속한 시장 반응에 대응할 수 있도록 했다.

물류 측면에서는 전 세계 10개의 물류센터를 활용하여 항공·도로 운송을 최적화하고, 48시간 내 매장에 신제품을 공급하는 시스템을 운영했다. 이를 통해 2주마다 신제품을 출시하는 '초단기 생산 주기'를 운영하며, 트렌드 변화 및 소비자의 수요를 즉각 반영할 수 있도록 했다. 시장의 불확실성이 높은 패션 산업에서 공급망의 유연성과 민첩성을 극대화하는 방식으로, 과잉 생산과 재고 부담을 최소화하고 소비자의 구매 욕구를 지속적으로 자극하는 효과를 가져왔다.

공급망 역량을 강화하기 위한 주요 전략으로는 물류 최적화, 공급업체 관리, 리스크 대응이 있다.

삼성전자의 글로벌 공급망 관리

삼성전자는 반도체, 스마트폰, 디스플레이 등 다양한 제품을 글로벌 시장에서 생산·유통하는 과정에서 강력한 공급망 역량을 구축하고 있다. 삼성은 IT 기반의 SCM(Supply Chain Management) 플랫폼을 활용해 실시간으로 공급망 데이터를 분석하고, 시장 수요 변화에 유연하게 대응한다. 이를 통해 원자재 조달부터 제품 생산, 최종 유통까지 효율적인 네트워크를 운영하며, 비용 절감과 생산성 향상을 동시에 실현하고 있다.

쿠팡의 로켓 배송

쿠팡은 자체 물류망을 기반으로 하는 로켓배송을 통해 주문 후 24시간 내 상품을 고객에게 전달하는 시스템을 구축했다. 쿠팡은 전국 주요 거점에 대형 물류센터를 운영하며, 빅데이터와 AI 기술을 활용한 물류 경로 최적화를 통해 고객의 주문 데이터를 실시간으로 분석하고, 최적의 배송 루트를 자동으로 생성한다. 빠른 배송은 물론, 물류 비용을 절감하는 효과를 얻고 있다.

현대글로비스의 통합 물류 관리

현대글로비스는 현대자동차의 부품 및 완성차 유통을 담당하는 글로벌 물류 전문 기업으로, 통합적인 물류 시스템을 운영하고 있다. 특히, 스마트 물류 플랫폼을 도입해 물류 흐름을 실시간으로 추적하고, 물류 프로세스를 최적화하는 방식을 채택하고 있다. 이를 통해 국제 무역 및 자동차 유통 과정에서 안정적인 공급망 운영, 물류의 효율성 극대화를 동시에 달성하고 있다.

Amazon의 글로벌 물류 네트워크

Amazon은 자사 물류센터인 Fulfillment Center를 중심으로 라스트 마일 딜리버리(Last-Mile Delivery) 시스템을 운영하며, 빠르고 정확한 배송 서비스를 제공하고 있다. AI와 로봇 기술을 활용한 물류 자동화 시스템을 도입해 재고 관리와 배송 효율성을 극대화했다. 이를 통해 Amazon은 글로벌 전자상거래 시장에서 빠른 배송과 효율적인 물류 운영을 통해 고객 만족도를 극대화하고 있다.

24계 - 생산/운영 역량 전략

생산/운영 역량 전략은 기업이 생산과 운영 과정을 최적화하여 비용을 절감하고,
높은 품질의 제품과 서비스를 제공한다.

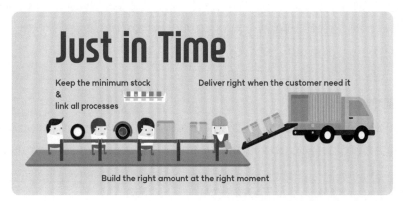

[그림 3-33 JIT 제조 시스템의 생산/운영 역량 전략]

Just in Time(JIT)은 필요한 제품을 필요한 시점에 필요한 양만큼 생산하는 생산 방식으로,
도요타가 개발한 Lean 제조 시스템의 핵심 요소 중 하나다. 재고를 최소화하고, 생산 공정을
최적화하여 비용 절감과 품질 향상을 동시에 달성한다.

도요타는 JIT를 통해 재고 비용을 최대 50% 절감하고, 생산 리드 타임을 기존 대비
70% 단축하는 성과를 거두었다. 또한, 공급망 효율을 30% 이상 향상시켜 글로벌 시장에서
빠른 대응이 가능해졌다.

JIT의 효율성에도 불구하고, 공급망이 끊기면 생산에 차질이 생길 위험이 있다.
따라서 협력업체와의 긴밀한 협력, 유연한 공급망 구축, 예기치 않은 수요 변화에 대한
대응 전략이 필수적이다. 이를 위해 Kaizen(지속적 개선)과 Kanban(시각적 관리 시스템)을 함께
운영하며 JIT의 효과를 극대화한다.

생산/운영 역량 전략은 기업이 비용 절감과 품질 향상을 동시에 실현하며 운영 효율성을 극대화하기 위해 필수적으로 실행해야 하는 전략으로 Lean 생산, 프로세스 자동화, 품질 관리 등의 요소가 핵심적으로 고려된다.

Lean 생산은 불필요한 낭비 요소를 제거하여 효율성과 생산성을 극대화하는 방식이며, 프로세스 자동화는 첨단 기술을 활용하여 생산성과 정확성을 높이는 접근법이다. 또한, 품질 관리는 제품과 서비스의 일관된 품질을 보장하여 고객 신뢰를 구축하는 필수 전략이다.

삼성전자는 스마트 팩토리 시스템을 구축하여 공정을 자동화하고 데이터를 활용한 운영 최적화를 실현했다. AI와 IoT 기술을 적용해 실시간 생산 모니터링을 가능하게 했으며, Lean 생산 방식을 통해 불필요한 공정을 제거하고 생산성을 높였다. 이를 통해 비용 절감과 품질 개선을 동시에 달성하며, 글로벌 제조 경쟁력을 유지하고 있다.

현대자동차는 생산 공정에서 로봇과 AI 기술을 활용한 자동화 시스템을 구축하여 조립 공정의 효율성을 높이고 품질을 안정화했다. 공장 내 로봇 시스템은 부품 조립과 용접 등 반복 작업을 정밀하게 수행하며, 인공지능 분석을 통해 생산 공정을 최적화한다. 또한, 효율적인 공급망 관리 시스템을 도입하여 원자재 비용을 절감하고 생산 공정을 더욱 체계적으로 운영하고 있다.

LG전자는 제조 공정 내 Six Sigma와 Lean 방법론을 활용하여 품질 관리를 강화했다. 이를 통해 불량률을 최소화하고 생산성을 높이는 데 집중했다. 또한, IoT 기술을 적용한 스마트 운영 시스템을 통해 실시간 품질 모니터링을 실시하며, 지속적인 데이터 분석을 통해 제품의 완성도를 향상시키고 있다.

Amazon은 생산뿐만 아니라 물류 및 운영 자동화를 통해 효율성을 극대화했다. 물류센터에서는 AI 및 로봇 시스템을 활용해 상품을 분류하고 패키징하는 과정을 자동화하며, 데이터 기반 재고 관리 시스템을 통해 적정 수량을 유지하면서도 물류 비용을 절감하고 있다. Amazon의 자동화된 운영 시스템은 빠른 배송을 가능하게 하여 고객 만족도를 높이고, 운영 비용을 절감하는 데 중요한 역할을 한다.

제5편 협업전략 - Win-Win

협업 전략은 협업의 경제(Economy of Collaboration)를 통해 회사의 능력을 무한대로
확장하고 성장을 가속화 한다.

<Copyright by SH Lee>   [그림 3-34 Win-Win 협업 모델]

협업전략의 핵심은 서로 다른 파트너들과의 협업을 통해 가치를 창출하고, 시너지를
극대화하는 데 있다. 세부 협업 전략들은 각각의 협업 파트너와 함께 새로운 기회를 발굴하고,
더 큰 성장과 성공을 추구할 수 있도록 설계되어야 한다.
협업의 경제(Economy of Collaboration)를 기반으로 기업은 기존의 경계를 넘어 무한한
확장 가능성을 실현할 수 있을 것이다.

"함께 모이는 것은 시작이고, 함께 머무르는 것은 진보이며, 함께 일하는 것은 성공이다." - 헨리 포드
"협력 없이는 기업의 성장이 없다. 우리는 함께 일할 때 더 크고 강해진다"

- 이병철 전 삼성그룹 회장 (삼성 창업자)

협업 전략은 기업이 협력 생태계를 활용해 역량을 확장하고 지속가능한 성장을 도모한다. 파트너들과 협업을 통해 가치를 창출하고 시너지를 극대화하는 것이 핵심이다.

공유가치 협업 전략: 공유가치 협업 전략은 협력 관계를 통해 경제적 이익과 사회적 가치를 동시에 창출하고자 한다. 고객, 파트너사, 지역사회가 함께 장기적인 가치를 창출하도록 설계하며, 기업의 지속가능 경영과 연계된다.

상품개발 협업 전략: 상품개발 협업 전략은 파트너사 간 기술력과 노하우를 결합해 혁신적인 제품을 공동 개발하는 방식이다. 유통업체와 제조업체 간 PB 상품 개발, 자동차 제조사와 부품사의 차세대 차량 공동 개발 등이 이에 해당한다.

공급망제휴 협업 전략: 공급망제휴 협업 전략은 공급망의 효율성을 높이고 리스크를 분산하기 위해 협력하는 방식이다. 원자재 조달, 생산 최적화, 물류 및 유통 과정에서 협력하여 비용 절감과 공급망 안정성을 확보한다.

기술협력 협업 전략: 기술협력 협업 전략은 신기술 개발을 위해 기업들이 공동 연구를 진행하는 방식이다. 자율주행차 개발을 위한 자동차 제조사와 AI 기업의 협력, 스마트폰 제조업체와 반도체 기업의 협업 등이 대표적이다.

마케팅/영업 협업 전략: 마케팅/영업 협업 전략은 브랜드 간 공동 마케팅을 통해 고객층을 확대하고 시장점유율을 높이는 방식이다. 스포츠 브랜드와 IT 기업이 협력해 스마트 기기를 출시하는 사례가 이에 해당한다.

금융 협력 협업 전략: 금융 협력 협업 전략은 협력사의 자금 조달과 운영 안정성을 지원하는 방식이다. 저리 대출, 지불 조건 완화, 금융 상품 공유 등으로 협력사의 지속가능성을 높인다. 이러한 협업 전략을 통해 기업은 혁신적인 제품을 빠르게 출시하고, 시장점유율을 확대하며, 비용 절감과 장기적인 경쟁력 확보 효과를 얻을 수 있다.

25계 - 공유가치 협업 전략

공유가치 창출(CSV) 전략은 기업 활동을 통해 경제적 이익을 창출하는 동시에 사회적 문제를
해결함으로써 기업과 사회 모두에 긍정적인 영향을 주는 방식을 지향한다.

[그림 3-35 홈플러스 못생긴 배추 살리기 프로젝트의 공유가치 협업 전략]

공유가치 창출(CSV) 협업 전략으로 홈플러스는 못생긴 배추 살리기 프로젝트를 실천하였다.
품질은 우수하지만 외형이 좋지 않아 폐기되는 배추 20~30%를 농가와 협력해
저렴한 가격에 판매함으로써 농가의 소득을 증대시키고 소비자에게도 경제적인 혜택을
제공하였다.
일반 배추보다 '절반가량 저렴한 가격(당시 1950원 vs. 980원)'에 공급되어 소비자의 가계 부담을
줄이고, 식품 폐기물을 줄이는 환경적 가치를 창출했다. 또한 홈플러스는 유통업체와 협력하여
공급망을 개선하고, 향후 다양한 농산물로 프로젝트를 확대해 나갔다.

이러한 협업 모델은 기업과 농가, 소비자 모두에게 이익을 주는 지속가능한 비즈니스
전략으로 평가받았으며, 기업의 사회적 책임(CSR)과 브랜드 신뢰도를 높이는 데 기여했다

공유가치 창출(CSV) 협업 전략은 기업의 경제적 가치와 사회적 가치를 동시에 창출하는
방식으로, 단순한 사회적 책임(CSR)을 넘어 지속가능한 성장과 혁신을 도모한다.
기업은 제품과 서비스, 운영 방식, 지역사회 참여를 통해 경제적 이익과 사회적 가치를
통합적으로 실현한다. 주요 방식으로는 협력 파트너십 구축(기업과 정부, NGO, 지역사회와
협력하여 경제적·사회적 이익 창출), 혁신과 경쟁력 강화(사회적 문제 해결을 통한 지속가능성 확보),
지역사회 발전과 연계한 사업 확장(사회적 가치를 비즈니스 모델에 통합하여 새로운 시장 창출) 등이 있다.

포스코의 폐광 지역 재생 프로젝트 : 포스코는 지역사회 및 지방자치단체와 협력하여
폐광 지역 재생 사업을 추진하고 있다. 친환경 공정을 도입하고, 지역 주민의 일자리 창출을
지원하는 한편, 재활용 원료 활용을 확대하여 자원의 지속가능성을 높이는 방식으로 철강
생산을 혁신하고 있다. 이 전략을 통해 지역사회와의 신뢰를 강화하고, 동시에 친환경 철강
브랜드로서의 경쟁력을 높이고 있다.

네슬레의 커피 농가 지원 프로그램 : 네슬레는 커피 농가의 지속가능성을 보장하기 위해
'네슬레 카페 프랙티스(Cafe Practices)' 프로그램을 운영하고 있다. 농가에 친환경 재배 기술을
교육하고, 공정 거래를 확대하여 소규모 농민의 경제적 자립을 지원하고 있다. 또한 커피 품질
개선을 위한 연구를 지속하면서, 기업의 원재료 공급망을 안정화하고 있다. 이 협업을 통해
네슬레는 지속가능한 커피 공급망을 확보하면서도 농민들의 삶의 질을 향상시키는 성과를
거두었다.

SK이노베이션의 친환경 에너지 및 플라스틱 재활용 협업 : SK이노베이션은 친환경 에너지
개발과 플라스틱 재활용을 중심으로 사회적 가치를 창출하는 CSV 프로젝트를 추진하고 있다.
폐플라스틱을 활용한 친환경 원료 개발을 위해 협력사를 비롯한 다양한 이해관계자들과
협업하며, 이를 통해 탄소 배출 저감과 자원 순환 경제 모델 구축을 실현하고 있다.

26계 - 상품 개발 협업 전략

상품개발 협업 전략은 두 개 이상의 기업이 협력하여 제품을 개발하는 전략으로, 각자의 자원, 기술, 시장 이해를 결합하여 새로운 제품을 창출한다.

[그림 3-36 스타벅스 프라푸치노 RTD 제품의 상품 개발 협업 전략]

RTD(Ready-to-Drink) 커피 음료, 프라푸치노를 공동개발한 스타벅스와 펩시코는 상품 공동개발 협업 전략으로 글로벌 시장을 확대를 실현했다.

스타벅스는 프리미엄 커피 브랜드와 제품 개발 역량을 보유하고 있으며, 펩시코는 강력한 유통 및 마케팅 네트워크를 갖추고 있어, 양사의 협력을 통해 스타벅스 프라푸치노 병음료 및 다양한 RTD 커피 제품을 성공적으로 출시했다. 이를 통해 양사는 새로운 소비층을 확보하고, 글로벌 RTD 커피 시장에서 매출 증대를 이끌며 브랜드 인지도를 더욱 강화했다. 또한 스타벅스는 네슬레(Nestlé)와의 협력을 통해 인스턴트 커피 및 캡슐 커피 시장에도 진출하면서 제품 포트폴리오를 확장했다. 네슬레의 방대한 유통망과 가정용 커피 시장에서의 강점을 활용하여, 스타벅스 브랜드의 인스턴트 커피 및 네스프레소·돌체구스토 전용 캡슐을 성공적으로 론칭하며 새로운 소비자층을 공략했다.

이러한 협업 전략은 기업 간 시너지를 극대화할 뿐만 아니라, 변화하는 소비자 트렌드에 신속하게 대응하며 글로벌 시장에서의 경쟁력을 강화하는 핵심 요소로 작용하고 있다.

상품 개발 협업 전략은 기업이 파트너십을 통해 시장 경쟁력을 강화하고 혁신적인 솔루션을
제공하는 방식이다. 단순히 개발 비용을 분담하거나 리스크를 줄이는 것뿐만 아니라,
기술, 디자인, 마케팅 등 각 분야의 전문성을 결합하여 시너지를 창출하는 것이 핵심이다.
협업 방식으로 파트너십 기반 협력(혁신 제품 개발), PB(Private Brand) 개발(유통업체와 제조업체의 협력),
고객 중심 혁신(맞춤형 제품 개발), 리스크와 비용 분담(개발 과정에서 발생하는 비용과 리스크를 공동 부담)
등이 있으며 기업은 비용을 절감하면서도 신속한 시장 진입과 경쟁력 확보가 가능하다.

삼성전자와 하만(Harman)의 자동차 오디오 기술 협업

두 회사는 프리미엄 오디오 기술을 자동차 산업에 적용하는 협업 프로젝트를 진행하고 있다.
하만의 음향 기술과 삼성전자의 IT·디스플레이 기술을 결합해 차량 내 엔터테인먼트 시스템을
혁신하고 있으며, 글로벌 자동차 브랜드들과 협업을 통해 스마트 차량용 오디오 시장에서
경쟁력을 강화하는 등 삼성전자는 자동차 시장에서도 IT 솔루션을 확대하고, 하만은 오디오
기술을 고급 차량에 최적화하는 시너지를 얻고 있다.

BMW와 도요타의 고성능 스포츠카 공동 개발

두 기업은 자동차 산업에서 경쟁관계에 있지만, 스포츠카 및 수소연료전지 기술 협력을 통해
동반 성장을 도모하고 있다. BMW는 도요타의 연료전지 기술을 활용해 친환경 차량 개발을
가속화하고 있으며, 도요타는 BMW의 고성능 스포츠카 기술을 적용해 GR 수프라(Supra) 및
Z4 모델을 공동 개발했다. 양사는 연구개발 비용을 절감하면서도 새로운 시장 기회를 창출
하는 효과를 얻었다.

LG생활건강과 GS리테일의 PB 화장품 공동 개발

두 회사는 PB(Private Brand) 화장품을 공동 개발하며 유통과 제조 역량을 결합한 협업을
추진하고 있다. GS리테일의 뷰티 전문 브랜드를 활용해 PB 화장품을 기획하고,
LG생활건강이 이를 생산하여 경쟁력 있는 가격대의 프리미엄 뷰티 제품을 출시했다.
소비자 맞춤형 제품을 빠르게 시장에 도입하고, 유통과 제조사의 동반 성장을 실현하고 있다.

27계 - 공급망 협업 전략

공급망 제휴(Supply Chain Alliance) 전략을 통해 기업은 공급망의 다양한 이해관계자와 협력하여
운영 효율성을 극대화하고, 비용 절감 및 고객 가치를 극대화한다.

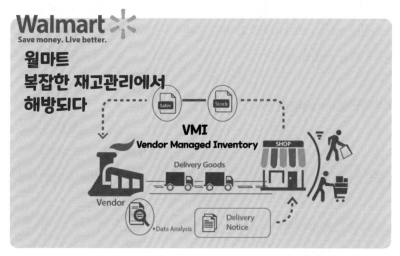

[그림 3-37 월마트의 공급망 협업 전략]

월마트(Walmart)는 VMI(Vendor Managed Inventory, 공급업체 관리 재고시스템)를 도입하여
공급업체와의 협업을 강화하여 왔다.
VMI 시스템을 통해 공급업체는 월마트의 실시간 판매 데이터와 재고 정보를 분석하여
자동으로 재고를 보충할 수 있으며, 이를 통해 과잉 재고 및 품절을 최소화하고 운영 효율성을
극대화한다. 또한 빅데이터와 AI 분석을 활용한 예측 시스템을 통해 수요 변동을 효과적으로
관리하고, 신속한 배송을 가능하게 한다.

이 협력 모델은 공급업체와의 긴밀한 협력을 기반으로 비용 절감과 물류 최적화를 실현하며,
월마트가 글로벌 유통업계 1위로 자리 잡는 데 중요한 역할을 해오고 있다.
이를 통해 고객은 보다 낮은 가격과 안정적인 제품 공급이라는 가치를 제공받게 된다.

공급망 제휴 협업 전략은 신뢰를 기반으로 공급망의 투명성을 높이고, 공동 목표를 달성하기 위해 협력하는 전략이다. 주요 방식으로는 책임 분산과 효율성 제고(파트너 간 역할 최적화), 정보 공유(실시간 데이터 공유를 통한 생산·물류 최적화), 비용 절감 및 리스크 완화(효율적인 자원 활용으로 비용 절감 및 시장 대응력 강화), 신뢰 기반 관계 구축(장기 협력을 위한 지속적인 투명성 유지) 등이 포함된다. 이를 통해 기업들은 공급망 운영의 효율성을 높이고, 비용을 절감하고 경쟁력을 강화할 수 있다.

도요타(Toyota)와 협력사의 JIT 시스템 운영: 도요타는 JIT(Just-In-Time, 적기 생산) 시스템을 통해 협력사의 공급망을 최적화하고 있다. 부품 생산과 조달을 실시간 수요에 맞춰 최소한의 재고만 유지하도록 설계해, 불필요한 재고 비용을 줄이고 낭비를 최소화한다. 도요타는 협력사와의 장기 계약을 통해 생산 예측의 정확성을 높이고, 공급망 리스크를 줄이며, 유연한 생산체계를 구축하고 있다.

폭스콘(Foxconn)과 애플(Apple)의 글로벌 생산 네트워크 최적화: 두 기업은 애플 제품의 글로벌 생산 및 조립 최적화를 위해 긴밀하게 협력하고 있다. 애플은 폭스콘과의 협업을 통해 부품 조달과 생산 일정을 최적화하며, 대규모 공급망을 효율적으로 관리하고 있다. 폭스콘은 애플의 생산 요구에 맞춰 탄력적인 조립 라인을 운영하며, 신제품 출시 일정에 맞춰 빠르게 생산을 조정할 수 있는 유연성을 제공하고 있다. 애플은 공급망 리스크를 줄이고, 생산 비용을 최적화하며, 글로벌 시장에서의 경쟁력을 유지하고 있다.

삼성SDI와 원자재 협력사의 배터리 원자재 공급망 강화: 삼성SDI는 전기차 및 에너지 저장 시스템(ESS) 배터리 생산을 위해 리튬, 니켈, 코발트 등 주요 원자재 공급업체들과 장기 계약을 체결하고, 글로벌 공급망 리스크를 최소화하는 전략을 추진하고 있다. 협력사들과의 협업을 통해 배터리 소재 기술을 공동 개발하고, 원자재 재활용 시스템을 도입하여 지속가능한 배터리 생산체계를 구축하고 있다.

28계 – 기술 협업 전략

기술 협력 전략은 최신 기술 개발 및 활용을 위해 기술 전문성을 가진 파트너와 협력하여
혁신을 도모하고 경쟁 우위를 확보한다.

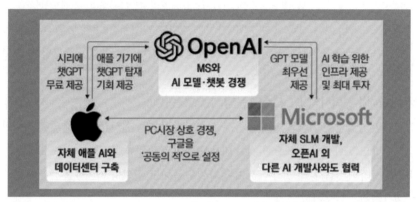

<출처 : 매일경제>   [그림 3-38 AI 빅테크 관계도를 통해 본 기술 협업 전략]

OpenAI는 안정적이고 확장 가능한 AI 모델 운영 환경을 구축하며, 최적화된 AI 솔루션을
제공하고 있다.

애플(Apple)은 자체 AI를 사용한 데이터센터 구축하며, AI 기술을 자사 기기 및 서비스와
통합하는 전략을 강화하고 있다. 특히, iOS, macOS, Siri 등의 서비스에 AI 기능을 심층적으로
적용하고, 온디바이스 AI 기술을 활용해 데이터 프라이버시를 강화한다.

AI 윤리 및 보안 강화를 위한 PCAI(프라이빗 AI) 솔루션 공동 개발에도 주력하고 있다.

뿐만 아니라, OpenAI는 AI의 책임 있는 개발과 활용을 위한 글로벌 거버넌스 구축에도
참여하고 있다.

이러한 기술 협력 모델을 통해 OpenAI는 AI 혁신을 가속화하고, 기업 간 시너지를 창출하며,
글로벌 AI 시장에서의 경쟁력을 지속적으로 강화하는 동시에, 신뢰할 수 있는 AI 개발과
운영을 위한 지속 가능한 생태계를 조성하는 데 기여하고 있다.

다만 최근 등장한 중국의 딥시크(deep seek)의 움직임을 예의 주시할 필요가 있다.

기술 협력 협업 전략은 기업이 기술적 한계를 극복하고, 새로운 시장 기회를 발굴하며, 지속 가능한 성장을 이루기 위해 추진한다. 협력 방식에는 R&D 공동 투자, 디지털 전환 프로젝트, IT 솔루션 개발 등이 있다. 주요 형태로는 기술 공유 및 혁신(파트너사와의 기술 통합을 통한 신제품·서비스 개발), 공급망 최적화(제조·물류 시스템 효율성 극대화), 디지털 전환 가속화(AI·클라우드·빅데이터 활용), 리스크 분산(파트너와의 협력을 통한 개발 및 생산 위험 최소화) 등이 있다.

현대자동차와 엔비디아(NVIDIA)의 자율주행 및 차량 AI 기술 협력

두 기업은 자율주행 기술 및 커넥티드 카 솔루션 개발을 위해 협력하고 있다. 엔비디아의 AI 기반 인공지능 프로세서와 현대차의 차량 소프트웨어 기술을 결합해 차세대 자율주행차 플랫폼을 개발 중이며 이 협력을 통해 차량 내 AI 비서 기능, 실시간 도로 분석 및 안전 보조 시스템을 강화하여 미래형 모빌리티 기술을 선도하고자 한다.

IBM과 머스크(Maersk)의 블록체인 기반 글로벌 물류 혁신

IBM과 글로벌 해운사 머스크는 블록체인 기술을 활용해 '글로벌 물류 플랫폼(TradeLens)'을 구축했다. 이 플랫폼은 해운·물류·공급망 데이터를 블록체인으로 관리하여 문서 위조 및 데이터 조작을 방지하고, 물류 흐름의 투명성과 효율성을 높인다. 국제 무역거래 시간을 단축하고, 물류비용 절감과 보안성을 강화하는 효과를 거두고 있다.

보쉬(Bosch)와 마이크론(Micron)의 반도체 기반 스마트 센서 협력

양사는 스마트 센서 및 AI 반도체개발을 위해 협력하고 있다. 보쉬는 자동차 및 산업용 센서 시장에서 강점을 가지고 있고, 마이크론은 메모리 반도체 및 AI 연산 칩을 전문으로 한다. 두 기업은 협업을 통해 차량용 자율주행 센서, 산업용 IoT 센서, 스마트홈 디바이스 등을 위한 첨단 반도체 솔루션을 공동 개발하고 있다. 보쉬는 스마트 센서의 성능을 강화하고, 마이크론은 AI 반도체 시장에서 입지를 확대하고 있다.

삼성전자와 퀄컴의 5G 기술 개발 협력

이들의 기술 협업은 차세대 네트워크 기술의 발전을 가속화하고 있다. 삼성전자의 반도체·네트워크 기술과 퀄컴의 모바일 칩셋 기술을 결합해 스마트폰, 자동차, 사물인터넷(IoT) 등 다양한 산업에서 5G 기술을 빠르게 확산시키고 있다.

29계 - 마케팅/영업 협업 전략

마케팅/영업 제휴 전략은 두 개 이상의 기업이 마케팅 역량과 자원을 결합하여 시너지 효과를
창출하고 시장 점유율을 확대한다.

현대자동차 - 글로벌 기업 협력 사례

제너럴모터스 (GM)	• 승용차·상용차 공동 개발 및 생산 • 친환경 에너지 개발 협력
구글	• 웨이모 6세대 자율주행 기술 적용한 아이오닉5를 로보택시 서비스 '웨이모 원'에 투입
아마존	• 아마존 오토스에서 현대차 온라인 판매 • 신차에 아마존 인공지능(AI) 비서 '알렉사' 탑재
삼성전자	• 차세대 인포테인먼트 시스템, 삼성 사물인터넷(IoT) 플랫폼 '스마트싱스'와 연결 • 소프트웨어 중심 차량(SDV) 기술 제휴 협업

[그림 3-39 현대자동차의 마케팅/영업 협업 전략]

현대자동차는 글로벌 기업들과 협력하여 기술 혁신과 시장경쟁력을 강화하고 있다.
제너럴모터스(GM)와는 승용차·상용차 공동 개발 및 친환경 에너지 기술 협력을 추진한다.
구글과는 웨이모 자율주행 기술을 적용한 로보택시 서비스 '웨이모 원'에 투자하여 모빌리티
시장을 확대하고 있다. 또한 아마존과 협력하여 온라인 차량 판매 플랫폼을 구축하고,
음성 AI '알렉사(Alexa)'를 차량에 탑재해 스마트 차량 경험을 제공한다. 삼성전자와는 차세대
인포테인먼트 시스템 및 IoT 기반 차량 모니터링 기술을 개발하며, 소프트웨어 중점 차량(SDV)
기술도 공동 연구 중이다.
이러한 협업 전략을 통해 현대자동차는 미래 모빌리티 시장에서의 마케팅/영업 경쟁력을
강화하고, 브랜드 신뢰도를 높이며 혁신적인 자동차 경험을 제공하고자 한다.

마케팅/영업 협업 전략은 브랜드 간 시너지 효과를 창출하여 시장에서 경쟁력을 강화한다. 브랜드 가치를 증대하고, 신규 고객을 확보하며, 비용 절감 등의 이점을 얻을 수 있다. 주요 협업 방식으로는 공동 프로모션, 공동 캠페인, 고객 데이터 기반 협력 등이 있다. 소비자 인지도 측면에서의 브랜드 시너지 효과 증진, 마케팅 자원 사용의 효율성 증대, 맞춤형 타깃 마케팅 실행을 통한 광고 효과의 정밀도 증진을 목표로 한다.

카카오와 스타벅스(Starbucks)의 디지털 플랫폼 공동 프로모션: 카카오는 카카오톡을 활용해 스타벅스 쿠폰 프로모션 및 모바일 스탬프 이벤트 등을 운영해오고 있다. 스타벅스는 카카오톡을 통한 신규 고객 유입 효과를 얻었고, 카카오는 자사 플랫폼의 이용률을 높이며 상호 브랜드 가치를 증진시켰다.

롯데리아와 파리바게뜨의 브랜드 협업: 롯데리아와 파리바게뜨는 패스트푸드와 베이커리 음료 조합을 활용한 공동 프로모션을 자주 진행하는 편이다. 특정 세트메뉴 구매 시 두 브랜드 간 상호 교환할 수 있는 쿠폰을 제공하며, 소비자가 두 브랜드를 함께 경험할 수 있도록 유도 했다. 각 브랜드는 기존 고객층을 확장하고 새로운 소비자를 유입하는 효과를 얻고자 했다.

제네시스와 삼성전자의 협업: 양 브랜드는 커넥티드 카 기술과 프리미엄 사용자 경험(UX) 강화를 목표로 협업을 진행하고 있다. 주요 협력 분야는 디지털 키와 스마트 디바이스(갤럭시 스마트폰 및 갤럭시 워치와 연동), 스마트 디스플레이와 인포테인먼트 시스템 협력 등으로 자동차와 스마트 디바이스 간의 연결성을 증진시키고 있다. 또한 제네시스 차량과 삼성전자의 스마트홈 플랫폼인 '스마트싱스(SmartThings)'를 연동하여, 운전자가 차량 내부에서 집 안의 스마트 기기를 제어할 수 있도록 했다. 차량에서 음성 명령을 통해 집 안의 조명을 켜거나, 에어컨을 조절하는 등의 기능이 가능하다. 협업을 통해 제네시스는 프리미엄 자동차 브랜드로서 스마트 모빌리티 경험을 강화하고, 삼성전자는 스마트 디바이스와 자동차를 연결하는 미래형 생태계를 구축하는데 기여하며, 양 브랜드는 프리미엄 고객층을 확보하고 유지하기 위해 노력하고 있다.

30계 - 금융 협업 전략

금융 협력(Financial Cooperation) 전략은 기업과 파트너 간의 자금 조달 및 재무적 부담을
분담하거나 완화한다.

[그림 3-40 시중은행과 핀테크 협업 전략]

핀테크(FinTech) 협력 사례로는 카카오뱅크와 KB국민은행이 협력해 ATM 현금 인출 서비스를
제공하며, 신한은행과 토스(Toss)는 제휴를 통해 고객에게 높은 금리 혜택을 제공하고 있다.
우리은행은 외환관리 및 송금 서비스를 강화하여 글로벌 금융 협력을 촉진하고 있다.
홈플러스의 금융 협업의 경우, 6개 은행과 협력해 6,200개 협력업체를 위한 금융 솔루션을 운
영했다. 총 3억 2,500만 파운드(약 5천억 원)의 리볼빙 한도를 설정하여, 은행이 협력업체
대금을 선지급하고 홈플러스가 일정 기간 후 상환하는 구조를 갖춘다.
이를 통해 협력업체는 조기에 자금을 확보할 수 있으며, 홈플러스는 4.5% 할인된 대금 지급
시스템을 통해 비용을 절감했다. 이러한 금융 협력 모델은 유통업체와 금융기관 간의
시너지를 극대화하며, 협력업체의 자금 유동성을 높여 공급망 안정화에 기여했다.

금융 협력 협업 전략은 자금 지원, 지불 조건 완화, 금융 상품 제공 등을 통해 파트너의
안정적 운영을 돕고, 협력 관계의 지속 가능성을 높이는 데 기여한다. 자금 조달 지원(파트너의
운영 자금 확보), 지불 조건 완화(신용 기한 연장, 분할 납부 등), 금융 상품 제공(금융 서비스, 대출 지원),
금융 위험 분산(신용 보증 및 리스크 관리) 등이 핵심 요소다.

월마트(Walmart)는 중소 공급업체와의 협력을 위해 '판매 기반 대출 프로그램(Vendor Financing)'
을 운영해왔다. 공급업체들은 월마트와의 계약을 기반으로 금융기관에서 저리 대출을 받을
수 있으며, 원자재 구매 및 생산 확대를 위한 자금을 조달할 수 있다.
월마트는 협력사의 지불기한을 단축하고, 조기 대금지급 옵션을 제공하여 협력사의
재정 건전성을 높이고 있다.

스타벅스(Starbucks)는 글로벌 커피 공급망의 지속가능성을 위해 '커피농가 지원 금융프로그램
(Coffee Farmer Support Finance)'을 운영하고 있다. 개발도상국의 커피 생산자들에게 저리 대출을
제공하며, 농가들이 장기적인 투자를 할 수 있도록 지원한다.
기술 교육과 지속가능한 농법을 위한 금융 지원을 병행하여, 공급망 내 경제적·환경적
리스크를 줄이고 있다.

아디다스(Adidas)는 ESG 경영 강화를 위해 협력업체들에게 '지속가능성 성과 연계 대출
(Sustainability-Linked Loans, SLLs)'을 제공한다. 협력업체들이 환경친화적인 소재를
개발하거나 탄소배출 감축목표를 달성하면 대출 금리를 인하하는 방식으로 운영된다.
협력업체들은 친환경 경영을 실천할 동기를 부여받고, 장기적인 파트너십을 유지할 수 있다.

혼합금융(Blended Finance) 전략을 활용하는 사례도 증가하고 있다. 공공자본과 민간자본을
결합하여 신용리스크를 분산하고, 지속가능한 금융 협력을 촉진한다. 국제금융기관과
개발은행은 기업과 협력하여 민간 투자자들이 리스크를 줄이면서 혁신 사업에 참여하도록
유도하고 있다. 이를 통해 지속가능개발 목표(SDGs) 달성에 기여하는 성과를 내고 있다.

제6편 신뢰 전략 - Trustmarks

신뢰(Trust and Leap) 전략은 기업과 고객, 파트너, 그리고 사회 간의 신뢰를 핵심 자산으로 구축하고 유지함으로써 장기적인 성공을 도모한다. 신뢰마크(Trustmarks) 모델을 소개한다.

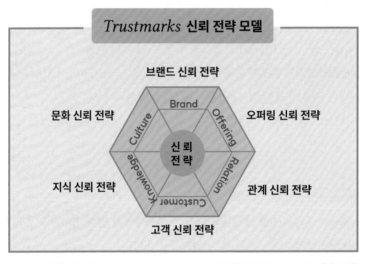

<Copyright by SH Lee>   [그림 3-41 Trustmarks 전략 모델]

신뢰 전략은 신뢰 형성을 통해 고객 충성도를 강화하고, 브랜드의 지속가능성을 높이며, 고객과의 강력한 관계를 구축하는 것을 목표로 한다. 고객과의 지속적인 상호작용을 통해 신뢰 기반의 장기적 가치를 창출한다. 브랜드, 오퍼링, 관계, 고객, 지식, 문화의 전방위적 무형자산은 브랜드에 대한 총체적 신뢰를 형성하는 핵심 요소다.

브랜드 신뢰는 기업의 명성과 일관성에서, 오퍼링 신뢰는 제품과 서비스의 품질과 성능을 보장하는 데서 비롯된다. 관계 신뢰는 기업과 이해관계자 간의 지속적인 소통과 상호작용에서 형성되며, 고객 신뢰는 기업이 고객의 기대를 충족하고 초과 달성함으로써 구축된다. 지식 신뢰는 기업의 전문성과 혁신 역량에서 비롯되며, 문화 신뢰는 조직의 정체성과 독특한 문화, 사회적 책임 이행을 통해 강화된다.

브랜드 신뢰: 브랜드는 기업/브랜드의 정체성을 나타내며 신뢰 형성의 핵심 요소다. 투명성과 품질을 강조하고, 일관된 브랜드 메시지와 고객 경험을 통해 신뢰를 구축한다. 고객이 브랜드와 지속적으로 긍정적인 관계를 유지하도록 유도하며 장기적 브랜드 가치를 높인다.

오퍼링 신뢰: 제품과 서비스는 고객 신뢰의 핵심이며, 품질과 신뢰성을 보장하는 것이 중요하다. 고객의 기대를 초과하는 혁신적인 솔루션을 제공하며, 신뢰할 수 있는 제품과 서비스를 지속적으로 설계하고 개선해 장기적인 신뢰를 유지한다.

관계 신뢰: 기업과 이해관계자 간 신뢰는 지속가능성의 핵심이다. 고객, 직원, 파트너 등과 긴밀한 소통과 협력을 통해 신뢰를 구축하고, 피드백을 반영해 장기적인 파트너십을 유지한다. 이를 통해 기업의 생태계를 더욱 견고하게 만든다.

고객 신뢰: 고객 신뢰를 얻고 유지하는 것은 기업 성공의 필수 요소다. 고객 만족도를 최우선으로 하고, 개인화된 서비스를 제공해 충성도를 강화한다. 고객 데이터를 활용해 맞춤형 경험을 제공하며, 고객생애가치(Lifetime Value)를 극대화하는 전략을 실행한다.

지식 신뢰: 기업이 보유한 지식과 지적 재산(IP)은 신뢰 기반 경쟁력을 강화하는 요소다. 특허, 상표, 저작권 등의 지적 재산을 보호하며, 내부 지식을 활용해 혁신을 도모한다. 신뢰할 수 있는 지식 리더십을 구축하여 지속적인 연구 개발과 정보 공유를 통해 시장 내 영향력을 확대한다.

문화 신뢰: 조직 문화는 내부 직원과 외부 이해관계자 모두에게 신뢰를 전달하는 요소다. 투명성과 윤리성을 기반으로 조직의 정체성을 확립하고, 신뢰를 중심으로 한 기업 문화를 강화한다. 직원 간 신뢰를 촉진해 조직의 결속력을 높이며, 고객과 사회에 긍정적인 문화를 전달한다.

31계 - 브랜드 신뢰 전략

신뢰의 가장 중요한 표현이며, 고객과 시장에서 기업의 정체성을 나타내는 브랜드의 인지도와
이미지를 잘 형성하고 유지하여 고객에게 신뢰를 전달한다.

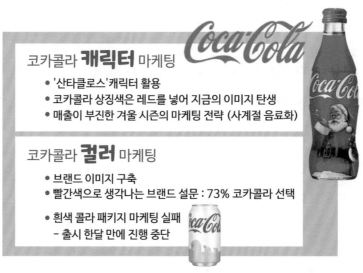

[그림 3-42 코카콜라의 브랜드 신뢰 정책]

코카콜라는 브랜드 신뢰 전략의 일환으로 산타클로스 마케팅을 통해 강력한 브랜드 인지도를
구축하고, 고객과의 신뢰를 지속적으로 강화해왔다. 1930년대부터 코카콜라는 산타클로스를
활용한 광고 캠페인을 진행하며, 브랜드의 정체성과 긍정적인 이미지를 확립했다.
특히 따뜻하고 친근한 산타클로스의 모습을 활용하여 연말 시즌의 즐거움과 행복한 감성을
전달하며, 소비자와의 감성적 유대감을 강화했다. 또한 코카콜라 컬러 마케팅을 통해
브랜드의 상징인 레드와 화이트 컬러를 강조하며 강력한 시각적 아이덴티티를 유지하고 있다.

이러한 전략은 코카콜라의 일관된 브랜드 메시지와 함께 소비자 신뢰를 확보하는 데 중요한
역할을 해왔다. 나아가 지속적 유통 마케팅 및 맞춤형 프로모션으로 고객 경험을 향상시키고,
브랜드 가치를 극대화하며 글로벌 시장에서 신뢰받는 음료 브랜드로 자리 잡았다.

브랜드 신뢰 전략은 소비자와 기업 간의 인지적, 정서적 연결고리를 형성하며 브랜드 가치를 유지하고 확장하는 전략이다. 핵심 요소로는 브랜드 인지도, 브랜드 연상과 이미지, 브랜드 품질, 브랜드 충성도, 소비자와 브랜드 간의 관계 형성이 포함된다. 이를 위해 기업은 일관된 브랜드 메시지를 전달하고, 높은 품질을 유지하며, 소비자 경험을 개선함으로써 브랜드 신뢰도를 높이고 장기적인 시장 경쟁력을 확보한다.

기아차는 디자인 혁신과 기술 경쟁력을 기반으로 브랜드 신뢰를 강화하고 있다. "Movement that Inspires"라는 새로운 브랜드 슬로건을 통해 혁신적이고 젊은 브랜드 이미지를 강조하며, 전기차와 친환경 모빌리티 시장에서 입지를 다지고 있다. 또한, 품질과 내구성을 높이고 고객 중심 서비스를 강화하여 브랜드 신뢰를 확보하고 있으며, 지속적인 기술 혁신을 통해 글로벌 시장에서도 브랜드 충성도를 유지하고 있다.

마이크로소프트는 클라우드 서비스와 소프트웨어 신뢰성을 중심으로 브랜드 신뢰 전략을 실행하고 있다. Windows, Office, Azure 등 핵심 제품군에서 지속적인 업데이트와 보안 강화를 통해 신뢰성을 유지하며, 기업 고객과의 파트너십을 확장해 글로벌 시장 경쟁력을 높이고 있다. 또한, AI 및 협업 도구를 강화해 사용자 경험을 극대화하는 솔루션을 제공하고, 지속 가능한 IT 기술 개발과 ESG 경영을 실천하여 브랜드 신뢰도를 높이고 있다.

농심은 프리미엄 품질과 글로벌 시장 확대를 기반으로 브랜드 신뢰 전략을 실행하고 있다. 대표 제품인 "신라면"은 꾸준한 품질 유지와 철저한 위생 관리를 통해 소비자의 신뢰를 확보했으며, 글로벌 시장에서는 한국적인 맛을 강조하면서 현지화 전략을 병행해 시장을 확대하고 있다. 또한, 건강을 고려한 친환경 및 저나트륨 라면을 출시하며 소비자의 요구를 반영하고 있으며, 연구개발(R&D) 투자와 원재료 품질 강화에도 집중하여 지속적인 제품 혁신을 이어가고 있다. 디지털 마케팅과 한류 콘텐츠 활용을 통해 글로벌 브랜드 인지도를 높이며, 국내뿐만 아니라 세계 시장에서도 신뢰받는 식품 브랜드로 자리 잡고 있다.

32계 - 오퍼링 신뢰 전략

신뢰할 수 있는 제품과 서비스를 제공한다. 신뢰와 품질을 보증하는 지속가능한 오퍼링을
설계하여 고객의 기대를 초과 달성하는 혁신적인 솔루션을 제공한다.

<출처 : 애플>   [그림 3-43 애플 비전프로의 오퍼링 신뢰 전략]

애플(Apple)은 '비전 프로(Vision Pro)'를 통해 신뢰할 수 있는 제품과 서비스를 제공하며,
오퍼링 신뢰 전략을 구현하고 있다. 비전 프로는 혁신적인 MR(혼합 현실) 기술을 기반으로
사용자의 기대를 충족시키는 몰입형 경험을 제공한다. 특히 고품질 디스플레이, 직관적 UI,
공간 컴퓨팅 기술을 통해 차별화된 사용자 경험을 보장하며, 지속적인 소프트웨어 업데이트를
통해 신뢰성과 보안성을 강화한다. 애플은 지속가능한 오퍼링을 위해 친환경 소재를
활용하고, 에너지 효율적인 설계를 도입하여 지속가능성을 고려한 제품을 선보이고 있다.
비전 프로는 생태계 통합을 통해 애플의 기존 제품과 원활하게 연동되어 사용자 편의성을
극대화한다. 이러한 오퍼링 신뢰 전략은 애플이 고객의 신뢰를 확보하고,
기술 혁신을 선도하는 글로벌 브랜드로 자리 잡는 데 중요한 역할을 하고 있다.

오퍼링 신뢰 전략은 고객 신뢰와 만족을 창출하는 핵심 요소인 제품과 서비스를 중심으로 구축된다. 이는 고객 요구를 반영한 설계, 혁신적 품질, 지속 가능한 가치 제공, 문제 해결을 위한 최적화된 솔루션을 포함한다. 제품과 서비스의 차별성을 극대화하고, 신뢰성 높은 품질을 유지하며, 장기적인 관계 구축을 통해 고객 만족도를 높인다.

다이슨(Dyson)은 강력한 흡입력과 필터 기술을 적용한 무선 청소기, 헤어드라이어, 공기청정기 등 다양한 제품을 출시하며 차별화된 성능과 내구성을 강조한다. 대규모 연구개발(R&D) 투자와 자체 기술 개발을 통해 경쟁력을 유지하며, 철저한 품질 관리와 사후 서비스(A/S) 정책을 통해 신뢰도를 더욱 높이고 있다. 또한, 친환경 디자인과 지속 가능한 소재 활용을 통해 브랜드 가치를 강화하고 있다.

현대중공업은 조선·해양·에너지 산업에서 혁신적인 기술력과 고품질 제품을 기반으로 신뢰를 구축하고 있다. LNG 운반선, 초대형 컨테이너선, 자율운항 선박 등 첨단 기술을 지속적으로 개발하며, 친환경 선박 및 스마트십 기술을 적용해 글로벌 해운 시장에서 경쟁력을 확보하고 있다. 고효율·저탄소 솔루션을 제공하여 에너지 절감과 환경 규제를 충족시키는 기술을 선보이고 있으며, 철저한 품질 검수와 사후 유지보수 서비스 강화를 통해 장기적인 고객 신뢰를 유지하고 있다.

삼양라면의 불닭 시리즈는 강렬한 매운맛과 독창적인 맛 조합을 바탕으로 차별화된 제품을 개발해 글로벌 시장에서 오퍼링 신뢰를 확보한 사례다. 매운맛 강도를 다양화한 시리즈 (불닭볶음면, 까르보불닭, 핵불닭 등)를 출시하며 고객 만족도를 높였다. 글로벌 시장에서는 현지 소비자의 기호에 맞춘 제품을 선보이며 브랜드 신뢰를 확대하고 있다. 엄격한 품질 관리와 안정적인 공급망을 통해 일관된 맛과 품질을 유지하며, SNS 및 유튜브 등 디지털 마케팅을 적극 활용해 소비자와의 소통을 강화하고 있다. 이를 통해 삼양식품은 불닭 시리즈를 글로벌 K-푸드 브랜드로 성장시키며 신뢰 기반의 오퍼링 전략을 지속적으로 강화하고 있다.

33계 - 관계 신뢰 전략

고객, 직원, 파트너 등 주요 이해관계자와의 긴밀한 소통과 협력을 통해 신뢰를 구축하고
지속적으로 유지한다.

<출처 : 풀무원>   [그림 3-44 풀무원의 관계 신뢰 전략]

풀무원은 에코 케어링(Eco-Caring) 전략을 통해 고객, 직원, 파트너 등 주요 이해관계자와의
신뢰를 구축하고 지속적으로 유지하고 있으며, Net Zero(탄소중립), Nature Positive(자연순환)
목표 아래, 환경보호와 지속가능성을 핵심 가치로 삼는다. 온실가스 감축을 위해 2050년까지
탄소배출량을 0%로 줄이고, 2035년까지 28%의 물 사용량을 절감하는 것을 목표로 정했다.
나아가 플라스틱 저감을 위해 2050년까지 0%를 목표로 친환경 포장재를 확대하고 있다.
풀무원은 이러한 친환경 경영을 통해 소비자와의 신뢰를 높이고, 지속가능한 식품 산업을
선도한다. 또한 협력사와의 긴밀한 협력을 통해 친환경 가치사슬을 구축하며,
기업의 사회적 책임(CSR)을 강화하고 있다. 이러한 관계 신뢰 전략은 풀무원이 글로벌 친환경
기업으로 자리 잡는 데 중요한 역할을 하고 있다.

관계 신뢰 전략은 고객, 직원, 파트너 등 다양한 이해관계자와의 신뢰를 기반으로 조직의
협력을 강화하고 지속가능한 성장을 도모한다. 신뢰 구축을 위해 투명한 소통과 의사결정,
장기적 협력, 피드백을 반영한 지속적 관계 관리 등이 핵심 요소이다. 기업은 고객과의 관계를
구축하여 신뢰를 높이고, 직원과의 신뢰를 통해 조직 내 결속력을 강화하며, 파트너 및
협력사와의 신뢰 관계를 통해 공급망 안정성을 확보할 수 있다.

LS 그룹은 에너지, 전력, 산업 자동화 등의 분야에서 신뢰 기반의 관계 구축을 전략적으로
실행하고 있다. 협력사와의 동반 성장을 위해 공정한 거래 문화를 조성하며, 기술 지원과
협력사 교육을 강화하고 있다. 직원들에게는 지속적인 역량개발 기회를 제공하며, 내부적으로
투명한 의사결정과 소통을 통해 조직 내 신뢰도를 높이고 있다. 고객과의 관계에서는 품질과
안전을 최우선으로 고려하여 신뢰할 수 있는 제품과 서비스를 제공하며, 장기적인
고객 만족도를 높이고 있다.

두산에너빌리티는 에너지·플랜트 산업에서 신뢰를 기반으로 한 관계 전략을 추진하고 있다.
고객과의 신뢰 구축을 위해 발전소·수소·원자력 등 친환경 에너지 솔루션을 제공하며,
지속적인 연구개발(R&D) 투자를 통해 기술 혁신을 선도하고 있다. 협력사와는 공정한 거래를
기반으로 장기적인 협력 관계를 구축하며, 국내외 파트너들과의 기술 공유와 공동 개발을 확대
하는 등 두산에너빌리티는 지속가능한 성장을 위한 신뢰 기반의 관계 구축을 실현하고 있다.

암웨이(Amway)는 직접 판매(Direct Selling) 방식에서 고객과의 신뢰 구축을 위해 품질 높은
제품을 제공하고 있으며, 투명한 정보 공개와 환불 정책을 통해 소비자 보호를 강화하고 있다.
또한 회원(ABO, Amway Business Owner)과의 관계를 중시하며, 교육·보상 시스템을 통해
장기적인 파트너십을 유지하고 있다. 내부적으로는 직원 복지와 윤리 경영을 강화하며,
지속가능한 원료 사용과 친환경 제품을 개발하고 있다. 글로벌 시장에서는 디지털 플랫폼을
활용한 비즈니스 모델 혁신을 도입하며, 소비자와의 직접적인 소통을 강화해 신뢰 기반의
비즈니스 모델을 확립하고 있다.

34계 - 고객 신뢰 전략

고객의 신뢰를 얻고 유지한다. 고객만족도를 최우선으로 하고, 개인화된 서비스를 통해
충성도를 강화한다. 고객 데이터를 활용해 고객의 필요와 기대를 파악하여 신뢰를 강화하고
고객의 생애가치(Lifetime value)를 극대화 한다.

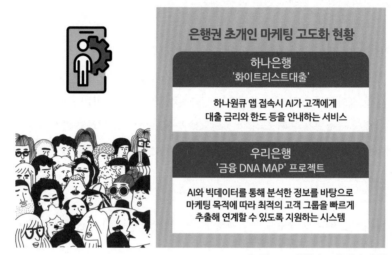

[그림 3-45 은행의 고객 신뢰 전략]

은행권은 초개인화 마케팅을 통해 고객 신뢰를 강화하고 생애가치(Lifetime Value)를
극대화하고 있다. **하나은행**은 '화이트리스트 전략'을 활용하여 신용도가 높은 고객에게
대출 한도를 확대하고 맞춤형 금융 상품을 제공한다. **신한은행**은 '금융 DNA MAP 프로젝트'
를 도입해 고객 데이터를 분석하고, 정교한 맞춤 금융 서비스를 제공하여 개인화된 마케팅을
강화하고 있다. KB국민은행은 AI 기반 분석을 활용해 고객의 금융 패턴을 예측하고,
맞춤형 컨설팅을 제공한다. **우리은행**은 디지털 플랫폼을 통해 개인 맞춤형 금융 서비스를
강화하고 있다. NH농협은행은 빅데이터를 활용한 개인 맞춤형 자산관리 및 농업·지역
특화 금융 서비스를 통해 고객과의 신뢰를 공고히 하고자 한다.
이러한 초개인화 전략은 고객 데이터를 기반으로 맞춤형 서비스를 제공하여 신뢰를 구축하고,
장기적인 충성도를 높이는 데 기여하고 있다.

고객 신뢰 전략은 기업이 고객과의 관계를 통해 신뢰를 구축하고 유지하는 것을 목표로 한다. 이를 위해 고객 중심 철학을 기반으로 맞춤형 서비스와 경험을 제공하며, 데이터 분석을 활용해 고객 요구를 정확히 파악하고 반영한다. 고객생애가치(LTV)를 극대화하기 위해 장기적인 관점에서 고객 만족을 높이고, 고객경험관리(CEM)를 통해 지속적으로 신뢰를 강화한다. 이러한 전략을 통해 기업은 충성 고객을 확보하고, 브랜드 가치를 장기적으로 유지하며 경쟁력을 높인다.

아마존(Amazon)은 고객 중심 경영을 바탕으로 신뢰를 구축하는 전략을 실행하고 있다. AI와 데이터 분석을 활용한 맞춤형 추천 시스템을 통해 고객 경험을 개인화하고 있으며, 빠르고 신뢰성 높은 배송 서비스(예: 아마존 프라임)를 제공해 고객 만족도를 극대화하고 있다. 고객리뷰 시스템을 활성화해 투명한 정보공유 문화를 조성하고, 클라우드 서비스(AWS)를 통해 기업 고객과의 신뢰도도 함께 높이고 있다. 이를 통해 아마존은 전 세계에서 가장 신뢰받는 전자상 거래 및 기술 기업으로 자리 잡고 있다.

스타벅스(Starbucks)는 로열티 프로그램과 맞춤형 서비스를 통해 고객 신뢰를 구축하고 있다. 스타벅스 리워드 프로그램을 운영해 고객이 지속적으로 브랜드와 관계를 유지할 수 있도록 하고, 모바일 앱을 활용한 간편 주문 및 결제 시스템을 제공해 고객 편의성을 높인다. 데이터 분석을 기반으로 개인화된 추천 서비스와 마케팅을 실행하며, 지속가능한 원두 공급과 친환경 경영을 강조해 브랜드 가치를 높인다. 이를 통해 스타벅스는 충성 고객을 확보하고 유지하고 있다.

넷플릭스(Netflix)는 AI 기반 콘텐츠 추천 시스템을 활용해 고객 경험을 극대화하며 신뢰를 구축하고 있다. 사용자의 시청 데이터를 분석해 개인 맞춤형 콘텐츠를 제공하고 있으며, 정기적으로 새로운 오리지널 콘텐츠를 출시해 고객 만족도를 유지한다. 광고 없는 구독 모델을 통해 사용자 경험을 최적화하며, 글로벌 시장 확장을 위해 다양한 언어와 문화권의 콘텐츠를 지속적으로 제작하고 있다. 이를 통해 넷플릭스는 고객 신뢰를 확보하며, 글로벌 스트리밍 시장에서 강력한 경쟁력을 유지하고 있다.

35계 - 지식 신뢰 전략

기업이 보유한 지식과 지적 재산(IP)은 신뢰 기반 경쟁력을 강화하는 핵심 요소이다. 특허, 상표, 저작권 등 지적 재산을 보호하고, 내부적으로 축적된 지식을 활용하여 혁신을 도모하고, 외부적으로 신뢰할 수 있는 지식 리더십을 구축한다.

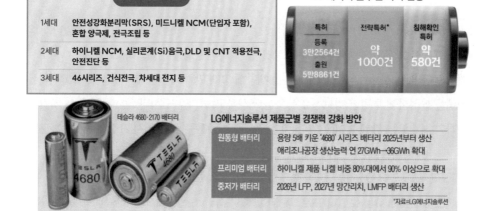

[그림 3-46 LG 에너지 솔루션의 지식 신뢰 전략]

LG에너지솔루션(LG엔솔)은 지적 재산(IP) 보호와 활용을 통해 신뢰 기반 경쟁력을 강화하고 있다. 배터리 기술의 핵심 특허를 확보하며, 약 1,000건의 등록 특허와 580건 이상의 출원 특허를 보유해 기술 리더십을 공고히 하고 있다. 특히 고용량·고출력·장기수명 배터리 개발을 통해 차세대 전기차 및 에너지 저장 시스템(ESS) 시장을 선도하고 있다. LG엔솔은 테슬라에 배터리를 공급하며 전기차 시장에서 신뢰를 구축했고, X-Space와 협력하여 우주 항공 배터리 기술 혁신에도 기여하고 있다.

또한 차세대 전고체 배터리와 LFP 배터리등 다양한 기술 개발을 지속하며, 연구개발(R&D)과 특허 전략을 통해 글로벌 시장에서 경쟁력을 유지한다. 이러한 신뢰 기반의 지식 전략은 혁신을 촉진하고, 기업의 지속적인 성장과 글로벌 시장 확장에 중요한 역할을 하고 있다.

지식 신뢰 전략은 기업이 보유한 지식, 기술, 전문성을 기반으로 내부 직원과 외부 이해관계자와의 신뢰를 구축한다. 이는 기술력 보호, 연구개발(R&D) 투자, 개방형 협력, 지식 공유 등을 통해 조직의 경쟁력을 강화한다. 지식 자산 보호(IP 보호 및 기술 혁신), 연구개발을 통한 지속적 성장, 개방형 협업을 통한 기술 생태계 조성, 내부 조직의 지식 공유 및 신뢰 기반 지식 관리 등이 핵심요소이다. 이를 통해 기업은 시장에서 신뢰받는 혁신 리더로 자리 잡을 수 있다.

삼성전자는 특허 포트폴리오 관리와 연구개발(R&D) 투자를 핵심 전략으로 삼아 글로벌 시장에서 기술 리더십을 유지하고 있다. 지속적인 기술 혁신과 특허 보호를 통해 반도체, 스마트폰, 디스플레이 등 주요 산업에서 경쟁력을 강화해왔다. 개방형 협업과 스타트업 지원을 통해 기술 생태계를 조성하고 있으며, 내부적으로는 연구개발 조직 간 지식 공유를 촉진해 혁신 속도를 높이고 있다.

네이버는 AI, 빅데이터, 클라우드 등 최첨단 기술 분야에서 신뢰 기반의 지식 전략을 추진하고 있다. 연구개발 조직을 강화하고 자체 기술을 보호하는 동시에, 오픈소스 프로젝트를 통해 외부 개발자 및 파트너사와 협업을 확대하고 있다. AI 연구소 운영과 글로벌 협력 강화를 통해 기술 신뢰도를 높이고 있으며, 데이터 보호 및 개인정보 보안 기술을 지속적으로 발전시켜 사용자 신뢰를 확보하고 있다.

엔비디아(NVDIA)는 GPU 및 AI 기술을 중심으로 연구개발(R&D) 투자와 개방형 협력을 통해 지식 신뢰 전략을 강화하고 있다. 강력한 특허 포트폴리오와 소프트웨어 개발 키트를 공개해 개발자 및 기업과의 협업을 확대하며, AI 및 데이터센터 기술을 발전시키고 있다. 엔비디아 연구소를 통해 신기술 개발을 주도하고 있으며, 클라우드 기반 AI 서비스 확장을 통해 기술 신뢰도를 높이고 있다.

36계 - 문화 신뢰 전략

투명성과 윤리성을 기반으로 조직의 독특한 정체성(Identity)을 확립하고, 신뢰를 중심으로 한 기업 문화를 강화한다. 직원 간의 신뢰를 촉진하며, 이를 통해 조직의 결속력을 높이고 고객 등에 대해 문화 코드의 의미를 전달한다.

[그림 3-47 픽사의 문화 신뢰 전략]

픽사(PIXAR)는 투명성과 윤리성을 바탕으로 한 기업 문화와 조직 정체성(Identity)을 구축하여 신뢰 기반의 창의적 환경을 조성하고 있다. 개방적인 소통과 협업을 강조하며, 직원들이 자유롭게 아이디어를 공유할 수 있도록 독특한 문화 시스템을 운영한다. 특히 실패를 두려워하지 않는 문화를 조성하여, 모든 프로젝트 과정에서 피드백과 검토를 거쳐 창의적 도전을 지원한다.

이를 위해 '브레인 트러스트(Braintrust)' 시스템을 운영, 자유로운 의견 교환과 수평적 의사결정을 통해 창의성을 극대화한다. 또한 자율성을 보장하는 근무 환경을 조성해 조직 결속력을 높이고, 직원들의 주도적 사고와 혁신을 장려한다.

이러한 신뢰 기반의 문화는 픽사가 세계적인 애니메이션 스튜디오로 성장하는 데 중요한 역할을 했다.

문화 신뢰 전략은 기업이 내부 직원과 외부 이해관계자와의 신뢰를 기반으로 조직의 지속 가능성과 경쟁력을 강화한다. 조직의 가치, 정체성, 윤리적 행동을 명확히 하고, 일관성과 투명성을 유지하며, 직원과 고객의 신뢰를 구축하는 데 초점을 맞춘다. 주요 요소로는 조직 정체성 확립(기업의 가치와 미션을 명확히 전달), 지속적인 소통과 일관된 행동(조직의 신뢰성 강화), 직원 신뢰 구축(소속감과 충성도 향상), 사회적 책임(CSR을 통한 긍정적 기업 이미지 제고) 등이 포함된다. 강력한 문화 신뢰 전략은 기업의 지속적인 성장을 위한 핵심 자산이 된다.

유한양행은 윤리경영과 신뢰를 바탕으로 한 기업 문화를 구축하며, 국내 대표적인 제약사로 자리 잡았다. 창립 초기부터 정직과 투명성을 강조하며, '기업은 사회적 책임을 다해야 한다'는 철학을 실천해왔다. 내부적으로는 직원 복지를 강화하고, 연구개발(R&D) 투자와 개방형 혁신을 통해 신뢰받는 제약사로 성장하고 있다. 또한, 소비자와의 신뢰를 높이기 위해 고품질 의약품 개발과 철저한 품질 관리 시스템을 운영하며, 지속 가능한 성장과 사회적 가치를 동시에 추구하고 있다.

자포스(Zappos)는 '행복을 파는 기업(Delivering Happiness)'이라는 목표 아래 직원과 고객 간의 신뢰를 최우선으로 두는 기업 문화를 형성했다. 직원들에게 자율성과 창의성을 보장하며, 강력한 내부 교육 시스템과 복지 정책을 통해 신뢰를 구축한다. 신뢰 기반의 문화 전략을 통해 Zappos는 고객과 직원 모두에게 긍정적인 경험을 제공하며, 브랜드 충성도를 높이는 데 성공했었다.

BTS와 하이브는 '팬과 아티스트 간의 신뢰'를 핵심 전략으로 삼아 글로벌 음악 시장에서 독보적인 위치를 구축하고 있다. 하이브는 팬과의 소통을 극대화하는 '위버스(Weverse)' 플랫폼을 통해 팬덤 문화를 형성하며, 투명하고 일관된 메시지를 전달하는 콘텐츠 전략을 운영한다. BTS는 긍정적이고 진정성 있는 음악과 캠페인을 통해 전 세계 팬들과 깊은 유대감을 형성하며 신뢰를 쌓아감으로써 하이브와 BTS는 글로벌 시장에서 팬과의 신뢰를 기반으로 지속적인 성장과 확장을 이루고 있다.

이기는 경영 전략 36계

1편	2편	3편
차별화 전략	**창조 전략**	**혁신 전략**
Differentiate	**Create**	**Innovate**
극한의 차별화로 시장을 점유한다	블루오션 전략으로 싸우지 않고 이긴다	전방위 경영혁신으로 경쟁력을 극대화시킨다
Black Hole Model	**Blue Ocean Model**	**TOWBID Model**
1계　품질 차별화 　　　Finest	7계　시장 창조 　　　Market Crt.	13계　기술 혁신 　　　　Tech. 4 less
2계　가격 차별화 　　　Cheapest	8계　상품 창조 　　　Product Crt.	14계　생산 혁신 　　　　Ops. 4 less
3계　구색 차별화 　　　Broadest	9계　서비스 창조 　　　Service Crt.	15계　효율성 혁신 　　　　Work 4 less
4계　트렌드 차별화 　　　Hottest	10계　시공간 창조 　　　　Space Crt.	16계　구매/판매 혁신 　　　　Buy/Sell 4 less
5계　속도 차별화 　　　Quickest	11계　기술 창조 　　　　Tech. Crt.	17계　자본/투자 혁신 　　　　Invest 4 less
6계　편의 차별화 　　　Easiest	12계　채널 창조 　　　　Channel Crt.	18계　물류/유통혁신 　　　　Dist. 4 less

<Copyright by SH Lee>

4 편	5 편	6 편
역량 전략 Cultivate 역량의 그릇으로 성장의 기반을 다진다	**협업 전략** Collaborate 협업의 경제로 함께 성장한다	**신뢰 전략** Trust 신뢰 형성으로 시장을 확대한다
CapaCibility Model	**Win-Win Model**	**Trustmarks Model**
19계 인재 역량 Talent Bowl	25계 공유가치 협업 CSV Collabo.	31계 브랜드 신뢰 Brand Trust
20계 시스템 역량 System Bowl	26계 상품개발 협업 Product Collabo.	32계 오퍼링 신뢰 Offering Trust
21계 연구개발 역량 R&D Bowl	27계 공급망 협업 SCM Collabo.	33계 관계 신뢰 Relation Trust
22계 상품/서비스 역량 Product Bowl	28계 기술 협업 Tech. Collabo.	34계 고객 신뢰 Customer Trust
23계 공급망/물류 역량 SCM Bowl	29계 마케팅/영업 협업 Mktg. Collabo.	35계 지식 신뢰 Knowldg. Trust
24계 생산/운영 역량 Cost Bowl	30계 금융 협업 Fin. Collabo.	36계 문화 신뢰 Culture Trust

[그림 3-48 36계 경영전략]

미래의 경영 전략을 상상하며

우리는 지금 비즈니스 환경의 전환점에 서 있다.

우리는 경영 전략의 진화를 과거와 현재를 돌아보고, 미래의 상상을 통해 탐색한다.

<출처 : 어린왕자>   [그림 3-49 어린왕자의 욕망]

경영 전략은 시장의 흐름과 고객이 바라는 가치 변화에 기반을 두고, 세 가지 단계로
발전해 왔다.

첫 번째는 고객 니즈 만족(Customer Needs) 전략으로,

고객이 기본적인 필요로 하는 제품과 서비스를 제공하는 것이 핵심이다.

두 번째는 고객 감동(Customer Wants) 전략으로, 스토리텔링과 브랜드 이미지를
구축하여 고객의 감성적 만족을 극대화하고, 품질 이상의 가치를 제공한다.

세 번째는 고객 욕망 주도(Customer Desires) 전략으로, VR, XR, 메타버스를 활용해
고객이 욕망을 경험으로 현실화하는 것이 목표다.

진정으로 중요한 것은 눈에 보이지 않으며, 오직 마음으로만 볼 수 있다.

생텍쥐페리의 『어린 왕자의 꿈』은 욕망이 주도하는 경영 전략(Desire-Driven Strategy)과
깊이 닮아 있다고 생각한다.

어린 왕자는 욕망과 상상력에 이끌려 우주를 여행한다. 여정 속에서 그는 진정으로 중요한 것은
눈에 보이지 않으며, 오직 마음으로만 볼 수 있다는 사실을 깨닫는다.

전략도 마찬가지이다. 보이는 소비자의 행동 너머를 바라보며, 그들의 숨겨진 욕망과 진정한
필요를 이해해야 한다. 디지털과 AI 혁신, 인문학적 가치, 지속 가능성(Sustainability)을 통해,
우리는 고객이 진정으로 원하는 욕망을 실현할 수 있도록 작은 도움을 제공할 수 있다.

어린 왕자가 자신의 장미를 소중히 여겼듯이, 나는 메타버스 욕망 전략(Desire-Driven Metaverse
Strategy) 즉, 고객과의 관계 형성을 중시하고, 그들의 진정한 욕망을 실현하는 전략이 미래
경영 전략의 궁극적인 종착역이 될 것이라 믿는다.

What truly matters is invisible to eyes and can only be seen with the heart.

I think Saint-Exupéry's The Little Prince closely parallels Desire Driven Strategy.

The Little Prince embarks on a journey through space, driven by his desire and imagination.
Along the way, he learns that what truly matters is invisible to the eyes and can only be seen
with the heart.

Similarly, strategy must look beyond visible consumer behaviors to understand their hidden
desires and true needs. Through Digital, AI transformation, humanity and sustainability, we
can offer every little help for our customers to realize the desires that truly matter to them.

Just as the Little Prince cherished his rose, I believe that Desire-Driven Metaverse Strategy,
which emphasizes building relationships with customers and realizing their true desires, will
be the final stage of future strategy.

Why

IV. 행동방식

전략의 실행을 가속화시킨다.

핵심가치를 바탕으로
조직의 문화와 일하는 방식이
팀웍과 몰입을 이끌어 낸다.

Where

V. 환경과 사회

작은 도움이
더 나은 세상을 만든다.

ESG로 기업이미지를 높여,
한계 이상의 성장을 한다.

How

III. 이기는 전략

먼저 이기고, 나중에 싸운다.
선승구전의 경영전략이다.

이기는 환경과 조건을 만들면,
싸워서 반드시 이긴다.

Who

VI. 됨됨이 리더십

덕목이 지식과 행동의 근본이다.

함께 한마음으로 이끌어 가는
리더십의 마지막 열쇠는
리더의 됨됨이 이다.

인문과 과학으로 보는

통찰경영

What

II. 비전과 목표

인문으로 꿈꾸고
과학으로 관리한다.

크고 담대한 꿈을 이루는
측정가능한 목표를 세운다.

When

I. 변화의 물결

경영은 변화를
찾아내면서 시작한다.

변화에 대응하고
변화를 기회로 활용한다.

Why

IV. 행동방식

전략의 실행을 가속화시킨다

▶ 행동방식의 의미

▶ 핵심 가치의 추구

    01. 고객 가치

    02. 직원 가치

    03. 협력회사 가치

    04. 지역사회 가치

    05. 국가인류 가치

    06. 주주 가치

▶ 조직 문화의 내재화

▶ 일하는 원칙의 실천

이승한
김연성
정연승

⬡ 행동방식의 의미

일이란 무엇인가?

일의 의미는 인류의 역사와 함께 변해 왔다.

일은 인간이 생계를 유지하거나 목표를 달성하기 위해 수행하는 활동으로 인식되어 왔지만,

자신의 정체성을 확립하고 세상에 긍정적 영향을 미치는 가치로 인식의 변화가 일어나고 있다.

<출처: 유튜브 'Samsung & you premium'>   [그림 4-1 일의 의미]

중세시대의 일을 의미하는 단어, 아르바이트 (Arbeit)는 평민들에게 일이란 그저 괴롭고 싫은

것이었다. 하지만 마틴 루터, 칼뱅 등 종교개혁가들에 의해 '일의 개념'에 변화가 생긴다.

일이란 더 이상 고역이 아닌 소명(Beruf)으로 인식되기 시작했다.

나아가 '일=천직'이라는 생각이 확산되며 각 분야에 장인과 전문가가 등장했고,

이것이 일에 대한 '보람과 가치'를 담는 근대적 직업관의 시작이 되었다.

현대 사회에서 일은 즐거움을 추구하는 과정으로 인식되기도 한다. 사람에게 일이란

고된 노동(Arbeit)이거나 소명(Beruf)이거나 또는 나를 즐겁게 해주는 무언가이다.

일에서 소명으로 변화

독일어에서 Arbeit는 생존을 위한 단순한 노동을 뜻하며, Beruf는 자신의 소명을 발견하고
자아실현과 사회적 가치를 추구하는 활동을 의미한다. 한 청년이 단순히 생계를 위해 일하다가
자신의 재능을 새롭게 발견하고 이를 활용해 교육격차를 줄이는 비영리 단체를 설립한다면,
이는 단순 노동에서 소명으로 확장된 사례다. 소명은 개인의 열망과 사회적 책임을 연결히며,
삶의 질과 일의 의미를 함께 높인다.

미래 사회에서의 일의 가치

미래 사회에서의 일은 단순한 소득 창출의 수단을 넘어, 개인의 성장과 사회적 기여, 자기 실현
의 수단으로 자리잡고 있다. 예를 들어 한 회사원이 자신의 전문성을 키워 친환경 제품 개발
프로젝트를 이끌며 환경 보호에 기여한다면, 이는 개인과 사회에 긍정적인 영향을 미치는 일의
가치를 보여준다. 이러한 과정은 직업 안정성과 윤리를 중시하며, 개인과 공동체의 발전을
연결하는 매개체가 된다. 미래 사회에서도 전문성과 사회적 기여가 결합된 일이 더욱
중요해질 것이다.

일은 즐거움과 자기실현

현대인은 단순히 노동에 만족하지 않고, 일에서 즐거움과 의미를 추구한다. 예를 들어, 취미로
시작한 요리를 직업으로 삼아 레스토랑을 운영하며 자신만의 요리 철학을 전파하는 셰프는
'일 - 취미'의 대표적 사례다. 이런 일은 개인의 적성과 열정을 반영하며, 자아 실현과 삶의
중심으로 자리 잡는다. 즐거운 일은 삶을 풍요롭게 하고, 일에 대한 긍정적 인식을 강화하며,
미래에도 중요한 방양성을 제시한다.

일은 단순한 생계 수단에서 소명, 사회적 기여, 즐거움, 자기 실현의 영역으로 확장되고 있다.
환경 보호나 교육 격차 해소와 같은 사회적 기여를 실천하거나, 취미를 직업으로 삼아 삶을
풍요롭게 만드는 사례처럼, 일은 개인과 사회의 지속 가능한 발전을 이끄는 중요한 요소로
자리 잡고 있다.

> "어떤 분야에서건 성공하고 싶다면 일을 놀이처럼 놀이를 일처럼 하라." - 아인슈타인
> "나는 평생 단 하루도 일한 적이 없다. 늘 재미있게 놀았다." - 토마스 에디슨

조직 행동방식의 구성 요소

조직 행동방식(Corporate Way)은 "왜 이 사업을 해야하는가?"라는 조직의 존재 이유를
바탕으로 조직 구성원들의 행동하는 습관과 원칙을 설명하는 개념이다.
구성요소로는 조직의 존재 이유인 핵심가치, 일하는 습관인 조직 문화와 일하는 원칙이
있으며, 핵심가치를 바탕으로 조직의 문화가 형성되고, 그에 따라 일하는 원칙이 결정된다.
조직의 행동방식은 비전과 목표를 성취시킬 수 있는 전략을 가속화시키는 역할을 한다.

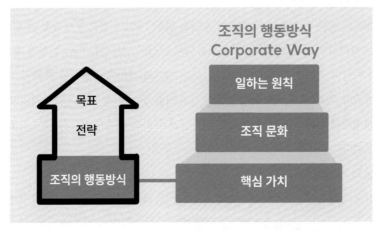

<Copyright by SH Lee>   [그림 4-2 행동방식의 구성 요소]

조직의 핵심 가치는 나침반으로 모든 의사결정이 올바른 방향으로 향하도록 안내한다.
The core values of an organization serve as its compass,
ensuring that every decision aligns with its true north.

조직 문화는 구성원들이 목표라는 길을 향해 나아가는 길잡이이다.
Organizational culture is like a path, serving as a guide for members on their
journeytoward achieving goals.

일하는 원칙은 설계도처럼 효과적인 실행을 위해 필요한 구조와 틀을 제공한다.
The principles of work act as a blueprint, providing the structure and clarity
needed for effective execution.

조직 행동방식(Corporate Way)은 조직의 목표와 전략을 실현하기 위한 기본 틀로, 조직 구성원들이 행동하고 의사결정을 내리는 데 필요한 기준과 방향성을 제시하는 체계다. 이 체계는 조직의 목적과 전략을 기반으로 조직의 핵심 가치, 조직 문화, 일하는 원칙으로 구성되며, 이들 요소가 유기적으로 결합하여 조직의 지속 가능한 성과를 가능하게 한다.

조직의 핵심가치(Core Value)

조직의 핵심 가치는 행동방식의 가장 근본적인 토대다. 이는 조직이 존재하는 이유와 철학을 반영하며, 구성원들이 모든 의사결정과 행동을 일관되게 수행할 수 있도록 나침반 역할을 한다. 핵심 가치는 조직의 정체성을 나타내며, 구성원들에게 조직의 본질적 목표를 이해시키고 방향성을 제시한다.

조직 문화(Corporate Culture)

조직 문화는 핵심 가치를 바탕으로 형성된 구성원들의 행동 양식과 사고방식을 포함한다. 이는 구성원들이 목표를 향해 협력하며 가는 길잡이 역할을 한다. 조직 문화는 명확한 목표설정과 구성원 간의 상호작용을 촉진하며, 조직의 전략을 실행하기 위한 협업과 의사소통의 토대를 제공한다.

일하는 원칙(Working Principle)

일하는 원칙은 조직의 실행력을 강화하는 구체적인 틀과 구조를 제공한다. 이는 조직이 설정한 목표와 전략을 효과적으로 수행하기 위해 필요한 행동 기준과 프로세스를 정의한다. 일하는 원칙은 조직의 비전이 실행 가능한 단계로 구체화될 수 있도록 돕는다.

이 세 가지 요소는 조직 행동방식의 전체 틀을 형성하며, 각각의 요소가 상호 보완적으로 작용하여 조직이 명확한 목표를 설정하고 이를 달성할 수 있도록 지원한다. 조직 행동방식은 구성원들이 일관된 기준에 따라 몰입하여 행동하게 한다.

결론적으로, 조직 행동방식은 목표와 전략의 실현을 위한 방향성과 실행력을 제공하며, 핵심 가치, 조직 문화, 일하는 원칙이라는 세 가지 축을 통해 조직 내외부에서 신뢰와 협력을 구축하고 성과를 극대화하는 데 기여한다.

글로벌 기업의 행동 방식

조직의 행동방식이란 조직이 어떻게 운영되고 구성원들이 어떻게 행동하는지 설명하는
조직 구성원들이 공유하는 가치관, 신념, 태도, 행동 양식을 말한다. 기업의 행동방식은
조직의 정체성을 드러내고, 조직 구성원의 행동이 지향하는 나침반 역할을 수행한다.

	삼성	도요타 (Toyota)	GE
핵심 가치	사업보국 일등정신	품질 중시 안전 우선	변화 대응 혁신 중시
조직 문화	글로벌 중시 팀웍 문화	지속 혁신 협력 강화	변화 수용 리더십 강조
일하는 원칙	더 좋게 더 단순하게 더 빠르게	효율 극대화 카이젠 JIT 시스템	서비스 중심 단순화 6 시그마

<Copyright by SH Lee>   [그림 4-3 글로벌 기업의 행동 방식]

삼성   "마누라와 자식 빼고 다 바꿔라." "보이지 않는 기술에 도전하라."
끊임없는 혁신과 기술 개발을 통해 글로벌 시장에서 경쟁력을 유지하며, 고객 중심의 가치를
실현한다. 도전 정신과 변화를 두려워하지 않고, 인재와 협력을 중요시 여긴다.

도요타 "완벽을 추구하지 말고, 항상 개선하려는 자세를 가져라."
      "작은 개선이 쌓여서 큰 변화를 만든다."
지속적인 개선(카이젠)과 품질관리로 세계적인 자동차 제조사를 이끌며, 고객의 요구에
부합하는 제품과 서비스를 제공한다. 협력과 책임감을 중시하는 문화가 핵심이다.

GE   "끊임없이 변화를 추구하고, 사람들에게 자유와 책임을 부여한다."
      "실패는 성공을 위한 발판이다."
혁신과 실행력을 바탕으로 다양한 산업에서 변화를 선도하며, 직원들에게 자율성과 책임을
부여해 성과를 창출한다. 고객의 기대를 뛰어넘는 제품과 서비를 제공하는데 집중한다.

삼성의 행동방식

삼성은 사업보국과 일등 정신이라는 핵심가치를 중심으로 국가 경제에 기여하며 글로벌 리더로 성장하는 것을 목표로 삼았다. 삼성은 글로벌 중심의 사고를 바탕으로 팀워크 문화를 강조한다. 이를 통해 다양한 국가와 시장에서 조화를 이루고, 협력을 통해 성과를 창출하려는 노력을 지속한다. 이러한 글로벌 중심 사고는 삼성의 다국적 환경에서 경쟁력을 유지하는데 중요한 역할을 한다. "더 빠르게, 더 좋게, 더 단순하게"는 삼성의 업무 방식을 대표하는 문구로, 민첩성과 품질을 동시에 강조한다. 기술 개발, 생산성 개선, 고객 만족을 위해 지속적인 혁신을 추구하며, 복잡한 문제를 단순화해 효율성을 극대화하는 데 중점을 둔다.

도요타의 행동방식

도요타는 품질 중심의 안전 우선을 핵심가치로 두고, 고객과 직원의 신뢰를 확보하는데 중점을 둔다. 도요타는 지속 혁신과 협력 강화를 통해 신뢰와 효율성을 높이는 조직문화를 구축했다. 내부적으로는 직원들과 협력하고, 외부적으로는 협력회사와의 관계를 강화하여 안정적인 공급망과 높은 생산성을 유지한다. '효율 극대화, 카이젠(Kaizen), JIT(Just-in-Time)'은 도요타의 대표적인 생산 방식이다. 낭비를 줄이고, 필요한 순간에 필요한 지원을 사용하는 효율적인 방식을 통해 절감과 품질 향상을 동시에 달성한다. 특히, 지속적으로 개선하는 '카이젠' 철학은 도요타의 경쟁력을 유지하는 핵심 요인으로 꼽힌다.

GE의 행동방식

GE는 변화 대응과 혁신 중심을 핵심 가치로 하여 급변하는 시장 환경에 적응하고 지속 성장을 추구하는 조직이다. GE는 변화 수용과 리더십 강화를 통해 변화하는 환경에 민첩하게 대응한다. 리더십 교육과 직원 역량 강화를 통해 구성원이 능동적으로 문제를 해결하고 새로운 기회를 포착할 수 있도록 장려한다. GE의 '서비스 중심, 단순화'는 고객 가치를 최우선으로 고려하며, 복잡한 문제를 단순화해 효율적으로 해결하려는 접근 방식을 보여준다. 이러한 원칙은 GE가 다양한 산업에서 글로벌 경쟁력을 유지하는데 중요한 역할을 한다.

핵심가치의 추구

조직의 핵심가치

조직의 핵심가치는 조직의 정체성과 방향성을 유지하면서, 문화와 원칙을 통해 조직의
행동양식을 통일시키고, 효율적인 전략 실행을 도와 비전과 목표를 실현하는 추진력으로
작용한다.

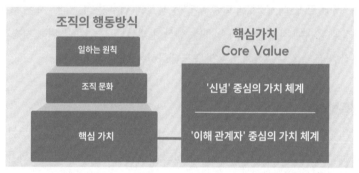

<Copyright by SH Lee>   [그림 4-4 핵심가치의 의미]

"핵심가치는 우리를 이끄는 북극성이다." - 피터 드러커
"조직의 핵심가치는 그 조직의 전략적 방향과 모든 활동의 기준이 된다."
"효과적인 조직은 명확한 핵심 가치를 바탕으로 자원을 집중시켜야 한다."고 말하며,
핵심가치가 없으면 조직의 활동이 분산되고, 목적이 흐려질 수 있음을 경고했다.

"인간의 행동은 그가 무엇에 가치를 두는지에 따라 달라진다." - 니체
니체는 인간의 행동이 내면의 가치에 의해 결정된다고 주장했습니다. '정직'과 '책임감'이
핵심가치로 설정된 조직은 그 가치를 실현하려는 의지가 조직 내에서 자연스럽게 형성된다.

"문화는 전략을 먹고 살아간다." - 루미, 13세기 페르시아의 시인 / 신비주의 철학자
전략과 목표는 그 문화 속에서 실현될 수 있습니다. 핵심가치가 강력한 조직은
전략적 변화와 혁신을 추진할 때도 이를 뒷받침하는 문화적 기반을 갖추고 있다.

조직의 핵심가치는 어원적으로 핵심(Core)과 가치(Value)의 결합으로, 조직 운영의 중심이
되는 본질적이고 변하지 않는 가치를 뜻하며, 조직의 존재 이유와 정체성을 규정하는 기본
원칙으로, 모든 의사결정과 행동의 기준이 되는 철학적 토대가 된다.
기업의 방향성과 행동 원칙을 설정하며, 급변하는 경영 환경 속에서 지속 가능한 성장과 성과를
이끄는 데 필수적인 역할을 한다. 이는 신념 중심 체계와 이해관계자 중심 체계로 나뉜다.

신념 중심 가치 체계

신념 중심 가치 체계는 조직의 신념과 철학을 바탕으로 행동 기준과 의사 결정을 이끌어가는
체계다. 기업의 존재 이유와 본질적 목표를 우선시하며, 모든 행동이 그 목적과 이유에
기반하도록 한다. 이러한 체계는 조직 문화와 일하는 방식을 통합하여 구성원들의 행동을
일관되게 만들어 위기 상황에서도 조직이 흔들리지 않도록 한다. 이를 통해 기업은 차별화된
경쟁력을 유지하며, 지속 가능한 성장을 위한 내적 기반을 다질 수 있다.

이해관계자 중심 가치 체계

이해관계자 중심 가치 체계는 고객, 직원, 협력사, 지역사회 등 다양한 이해관계자의 요구와
기대를 충족시키는 것을 목표로 한다. 기업은 이해관계자와의 협력을 통해 신뢰를 쌓고,
이를 바탕으로 사회적 책임을 다하며 지속 가능한 성과를 추구한다. 이 체계는 기업이 단기적인
이익을 넘어 장기적인 성공을 이루는데 필수적인 접근법으로, 특히 글로벌 경영 환경에서
외부 관계를 강화하고 사회적 가치를 창출하는데 기여한다.

조직의 핵심가치는 조직이 방향을 설정하고, 구성원들의 행동을 이끌며, 조직이 사회와
어떻게 상호작용할지에 대한 기준을 제시한다. 핵심가치를 명확히 정의하고 이를 실천하는 것이
조직의 성공을 위한 중요한 첫걸음이다.
조직의 핵심가치가 추상적인 개념으로 존재하는 것이 아니라, 실제 실천을 통해 구체화된다.
조직이 말하는 가치와 실제 행동이 일치할 때 진정성을 인정받으며, 외부와 내부 모두에게
신뢰를 얻을 수 있다.

신념 중심의 가치 체계

기업의 핵심가치는 기업의 신념을 반영하고, 이를 통해 실질적인 경영활동과 행동 원칙을 수집하도록 돕는 체계를 마련해야 한다. 이는 기업이 어떤 가치와 철학을 기반으로 삼아야 하는지를 명확히 정의하고, 이를 통해 조직의 방향성과 행동 원칙을 설정하는데 도움을 줄 수 있다.

<Copyright by SH Lee>   [그림 4-5 신념 중심의 가치 체계]

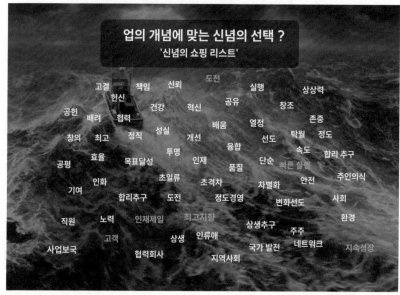

<Copyright by SH Lee>   [그림 4-6 신념의 쇼핑 리스트]

신념 중심의 가치체계는 기업의 핵심 가치를 중심으로 조직의 방향성을 설정하고, 비전을 설정하는 경영방식이다.

고객 중심 : 모든 조직의 성공에 핵심

조직은 고객의 의사결정을 최우선으로 고려하며, 고객의 니즈와 욕구를 충족시키는 데 집중한다. 이를 위해 고객의 소리에 귀 기울이고, 고객 경험을 최적화하며, 실질적인 가치를 제공하는 것을 목표로 한다. 신뢰 구축과 충성도를 강화하며, 지속 가능한 성장을 가능하게 한다.

인재제일 : 조직의 가장 중요한 자산

신뢰와 겸손을 바탕으로, 모든 구성원이 역량을 개발하고 성장할 수 있도록 돕는다. 공정한 평가와 보상을 통해 구성원의 동기부여를 높이고, 장기적으로 조직 내에서 인재를 유지한다. 인재 중심의 문화를 통해 창의적이고 역량있는 구성원이 조직의 성공에 기여하도록 지원한다.

최고 추구 : 글로벌 시장에서 경쟁력 확보

기술, 품질, 서비스 등 모든 면에서 최고 수준을 유지하며, 글로벌 기준에 부합하는 가치를 제공한다. 세계 시장에서 조직의 위치를 선도적으로 구축하고, 지속적인 혁신을 통해 차별화된 경쟁력을 만든다. 최고를 향한 노력은 조직의 비전을 실현하는 원동력이 된다.

변화 도전 : 조직의 지속적인 발전을 이끄는 동력

조직은 기존의 틀을 깨는 창의적이고 혁신적인 사고방식을 장려하며, 새로운 기회를 탐색한다. 두려움 없이 용기를 가지고 도전에 나서며, 끈기있는 태도로 새로운 가능성을 열고, 경쟁력을 강화하여, 목표를 달성하게 한다.

빠른 실행 : 변화가 빠른 환경에서 경쟁력 유지의 핵심

조직은 의사결정을 신속하게 내리고, 실행 과정에서 지체없이 행동으로 옮긴다. 실행 도중 부족한 부분은 지속적으로 보완하여, 효율성과 품질을 동시에 추구한다. 조직의 민첩성을 강화하며, 변화하는 시장 환경에 적응하는 데 기여한다.

지속 성장 : 조직의 장기적 목표를 뒷받침

투명하고 공정한 경영을 통해 이해관계자와의 신뢰를 구축하며, 조직의 운영을 윤리적이고 책임감 있게 이끈다. 사회적 기여와 환경 보호 활동을 통해 조직이 사회의 일원으로서 책임을 다한다.

한국 기업의 신념 중심 핵심가치

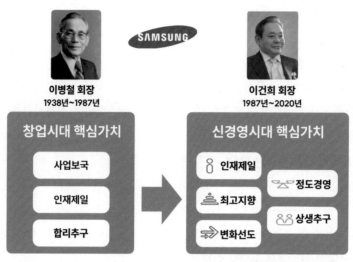

[그림 4-7 삼성그룹 핵심가치의 변화]

삼성그룹의 핵심가치는 창업자 이병철 회장 시절부터 이건희 회장의 신경영 시대에 이르기까지 시대의 변화에 따라 진화해 왔다.

창업 시대의 핵심가치는 이병철 회장의 신념에 따라 사업보국(국가를 위한 사업), 인재 제일(사람을 중시), 합리 추구(효율적 운영)에 중점을 두어, 초기 산업화와 국가 경제 발전에 기여하고 전방위 산업을 가진 세계 4대 국가에 한국이 포함되는 초석을 다지는 계기를 만들었다.

이건희 회장의 신경영 시대 핵심가치는 더욱 진화하여, 최고지향(글로벌 최고 수준의 목표 추구), 변화선도(혁신적이고 적응적인 경영), 상생추구(협력과 공생), 인재제일(여전히 핵심가치로 유지), 정도경영(투명하고 윤리적인 경영)이다.

삼성전자는 2023년 기준으로 전 세계 반도체 시장 점유율 1위를 달성하며, 메모리 비메모리 분야에서 기술 혁신을 주도 했다. 세계 스마트폰 시장에서 글로벌 1위를 기록하며 브랜드 가치를 높였다. 매년 매출의 약 10%를 R&D에 투자해 기술혁신과 신제품 개발을 지속, AI와 전장 부문에서도 새로운 시장을 개척하고 있다.

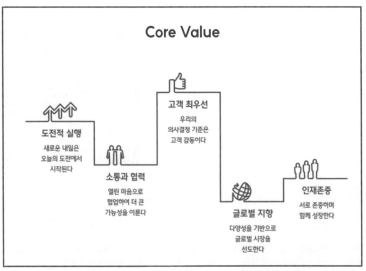

Core Value

도전적 실행
새로운 내일은
오늘의 도전에서
시작된다

소통과 협력
열린 마음으로
협업하여 더 큰
가능성을 이룬다

고객 최우선
우리의
의사결정 기준은
고객 감동이다

글로벌 지향
다양성을 기반으로
글로벌 시장을
선도한다

인재존중
서로 존중하며
함께 성장한다

<출처 : www.hyundai.com>   [그림 4-8 현대차그룹 R&B 센터]

현대차의 핵심 가치의 '도전적 실행'은 새로운 미래를 개척하려는 의지와 혁신을 상징하며, 끊임없는 도전 정신을 강조한다. '소통과 협력'을 통해 열린 마음으로 조직 내외부의 협업을 강화한다. 현대차의 의사결정 기준이며 고객 만족과 신뢰를 최우선으로 삼아 기업의 성장을 견인하고 있다. '글로벌 지향'은 다양성과 포용성을 바탕으로 글로벌 시장에서 선도적 역할을 수행하려는 비전을 반영하며, '인재 존중'을 통해 서로 존중하며 함께 성장하는 조직 문화를 지향한다. 이 변화는 현대차가 단순히 자동차 제조업체를 넘어, 혁신과 고객 중심, 글로벌 선도 기업으로 자리잡기 위한 철학적 토대를 보여준다.

현대차는 '변화와 도전, 빠른 실행'으로 글로벌 자동차시장에서 독보적인 위치를 차지했다. 최근에는 보스턴 다이내믹스 인수를 통해 AI 로봇과 미래 모빌리티 기술에도 적극투자하며 미래 모빌리티와 친환경 기술을 핵심가치로 삼아 세계적인 성공을 이루었다.

구글의 신념 중심 핵심가치

1. We want to work with great people

2. Technology innovation is our lifeblood

3. Working at Google is fun

4. Be actively involved; you are Google

5. Don't take success for granted

6. Do the right thing; don't bean evil

7. Earm customer and user loyalty and respect every day

8. Sustainable long-term growth and profitability are key to our success

9. Google cares about and supports the communities where we work and live

10. We aspire to improve and change the world

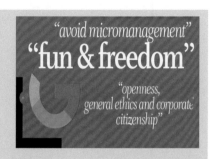

1. 우리는 최고의 인재와 일하기를 원한다.

2. 기술혁신은 우리에게 흐르는 생명의 피다.

3. 구글에서 일하는 것이 재미있다.

4. 적극적으로 개입하라. 당신이 구글이다.

5. 성공을 당연한 것으로 여기지 말라.

6. 옳은 일을 하라. 악마가 되지 말라.

7. 고객의 사용자 충성도를 얻고 매일 그들을 존중하라.

8. 지속가능한 장기적 성장과 수익은 성공의 열쇠이다.

9. 구글은 우리가 일하며 살고 있는 공동체를 돌보고 지원한다.

10. 우리는 세상을 개선하고 변화시키기를 열망한다.

첫째, "우리는 최고의 인재와 일하기를 원한다"는 가치에서 구글은 사람 중심의 조직 문화를 강조한다. 직원들이 각자의 잠재력을 최대한 발휘할 수 있도록 격려하고 지원하는 환경을 만드는 것을 목표로 한다.

둘째, "기술 혁신은 우리에게 흐르는 생명의 피다"는 구글의 혁신적인 접근 방식을 보여준다. 단순히 기술적인 발전을 추구하는 것에 그치지 않고, 세상에 긍정적인 영향을 미치는 혁신을 추구하는 자세이다. 기술을 통해 사람들의 삶을 개선하고, 문제를 해결하려는 목표를 가지고 있다.

셋째, "구글에서 일하는 것이 재미있다"는 일하는 방식이 재미있고 의미있게 여겨지면, 직원들의 열정과 창의성은 자연스럽게 조직의 성장과 발전을 이끌어낸다. '업무의 의미와 즐거움'을 중요한 요소로 보고, 직원들의 동기 부여와 만족도를 높이는 방식으로 문화를 발전시킨다.

넷째 "적극적으로 개입하라. 당신이 구글이다"와 다섯째, "성공을 당연한 것으로 여기지 말라"는 가치는 조직의 책임감과 지속적인 개선을 강조한다.

여섯째, "옳은 일을 하라. 악마가 되지 말라"는 윤리적 책임감을 다하는 원칙을 담고 있다. 장기적인 신뢰와 투명성을 바탕으로 한 경영을 강조한다. 구글은 고객과 사용자에게 윤리적 책임을 다하며, 투명하고 정직한 기업활동으로 사회적 신뢰를 쌓고 있다.

일곱째, "고객과 사용자 충성도를 얻고 매일 그들을 존중하라" 여덟째, "지속가능한 장기적 성장과 수익은 성공의 열쇠이다" 아홉째, "공동체를 돌보고 지원함으로써 사회적 책임을 다한다"는 것은 구글의 브랜드 가치를 제고시켜 장기적인 성장을 실험시켜 준다.

열 번째 "우리는 세상을 개선하고 변화시키기를 열망한다"는 구글이 혁신을 통해 사회에 긍정적인 영향을 미치고, 보다 나은 내일을 위한 강한 열망을 표현한 핵심 가치이다.

이해관계자 중심의 가치 체계

기업의 핵심가치는 고객, 직원 협력회사, 사회, 국가, 주주 등 다양한 이해관계자들의
가치를 반영하여 균형을 유지하고, 상호 존중과 공존을 통해 지속 가능한 성장을 추구하는
방향성을 제시해야하며, 최근 ESG경영의 사회 차원에서도 이를 강조하고 있다.

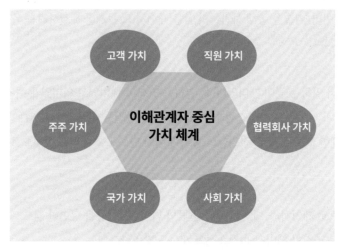

<Copyright by SH Lee>   [그림 4-9 이해관계자 중심의 가치 체계]

이해관계자 중심의 핵심가치는 '상생상락(相生相樂)'

서로 살리고 함께 즐긴다는 의미로, 기업과 이해관계자 모두가 공정한 기회와 가치를
공유함으로써 서로 발전하고 지속 가능한 행복을 추구한다.

이해관계자 중심의 가치체계는 고객, 직원, 협력회사, 사회, 국가, 주주 등 다양한
이해관계자 간의 균형과 협력을 통해 기업의 지속 가능성과 장기적 성장을 추구하는 전략적
접근이다. 고객에게는 품질과 신뢰를 통한 감동을, 직원에게는 공정한 기회와 자긍심을,
협력회사에는 윤리적 거래와 상생을, 사회에는 환경과 사회적 약자를 돕는 기여를,
국가에는 고용 안전과 경제 성장을, 주주에게는 투명 경영을 통한 적정한 투자 수익을 제공한다.

1. 고객 가치의 핵심은 '고객 감동(Delight)'이다.

고객은 기업의 핵심적인 이해관계자로, 제품과 서비스의 최종 수혜자이다. 더 나은 품질, 가격, 쇼핑환경, 개인정보 보호를 통해 고객가치를 높여 장기적인 고객 충성도를 확보할 수 있다.

2. 직원가치의 핵심은 '자긍심(Self-esteem)'이다.

직원은 기업의 운영과 성과를 실질적으로 이끄는 주체로 공정한 기회 제공, 전문성 개발 그리고 긍정적인 조직 문화를 통해 직원의 만족도를 높혀, 기업의 장기적 성공에 몰입하도록 한다.

3. 협력회사 가치는 '상생(Shared Growth)'이다.

공급망 관리와 혁신에서 중요한 역할을 한다. 공정한 거래, 상생과 동반 성장 그리고 윤리적 비즈니스 관계를 통해 협력회사와의 신뢰를 강화하여 안정적인 공급망을 구축한다.

4. 사회 가치의 핵심은 '도움을 주는 기여(Everey Littie Help)'이다.

약자에 대한 지원, 환경보호 그리고 지역 사회 발전을 위해 적극적인 노력을 기울이며, 이를 통해 기업은 신뢰받는 사회 구성원으로 자리 잡을 수 있다.

5. 국가 가치의 핵심은 '국가 경제 발전 성장(Economic Growth)'이다.

기업은 국가 경제 성장과 안정적인 사회 구조 형성에 기여해야 한다. 세금 납부, 규제 준수 그리고 국가와 인류 발전에 기여하는 사업을 통해 상호 이익 관계를 유지한다.

6. 주주 가치의 핵심은 '적정한 수익의 환원(Return)'이다.

주주는 기업의 자본 제공자로, 기업의 성장, 수익성, 안정성을 직접적으로 기대한다. 경영 투명성과 재무 구조의 건전성을 유지하면서 적정한 투자 수익을 창출한다. 주주의 신뢰를 얻고, 지속 가능한 성장을 도모한다.

> 기업의 진정한 성공은 이해관계자 모두가 함께 성장할 때 비로소 완성된다.
> 단순히 주주나 기업의 이익을 강조하는 것이 아니라, 고객, 직원, 협력회사, 사회, 국가 등 모든 관계자와의 조화를 통해 장기적 성과를 창출해야 한다. 이해관계자의 가치를 외면한 경영은 오래갈 수 없다.
> 사람과 환경, 그리고 신뢰가 기업의 뿌리다. 가치를 무시하고 단기적 이익만을 추구할 경우, 그 성장은 오래 지속될 수 없다.

고객 가치

고 객 감 동
Delight

우리는
고객을 이해하고
고객만족을 위해
최선을 다한다.

1. 고객을 항상 존중하고 친절하게 대한다
2. 고객의 건강을 위해 신선하고 위생적이며 안전한 상품을 제공한다
3. 고객이 원하는 상품을 항상 갖추고 저렴한 가격에 제공한다
4. 편하고 즐길 수 있는 쇼핑환경과 생활환경을 제공한다
5. 고객의 개인 정보에 대한 보안을 유지한다
6. 고객들이 환경, 나눔, 이웃, 가족 사랑 운동에 참여할 수 있도록 돕는다

[그림 4-10 고객 가치]

'아마존(amazon)'은 고객 감동의 원칙을 실현하는 대표적인 글로벌 기업이다.
고객 중심 경영 철학을 기반으로, 24시간 고객 지원 서비스를 운영하며 문제를 신속하고
친절하게 해결한다. 환불과 교환 정책 역시 고객의 편의를 우선시해 신뢰를 쌓고 있다.
또한, 상품 품질 관리에 철저하며, 아마존 프레시를 통해 신선한 식료품을 빠르게 배송하며
고객의 건강과 안전을 고려한다.

고객의 데이터를 분석해 개인화된 추천 서비스를 제공하고, 다양한 상품을 합리적인 가격에
제공해 고객 만족을 높인다. 원클릭 결제, 빠른 배송 옵션(프라임 멤버십), 음성 기반 주문(Alexa)
같은 혁신적인 시스템은 쇼핑의 편리함을 극대화한다.
고객 정보 보호를 위해 강력한 보호 체계를 유지하며, 아마존 스마일과 같은 사회 공헌 활동을
통해 고객과 함께 긍정적인 가치를 창출한다.
이러한 노력으로 아마존은 고객 감동의 원칙을 성공적으로 실천하고 있다.

직원 가치

상호존중과 자긍심 ***Self Esteem*** 우리는 서로를 믿고 존중함으로써 직원의 자긍심을 높입니다	1. 우리는 서로를 믿고 존중하며 한 팀으로 함께 일한다. 2. 우리는 서로의 지식과 경험을 공유한다. 3. 우리는 즐겁고 배움이 있는 환경과 조직 속에서 최선을 다해 일한다. 4. 우리는 성별, 나이, 장애, 종교 또는 정치적 신념과 상관없이 평등한 기회를 가지고 일한다. 5. 우리는 개인의 이익을 위해 회사의 정보를 이용하지 않는다. 6. 우리는 지역사회와 더불어 더 나은 내일을 위해 일한다.

<Copyright by SH Lee>   [그림 4-11 직원 가치]

직원 가치를 잘 실천하는 대표적인 기업으로 '**파타코니아**(Patagonia)'를 들 수 있다.
파타고니아는 직원 상호 존중과 자긍심을 높이는 문화를 통해 지속 가능한 성장과 혁신을
이루고 있다. 직원들 간 신뢰를 기반으로 한 팀워크를 강조하며, 모든 직원이 자신의 지식과
경험을 자유롭게 공유할 수 있는 열린 환경을 제공한다. 또한, 즐겁고 배우는 조직문화를 만들기
위해 유연근무제, 육아 지원 프로그램, 그리고 쾌적한 근무 환경을 조성한다.

파타고니아는 다양성과 포용성을 존중하며, 성별, 나이, 장애, 종교 등과 관계없이 모든
직원에게 평등한 기회를 제공한다. 윤리적 경영을 실천하며, 개인적 이익을 위해 회사 정보를
남용하지 않도록 엄격한 정책을 유지하고 있다. 더불어, 지역 사회와의 협력을 통해 환경보호와
지속 가능성을 위한 다양한 프로젝트에 직원들이 참여할 수 있도록 지원한다.
이러한 노력 덕분에 파타고니아는 직원들이 자긍심을 느끼며 일할 수 있는 기업문화를
구축했고, 이는 직원 만족도와 기업의 장기적인 성공으로 이어지고 있다.

협력회사 가치

1. 서로 신뢰하고 존중한다.

2. 공정하고 정직한 거래를 하고 거래의 기회를
제한하지 않으며 사업기회를 창출한다.

3. 협력회사와의 상생을 위해 정보를 공유한다.

4. 어떠한 형태의 사기 및 뇌물수수, 부정 행위를
하지 않는다.

5. 비위생적, 노동착취 및 불법 벌목 등을
행하는 비윤리적 회사와 거래하지 않는다.

6. 우리의 협력회사를 돕기 위해 상품판매의
공유가치를 창출한다.

<Copyright by SH Lee>   [그림 4-12 협력회사 가치]

협력회사 가치를 잘 실천하는 대표적인 기업으로 **'삼성전자'**를 들 수 있다.

삼성전자는 협력회사와의 공정하고 지속 가능한 동반 성장을 목표로 다양한 제도를 운영하고
있다. 먼저, 협력 회사와의 신뢰와 존중을 기반으로 공정한 거래 원칙을 철저히 준수하며, 모든
협력사에게 동등한 기회를 제공하기 위해 투명한 프로세스를 유지한다. 협력회사와의 상생을
위해 정보와 기술을 공유하며, 협력사들이 기술력을 강화하고 시장 경쟁력을 갖출 수 있도록
지원 프로그램을 운영한다.

특히, 삼성전자는 협력사의 금융 부담을 줄이기 위해 '상생펀드'와 '물대지원 프로그램'을 통해
안정적인 자금을 제공하고, 협력사 직원들의 역량 강화를 위해 다양한 교육 프로그램을 무료로
지원한다. 또한, 협력사들의 환경보호와 윤리적 경영 실천을 장려하며, 비윤리적 행위(뇌물,
부정 거래 등)를 철저히 배격하는 정책을 시행하고 있다. 더 나아가, 삼성전자는 협력사의
제품판매를 지원하기 위해 공동 마케팅 활동과 유통 네트워크를 활용하여 글로벌 시장 진출을
돕고 있다.

지역사회 가치

사회공헌
Contribution

우리는
경제적 이윤을 넘어
환경과 지역사회에
기여합니다

1. 환경을 사랑하고 이산화탄소 배출을 줄여 지구 온난화 방지에 기여한다.
2. 어린이 환경운동을 집중하여 어린이 그린 리더를 양성한다.
3. 장애인, 빈곤계층, 저임금 이주노동자, 독거노인, 소년소녀 가장 등 사회 약자를 돕는다.
4. 이웃을 사랑하고 지역주민에게 평생교육의 기회와 문화체험을 제공하여 삶의 질을 향상시킨다.
5. 지역사회의 고용을 창출하고 지역경제 발전에 기여한다.
6. 가족을 사랑하고 위탁 아이들을 도와주며, 일과 가정의 균형을 실천한다.

<Copyright by SH Lee>

[그림 4-13 지역사회 가치]

지역사회 가치의 원칙을 실천하는 대표적인 기업으로 '유니레버(Unilever)'다.
유니레버는 환경과 지역사회의 지속 가능성을 실행하기 위한 다양한 활동을 펼친다.
환경보호를 최우선 과제로 삼는 '유니레버 지속가능한 생활 계획(Unilever Sustainable
Living lan)'을 통해, 온실가스 감축, 플라스틱 재활용 확대, 물 사용 절감 등에 기여하고 있다.
또한, 어린이 대상 위생 교육 프로그램으로 어린이들이 건강한 생활 습관을 형성하도록 돕는다.
비누 브랜드 '라이프보이(Lifebuoy)'를 통해 손 씻기 캠페인을 전개하며 전 세계 어린이 건강
개선에 기여한다.

장애인, 빈곤층, 저임금 노동자 등 사회적 약자를 지원하기 위한 프로그램으로 여성 기업가를
대상으로 한 'Shakti 프로젝트'를 통해 인도 농촌 지역 여성들의 경제력 자립을 돕고 있다.
또한, 지역사회 고용 창출을 위한 현지화 전략을 통해 각 지역의 경제 발전에 기여하고 있다.
아울러, 지역사회의 문화적 풍요를 위한 다양한 문화 예술 프로그램을 지원하며, 가족과
어린이를 위한 캠페인을 통해 지역 주민들과의 관계를 강화한다.
이러한 노력으로 유니레버는 지역사회와 환경에 긍정적인 영향을 미치며,
글로벌 기업으로서의 사회적 책임을 다하고 있다.

국가 가치

경제성장과
삶의 질 향상

**Economic
Growth**

우리는
국가 경제와
사회 발전에
공헌합니다

1. 물가안정을 도모하고 국민 삶의 질 향상에 기여한다.

2. 산지 직거래 개선을 통해 농어촌 사회를 돕는다.

3. 끊임없는 물류 혁신을 통해 세계 최고 수준의 산업 발전을 이끌어 낸다.

4. 기업 활동에 관련된 법규를 준수한다.

5. 정치적 중립을 유지하며 어떤 종류의 정치적 기부도 하지 않는다.

6. 지속성장을 실현하여 고용을 창출하고 국가 경제 발전에 기여한다.

<Copyright by SH Lee>   [그림 4-14 국가 가치]

국가 가치의 원칙을 잘 실천하는 대표적인 기업으로 '포스코(POSCO)'를 들 수 있다. 포스코는 국가 경제와 사회 발전에 기여하기 위해 철강 산업의 세계적 선두주자로서 기술 혁신을 통해 한국 철강 산업의 경쟁력을 강화하고, 품질 높은 철강 제품을 국내외에 공급하며 경제 성장을 이끌고 있다.

포스코는 '기업시민'이라는 경영 이념을 바탕으로 농어촌 지역사회의 지속 가능한 발전을 지원한다. 대표적으로, '포스코 1% 나눔재단'을 통해 농어촌 복지와 경제적 지원 활동을 펼치며 지역 주민들의 삶의 질 향상과 지역 경제 활성화에 기여하고 있다.
또한, 친환경 공정과 기술로 탄소 배출을 줄이며 환경보호를 실천하고, 국내외 생산 기지와 연구소 운영을 통해 수많은 일자리를 창출하고 있다. 모든 기업 활동에서 법규를 준수하며 투명 경영과 정치적 중립을 유지함으로써 경제 성장과 사회적 책임을 조화롭게 실천하고 있다.

주주 가치

적정 투자수익

Return

우리는 투명과 공정을 통해 주주의 신뢰를 얻는다

1. 적정 수익을 실현하고 주가를 상승시켜 주주의 투자 수익을 최대화 한다.
2. 가용할 수 있는 자원을 효율적이고, 효과적으로 활용하여 경쟁력을 확보한다.
3. 건전한 재무구조를 운영하고 경영의 선순환을 만든다.
4. 기업회계 원칙을 준수하고 경영의 투명성, 공정성, 진실성을 유지한다.
5. 주주의 제안을 존중하고 정당한 권리를 보장한다.
6. 사회적 책임을 통해 존경받는 기업 이미지를 만든다.

[그림 4-15 주주 가치]

주주가치의 원칙을 잘 실천하는 대표적인 기업으로 **'애플**(Apple)**'**를 들 수 있다.
애플은 투명성과 공정성을 바탕으로 주주들에게 신뢰를 얻으며, 주주 가치를 극대화하는 전략을 꾸준히 실행하고 있다.

또한, **애플**은 건전한 재무 구조를 유지하며, 투명하고 신뢰받는 경영을 실천한다. 분기별 실적 발표와 같은 투명한 정보 공개를 통해 주주와의 신뢰를 쌓고 있으며, 주주의 권리를 존중하고 공정한 의사결정 과정을 보장한다.
사회적 책임 측면에서도, 애플은 재생에너지를 활용한 생산공정과 공급망의 탄소 배출 감소 노력을 통해 환경보호와 지속가능한 경영으로 긍정적인 기업 이미지를 유지하고 있다.

핵심가치가 기업의 운명을 가르다

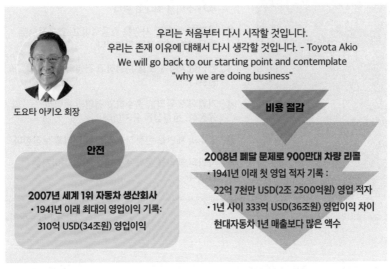

TOYOTA 도요타

우리는 처음부터 다시 시작할 것입니다.
우리는 존재 이유에 대해서 다시 생각할 것입니다. - Toyota Akio
We will go back to our starting point and contemplate
"why we are doing business"

도요타 아키오 회장

안전

2007년 세계 1위 자동차 생산회사
· 1941년 이래 최대의 영업이익 기록:
  310억 USD(34조원) 영업이익

비용 절감

2008년 페달 문제로 900만대 차량 리콜
· 1941년 이래 첫 영업 적자 기록 :
  22억 7천만 USD(2조 2500억원) 영업 적자
· 1년 사이 333억 USD(36조원) 영업이익 차이
  현대자동차 1년 매출보다 많은 액수

<사진출처: 나무위키>   [그림 4-16 도요타 핵심가치 사례]

도요타(Toyota) 사례는 핵심가치가 흔들릴 때 발생하는 문제를 잘 보여준다. 도요타는
'안전'이라는 핵심 가치를 바탕으로 성공을 이루었지만, 원가 절감과 비용 효율화에 지나치게
집중하면서 핵심 가치가 약화되어 위기를 맞았다. 2009년 대규모 리콜 사태는 가속 페달 고착과
브레이크 결함으로 인해 약 1천만 대의 차량이 리콜되는 사건이었으며, 이는 도요타가 안전을
소홀히 한 결과였다. 이 사건은 소비자 신뢰도에 심각한 타격을 주었고, 브랜드 이미지에도
큰 손상을 입혔다.

2010년, 도요타 아키오 회장은 "We will go back to our starting point and contemplate why
we are doing business."라는 말을 포함해 "기업의 존재 이유와 본질을 다시 돌아보겠다"며
공식 사과를 했다. 이 발언은 도요타가 자신들의 핵심 가치를 재점검하고, 그것이 기업 운영의
중심이 되어야 함을 강조한 것이다.

도요타는 이후 안전을 최우선으로 경영방침을 재정립하고, 고객 신뢰 회복에 집중하면서
위기를 극복하고 다시 성장할 수 있었다.

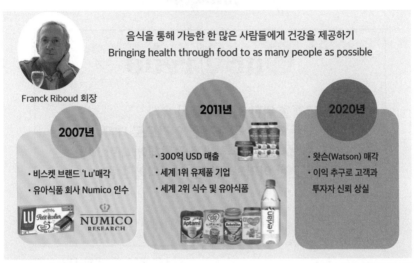

<사진출처: 위키피디아 출처>   [그림 4-17 다논 핵심가치 사례]

다논(Danone)은 "식품을 통해 가능한 많은 사람들에게 건강을 제공한다"는 비전을 바탕으로
핵심 가치를 강화하고 이를 중심으로 전략을 전개하여 초일류 기업으로 성장했다. 2007년부터
다논은 핵심가치를 중심으로 사업을 정비하며 성장 가능성이 높은 분야에 집중 투자했다.
비스킷 브랜드 '루(Lu)'매각과 유아식품회사 '누미코(Numico)'인수는 이러한 전략의 일환으로,
2011년부터는 유제품, 생수, 유아식품, 건강식품이라는 4대 전략 상품군에 집중해 세계 1위
유제품 기업과 세계 2위 식수 및 유아식품 기업으로 도약했다. 이 과정에서 다논은 핵심 가치에
충실하며 시장 경쟁력을 강화하고, 고객 신뢰와 브랜드 이미지를 높이는데 성공했다.
하지만 2020년 다논은 건강식품 브랜드인 '왓슨'(Watson)을 매각하고, "건강을 제공한다"는
핵심 가치에 충실하지 못한 단기적인 이익을 추구한 결정을 내리면서 고객과 투자자들의
신뢰를 일부 잃게 되었다.
이를 계기로 다논은 핵심가치를 재정립하고, 건강 중심의 제품 포트폴리오를 강화하며,
지속가능한 성장 전략을 통해 고객 신뢰를 회복하고 성장을 이어갔다.

핵심가치를 지켜 위기를 기회로 만든 사례

Johnson&Johnson 존슨앤존슨

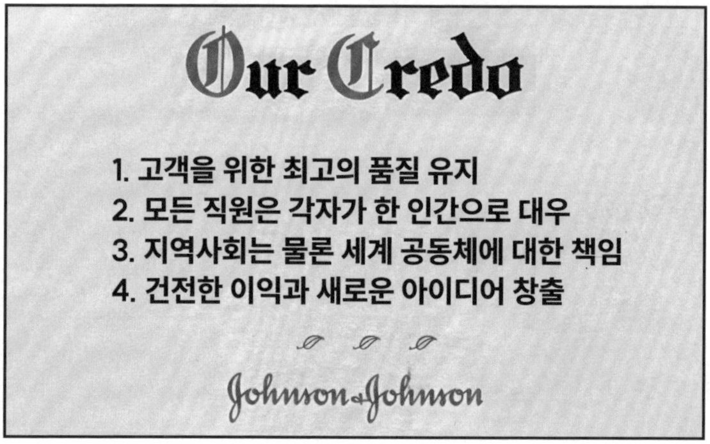

Our Credo

1. 고객을 위한 최고의 품질 유지
2. 모든 직원은 각자가 한 인간으로 대우
3. 지역사회는 물론 세계 공동체에 대한 책임
4. 건전한 이익과 새로운 아이디어 창출

Johnson&Johnson

[그림 4-18 존슨앤존슨의 핵심가치 사례]

존슨앤존슨은 'Our Credo'를 바탕으로

소비자 안전을 최우선에 두며 투명하고 신속한 대응으로 신뢰를 회복했다.

1982년, 존슨앤존슨의 타이레놀 제품에서 발생한 의도적인 독극물 주입 사건으로 시카고에서 몇 명이 사망하는 사건이 발생했다. 이에 존슨앤존슨은 자체 소비자 정보를 발령하고, 'Our Credo'에 따라 소비자에 대한 책임을 최우선으로 삼았다. 모든 정보를 투명하게 공개하며, 원인이 규명될 때까지 타이레놀 제품 복용 금지에 대한 대대적인 홍보를 전개했다.

이후, 미국식품의약국(FDA)은 문제가 된 시카고 지역 제품의 회수 권고를 내렸고, 존슨앤존슨은 시카고뿐만 아니라 전국에 유통된 문제 없는 타이레놀 3000만 병, 총 1억 달러(약 1300억 원) 상당의 제품까지 모두 자진 회수했다.

그 결과, 타이레놀은 다시 시장에 복귀해 현재까지 미국에서 가장 높은 점유율을 자랑하는 해열진통제로 자리잡았고, 세계적으로 연간 15억 달러의 매출을 올리는 효자 상품으로 성장했다.

| ⚱ 최고지향 | ⚖ 정도경영 |
| 🏃 변화선도 | 👥 상생추구 |

[그림 4-19 삼성 신경영의 핵심가치 사례]

이건희 회장의 신경영 선언은 명확한 가치와 행동 원칙이

기업의 정체성을 강화하고, 위기를 성장의 기회로 전환할 수 있음을 보여줬다.

삼성은 1993년 이건희회장의 '신경영 선언'을 통해 위기극복과 혁신을 위한 대대적인 변화를
시작했다. 당시 삼성은 이건희 회장의 진단처럼 "현장에 나사가 굴러다녀도 줍는 사람없고,
3만 명이 만들고 6천 명이 고치러 다니는 비효율적이고 낭비적이며 무감각한 회사"라는
위기 상황에 직면했다. 이건희 회장은 "이대로는 절대 세계 1위가 될 수 없다"는 강력한
문제의식을 제기하며, "마누라와 자식만 빼고 모두 바꿔라"는 철저한 혁신의 필요성을
강조했다. 그는 비즈니스 모델을 '양 위주에서 질 위주'로 전환해야 한다고 선언하며,
"결국 내가 변해야 한다"는 메시지를 전했다.
이 선언은 삼성의 핵심 가치를 재정립하고, 품질 경영과 글로벌 경쟁력 강화, 혁신 중심 사고를
도입하는 계기가 되었다. 고객 중심과 품질 최우선을 기업 전반에 심어주고, 효율적 실행과
지속적 혁신을 조직 행동 원칙으로 삼은 삼성은 이러한 변화를 통해 글로벌 시장에서
스마트폰과 반도체 분야의 선두주자로 자리 잡았다.

업의 개념이 기업의 운명을 가르다

코닥과 삼성

기업이 업의 개념(자신의 본질적 사업)과 핵심 가치를 잘못 정의하거나, 변화하는 시대에 맞추지 못했을 때 기업의 미래가 위태로워질 수 있다. 기업은 업의 개념을 항상 재정의할 준비가 되어 있어야 하며, 변화하는 기술과 소비자 요구에 맞출 수 있도록 핵심 가치의 유연성을 잘 유지해야 한다.

"기업은 경쟁사에 져서 망하는 것이 아니라, 자기 업(業)을 잘못 알아서 저절로 쇠락한다."
- 테오도르 레빗 교수(하버드대)

코닥, 카메라는 필름이다?
세계 최초 디지털 카메라를 개발한 코닥은 업의 개념을 '소중한 추억'을 담은 기술이 아닌 필름으로만 고수하다가 몰락했다.

삼성, 카메라는 추억이다?
카메라를 '소중한 추억'을 담은 기술로 정한 삼성은, 지속적인 디지털/ 광학기술 개발로 반도체 이미지 센서 기술 우위를 마련했다.

산업	카메라	컴퓨터	화장품	극장	식품	자동차
업의 개념	추억	정보 서비스	희망	즐거움	건강	안전, 즐거움

[그림 4-20 핵심가치로 미래 변화에 대응한 코닥과 삼성]

[향후 핵심가치 관련해 기억해야 할 2가지]
먼저 기업은 업의 개념을 재정의할 필요가 있다. 기업은 자기 사업의 본질을 소비자 관점에서 끊임없이 재해석해야 한다. 코닥은 필름이 아니라 '기억과 추억'을 사업으로 정의했어야 한다. 다음 기업은 핵심 가치의 유연성을 유지해야 한다. 변화하는 기술과 소비자 요구에 맞춰 핵심 가치를 수정하거나 진화시켜 나가야 한다. 시장 변화에 적극 대응하고 혁신적 기술을 도입해야 하며, 경쟁사보다 더 빠르게 업의 개념과 가치를 발전시키는 것이 생존과 성공의 열쇠가 될 것이다.

하버드대 테오도르 레빗 교수는 "기업은 경쟁 기업에 져서 망하는 것이 아니라, 자기 업(業)을 잘못 알아서 저절로 쇠락한다."고 하였다. 이는 기업이 업의 개념(자신의 본질적 사업 정의)과 핵심가치를 잘못 정의하거나, 변화하는 시대에 맞추지 못했을 때 기업의 미래가 위태로워질 수 있음을 의미한다. 코닥(Kodak)과 삼성(Samsung)의 사례는 이를 여실히 증명하고 있다.

먼저 **코닥**은 필름 사업에 지나치게 집착하며 "카메라는 필름이다"라는 업의 개념을 유지했다. 그래서 디지털 카메라를 최초로 개발했음에도 불구하고, 변화하는 소비자의 요구를 외면하고 필름 중심의 사업 모델을 고수하였다. 그 결과 코닥은 디지털 시대에 적응하지 못하며 필름 사장 몰락과 함께 파산에 이르게 되었다. 본질적으로 '추억을 기록하는 기술'이라는 개념으로 변화하지 못한 점이 실패의 주요 원인이었다.

반면, **삼성**은 카메라를 단순히 '소중한 추억을 담는 도구'도 국한하지 않고, 이를 디지털 기술과 연결하며 새로운 가치를 창출하였다. 카메라를 '이미지 기록'이라는 개념으로 재정의하며 스마트폰, 디지털 장치로 사업영역을 확장하였다. 그결과 디지털 기술 중심으로 진화하며 성공적으로 변화에 대응할 수 있었으며, 이미지 센서 및 관련 기술을 통해 경쟁력을 지속 강화하였다.

결국 코닥과 삼성 사례는 기업이 변화하는 환경에서 업의 개념과 핵심가치를 어떻게 정의하고 대응하느냐의 중요성을 잘 보여준다. 코닥은 기존의 성공에 안주하며 변화하지 못 했고, 삼성은 이를 재해석하고 적극 변화에 나섬으로써, 이는 결국 기업의 성공로 이어졌다.

> 삼성은 2016년 카메라 사업에서 철수를 결정하며, 핵심 가치를 재정립하고 전략적 선택과 집중을 통해 모바일 카메라로의 이동과 융합화를 성공적으로 이뤄냈다. 전통적인카메라 시장이 축소되는 상황에서 삼성은 기술과 자원을 모바일 카메라에 집중시켜, 스마트폰 시장에서 카메라 기술의 경쟁력을 강화했다. 이 과정에서 삼성은 갤럭시 시리즈에 첨단 카메라 기술을 탑재하며, 고객 중심의 가치를 실현하고 사용자 경험을 극대화했다. 이러한 전략은 삼성 스마트폰의 차별화된 경쟁력을 확보하게 했고, 결과적으로 글로벌 스마트폰 시장에서 삼성의 리더십을 더욱 공고히 하였다.삼성의 사례는 변화에 민첩하게 대응하며 핵심 가치를 재해석하고, 융합화와 혁신을 통해 새로운 성장 기회를 창출할 수 있음을 보여준다.

⬡ 조직 문화의 내재화

조직문화의 의미

조직문화는 기업의 정체성과 방향성을 결정짓는 핵심 요소로, 구성원의 행동과 성과를
이끌며 기업의 경쟁력과 지속 가능한 성장을 뒷받침하는 전략적 자산이다.
강한 조직문화가 작동되는 기업은 마치 지렛대의 원리가 작동하는 것처럼 조직 구석구석이
효율적으로 돌아가고 기업이 역동적으로 전진한다.

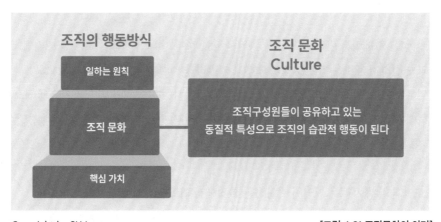

<Copyright by SH Lee>   [그림 4-21 조직문화의 의미]

핵심가치는 조직이 추구하는 기본적인 신념을 제공하며,
조직문화는 이러한 가치를 반영하여 조직 내 행동과 분위기를 형성하는 역할을 하며,
일하는 원칙은 이러한 문화와 가치에 기반한 구체적 행동 지침을 제공한다.
그리고 조직의 행동방식은 이 세 요소들을 긴밀하게 연결하고 통합하여 조직 구성원들이
일관된 방식으로 일하도록 이끎으로써 조직의 비전과 목표를 달성하게 된다.

조직문화는 조직구성원이 공유하는 동질적 특성으로 형성된 습관적 행동과 신념, 업무 방식의 결합체로, 조직 내에서 구성원들이 문제를 해결하거나 다양한 이해 관계자와 상호작용할 때 나타나는 행동 양식을 말한다. 이는 단순히 규범이나 관습을 넘어, 조직의 정체성과 방향성을 결정짓는 중요한 요소로 작용하며, 조직 전체의 행동과 성과를 이끄는 핵심적인 역할을 수행한다.

조직 문화가 튼튼하면 기업의 성과는 자연히 따라온다. 넷플릭스, 자포스, 월트 디즈니, 애플, 구글, 룰루레몬은 창업초기부터 조직문화에 대한 강한 신념을 갖고 있던 기업이다. 이들의 성공에 조직문화가 지렛대 역할을 했음은 누구도 부인할 수 없다. 강한 조직문화가 뒷받침되는 기업은 마치 지렛대의 원리가 작동하고 있는 것처럼 조직 구석구석이 효율적으로 돌아가고 모든 기업 활동에 탄력을 받는다. 구성원은 보다 행복하게 일할 수 있고 기업은 보다 수월하게 목표를 실현하며, 심지어 고객들에게도 긍정적인 이미지를 심어줄 수 있다.

조직문화를 성공적으로 구축하기 위해서는 리더십의 역할이 무엇보다 중요하다. 조직문화는 "리더의 그림자"라는 표현처럼 리더의 행동과 철학에서 시작되며, 리더가 조직의 핵심가치를 몸소 실천할 때 비로소 구성원들에게 실질적인 영향력을 발휘할 수 있다.

결론적으로 조직문화는 기업의 성과와 지속 가능성을 좌우하는 전략적 자산이다. 강력한 조직문화를 가진 기업은 구성원들의 생산성을 높이고, 고객과 파트너의 신뢰를 얻으며, 외부 환경 변화 속에서도 일관된 성과를 유지할 수 있다. 따라서 조직문화는 단순한 관리 요소를 넘어 기업의 경쟁력과 지속 가능한 성장을 뒷받침하는 핵심적인 역할을 한다.

> 조직 문화는 나침반과 같아, 구성원들이 어디로 가야 할지
> 방향을 제시하고 올바른 길로 나아가도록 돕는다.
>
> "사람들은 규칙이 아니라 문화를 따른다." "좋은 문화는 최고의 도구보다 강하다."

동양과 서양의 조직문화의 차이

동양과 서양의 차이는 사고방식, 의사결정 과정, 실행 전략에서 두드러지게 나타나며,
그 차이를 이해하고 균형을 맞추는 것이 글로벌 조직 운명과 업무 협력에 가장 중요하다.

Doing Culture   Vs.   Being Culture

<Copyright by SH Lee>   [그림 4-22 동서양 조직문화의 비교]

서양은 Doing Culture(행동중심)로 대표되며,
개인주의적이고 이성적이며 직접적이고 분석적인 접근을 중시한다.
목표달성을 위해 체계적이고 원칙 중심적인 방식을 채택하며 빠른 의사결정을 실행한다.

반면 동양은 Being Culture(존재 중심)로 대표되며, 집단주의적이고 감정적이며
간접적이고 직관적인 접근을 선호한다. 관계와 조화를 중요시하며 유연성과 상황에 맞는
적응을 중시하여 장기적인 관점에서의 성과를 중시한다.

이성적 vs 감정적

서양의 Doing 문화는 합리성과 이성을 중시하며, 데이터와 논리를 기반으로 문제를 분석하고 효율적이고 객관적인 결정을 내린다. 반면, 동양의 Being 문화는 감정과 인간적 관계를 더 중시하며, 직관과 유연성을 활용해 조화롭고 상황에 맞는 해결책을 추구한다.

개인적 vs 집단적

서양의 Doing 문화는 개인의 독립성과 성과를 강조하며, 성공은 개인의 노력과 능력에서 비롯된다고 본다. 반대로, 동양의 Being 문화는 집단의 조화와 협력을 우선시하며, 구성원 간의 상호 의존을 통해 공동의 목표를 중시한다.

직접적 vs 간접적

서양의 Doing 문화는 명확하고 직접적인 의사소통을 선호하며, 결과 중심의 소통 방식을 따른다. 이에 비해, 동양의 Being 문화는 간접적이고 암시적인 의사소통을 선호하며, 상대방의 감정을 배려하고 관계의 조화를 유지하는 데 중점을 둔다.

원칙적 vs 탄력적

서양의 Doing 문화는 명확한 규칙과 계획, 절차를 중시하며, 일관성과 규범을 중요하게 생각한다. 반면, 동양의 Being 문화는 상황과 맥락에 따라 유연하게 대처하며, 규칙보다는 사람 간의 관계와 상황적 요구를 더 중시한다.

분석적 vs 직관적

서양의 Doing 문화는 데이터를 분석하고 논리적이고 체계적인 접근을 통해 문제를 해결하며, 실증적 결과를 강조한다. 동양의 Being 문화는 직관과 경험을 통해 맥락을 고려한 판단을 내리며, 전체적인 흐름을 중시한다.

귀납적 vs 연역적

서양의 Doing 문화는 구체적인 데이터와 사례를 통해 일반적인 결론을 도출하는 귀납적 사고 방식을 선호한다. 동양의 Being 문화는 보편적 원칙과 이론을 상황에 적용하는 연역적 사고방식을 선호하며, 큰 그림을 중심으로 사고한다.

국가에 따른 조직문화의 차이

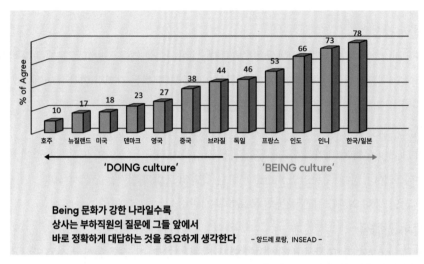

[그림 4-23 국가에 다른 조직문화의 차이]

Doing Culture는 행동과 실행을 중시하며, 호주, 뉴질랜드, 미국과 같은 국가들이 대표적이다. 이들 국가는 목표 지향적이고 효율성을 중요하게 여기며, 결과를 중심으로 사고하는 특징이 있다.

반면, Being Culture는 존재와 관계를 중시하며, 한국, 일본, 인도네시아 등 동양권 국가들이 해당한다. Being 문화가 강한 국가에서는 관계 형성과 상호 존중을 중요하게 여기며, 상대방의 전문성을 존중하는 태도가 두드러진다. 또한 정중하고 신중한 대응을 통해 협력을 강조하며, 집단적 조화를 이루는 것을 중시한다.

이러한 문화적 차이는 국가 간의 커뮤니케이션 방식과 비즈니스 접근 방식에 영향을 미치며, 글로벌 환경에서의 상호 이해와 조율이 중요한 요인으로 작용한다.

산업에 따른 조직문화의 차이

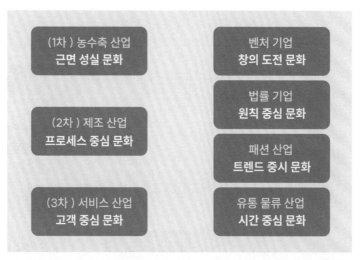

<Copyright by SH Lee>   [그림 4-24 산업에 따른 조직문화의 차이]

농수축산업은 근면과 성실을 기반으로 한 문화가 중심을 이루며, 지속적이고 안정적인 노력을 중요시한다. 제조 산업은 프로세스와 절차를 중시하며, 효율성과 품질 관리를 위한 체계적인 접근 방식을 강조한다. 서비스 산업은 고객의 만족을 최우선으로 생각하는 고객 중심 문화를 형성하며, 고객과의 상호작용과 신뢰를 중요하게 여긴다.

벤처 기업은 창의성과 도전 정신을 바탕으로 혁신을 추구하며, 변화를 두려워하지 않는 문화를 중시한다. 법률 기업은 원칙과 규범을 중심으로 신뢰와 공정성을 강조하며, 명확한 규율을 기반으로 조직 운영을 한다. 패션 산업은 트렌드와 창의성을 중요시하며, 빠르게 변화하는 시장 환경에 적응하는 문화를 가진다. 유통 물류 산업은 시간 중심 문화를 기반으로 신속성과 효율성을 강조하며, 정시성과 정확성을 중시한다.

이러한 차이는 각 산업의 특성과 요구에 따라 조직 문화가 맞춰져 있음을 보여준다.

시대에 따른 조직문화의 차이

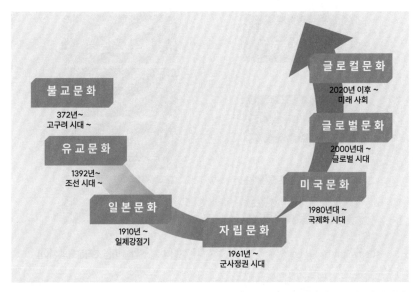

<Copyright by SH Lee>   [그림 4-25 시대에 다른 조직문화의 차이]

고구려 시대에는 불교 문화가 조직 문화의 중심이었으며, 내적 안정과 조화를 중시하며
질서와 협력을 강조했다. 이는 조직 내 구성원 간의 조화로운 관계를 형성하는 데 기여했다.
조선 시대는 유교 문화가 주류를 이루며 계층적 질서와 도덕적 책임을 기반으로 조직의
안정성과 신뢰를 강화했다. 이 시기에는 상하 관계의 명확성과 윤리적 행동이 조직 운영의
핵심이었다. 일제강점기에는 일본 문화의 효율성과 통제 중심의 경영 방식이 도입되었으나,
지나친 권위주의로 인해 구성원의 창의성과 자율성이 억압되었다.

군사정권 시대에는 자립 문화가 부각되며 결속력과 책임감을 통해 경제적 자립을 이루고자
했다. 이후 국제화 시대에는 미국 문화가 개인의 창의성과 성과 중심적 사고를 중시하며 조직의
유연성과 혁신을 강화했다. 현재의 글로벌화 시대는 다양성과 포용성을 중심으로 다문화적
협력과 상호 존중을 통해 지속 가능한 성장을 이루는 데 중점을 두고 있다.

세대에 따른 조직문화의 차이

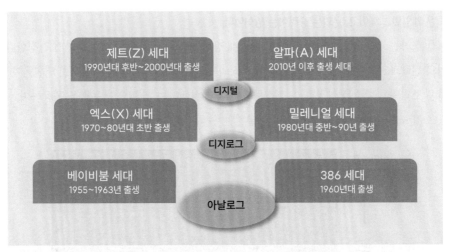

<Copyright by SH Lee>   [그림 4-26 세대에 다른 조직문화의 차이]

알파(α) 세대와 제트(Z) 세대는 디지털 환경에 익숙하며, 기술 활용 능력이 뛰어나고 창의성과 혁신을 중시한다. 온라인 네트워크와 기술 중심의 협업 방식을 선호하며, 빠른 변화에 민첩하게 적응하는 특징이 있다. 밀레니얼 세대는 사회적 책임과 개인의 삶의 균형을 중요하게 여기며, 지속 가능성과 공동체 기여에 가치를 둔다. X세대는 개인의 책임과 독립성을 중시하며, 자기 주도적인 태도와 성과 중심적인 사고를 가진 것이 특징이다. 베이비붐 세대와 386세대는 아날로그 환경에서 성장하여 전통적인 가치와 공동체 의식을 강조하며, 희생과 노력 중심의 문화를 중시한다,

이러한 세대 간의 가치관 차이는 조직의 운영 방식, 커뮤니케이션, 의사결정 과정에 영향을 미치며, 사회와 조직 내 다양한 문화적 차이를 형성한다.

문화와 전략의 상호관계

"전략은 게임의 방식이고, 문화는 승리하는 방식이다."
방식을 정하는 것은 전략이지만, 실제로 어떻게 방식을 따르고 실행 할지는 문화가 결정한다.
기업의 전략과 조직문화는 상호 작용하며 조직의 성과와 지속 가능성에 핵심적인 역할을 한다.
전략은 조직의 방향성을 설정하고, 조직문화는 이를 실행하는 데 필요한 동력을 제공하며,
두 요소가 조화를 이룰 때 최고의 성과를 달성할 수 있다.

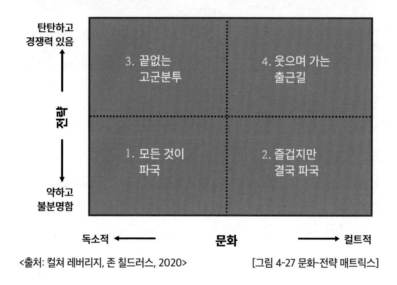

<출처: 컬처 레버리지, 존 칠드러스, 2020>   [그림 4-27 문화-전략 매트릭스]

문화와 전략의 매트릭스는 조직이 탄탄한 전략과 긍정적인 문화를 균형 있게 유지해야
한다는 점을 강조한다. 탄탄한 전략이 있어도 독소적 문화가 지속되면 조직의 장기적 성장에
악영향을 미치고, 긍정적인 문화만으로는 성과를 유지할 수 없으며, 명확하고 실행가능한
전략이 반드시 뒷받침되어야 한다.

매트릭스는 '웃으며 가는 출근길' 상태를 목표로, 긍정적인 조직 문화를 바탕으로 탄탄한
전략을 구축해라 한다는 교훈을 제공한다. 조작은 문화를 개선하고, 전략을 강화하는 노력을
동시에 해야만 지속 가능한 성장과 성공을 달성할 수 있다.

문화-전략 매트릭스는 조직의 문화와 전략이 상호작용하며 조직 성과에 미치는 영향을 분석한 도구이다. 이는 조직의 문화가 긍정적인지, 부정적인 문화인지에 따라, 그리고 전략이 탄탄하고 경쟁력을 갖추었는지에 따라 네 가지 유형으로 나뉜다.

1. 모든 것이 파국(약한 전략 + 독소적 문화)

조직이 약한 전략과 독소적인 문화를 동시에 갖고 있는 최악의 상태를 나타낸다. 조직의 전략이 명확하지않고, 문화 역시 부정적이라서 구성원 간 갈등이 많고 생산성이 저하된다. 지속적인 실패와 성과 부진으로 이어지며, 조직의 생존 가능성이 크게 위협받는다.

2. 즐겁지만 결국 파국(약한 전략 + 전반적인 문화)

구성원들이 긍정적이고 협력적인 문화를 공유하고 있지만, 명확한 전략이 없어서 성과를 내지 못하는 상황을 나타낸다. 구성원들이 즐겁게 일하지만,조직의 목표와 방향성이 불분명하여 장기적으로 경쟁력을 상실한다. 긍정적인 조직문화가 오래 지속되지 못하며, 결국 구성원들의 실망과 성과 저하로 이어질 수 있다.

3. 끝없는 고군분투(탄탄한 전략 + 독소적 문화)

조직이 탄탄한 전략과 경쟁력을 갖추고 있지만,독소적인 조직문화로 인해 효율성과 구성원 만족도가 저하되는 상황을 나타낸다. 높은 성과를 유지할 수 있지만, 조직 내 지나친 압박과 갈등이 만연하며, 구성원들이 조직의목표를 위해 고군분투하더라도 심리적 스트레스가 높아지고, 장기적으로는 인재 유출, 창의성 부족 등 지속 가능성을 저해할 수 있다.

4. 웃으며 가는 출근길(탄탄한 전략 + 전반적인 문화)

탄탄한 전략과 긍정적인 조직 문화를 모두 갖춘 이상적인 상태를 나타낸다, 조직이 명확한 비전과 경쟁력을 가지고 있으며, 구성원들이 협력적이고 창의적인 환경에서 일한다. 구성원들은 조직 목표와 개인적 성장이 조화를 이루며 높은 만족감을 느낀다. 높은 성과와 지속 가능성을 동시에 실현할 수 있는 최적의 상태이다.

> **"문화는 전략을 아침 식사로 먹는다."**(Culture eats strategy for breakfast)
> 아무리 훌륭한 전략이라도 조직 문화가 뒷받침되지 않으면 성공하기 어렵다는 의미로
> 피터 드러커의 명언이다.

조직문화를 바꾸는 습관

"문화의 변화는 잡초를 제거하는 것처럼 매우 어렵고 힘든 과정이다."
뿌리까지 제거하지 않으면 다시 원래 상태로 돌아가는 경향이 있다. 조직의 변화를 원할 때는
문화의 제약을 극복하려는 것보다는 문화의 강점을 활용하는 것이 더 효과적일 때가 많다.
겉으로 드러나는 변화가 내부에서 실제로 이루어지는 변화보다 빠르게 진행될 경우,
변화의 실패 가능성이 높아진다.

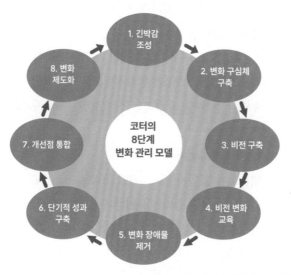

[그림 4-28 코터의 변화 관리 모델]

[건강한 조직문화를 만드는 습관 10계명]

비전을 공유한다. 1.
주도적으로 일한다. 2.
서로를 신뢰한다. 3.
상호이익을 추구한다. 4.
지속적으로 배운다. 5.

6. 함께 협업한다.
7. 변화를 찾아 활용한다.
8. 작은 것에도 감사를 표현한다.
9. 긍정적으로 소통한다.
10. 워라밸을 일상화한다.

존 코터 교수의 변화 관리 모델은 변화의 각 단계를 세분화함으로써 실행 가능한 방향을 제시하며, 특히 복잡한 조직에서 문화 변화 과정을 효과적으로 이끌 수 있는 지침이 된다.

1. 긴급성 구축(Create a Sense of Urgency) - 변화의 필요성을 인식시키는 단계
위기나 기회의 중요성을 강조해 행동의 동기를 부여하고, 데이터를 활용해 현재 문제점과 변화 필요성을 설득한다.

2. 강력한 리더십 구축(Build a Guiding Coalition) - 변화 주도할 핵심팀 구성 단계
조직 내 신뢰받는 리더와 다양한 부문의 영향을 가진 사람들로 팀을 꾸리고, 이들은 변화의 방향성과 실행력을 높이는 역할을 한다.

3. 비전과 전략 개발(Develop a Vision and Strategy) - 명확한 비전과 전략 수립 단계
간결하고 영감을 주는 비전을 통해 구성원들이 변화를 이해하고 공감하도록 돕고, 실행 가능한 전략으로 이를 실현할 방법을 제시한다.

4. 비전 공유(Communicate the Vision) - 비전과 전략의 조직 전체 전달 단계
다양한 채널을 통해 비전을 지속적으로 소통하고, 리더는 일관된 메시지로 구성원들의 참여를 유도한다.

5. 장애물 제거(Remove Obstacles) - 변화를 방해하는 요소를 제거하는 단계
기존 구조나 시스템의 장애물을 해결하고, 변화 저항을 관리하고, 구성원들이 변화에 적극 참여할 수 있는 환경을 조성한다.

6. 단기 성과 창출(Create Short-Term Wins) - 변화 가능한 단기적 목표 설정, 실현 단계
작은 성공을 통해 구성원들에게 자신감을 심어주고, 동기를 강화하고 성과를 구성원들과 공유하며 변화를 촉진한다.

7. 가속화(Build on the Change) - 초기 성과를 바탕으로 변화를 확장하고 심화하는 단계
단기 성과에 만족하지 않고 변화를 지속적으로 적용하고, 조직에 변화를 확산시킨다.

8. 변화 정착(Anchor the Changes in Culture) - 변화의 조직 문화 정착 단계
변화된 관행과 성공 사례를 조직 전반에 공유하고 유지하고 변화를 새로운 조직의 표준으로 자리 잡게 한다.

⬡ 일하는 원칙의 실천

일하는 원칙의 의미

일하는 원칙은 일을 할 때, 반드시 해야 하는 기준으로 사람들의 습관이 되어 조직에 내재화되어야 한다. 일하는 원칙은 조직문화가 바탕이 되어야 한다.

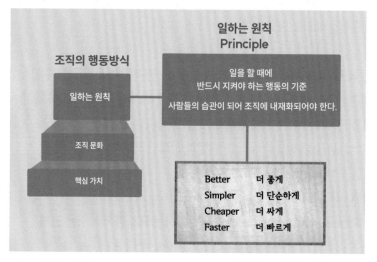

<Copyright by SH Lee>   [그림 4-29 일하는 원칙의 의미]

Rule 1. The customer is always right!
Rule 2. If the customer is ever wrong, reread rule 1. - 스튜 레오나드
원칙 1. 고객은 항상 옳다. 원칙 2. 만약 고객이 틀리면 첫째 원칙을 다시 읽어보라!

We're not competitor-obsessed, we're customer - obsessed.
We're start with what the customer needs and we work backwards - 제프 베조스
우리는 경쟁사에 집착하지 않고, 고객에 집착한다. 고객의 필요에서 시작해 거꾸로 접근한다.

Take the best, make it better. When it does not exist, create it. - SH Lee
최고를 찾아서 더 좋게 만들어라. 최고가 없으면 창조하라.

Better(더 좋게)

'더 좋게'는 제품과 서비스의 품질을 지속적으로 개선하고, 혁신적인 접근으로 고객의 기대를 초과하는 가치를 제공하는 것을 의미한다. 이는 기술 혁신, 세부적인 품질관리, 고객 피드백 반영 등을 통해 달성된다. 품질 향상은 단순히 제품 자체뿐만 아니라 고객이 느끼는 전반적인 경험의 개선까지 포함한다.

애플(Apple)은 첨단 기술과 세련된 디자인을 바탕으로 지속적으로 혁신적인 제품을 개발하며, 사용자가 최고의 경험을 누릴 수 있도록 품질과 성능을 개선해왔다. 아이폰, 맥북 등의 제품은 전 세계적으로 "더 좋게"를 실천한 대표 사례로 꼽힌다.

Simpler(더 단순하게)

'더 단순하게'는 고객과 사용자가 불필요한 복잡함을 느끼지 않도록 과정을 간소화하고, 직관적이고 효율적인 솔루션을 설계하는 것을 목표로 한다. 이는 비즈니스 프로세스나 제품 설계에서 핵심 요소만 남기고 군더더기를 제거하는 철학을 바탕으로 한다.

구글(Goole)은 검색 창 하나로 전 세계인이 쉽게 원하는 정보를 찾을 수 있게 설계된 단순함의 대표적 사례. 복잡한 메뉴나 기능 대신 직관적이고 간결한 인터페이스로 사용자 경험을 극대화했다.

Cheaper(더 싸게)

'더 싸게'는 효율적인 운영과 비용 절감을 통해 고객에게 경제적 가치를 제공하는 것을 말한다. 기업은 규모의 경제를 활용하거나 공급망을 최적화함으로써 원가를 절감하고, 이를 통해 고객에게 경쟁력 있는 가격을 제공한다.

월마트(Walmart)는 대규모 구매, 물류 효율화, 공급망 관리 등을 통해 낮은 가격 정책을 유지하며, 고객에게 최상의 가성비를 제공하는 글로벌 리더로 자리 잡았다.

Faster(더 빠르게)

'더 빠르게'는 제품이나 서비스를 신속하게 제공함으로써 고객 만족도를 높이는 것을 의미한다. 이는 업무 프로세스 개선, 물류 혁신, 기술 도입을 통해 시간을 단축하고 효율성을 극대화하는 철학을 기반으로 한다.

아마존(Amazon)은 프라임 서비스를 통해 고객이 주문한 상품을 하루나 이틀 내에 배송하는 신속한 서비스를 제공하며, 빠른 배송으로 고객의 신뢰와 만족도를 높이는 데 성공했다.

미래 시장의 일하는 원칙 3가지

미래시장에서 시장점유율(Maket Share)과 마음 점유율(Mind Share)을 확대하는 가장 중요한
세 가지 핵심은 '더욱 개인화된 서비스(More Personalised)', '더욱 연결된 서비스
(More Connected)', '더 적은 비용으로 더 많은 가치의 서비스(More for Less)'로 요약된다.

<Copyright by SH Lee>   [그림 4-30 미래 시장의 일하는 방식의 3가지 도전]

"Treat your customers like they own you, Because they do." - 마크 큐반
고객 데이터를 활용한 개인화는 고객을 진정으로 이해하고 그들의 기대를 초과하려는
노력에서 시작됩니다.

"Technology is best when it brings people together."

- 매트 뮬렌버그(워드프레스 공동 창업자)

테슬라의 사례는 기술이 단순한 도구를 넘어 사람과 기업, 세상을 연결하는 가교 역할을 함

"Innovation is the ability to see change as an opportunity-not a threat."

- 스티브 잡스

아마존 프라임과 같은 모델은 고객에게 높은 가치를 제공하며 혁신으로 새로운 기회를
만들어낸 대표적 사례

More Personalized - 더욱 개인화된 서비스

미래 시장에서는 고객의 개별 요구와 선호를 반영한 맞춤형 서비스와 제품이 중요하다.
고객의 취향과 필요에 맞춘 경험을 제공하는 것은 개인화된 마케팅 전략의 핵심이다.
이는 기술 발전을 통해 고객 데이터를 분석하고, 고객의 개별적 요구를 충족할 수 있는
서비스를 설계해야 함을 의미한다. 넷플릭스는 고객의 시청 기록을 분석해 추천 콘텐츠를
개인화하여 제안함으로써 더 높은 만족도를 제공한다.

More Connected - 더욱 연결된 서비스

고객과 연결 뿐만 아니라, 고객과 기업, 그리고 고객 간의 상호 연결성을 높이는 것이
중요해지고 있다. 소셜 미디어, 커뮤니티 플랫폼 등을 통해 고객과 지속적으로 소통하고,
고객들 간의 연결성을 강화하는 것이 필요하다. 카카오톡의 오픈채팅이나 인스타그램과 같은
소셜 미디어 플랫폼을 활용하는 사례가 이에 해당된다.

More for Less - '더 적은 비용, 더 많은 가치' 서비스

고객에게 더 낮은 가격에 더 많은 가치를 제공하는 것이 점점 중요해지고 있다. 가격 대비 높은
가치를 추구하는 고객들이 늘어나면서, 기업은 비용 효율성을 높이면서도 고품질의 제품과
서비스를 제공해야 한다. 쿠팡의 로켓배송 서비스는 저렴한 가격에 신속한 배송을
제공함으로써 높은 가치를 제공한다.

> 미래 시장의 핵심 도전 과제는 더욱 개인화된 서비스,
> 더욱 연결된 사회(More Connected), 더 적은 비용으로 더 많은 가치 제공(More for Less)으로
> 요약되며, 이는 고객 중심의 맞춤형 경험, 지속적인 연결성 강화, 비용 효율성을 통한
> 고품질 제공이 기업 경쟁력의 필수 요소임을 강조한다.

네이버의 일하는 원칙

네이버의 일하는 원칙은 사용자 중심, 책임감, 혁신, 신뢰, 성장, 사회적 책임을 기반으로
조직의 효율성과 구성원의 발전을 동시에 추구하며, 글로벌 경쟁력을 강화하는 데
중점을 둔다.

[그림 4-31 네이버의 기술 컨퍼런스 Deview 2024]

네이버는 직원들이 최신 기술을 학습하고 성장할 수 있도록 사내 기술 교육 프로그램과
국내 최대 규모의 기술 컨퍼런스인 NAVER DEVIEW, DAN(단)를 운영하며, 창의적인
아이디어를 실현할 수 있는 해커톤 프로그램도 제공하고 있다. 또한, NAVER CAMPUS와
글로벌 R&D 센터를 통해 직원과 연구자들이 함께 기술적 성장을 이루는 환경을 조성하며,
개인의 성장과 회사의 혁신을 동시에 추구하고 있다. 최근 네이버스퀘어라는 공간을
주요 도시에 설치하여 내외부 교육과 네트워킹 그리고 기술트렌드 공유도 시행하고 있다.

> **[네이버의 일하는 원칙 중 '학습과 성장'사례]**
> 협업 중심 문화를 통해 부서 간 유기적 협력을 강조하며, 통합 플랫폼을 강화합니다.
> 데이터 기반 의사결정으로 정량적 근거를 바탕으로 전략을 수립하고, 고객 중심 사고로 현지 시장의
> 요구를 유연하게 반영합니다.
> 수평적 조직문화는 직원들에게 자율성과 책임감을 부여해 창의적 아이디어를 촉진하며, 혁신과
> 실패를 통한 학습을 장려해 지속적인 성장과 글로벌 경쟁력을 확보합니다.

사용자 중심(User Focused)

모든 결정은 사용자의 요구를 최우선으로 하며, 사용자 경험 개선과 만족을 중요시합니다.

책임 의식(Be Responsible)

구성원들은 자신의 업무에 책임감을 가지고, 네이버의 성공에 기여한다는 자세로 일합니다.

혁신과 간소화(Innovative and Simple)

더 나은 서비스와 효율성을 위해 혁신을 추구하며, 업무를 단순화하여 민첩하게 대응한다.

리더십과 협력(Lead and Collaborate)

리더는 명확한 방향성을 제시하고, 구성원들은 적극적으로 협력하여 최상의 결과를 도출한다.

지속적인 학습과 성장(Learn and Grow)

새로운 지식과 기술을 지속적으로 학습하며, 개인과 회사의 성장을 위해 노력한다.

높은 기준 유지(Uphold High Standards)

품질과 서비스에서 높은 수준의 기준을 유지하며, 사용자에게 일관된 경험을 제공한다.

신속한 실행(Act Fast)

아이디어를 빠르게 실행에 옮기고, 실패를 통해 배우며 문제를 신속히 해결한다.

효율적인 자원 활용(Be Resourceful)

제한된 자원을 창의적이고 효율적으로 활용하여 문제를 해결한다.

신뢰 구축(Build Trust)

사용자, 동료, 파트너와의 신뢰를 구축하고, 투명하게 소통한다.

결과 중심(Deliver Results)

명확한 목표를 설정하고 실질적인 결과를 만들어내는 데 집중한다.

네이버의 일하는 원칙은 고객 중심, 주인의식, 혁신과 단순화, 배움과 성장 등 10가지로 구성되어 있으며, 이는 직원 개인의 성장과 조직의 성공을 동시에 추구하는 데 초점이 맞춰져 있다. 이 원칙들은 고객의 요구를 깊이 이해하고, 창의적인 문제 해결과 협업, 높은 기준을 통해 지속적으로 혁신하는 기업 문화를 형성합니다. 이를 통해 네이버는 개인과 조직의 성장을 동시에 이루며, 고객과 사회에 긍정적 영향을 미칠 수 있는 지속가능한 비즈니스 모델을 만들어 갑니다.

나의 일을 항상 소중하고 항상 감사해야 한다.

일이란 더 이상 고역이 아닌 소명(Beruf)으로 인식되기 시작했다. 나아가 '일=천직'이라는 생각이 확산되며 각 분야에 장인과 전문가가 등장했고, 이것이 일에 대한 '보람과 가치'를 담는 근대적 직업관의 시작이 된다.현대 사회에서 일은 즐거움을 추구하는 과정으로 인식되기도 한다.

『노을 진 들판에서(In the Fields at Dusk)』 중에서

노을 진 들판 위로농부의 발걸음이 천천히 사라진다.
하루의 노동이 저물고,
그들의 손끝엔 아직 흙이 남아 있다.
하늘은 붉게 타오르고,
종소리가 먼 곳에서 울린다.
내일은 또 다른 날,
그들은 다시 씨를 뿌릴 것이다.
그리고 저녁이 오면, 다시 고개를 숙일 것이다.

－ 세르게이 예세닌

『일하는 자들(Workmen)』 중에서

그들의 손은 무겁다.
낮 동안 돌을 나르고, 씨를 뿌리고, 땅을 일구었다.
하지만 그들의 마음은 여전히 경건하다.
그들은 기도처럼 노동을 한다.
그들의 땀은 땅을 적시고,
그들이 흘린 힘은 곡식이 되어 돌아온다.
노동이 끝난 저녁,
그들은 고요한 평화를 품고 하루를 마무리한다.

– 라이너 마리아 릴케

『노동(Work)』 중에서

그대들이 노동할 때,
그대들은 대지를 사랑하는 것이다.
그대들은 사랑으로 빵을 굽고,
사랑으로 포도주를 빚는다.
기도할 때처럼, 그대들의 손을 움직이라.
노동이 곧 생명을 노래하는 것임을 기억하라.
노동이 곧 신에게 바치는 찬양이 됨을 기억하라.

– 칼릴 지브란

Where

V. 환경과 사회

작은 도움이
더 나은 세상을 만든다.

ESG로 기업이미지를 높여,
한계 이상의 성장을 한다.

Who
VI. 됨됨이 리더십

덕목이 지식과 행동의 근본이다.

함께 한마음으로 이끌어 가는
리더십의 마지막 열쇠는
리더의 됨됨이 이다.

Why
IV. 행동방식

전략의 실행을 가속화시킨다.

핵심가치를 바탕으로
조직의 문화와 일하는 방식이
팀웍과 몰입을 이끌어 낸다.

인문과 과학으로 보는
통찰경영

When
I. 변화의 물결

경영은 변화를
찾아내면서 시작한다.

변화에 대응하고
변화를 기회로 활용한다.

How
III. 이기는 전략

먼저 이기고, 나중에 싸운다.
선승구전의 경영전략이다.

이기는 환경과 조건을 만들면,
싸워서 반드시 이긴다.

What
II.비전과 목표

인문으로 꿈꾸고
과학으로 관리한다.

크고 담대한 꿈을 이루는
측정가능한 목표를 세운다.

Where

V. 환경과 사회

작은 도움이 더 나은 세상을 만든다

▶ **ESG의 개념과 발전**

▶ **ESG의 전략적 접근**

    1. 구조화 전략

    2. 집중화 전략

    3. 연계화 전략

    4. 통합화 전략

    5. 측정화 전략

    6. 내재화 전략

▶ **ESG 혁신 평가와 권고**

이승한
김연성
김범수

⬡ ESG의 개념과 발전

ESG의 의미

우리는 지구라는 환경 속에서 사회를 형성하고 그 사회 속에서 경제 활동을 영위하고 있다. ESG 경영은 환경(Environment)과 사회(Social), 지배구조(Governance)의 세가지 요소가 서로 균형을 이루어 지속 가능한 성장을 이루는 경영 활동이다. ESG는 단순한 이윤 추구를 넘어서 지구 환경을 보호하고 사회적 약자를 돕고 투명한 지배구조를 통해서 기업의 지속 가능성을 실현할 수 있다.

[그림 5-1 ESG의 개념]

1. **환경 보호(Environment) ESG**는 탄소 배출 저감, 자원 효율화, 재생 가능 에너지 활용을 통해 환경에 미치는 영향을 최소화하고 기후변화 대응과 생태계 보존을 도모한다.
2. **사회 기여(Social) ESG**는 노동자 권리 보장, 지역 사회 상생, 공정한 공급망 관리 등을 통해 사회적 다양성과 형평성을 증진하며 지역 사회에 긍정적인 영향을 미친다.
3. **지배구조(Governance) ESG**는 이사회 독립성, 윤리적 의사결정, 신뢰 구축을 통해 투명하고 건전한 지배구조를 중시하며, 기업의 안정성과 성장 가능성을 높인다.

CSR(Corporate Social Responsibility)은 기업이 자발적으로 사회공헌 활동을 수행하며, 주로 기부, 봉사활동, 사회 프로그램 운영을 통해 소외계층을 지원하거나 사회문제를 해결하는 데 집중한다. 이는 기업의 선한 이미지를 구축하고, 소비자 및 지역사회와의 긍정적인 관계를 형성하는 데 있다.

ESG는 기업의 환경적 책임, 사회적 책임, 그리고 투명한 지배구조를 경영 전반에 통합하는 포괄적인 개념이다. ESG는 투자자와 이해관계자의 평가 요소로 자리 잡으며, 단순한 사회공헌을 넘어 지속 가능한 경영 전략의 필수 요소로 작용한다.

	CSR 사회 공헌 책임	ESG 환경.사회.지배구조
의미	• 환경을 포함한 사회 공헌 활동 전반에 기업의 자발적 사회 책임 추구 • 소외계층 지원과 사회문제 해결에 도움을 주는 '착한 기업' 지향	• 친환경과 사회적 책임을 할 수 있는 기업의 지배구조 개선 추구 • 투자자가 사회 책임 투자를 평가하여 '지속 가능 기업' 지향
효과	• 기업이 자발적으로 봉사활동, 기부 프로그램 등을 운영하여 소비자 등 신뢰 구축 • 소비자, 협력업체, 임직원 등에 긍정적 이미지 형성하여 좋은 기업 평판과 브랜드 이미지 제고 • 매출 성장 가능성 증가	• 투명하고 윤리적인 지배구조의 강화로 지속적으로 수익의 사회 환원을 실천하여 투자자 등 신뢰 구축 • 투자자, 소비자, 협력업체, 임직원 등에 긍정적 이미지 형성하여 좋은 기업 평판과 브랜드 이미지 제고 • 투자 유치 쉬워지고, 지속가능성장 실현

[그림 5-2 CSR과 ESG의 비교]

CSR은 주로 기업의 이익 일부를 사회에 환원하는 방식으로 이루어지지만, ESG는 기업의 전반적인 운영 방식에 내재화되어 지속 가능한 성장을 위한 전략으로 기능한다. CSR이 사회적 책임을 강조하는 반면, ESG는 사회적 가치뿐만 아니라 환경적·재무적 지속 가능성을 추구한다. CSR이 소비자 및 NGO 등과의 관계를 강화하는 데 중점을 둔다면, ESG는 투자자 신뢰 확보와 기업의 장기적 성장에 초점을 맞춘다. ESG는 기업의 경쟁력과 시장가치를 높이는 중요한 요소가 되며, 글로벌 기업들은 CSR을 넘어 ESG 중심의 전략으로 지속 가능성을 확보하고 있다.

ESG 사상의 발전과정

ESG 사상은 천지창조로 지구가 탄생한 이후 환경과 사회가 조화를 이루는 사상에서
비롯되었다. 이는 고대 현인의 말씀과 고구려 고분벽화에서도 드러나며, 인간과 자연이
공존해야 한다는 메시지를 담고 있다.
이러한 사상은 현대 경영철학으로 진화하며 ESG 경영의 기초를 형성했다.
맹자 曰 BC 300년경 (2,300여 년 전)
"도끼로 때를 맞추어 산림에 들면 목재를 충분히 쓸 수 있습니다."
"잔 그물을 못에 넣지 않으면 물고기를 넉넉히 먹을 수 있습니다."

<Copyright by SH Lee>   [그림 5-3 ESG 사상 발전 과정]

자본주의는 CSR(기업의 사회적 책임)을 강조하는 포용적 자본주의에서
ESG(환경, 사회, 지배구조)를 중심으로 한 의식 있는 자본주의로 전환하고 있다.
포용적 자본주의는 성장과 복지의 균형을 추구하며 기업의 사회적 책임을 강조했지만,
의식 있는 자본주의는 환경 보호와 지속 가능성을 더욱 강조하며 ESG를 핵심 경영 전략으로
통합하고 있다. 이는 기업이 단순한 이윤 추구를 넘어, 환경과 사회적 책임을 동시에 다루어
장기적이고 지속 가능한 성장을 도모하는 새로운 경제 패러다임을 제시한다..

1 . 산업혁명 이후(1760년대~)

경제 활동으로 인해 기업의 환경과 사회적 책임에 대한 인식이 확대되었다.

이는 환경 문제와 노동자의 권익 보호를 위한 논의의 토대가 되었다.

2. 로마클럽 보고서(1972년)

'성장의 한계' 보고서는 자원, 인구, 식량, 환경 오염 문제를 지적하며

지속 가능한 사회 발전의 필요성을 제기하였다.

3. 유엔환경계획(1987년)

'우리 공동의 미래'는 지속 가능한 개발 개념을 정립하며 ESG 경영의 근본 방향을 제시했다.

4. 리우 회의(1992년)

리우 환경 정상회의에서 기후변화협약 등 환경 중심의 국제적 합의가 이루어졌다.

5. Triple Bottom Line(1994년)

존 엘킹턴이 경제, 사회, 환경을 아우르는 '지속 가능 경영의 3대 축'을 발표하며

ESG의 구체적 틀이 마련되었다.

6. UNGC 용어의 최초 사용(2004년)

유엔글로벌콤팩트(UNGC)가 ESG 용어를 처음 사용하며 지속 가능한 경제 성장을 강조했다.

7. 사회책임투자원칙(2006년)

유엔이 제정한 사회책임투자원칙(PRI)을 통해 ESG가 금융 및 투자 분야로 확산되었다.

8. UN SDG 채택(2016년)

UN은 지속가능발전목표(SDG)를 통해 ESG 경영이 세계적으로 실현될 기준을 마련했다.

9. ESG 우선 투자 선언(2020년)

블랙록 CEO가 ESG 우선 투자를 선언, ESG가 글로벌 금융과 기업 전략의 핵심이 되었다.

ESG 실천을 위한 운영 원칙

기업이 환경(Environment), 사회(Social), 지배구조(Governance)를 중심으로 지속 가능한 성장을 실현하기 위해서는 다섯가지의 ESG 운영 원칙을 준수해야 한다.

박애적 책임
Be a Good Global Corporate Citizen
Philanthropic Responsibility

윤리적 책임
Be Ethical
Ethical Responsibility

법적 책임
Obey the Law
Legal Responsibility

경제적 책임
Be Profitable
Economic Responsibility

'Carrol's CSR Pyramid Model'

[그림 5-4 ESG 운영 원칙]

진정성(Authenticity) - 유니레버는 지속 가능한 농업과 친환경 제조 공정을 통해 환경 및 사회적 기여를 실현하고 있다.

지속성(Consistency) - BMW 그룹은 전기차와 수소연료전지차 개발로 지속 가능한 모빌리티 전환에 집중하며, 2050년까지 탄소중립을 목표로 한다.

연계성(Connectivity) - 포스코는 지역 사회와 협력해 친환경 철강 생산과 수소환원 제철 기술 개발에 집중한다.

확장성(Expandability) - LG화학은 친환경 제품과 바이오 소재 개발로 지속 가능한 가치 사슬을 구축하고 있고, 적극적인 사례 공유 활동에 참여한다.

투명성(Transparency) - 삼성전자는 지속 가능성 보고서를 통해 환경·사회적 성과를 명확히 공개하고 있다.

첫 번째 원칙은 진정성(Authenticity)이다. ESG 경영을 통해 진정으로 사회와 환경에 기여하겠다는 생각보다 단순히 기업의 위기 관리 수단이나 평판 관리를 위한 도구로 삼으려는 시각이 여전히 많다. 진정성이 없으면 제대로 된 사회적 가치 창출과 환경 보호를 이룰 수 없으며, 기업의 지속 가능성을 높이는 데도 한계가 있을 수 밖에 없다.

두 번째 원칙은 지속성(Consistency)이다. ESG 경영은 단발적인 행사가 아니라 장기적이고 일관된 전략 아래 지속적으로 이루어져야 한다. 이를 통해 기업은 실질적이고 지속 가능한 성과를 창출할 수 있다.

세 번째 원칙은 연계성(Connectivity)이다. 기업 단독의 노력은 한계가 있다. ESG 경영은 기업을 둘러싼 다양한 이해관계자, 예를 들어 지역 사회, 협력사, 정부, 시민 단체 등이 함께 참여해야 그 효과가 극대화될 수 있다. 다양한 주체들의 협업은 ESG 목표 달성의 시너지를 만들어 낼 것이다.

네 번째 원칙은 확산성(Expandability)이다. ESG 경영은 특정 기업들의 전유물이 아니다. 기업은 물론 지역 사회와 국민들이 ESG 경영의 가치를 이해하고 공감할 수 있도록 활동의 폭과 깊이를 확장해야 한다. ESG에 대한 공감대 형성은 사회 전반에 긍정적 변화를 가져올 것이다.

다섯 번째 원칙은 투명성(Transparency)이다. 자본주의 5.0 시대에 접어들면서 기업의 투명성과 공정성은 더욱 중요한 요소가 되었다. ESG 경영을 통해 기업의 투명성과 공정성을 높이는 것은 투자자들에게 신뢰를 줄 뿐만 아니라, 기업이 미래를 위한 성장 동력을 확보하는 데 필수적이다.

ESG 경영이 특정 시대에서 관찰되는 단순한 트렌드가 아니라, 지속 가능하고 책임있는 경영 전략으로 자리 잡기 위해서는 이러한 다섯 가지 원칙을 충실히 준수해야 할 것이다.

⬡ ESG의 전략적 접근

ESG 활동은 전략적 접근이 필수

ESG 경영은 환경과 사회를 아우르는 지배구조와 경영관리를 통해 브랜드 이미지를 높이고 지속가능성장을 실현하는 전략적 접근이 되어야 한다. 1조원 상당의 ESG 관련 비용 투자에도 소비자들의 명확한 인지도는 떨어지는 대기업의 ESG 활동은 이제 전략적 수정이 필요하다.

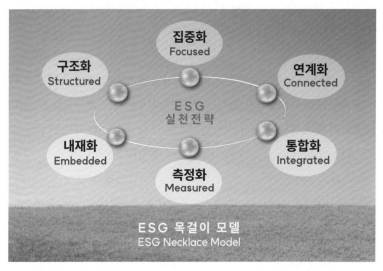

<Copyright by SH Lee>   [그림 5-5 ESG 목걸이 모델]

ESG 실천전략은 지속가능한 경영의 핵심적인 접근 방식으로, 환경, 사회, 그리고 지배구조를 통합적으로 운영하며 기업의 브랜드 이미지를 강화하고 장기적인 성장 기반을 구축하는 데 초점을 맞추고 있다.
ESG 경영은 각 영역별 명확한 목표 설정(구조화), 핵심 분야 집중(집중화), 이해관계자 협력 (연계화), 성과 평가(측정화), 기업 경영에 완전한 통합(내재화), 일관된 전략 운영(통합화)을 통해 ESG 활동의 지속 가능성과 실효성을 극대화한다.

구조화는 ESG 경영을 환경, 나눔, 지역, 가족의 4가지 핵심 영역으로 구분해 실행하는 방식이다. 환경 영역에서는 탄소 배출 감축과 재활용 활성화, 나눔 영역에서는 사회적 기여 활동을 포함하는 등 체계적인 접근을 통해 명확한 목표를 설정하고, 실질적인 성과를 창출한다.

집중화는 기업이 한정된 자원을 효과적으로 활용하도록 특정 분야에 집중하는 전략이다. 어린이 생명 살리기, 환경 교육, 문화 예술 지원 프로그램 등은 미래 세대를 위한 투자로, ESG 경영의 장기적 가치를 극대화한다. 어린이 환경 그림 공모전 같은 프로그램은 ESG의 중요성을 다음 세대에 전달하고, 기업의 사회적 기여를 더욱 부각시킨다.

연계화는 ESG 경영의 효과를 극대화하기 위해 다양한 이해관계자와 협력하는 방식이다. 장애인 빵집 운영 지원, 중소기업 해외 수출 지원, '작은도움클럽'과 같은 협력 프로그램은 기업과 NGO, 협회, 정부 기관이 힘을 모아 시너지를 창출하는 대표적인 사례다. 이를 통해 사회적 가치를 증대하고, 다양한 이해관계자들과의 관계를 강화할 수 있다.

측정화는 ESG 활동의 성과를 체계적으로 관리하는 방식이다. 스티어링휠 모델은 정량적 지표를 기반으로 ESG 목표 달성 과정을 평가하고, 이를 개선하기 위한 방향성을 제시한다. 이러한 측정화 시스템을 통해 기업은 ESG 활동의 실효성을 지속적으로 점검하고, 성과를 극대화할 수 있다.

내재화는 ESG 경영을 기업의 핵심 가치와 전략에 완전히 통합하여, 모든 이해관계자들에게 긍정적인 영향을 미치는 방식이다. 기업은 고객, 직원, 협력사, 지역사회, 국가, 주주 등 각 이해관계자들에게 ESG 가치를 반영한 전략을 실행한다. 고객에게 친환경 제품과 서비스를 제공하고, 직원들에게 포용적인 근무 환경을 조성하며, 협력사와 동반성장을 도모한다.

통합화는 ESG 경영을 기업의 전략과 연결해 일관된 방향성을 유지하는 방식이다. ESG 활동이 기업 전략과 분리되지 않고 모든 경영 단계에서 실행되도록 하는 것이 핵심이다. 환경과 사회적 책임을 넘어, 기업의 장기적인 경쟁력 확보와 브랜드 가치 향상에 기여한다.

[구조화] 'ESG 실천의 기본 구도'

구조화는 기업의 ESG 활동을 체계적으로 나누어 환경, 사회, 지배구조의 영역에서 효율적이고 실질적인 성과를 만들어낸다.

첫째, 기업 내부 및 외부의 자원을 효율적으로 활용하여 일관된 목표를 달성할 수 있도록 돕고, 둘째, 단발적인 사회공헌활동에서 벗어나 장기적 성과를 보장한다.

셋째, 기업의 이미지와 브랜드 가치를 강화하며, 궁극적으로 고객과 투자자의 신뢰를 얻는 데 기여한다.

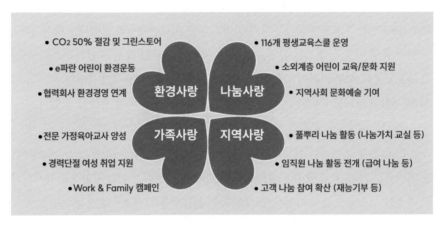

<Copyright by SH Lee>   [그림 5-6 ESG 구조화]

ESG 경영은 마치 세발자전거를 타는 것과 같다. 자전거를 안정적으로 움직이려면 세 개의 바퀴(환경, 사회, 지배구조)가 균형을 맞춰야 하고, 이를 위한 핸들(구조화된 실행 전략)과 페달(기업의 실천 노력) 필요하다. ESG 구조화는 세개의 바퀴를 조정하는 핸들과 같다.

홈플러스는 환경, 사회, 지역 및 가족을 중심으로 ESG 경영을 구조화했다. CO2 배출 50% 감축 목표와 협력사 환경 경영 연계는 환경 사랑의 대표적 사례이다. 또한, 소아암 어린이 생명 살리기 운동과 평생교육 스쿨 운영은 사회와 지역 사랑의 구체적 실천을 보여준다. 특히, 지역사회와 긴밀히 협력하며, 지역사회 문화예술 지원 프로그램을 통해 지역 사랑을 실천했다.

환경사랑

홈플러스는 환경을 보호하고 지속 가능성을 강화하기 위해 다양한 활동을 실천하고 있다. 대표적으로, CO_2 50% 감축 목표를 설정하고, 이를 위해 전 매장의 친환경 에너지 사용 및 효율성을 개선하고 있다. 또한, 협력사와의 연계를 통해 친환경 경영 방식을 확대하며, 전 세계 최초로 탄소 배출 제로를 목표로 하는 아카데미를 설립하여 환경 교육과 지속 가능 경영을 강화하고 있다. 이를 통해 기업 내부뿐 아니라 협력사와 지역사회의 환경 문제 해결에 기여하고 있다.

나눔사랑

홈플러스는 다양한 사회적 약자를 돕는 나눔 활동을 통해 ESG 경영의 사회적 가치를 실현한 사례이다. 대표적으로, 소아암 어린이 생명 살리기 운동을 통해 3백 명 이상의 어린이들이 치료를 받을 수 있도록 지원했으며, 매칭그랜트 방식으로 협력회사의 연계를 통해 기금을 모아 나눔의 구조를 구축하고 있다. 또한, 풀뿌리 나눔 활동과 임직원 봉사활동 등을 통해 지역사회의 소외 계층에게 실질적인 도움을 제공하고 있다.

지역사랑

지역사회와의 긴밀한 협력은 홈플러스 ESG 경영의 중요한 축이다. 116개 평생교육 스쿨을 운영하며, 지역사회의 아동 및 청소년에게 교육 기회를 제공하고 있다. 또한, 지역사회의 문화예술을 지원하는 프로그램을 통해 지역의 문화적 발전에 기여하며, 고객 나눔 참여를 확대하여 지속 가능한 지역사랑의 기반을 다지고 있다.

가족사랑

홈플러스는 임직원과 그 가족의 삶의 질을 향상시키기 위한 다양한 활동을 펼쳤다. 대표적으로, Work & Family 캠페인을 통해 일과 가정의 균형을 지원하며, 직원들이 개인적 삶과 직업적 목표를 동시에 추구할 수 있도록 돕는다. 또한, 경력 단절 여성의 재취업 지원 프로그램을 통해 가족의 경제적 안정성을 강화하고, 전문 가정 육아교사 양성 사업을 통해 아이를 키우는 가족들에게 실질적인 도움을 제공하고 있다.

[집중화] '선택과 집중으로 브랜드 차별화'

선택하고 집중하여 브랜드를 만든다.

ESG 핵심 경쟁력은 기업의 브랜드 가치와 직결된다. 이것을 가능하게 해주는 것이 바로 선택과 집중이다. ESG 활동에 많은 돈과 사람과 시간을 투자하고 있지만 그 기업이 어떤 활동을 하고 있는지 전혀 알려지지 않는 경우도 있다. 이 경우 대부분은 한 곳에 정확하게 포커싱하지 못했기 때문이다.

<Copyright by SH Lee>   [그림 5-7 ESG 집중화]

ESG 집중화는 기업이 모든 ESG 활동에 균등하게 자원을 투입하기보다는, 기업의 정체성과 관련된 핵심 ESG 영역에 초점을 맞추고 자원을 효율적으로 활용하는 것을 의미한다. 이는 ESG 활동의 효과를 극대화하고, 기업이 추구하는 비전과 연계된 분야에서 두각을 나타낼 수 있도록 돕는다. 이를 통해 기업은 ESG 목표를 현실화하고, 지속 가능한 발전의 토대를 마련할 수 있다. 홈플러스의 집중화의 경우 '4랑 운동'이라는 체계 안에서 다시 선택과 집중에 들어갔다. 미래의 주인공이자 장래 홈플러스의 고객이 될 어린이들을 핵심 대상으로 선택해 환경, 나눔, 가족, 지역 등 각각의 분야마다 조금 더 집중할 구체적인 활동을 뽑은 것이다.

환경사랑 분야의 어린이 환경 리더 발굴, 나눔사랑 분야의 어린생명살리기 캠페인, 가족사랑
분야의 위탁가정 어린이 지원, 지역사랑 평생교육스쿨 운영 등 이 네 가지 프로그램은
어린이들을 대상으로 집중한 활동들이다. 선택과 집중을 해야 장기적으로 오래 할 수 있다.

환경사랑의 핵심으로 추진해온 어린이 환경 그림대회의 경우, 2000년 그림대회를 처음
시작하면서 앞으로 20년간 활동할 정량적인 목표를 세웠다. 현재 이 그림대회는 22년째를
맞으며 국내 최대 규모의 어린이 환경 그림대회로 자리잡았다. 한 해 약 5만여명의
어린이들이 대회에 참가한다. 이 대회가 50년, 100년 계속된다고 생각해보라.
어릴 때 그림을 접수하기 위해 매장을 찾았던 아이들이 커서 고객이 될 것이고
또 그 자녀들의 손을 잡고 매장을 찾는 모습을 보게 될 것이다. 아마 홈플러스보다
더 유명하게 브랜드 가치가 높은 행사가 될 수도 있을 것이다.

나눔사랑의 어린생명살리기 캠페인은 가정 형편이 어려워 백혈병 등 소아암으로 고통받는
어린이들에게 상품 매출의 일부를 기부하여 수술비와 치료비 지원을 통해 생명을 살리는
운동이다.
가족사랑의 위탁가정 어린이 지원은 친부모 돌봄을 받지 못하여 위탁부모에게 양육받는
복지 사각지대에 있는 어린이들을 대상으로 교육비, 생활비 등을 지원해 올바른 가정생활을
할 수 있도록 돕는 제도이다.
지역사랑의 평생교육 스쿨은 전국 최대 규모의 평생교육 시설을 구축해 연 100만 명 이상의
지역 주민에게 양질의 교육을 제공하고 있는 프로그램이다. 특히 전체 프로그램의
70% 이상은 어린이를 대상으로 하고 있다.

이렇게 '환경', '나눔', '가족', '지역'이라는 네가지 분야를 선택해 '어린이'에 집중할 때
거기서 강력한 힘이 생긴다.

[연계화] '협업을 통한 풀뿌리 파급 효과'

함께 연결하여 경쟁력을 키운다.

ESG 연계화는 기업들이 사회공헌 활동에 효과적으로 참여할 수 있도록 내부와 외부의
이해관계자들을 연결하여 경쟁력을 강화하는 전략이다. 많은 기업이 사회공헌의 필요성을
인식하지만, 경험 부족, 자원 한계, 체계적 지원 부재로 참여에 어려움을 겪는다.
이러한 상황에서 ESG 연계화는 기업의 사회공헌을 지원하고,
네트워크를 통해 기업 간 협력을 촉진하며, 사회적 가치를 창출한다.

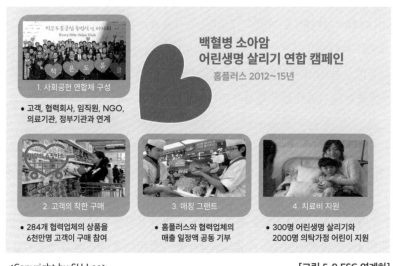

<Copyright by SH Lee>   [그림 5-8 ESG 연계화]

홈플러스의 '어린생명살리기 캠페인'은 ESG 연계화를 통해 고객, 협력사, 지역사회가 함께
사회적 가치를 창출한 성공적인 사례다. 고객의 구매를 사회공헌으로 연결하고, 협력사와의
매칭 그랜트 방식을 통해 상생 모델을 구축하고, 다양한 이해관계자와의 협력으로 지속
가능성을 높였다. 이같은 ESG 연계화 전략으로 홈플러스는 연간 6000만 명의 고객, 3만 명의
직원, 284개 협력사의 참여를 유도하며 대규모 사회공헌 생태계를 구축했다.

홈플러스는 ESG 경영을 다양한 그룹들과 연계화된 방식으로 사회적 영향을 창출했다.
첫째, 고객이 사회적 가치를 창출하는 주체가 되도록 유도했다. '생명의 쇼핑카트' 캠페인을
통해 특정 협력업체의 상품을 지정하고, 고객이 해당 상품을 구매할 때마다 일정 금액이
기부되도록 설계했다. 고객들은 자연스럽게 ESG 활동에 참여하고, 기업은 ESG 경영을
고객 중심의 모델로 구축했다.

둘째, 협력사와의 공동 기여를 통한 상생을 실현했다. 매칭 그랜트 방식을 도입하여 협력업체
와 함께 매출액의 1%씩을 추가로 기부, 총 2%의 매출액이 기부로 이어지는 구조를 만들었다.
협력사와 사회적 가치 창출을 결합한 ESG 모델로, 기업 전반에 긍정적인 영향을 미쳤다.
셋째, 사회적 책임을 실질적인 지원으로 연결했다. 홈플러스는 기금을 활용해 소아암 어린이
306명에게 치료비를 지원하고, 2043명의 위탁가정 어린이에게 생활비와 교육비를 제공했다.

홈플러스의 ESG 연계화 전략은 기업의 사회적 역할을 확대하는데 기여했다.
첫째, 이해관계자 협력의 확대를 이루었다. 고객, 협력사, NGO, 의료기관, 정부기관 등과
협력하여 ESG 활동의 범위를 확장해 기업의 사회적 책임이 보다 영향력을 가지도록 했다.
둘째, 사회적 가치와 경제적 가치를 동시에 창출하는 ESG 모델을 구축했다. ESG 활동이
기업의 수익과 별개로 운영되는 경우가 많지만, 기부와 매출을 연결하는 구조를 통해 경제적
이익과 사회적 책임을 동시에 실현하는 전략을 도입했다.
셋째, 브랜드 신뢰도와 고객 충성도를 높이는 효과를 거두었다. '생명의 쇼핑카트' 캠페인은
단순한 유통업체에서 벗어나 사회적 책임을 다하는 기업으로 자리 잡도록 기여했다.

홈플러스는 ESG 연계화를 더욱 심화하기 위해 '작은도움 클럽'을 운영했다.
이는 54개의 기업, NGO, 재단, 협회 등이 협력하는 사회공헌 연합체로, 기업 간 협력과
사회적 책임을 결합한 ESG 모델이다. 작은도움 클럽은 기업 간 ESG 협력을 위한
플랫폼 역할을 하며, 기업들이 보다 전략적으로 ESG 경영을 실행할 수 있도록 지원하는
구조를 마련했다.

[통합화] '한방향 통합으로 시너지 극대화'

ESG 활동의 통합화는 ESG 요소를 기업의 경영 시스템 전반에 통합하여 시너지를 창출하는 전략적 접근이다. 기업 활동의 각 기능과 ESG 목표를 일치시키고, 이를 통해 단순한 '추가 활동'이 아니라 기업의 본질적인 핵심 경쟁력으로 승화시키는 것이다.

	구조화	집중화	연계화	통합화	계량화	내재화
ESG						
마케팅						
구매			ESG 비전과 목표를 향해			
생산/운영			각각의 조직 기능부서 활동이			
재무			한 방향으로 통합되어야 한다.			
인사						
⋮						

\<Copyright by SH Lee\>   [그림 5-9 ESG 통합화]

통합화는 ESG 활동을 마케팅, 구매, 생산/운영, 재무, 인사 등 경영의 모든 기능에 연결해 하나의 시스템으로 작동하게 만드는 것을 의미한다. 기업의 모든 기능에 ESG를 통합하면 중복되는 활동이 줄어들고 자원을 효율적으로 배분할 수 있어 경영 비용 절감과 성과 극대화에 기여한다. 또한, 부서 간 통합적 협력을 통해 조직 전체의 목표 달성을 촉진하며, 부서 간 시너지를 창출한다. 더 나아가 ESG 통합화는 사회적 책임을 다하면서도 브랜드 이미지와 시장 경쟁력을 강화해 장기적인 경제적 이익을 창출한다.

ESG에 대한 인식이 점차 확대되고 있음에도 불구하고, 여전히 일부에서는 이를 기업의 홍보나 대외협력부서에서만 추진하여야 하는 단순한 '자선사업'으로 바라보는 시각이 여전히 남아 있다. 그러나 ESG 경영의 관점에서 볼 때, 사회적 책임은 마케팅, 판매, 운영, 인사 등과 같은 기업 경영 활동의 주요 요소들과 유기적으로 통합되어야만 성공할 수 있다. 지속 가능성이 높은 기업과 ESG를 효과적으로 실현하는 기업들은 기업 전체 시스템 내에서 환경(E), 사회(S), 지배 구조(G)의 가치를 전략적으로 결합하고 내재화한 사례를 보여준다.

예를 들어, 홈플러스는 사회공헌 활동을 체계적으로 운영하기 위해 홈플러스 e파란 재단 이라는 별도의 조직을 설립했으며, 이를 통해 마케팅, 점포 운영, 영업, 재무, 인사 관리 등 회사의 핵심 기능과 사회공헌 활동을 통합했다. 기업 경영 시스템 내에 통합됨으로써 어쩔 수 없이 해야 하는 의무가 아니라 기업의 핵심 경쟁력이 되도록 만든 것이다. 이러한 통합은 단순한 의무를 넘어 기업의 지속 가능한 핵심 경쟁력으로 작용했다.

삼성전자, SK그룹, LG그룹, 한화, 롯데 등의 국내 주요 대기업들은 2021년 3월 ESG 관련 위원회를 설립하고, 이를 활용해 ESG 전략과 정책을 수립하며 전사적으로 통합하고 있다. 이를 통해 모든 경영 활동에 ESG 가치가 반영되며, 기업의 경쟁력을 한층 더 높이고 있다. 특히, 각 그룹의 '045 탄소 중립' 또는 '2050 탄소 중립' 목표는 ESG 가치가 재무적인 성과와 일치함을 잘 보여주는 사례이다. 재생 에너지 사용 확대와 친환경 사업 투자를 포함한 다양한 ESG 활동은 기업의 지속 가능성을 높이며, ESG 경영이 기업의 장기적 성과와 지속 가능한 성장을 위한 기반이 된다.

주요기업의 사례로, 삼성전자는 친환경 제조 공정 도입, 공급망의 환경·사회적 기준 강화를 통해 ESG 목표를 설계부터 유통까지 반영하며 지속 가능한 경영의 모범을 보였다. 유니레버는 ESG를 경영 전략에 통합해 재활용 가능한 포장재와 지속 가능한 원료를 활용하며, 운영, 생산, 마케팅에 일관성을 부여해 친환경 제품 비율을 높이고 시장 경쟁력을 강화했다. GE는 에코매지네이션 프로그램을 통해 에너지 효율 제품과 재생 가능 에너지 기술을 개발하고, ESG를 제품 개발과 제조 공정에 통합해 글로벌 시장에서 리더십을 확보했다.

[측정화] '측정과 평가로 지속 개선'

ESG는 구호가 아니라, 바로 실행이다. It's not lip services, it's just practice.
경영의 다른 기능들과 마찬가지로 ESG 역시 정교한 측정과 평가 시스템이 갖추어 져 있어야
제대로 작동할 수 있다. 기업의 주요 사업부문의 영업활동은 목표를 수립하고 과정을 측정하지
않는 회사는 거의 없지만, ESG 활동에 대해 목표를 수립하고 성과를 측정하는 회사는 의외로
많지 않다. 기업 활동의 중요한 부분이라고 말하면서도 정작 그 성과를 측정하고 평가하지
않는다면 말 뿐이라고 할 수밖에 없다.

<Copyright by SH Lee> [그림 5-10 ESG 측정화]

ESG 계량화는 KPI 주요성과지표를 설정하여, ESG 목표를 체계적으로 관리하고 그 진행
상황을 평가하는 시스템이다. 이를 통해 기업은 ESG 활동의 효과를 정량적으로 분석하고,
이를 바탕으로 전략적 결정을 내릴 수 있다.
홈플러스는 스티어링휠 평가 관리를 도입하여 ESG 계량화를 통해 체계적인 성과 관리를
구현했다. CO₂ 배출 절감, 쓰레기 줄이기, 사회적 약자 지원, 지역사회 고용 창출 등
주요성과지표(KPI)를 설정하고, 분기별로 성과를 평가해 데이터 기반으로 시각화 및 관리했다.
이를 통해 환경, 사회, 재무성과를 종합적으로 측정하며 ESG 목표를 효과적으로 달성했다.

ESG 활동의 6가지 주요성과지표(KPI)를 설정해 각 목표의 진행 상황을 분기별로 평가하고
색상(BGAR)으로 시각화해 관리한다.

1. CO$_2$ 배출 절감 : 1~2분기에서 Amber 상태였으나, 3분기 이후 Green으로 전환되었다.
태양광 패널 설치와 에너지 효율화, 물류 시스템 최적화을 통해 탄소 배출을 절감했다.

2. 쓰레기 줄이기 : 쓰레기 재활용은 초기 Amber에서 점진적으로 Green 상태로 개선되었다.
매장 내 폐기물 분리배출 시스템 강화와 협력업체와의 협력을 통해 포장재를 재활용
가능한 자재로 교체하는 등의 노력이 큰 효과를 냈다.

3. 사회적 약자 도움 : 분기별로 지속적으로 Green을 유지했다. 소아암 어린생명 살리기
캠페인과 위탁가정 어린이 지원 활동을 통해 소외계층을 지원하며 사회적 책임을 강화했다.

4. 지역사회 고용 창출 : 꾸준히 Green을 유지하며, 지역 주민 고용 확대와 소상공인
지원 프로그램을 통해 지역 경제를 활성화하는 데 중점을 두고 있다.

5. 협력업체 만족도 : 초기 Amber에서 점진적으로 개선되어 Green에 가까워졌다.
협력사와의 매칭 그랜트 방식의 상생 모델을 통해 성과를 높였으며, 협력사의 환경 관리와
사회적 책임을 지원하는 프로그램이 성과를 냈다.

6. 거버넌스 시스템 : 초기 Red에서 Amber로, 이후 Green으로 개선되었다.
내부 감사와 투명한 의사결정 과정을 강화하고, 협력사와의 ESG 협력 체계를 확립한 결과이다.

글로벌 기업들도 계량화로 ESG 목표를 구체적으로 관리하고 있다.
유니레버는 지속 가능한 생활 계획(Unilever Sustainable Living Plan)을 통해 탄소 배출 감축,
폐기물 감소, 지속 가능한 원료 조달을 KPI로 설정하고, 매년 성과를 분석해 투명하게
공개하며 신뢰를 강화했다.
애플은 2030년까지 전체 공급망과 제품의 탄소 중립화를 목표로, 재생 가능 에너지 사용의
확대와 탄소 배출 데이터 측정을 통해 성과를 매년 공개하며 환경적 리더십을 확보했다.
스타벅스는 플라스틱 사용 감소와 재사용 가능한 컵 사용 확대를 목표로 지속 가능성
보고서를 통해 진행 상황을 계량화하고, ESG 성과를 고객과 투자자에게 투명하게 공유해
브랜드 신뢰를 높였다.

[내재화] '가치가 뿌리내리면 지속 성장'

많은 기업들이 다양한 사회공헌 활동에 나서고 있지만, 이러한 활동이 꾸준히 지속되거나
진정성을 느끼기 어려운 경우가 많다. 이는 사회공헌이 기업의 핵심가치에 깊이 내재되지
않았기 때문이다. ESG 활동의 내재화는 CEO의 의지나 전담 부서의 노력만으로는 부족하며,
조직 구성원들의 자발적이고 적극적인 참여가 필요하다.

기업의 핵심가치에 ESG가 내재화되면 이는 구성원들과의 약속으로 자리잡아 쉽게 흔들리지
않으며, 기업 문화로 뿌리내려 장기적이고 지속 가능한 활동으로 발전할 수 있다.

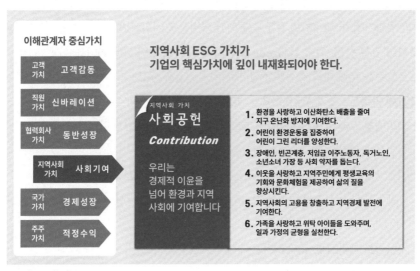

<Copyright by SH Lee>   [그림 5-11 ESG 내재화]

홈플러스는 ESG 내재화를 통해 기업의 핵심 가치를 이해관계자 중심으로 체계화했다.
이는 사회공헌 활동을 기업 문화와 전략에 통합하여 ESG의 본질적인 의미를 실현하는 데
중점을 두었다. 고객/직원/협력회사/지역사회/국가/주주 가치를 중심으로 구축한
6대 가치체계를 통해 각각의 이해관계자들에게 ESG 목표와 활동이 자연스럽게 스며들도록
설계했다. 이러한 과정을 통해 환경 기여, 사회적 약자 지원, 지역사회 기여, 가족가치 창출 등
의 환경과 사회적 책임을 동시에 충족하며 고객과 직원, 협력사 간의 신뢰를 강화했다.

홈플러스의 경우 핵심 이해관계자의 개념을 고객, 직원, 주주, 협력사, 지역사회, 국가 등 6개로 정의하고, 각 이해관계자들에게 고유한 가치를 제공하기 위한 노력을 기울이고 있다.

고유한 가치들은 '우리가 지켜야 할 36가지 수칙 Code of Business Conduct'으로 아래의 실천 내용으로 해당 이해관계자들이 사회기여를 할 수 있는 시스템으로 통합되었다.

- **고객 가치** : 고객들이 환경, 나눔, 이웃, 가족 사랑 운동에 참여할 수 있도록 돕는다.
- **직원 가치** : 우리는 지역사회와 더불어 더 나은 내일을 위해 일한다.
- **협력회사 가치** : 우리의 협력회사를 돕기 위해 상품판매의 공유가치를 창출한다.
- **주주 가치** : 사회적 책임을 통해 존경 받는 기업 이미지를 만든다.

지역사회 가치

- 환경을 사랑하고 이산화탄소 배출을 줄여 지구 온난화 방지에 기여한다 .
- 어린이 환경운동을 집중하여 어린이 그린 리더를 양성한다.
- 장애인, 빈곤계층, 저임금 이주노동자, 독거노인, 소년소녀 가장 등 사회 약자를 돕는다.
- 이웃을 사랑하고 지역주민에게 평생교육의 기회와 문화체험을 제공한다.
- 지역사회의 고용을 창출하고 지역경제 발전에 기여한다.
- 가족을 사랑하고 위탁 아이들을 도와주며, 일과 가정의 균형을 실천한다.

국가 가치

- 물가안정을 도모하고 국민 삶의 질 향상에 기여한다.
- 산지직거래 개선을 통해 농어촌사회를 돕는다.
- 끊임없는 물류 혁신을 통해 세계 최고 수준의 산업 발전을 이끌어낸다.
- 기업 활동에 관련된 법규를 준수한다.
- 정치적 중립을 유지하며 어떤 종류의 정치적기부도 하지 않는다.
- 지속성장을 실현하여 고용을 창출하고 국가 경제 발전에 기여한다.

ESG는 경영활동의 수단이나 전략이 아니라, 기업의 의도 그 자체가 되어야 한다. 즉, 더 나은 세상을 만들기 위한 기업의 핵심가치가 되어야 한다.

⬡ ESG의 혁신권고와 평가

ESG 생태계

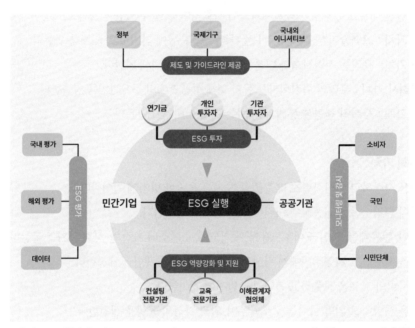

<출처 : ESG 혁신권고안(KMAC, 2023년)>　　　　　　　[그림 5-12 ESG 생태계]

ESG 생태계는 민간기업, 공공기관, 투자자, 정부 및 규제기관, 소비자로 구성된다.

민간기업은 ESG실행의 중심으로, 국내외 평가 기준과 데이터를 활용해 지속가능경영을
추진한다. 공공기관은 ESG 정책 및 지원을 통해 기업과 협력하며, 컨설팅·교육기관 및
이해관계자와 협업해 역량 강화를 돕는다. 투자자는 연기금, 개인 및 기관 투자자로 구성되며,
ESG 투자를 통해 지속 가능성을 촉진한다.
정부 및 국제기구는 제도 및 가이드라인을 제공하며, ESG 확산을 위한 인센티브를 지원한다.
소비자 및 시민사회는 ESG 가치 확립과 공정한 시장 조성을 요구하며, 기업의 지속 가능성
노력을 감시하고 평가하는 역할을 한다.

ESG 경영은 기업의 지속 가능성을 결정하는 핵심 요소로 자리 잡고 있다.
유럽에서는 공급망 실사법과 탄소국경세가 시행되고 있으며, 미국 증권거래위원회(SEC)도
기후공시 의무화를 추진하고 있다. 환경(Environment), 사회(Social), 지배구조(Governance)
전반에서 글로벌 규제가 강화되며, 글로벌 가치사슬(GVC)도 변화한다. 러우 전쟁과
미중 패권 갈등으로 인한 원자재 수급 차질과 인플레이션 압력으로 기업의 리스크 관리
필요성이 커졌다.

한국 정부는 2021년 기업의 ESG 경영을 지원하기 위해 'K-ESG 가이드라인'을 발표했으며,
이후 글로벌 ESG 규제와 공급망 실사 확산에 대응하기 위해 '공급망 대응 K-ESG
가이드라인'을 추가로 도입했다. 기업과 공공기관도 ESG 경영을 체계적으로 정착시키기 위해
전담 조직을 신설하고, ESG 전략을 내재화하는 노력을 기울이고 있다. 투자자들도 ESG
성과를 중요한 투자 기준으로 삼고 있으며, ESG 기반 투자 규모를 확대하고 있다.

하지만 일부 기업들은 ESG를 비용 부담으로 인식하고, ESG 경영에 소극적인 태도를 보이고
있다. 이는 ESG를 단기적인 규제로만 바라보는 근시안적 시각에서 비롯된 것이다.
ESG는 단순한 선택이 아니라 기업의 장기적 경쟁력과 생존을 좌우하는 필수 요소라는 점을
인식해야 한다. 한국 기업들의 ESG 수준은 기업 규모에 따라 차이를 보이고 있다.

상장기업들은 ESG 인프라 구축과 대응이 비교적 원활하지만, 비상장기업, 중소기업, 대학,
공공기관 및 지자체 등은 이제 막 ESG 경영을 도입하는 단계에 있다. 지속 가능한 가치 창출의
기회로 활용해야 하며, 투자자는 ESG 투자 원칙을 정립하고 확대해야 한다. 평가 및 컨설팅
기관은 ESG의 신뢰성을 높이고, 기업들의 실질적인 ESG 개선 방향을 지원해야 한다.
정부는 규제 중심이 아닌 인프라 구축과 지원 중심의 접근 방식을 강화해야 한다. 기업들이
ESG 격차를 해소할 수 있도록 정책적 가이드를 제공하고, 공공기관과 협력해 ESG 교육과
정보 공유를 확대해야 한다. 시민사회는 기업과 정부의 ESG 이행을 감시하고 지속적인
개선을 요구하는 역할을 수행해야 한다.

ESG 혁신 권고안

구분			권고안
공통	ESG	권고 1	ESG를 기업 경영의 핵심가치에 내재화해야 한다.
		권고 2	ESG 비전과 목표는 각 기업의 핵심가치에 맞게 설정하고 측정 가능해야 한다.
		권고 3	ESG 목표를 성취할 수 있는 전략을 세우고 주요 추진과제로 실천해야 한다.
		권고 4	ESG정보 공시 비용은 공정 전화 비용으로 인식해야 한다.
		권고 5	환경과 사회에 관한 ESG 경영을 실천하고 생존을 넘어서는 성장의 동력으로 활용해야 한다.
기업	환경 & 사회	권고 6	환경과 사회에 관한 ESG 경영을 실천하고 생존을 넘어서는 성장의 동력으로 활용해야 한다.
		권고 7	환경과 사회에 관한 ESG 활동은 전체 밸류체인의 관점에서 통합적으로 접근하고 확산해야 한다.
		권고 8	ESG경영을 이행하고 확산할 수 있는 신뢰 중심의 지배구조를 확립해야 한다.
		권고 9	지배 구조의 전문성을 갖추어 ESG 리스크를 관리하고 새로운 사업 기회를 찾을 수 있어야 한다.
		권고 10	수의 추구 이상의 공적 기능을 인지하고 수행해야 한다.
ESG 투자	투자 활동 원칙	권고 11	수익 추구 이상의 공적 기능을 인지하고 수행해야 한다.
		권고 12	지속 가능한 ESG 투자 환경과 생태계를 조성해야 한다.
		권고 13	ESG 경영을 개선하는 기업에 적극적으로 투자하되 개선하는 기업에는 투자하지 않는다.
평가 기관		권고 14	글로벌 기준으로 통용될 수 있는 평가체계와 기준을 제시하고 이에 따른 세부지침을 제공해야 한다.
		권고 15	ESG 평가 활동은 독립적이며 투명하고 공정하게 실시해야 한다.
데이터 제공기관		권고 16	평가 기관에 제공할 조사 활목들에 대한 기본 통계 및 기준치를 주기적으로 투명하게 공개해야 한다.
		권고 17	평가 데이터의 시의성과 정확성을 확보해야 한다.
컨설팅 기관		권고 18	이해 관계자의 업종 및 개별적 특성을 반영한 맞춤형 ESG 컨설팅 서비스를 제공해야 한다.
		권고 19	ESG 전문 인력을 체계적으로 육성하고 전문적 지식을 사회와 산업 전반으로 확산해야 한다.
이해관계자 협의체		권고 20	이해 관계자 모두가 정보를 공유하고 소통하여 지속 가능한 ESG 실행과 생태계 조성을 촉진해야 한다.

[그림 5-13 KMAC 2023 ESG 혁신 권고안]

자본주의 4.0시대에 접어들면서 전 세계적으로 ESG경영에 대한 시선이 바뀌고 있다. 기업 뿐만 아니라 공공기관 및 지방정부, 대학 등 모든 경영주체에게 ESG경영은 더 이상 선택이 아닌 필수가 되고 있다. 그러나 이념충돌에 의한 미중 갈등, 우크라이나 전쟁 등으로 불확실성이 심화되어 가고 있는 현 시점에서 ESG의 실효성에 대한 회의 섞인 이야기도 나오고 있다.

그럼에도 UN과 세계 각국에서는 상호협력하여 ESG경영에 대한 통합적인 글로벌 가이드 라인을 제시하고자 노력하고 있다. 국내에서도 정부 각 부처와 투자기관에서는 다양한 ESG정책을 제시하고 있으며, 기업도 ESG경영에 대한 중요성과 필요성을 인식하고 있으나, 아직도 ESG경영에 대한 최고경영자의 추진의지와 내부 공감대 형성이 부족한 기업들이 많은 것도 현실이다. 이것이 바로 미래 지속가능 성장에 대한 문제의 시작이다.

불확실한 변화의 물결 속에서 위기를 극복하고 한계를 뛰어넘는 지속가능한 성장을 하기 위해서는, ESG경영을 통해 더 나은 세상을 만드는 기업의 이미지를 만들어 나가야 한다.
건강한 지구환경, 따뜻한 사회, 투명한 지배구조 등 ESG를 경영의 핵심가치로 내재화하여 실천할 때 비로소 지속가능한 성장을 이루어 낼 수 있다.
지난 7개월간 13명으로 구성된 경영자와 연구진이 ESG에 대한 한국과 글로벌 ESG 생태계를 재조명해보고, 핵심적으로 추진해야 하는 「20가지 ESG 권고안」을 제시하였다.
'우리가 만들면 글로벌 스탠다드가 됩니다.' 우리가 만드는 K-ESG경영이 글로벌 스탠다드의 기준이 되는 가까운 미래를 기대해 본다.
이번 권고안이 대한민국 ESG생태계의 활성화와 진정한 ESG경영으로 가는 초석이 되기를 간절히 바란다.

<출처 : KMAC 2023 ESG 혁신 권고안 발간사>

ESG 혁신 권고안 세부

공통 - ESG 기본

권고 1 ESG를 기업 경영의 핵심가치에 내재화해야 한다.

- 기업이 ESG를 지속해서 실천하기 위한 기업 내부의 필수요건은 ESG를 기업 경영의
  핵심가치에 내재화하며 제 요소에 통합하여 추진해야 한다.

- ESG는 기업 생존의 필수 과제로, 부분적·단편적 접근이 아니라 경영철학, 비전, 핵심가치에
  통합하고 기존 전략을 ESG 관점에서 재정의·조정·개선해야 한다.

권고 2 ESG 비전과 목표는 각 기업의 핵심가치에 맞게 설정하고 측정 가능해야 한다.

- 업(業)에 따라 경영의 방향성이 각기 다른 것처럼, ESG 역시 업의 특성에 따라 다르게
  구현되므로 업의 가치에 부합하는 ESG 전략이
  필요하다.

권고 3 ESG 목표를 성취할 수 있는 전략을 세우고 주요 추진과제로 실천해야 한다.

- 모든 기관은 측정 및 계량화가 가능하도록 ESG 성과를 관리하여야 하며 구체적인 중장기
  목표에 기반하여 꾸준히 개선하기 위해 노력해야 한다.

- ESG 요소의 일부 항목은 연도별 성과와 3~5년간의 추이 및 달성 수준을 지속적으로
  점검해야 하므로, 각 기관은 글로벌 표준과 시기와 수준이 명확한 목표를 설정해야 한다.

권고 4 이해관계자와 상호 협력하고 공급망 체계 내의 파트너십으로 ESG경영을 확산해야 한다.

- 기업이 ESG를 지속해서 실천하기 위한 기업 외부의 필수요건은 다양한 이해관계자와의
  건전한 생태계 조성 및 협력이다.

- ESG 요소는 초지리적·초세대적 문제로 역할 분담과 실행 성과의 투명 공시 등
  생태계 구축이 필요하다.

권고 5 ESG 정보 공시 비용은 공정 전환 비용으로 인식해야 한다.

- ESG에 대한 사회적 관심이 높아진 중요한 요인은 정보의 접근성이 확대되었기 때문으로,
  ESG 정보 공시 비용은 자산운용사도 공정 전환 비용으로 참여해야 한다.

기업 - 환경 & 사회

권고 6 환경과 사회에 관한 ESG경영을 실천하고 생존을 넘어서는 성장의 동력으로
활용해야 한다.

- 환경과 사회에 관한 ESG경영의 책임을 비용적 요소로만 보는 것이 아니라, ESG 활동을 통한
경제/사회적 다양한 가치 창출을 위한 전략적 요소로 보는 관점의 전환이 필요함.

권고 7 환경과 사회에 관한 ESG 활동은 전체 밸류체인의 관점에서 통합적으로 접근하고
확산해야 한다.

- 제품의 밸류체인 일부에서 문제가 발생하더라도 소비자에게 전달/판매하는 기업에게 사회적
책임을 묻는 방향으로 책임의 범위가 확대되어가고 있다.

권고 8 환경과 사회에 관한 ESG 리스크는 사전 관리되어야 하며 엄격한 평가를 통해 정확히
공시해야 한다.

- 기업은 환경과 사회 리스크가 우리 기업에 미칠 잠재적 영향을 평가할 것을 권고한다.

권고 9 ESG경영을 이행하고 확산할 수 있는 신뢰 중심의 지배구조를 확립해야 한다.

- ESG 관련 지배구조의 역할이 대두되면서 경영진이 ESG 관련 전략을 제대로 수립하고
활동하는지, 공시 의무를 준수하는지 등에 대한 감독 책임을 강화해야 한다.

권고 10 지배구조의 전문성을 갖추어 ESG 리스크를 관리하고 새로운 사업 기회를 찾을 수
있어야 한다.

- 기업의 지배구조를 공정하고 효율적으로 구성하여, 잠재적인 전환·물리적 리스크 요인을
감축해야 한다.

기업 - 지배구조

권고 9 ESG경영을 이행하고 확산할 수 있는 신뢰 중심의 지배구조를 확립해야 한다.

- ESG 관련 지배구조의 역할이 대두되면서 경영진이 전략을 제대로 수립하고 활동하는지,
해당 사항에 대한 공시 의무를 준수하는지 등 감독 책임을 강화해야 한다.

권고 10 지배구조의 전문성을 갖추어 ESG 리스크를 관리하고 새로운 사업 기회를 찾을 수
있어야 한다.

투자자 - 투자 활동 원칙

권고 11 수익 추구 이상의 공적 기능을 인지하고 수행해야 한다.

- ESG 투자자는 사회로부터 대규모 자금을 모집하여 막대한 권한을 행사하는 만큼 그 역할을
  단지 수익추구 이상으로 보고 공적 기능을 수행할 수 있음을 인지해야 한다.
- ESG 투자는 단순 배제를 넘어 적극적인 소유 정책이 필요하며, 무기·담배·러시아 기업 등의
  예와 같은 ESG 기준 위배 섹터에 대한 능동적 대응이 요구된다.

권고 12 지속 가능한 ESG 투자 환경과 생태계를 조성해야 한다.

- 투자자는 ESG 투자 원칙을 정립하고 원칙에 따른 ESG 책임 투자를 실천 및 확대해야 하며
  지속적인 자본 유입 및 가치 공유를 위해 건전한 ESG 체계를 구축하고 있는 투자처를
  발굴해야 한다.

**권고 13 ESG경영을 개선하는 기업에 적극적으로 투자하되 개선하지 않는 기업에는 투자하지
　　　　　않는다.**

- ESG 요소는 온실가스 배출 기업이나 전쟁 및 지역 분쟁 유발 기업에 대한 투자 기피뿐만
  아니라, 물과 삼림 보호를 위해 자금을 지원하는 기업이나 주주 가치를 보호하는 이사회 구성
  및 운영 기업에 대한 적극적 투자를 포함한다.

투자자 - 평가 기관

**권고 14 글로벌 기준으로 통용될 수 있는 평가체계와 기준을 제시하고 이에 따른 세부지침을
　　　　　제공해야 한다.**

- ESG 자체가 글로벌 규범이기 때문에, 글로벌 차원에서의 수용성 제고가 필요하다.
- 평가 기준은 전문가가 참여하는 주기적 리뷰를 통해 갱신해야 하며, 평가기관은 윤리성과
  저작권 보호를 철저히 준수해야 한다.

권고 15 ESG 평가 활동은 독립적이며 투명하고 공정하게 실시해야 한다.

- 평가 기관에 대한 고객과 이해관계자들의 신뢰 수준을 높이기 위해 평가 활동의 독립성을
  보장하는 것이 매우 중요하다.

데이터 제공 기관

**권고 16 평가 기관에 제공할 조사항목들에 대한 기본통계 및 기준치를 주기적으로 투명하게
         공개해야 한다.**
- 평가의 기초 데이터와 신뢰성을 투명성하게 확보하는 것은 매우 중요하며 관련 전문가 및
  잠재적인 기업고객 등을 위해 기초정보를 공개하는 것이 바람직하다.
- 적정 요청 조건을 갖춘 기관과 개인에 대해 가능한 차별 없이 정보를 제공하는 것이 바람직하다.

권고 17 평가 데이터의 시의성과 정확성을 확보해야 한다.
- 평가 기관들은 과학적인 측정 방법 개발 등을 통해 사회과학에서 일반적으로 요구하는
  수준의 타당성과 신뢰성을 확보하는 것이 기본적으로 필요하다.
- 데이터 제공 기관은 신뢰성을 확보하기 위해 데이터 관리 인력의 전문성을 강화해야 한다.

컨설팅 기관

권고 18   이해관계자의 업종 및 특성을 반영한 맞춤형 ESG 컨설팅 서비스를 제공해야 한다.
- 컨설팅의 품질 수준 제고를 위해 ESG와 관련된 고객 기업의 특성을 확인할 수 있는
  진단 프로세스를 사전에 마련해 적용해야 한다.
- 컨설팅 기관은 고객의 피드백을 반영해 맞춤형 서비스를 개선해야 하며,
  ESG Washing 방지를 위해 신뢰성과 투명성을 확보해야 한다.

권고 19 ESG 전문 인력을 육성하고 전문적 지식을 사회 전반으로 확산해야 한다.
- 컨설팅 기관으로서의 탁월성을 확보하기 위해 최고의 ESG 전문성을 지향해야 한다.
- 전문 인력의 체계적 육성을 통해 ESG 전문성을 강화하고, ESG 규범 확산이 산업과
  사회 발전에 기여하도록 적극적인 노력 해야 한다.

이해관계자 협의체

**권고 20 이해관계자 모두가 정보를 공유하고 소통하여 지속 가능한 ESG 실행과 생태계
         조성을 촉진해야 한다.**
- ESG 전문기관들은 산학연 확장 협의체를 구성하고, 정보교류를 활성화한다.

ESG 혁신 평가

국민연금기금 국내 주식 ESG 평가 체계

이슈		평가지표
환경 (E)	기후변화	기후변화 온실가스 관리 시스템, 온실가스 배출량, 에너지 소비량
	환경영향관리	청정생산 관리 시스템, 8수 사용량, 화학물질 사용량. 대기오염물질 배출량 폐기물 배출량
	친환경 제품개발	친환경 친한경제품개발 활동, 친환경 특허 친한경 제품 인증, 제품 환경성개선
사회 (S)	인적자원관리 및 인권	급여, 복리후생비 고용증감, 조직문화, 근속연수, 인권, 노동관행
	산업안전	산업안전 보건안전 시스템. 보건안전 시스템 인증, 산재다발 사업장 지정
	공정거래	거래대상 선정 프로세스, 공정거래자율준수 프로그램, 협력업체지원활동, 하도급법 위반
	제품안전과 소비자보호	제품안전 시스템, 제품안전 시스템 인증, 제품관련 안전사고 발생
	정보보호	정보보호 시스템, 외부인증, 정보보안 유출사고
지배 구조 (G)	주주의 권리	경영권 보호장치, 주주의견 수렴장치, 주주총회 공시시기
	이사회 구성과 활동	대표이사와 이사회 의장 분리, 이사회 구조의 독립성 이사회의 사외이사 활동 구성 현황, 이사회활동, 보상위원회 설치 및 구성, 이사보수정책 적정성
	감사제도	감사위원회 사외이사 비율, 장기재직 감사(위원) 비중, 감사용역비용 대비 감사용역비용 비중
	관계사위험	순자산대비관계사우발채무비중,관계사매출거래비중,관계사매입거래비중
	내부통제와 준법	내부통제 및 준법경영시스템, 시스템 외부인증, 내부통제 및 준법경영 위반여부

<출처 : 국민연금기금 수탁자책임활동보고서(2021)>　　[그림 5-14 국민연금 국내주식 ESG 평가체계]

환경(E) : 기후 변화 대응과 지속 가능한 생산

환경 영역에서는 기업의 기후 변화 대응, 환경영향 관리, 친환경 제품 개발을 평가한다. 온실가스 배출 감축과 에너지 효율 개선이 주요 요소이며, 국민연금은 기업의 온실가스 관리 시스템, 탄소 배출량, 에너지 소비량 등을 분석한다. 또한, 환경오염을 줄이는 청정생산 시스템 도입 여부와 화학물질 및 폐기물 배출량 감축 노력을 평가한다. 기업이 친환경 제품을 개발하고 인증을 획득했는지도 주요 고려 사항으로, 이는 친환경 경영이 기업 경쟁력으로 작용하는지를 판단하는 기준이 된다.

사회(S): 노동 환경과 공정한 비즈니스 관행

사회 영역은 인적자원 관리, 산업안전, 공정 거래, 제품 안전과 소비자 보호, 정보보호 등으로 구성된다. 기업의 지속 가능성은 근로환경과 조직문화에서 시작되며, 급여, 복리후생, 고용 안정성, 인권 보호 등이 평가 기준이다. 또한, 산업안전 체계 구축, 재해 발생률, 안전보건 인증 여부를 점검하며, 공정한 하도급 거래 관행과 협력업체 지원 활동도 평가한다. 제품 안전성, 사고 발생 여부, 정보 보호 시스템 운영도 평가 요소이며, 기업의 공정경쟁 유지 및 사회적 기여 노력을 확인해 지속 가능한 비즈니스 모델 구축 여부를 분석한다.

지배구조(G): 투명한 경영과 주주 권리 보호

지배구조는 주주 권리 보호, 이사회 운영, 감사제도, 관계사 리스크, 내부통제와 준법 등을 평가한다. 기업의 지속 성장을 위해 독립적이고 투명한 의사결정 체계가 필요하며, 주주총회 운영 투명성, 주주 의견 수렴 절차를 분석한다. 또한, 이사회 독립성, 사외이사 비율, 보상위원회 운영 여부를 점검하며, 감사위원회의 독립성과 효과적인 감시 기능 작동 여부도 평가한다. 계열사와의 관계에서 재무적 리스크 관리, 내부거래 비율을 분석하며, 배당 정책의 일관성과 주주 가치 제고 노력을 평가해 지속 가능한 배당 구조를 갖추고 있는지를 확인한다.

⬡ ESG 마무리

ESG 규범과 법 제도의 변화

ESG 경영은 오늘날 사회와 경제 체제의 지속 가능성을 높이는 핵심 전략으로 자리 잡고 있다. 이를 실현하기 위해 국제적 규범과 국내외 법 제도가 빠르게 발전하고 있으며, 기업들은 이러한 변화에 적응하여 ESG 리스크를 관리하고 경쟁력을 강화해야 한다. ESG 규범은 크게 국제적 사회적 합의와 규범, 국제 및 외국 법령, 국내 법령이라는 세 가지 축으로 나눌 수 있다.

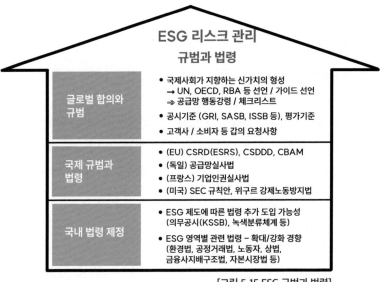

[그림 5-15 ESG 규범과 법령]

ESG 규범과 법 제도는 단순한 규제가 아니라, 기업들이 ESG 규범과 법 제도는 주요 국가에서의 사회적 합의 및 다양한 국제 기구 등을 통한 규범의 발전으로부터 시작되었다. 이는 기업들이 사회적 책임을 다하면서도 지속 가능한 성장을 이루는 기반으로 작용한다. 이러한 규범의 국내 및 국제법제화가 다양한 이해관계자들의 논의와 합의를 바탕으로 추진되고 있으며, 기업은 ESG 기준을 준수함으로써 투명성과 신뢰를 강화하고, ESG 리스크를 사전에 관리하여, 글로벌 시장에서 장기적인 경쟁력을 확보할 수 있다.

1. 국제적 사회적 합의와 규범

국제 사회는 ESG 경영의 새로운 기준을 제시하며, UN, OECD, RBA(책임감 있는 기업 행동 이니셔티브) 등은 글로벌 선언과 가이드라인을 통해 공정한 행동 강령과 체크리스트를 제공하고 있다. 또한, GRI(글로벌 지속 가능성 보고 기준), SASB(지속 가능 회계 기준), ISSB(국제 지속 가능성 기준 위원회) 등은 ESG 평가 기준을 마련해 기업들이 실질적으로 ESG 목표를 달성하도록 돕고 있다. 예를 들어, 글로벌 기업들은 고객과 소비자가 요구하는 투명성과 책임감을 바탕으로 ESG 요소를 충족하기 위해 이러한 규범을 준수하고 있으며, 이는 국제 무역과 파트너십에서 중요한 기준으로 작용하고 있다.

2. 국제 및 외국 법령의 발전

국제 규범은 국가별 법령을 통해 구체화되고 있다.

EU는 CSRD(지속 가능성 보고 지침)과 CSDDD(기업 실사 지침), CBAM(탄소 국경 조정 제도)를 도입해 ESG 보고와 책임을 강화했다. 독일은 공급망 실사법을 통해 공급망 전반에서 ESG 기준을 요구하고, 프랑스는 기업인권 실사법을 통해 노동 및 인권 문제를 관리하도록 규정했다. 미국은 SEC(증권거래위원회)의 ESG 관련 규제와 강제노동 방지법을 통해 글로벌 기업의 ESG 이행을 촉진하고 있다.

이러한 규제들은 국제 시장에서 기업이 경쟁력을 유지하기 위해 반드시 따라야 할 지침으로 자리 잡았다. 예컨대, 독일의 공급망 실사법은 자동차, 전자제품 분야에서 중요한 ESG의 기준으로 작용하며, 관련 기업들은 지속 가능한 공급망 관리 시스템을 구축하고 있다.

3. 국내 법령의 변화

국내에서도 ESG 관련 법령이 점차 확대되고 있다.

환경 관련 법령으로는 탄소중립 기본법과 자원순환기본법이 있으며, 노동 및 공정 거래법과 금융 투명성 강화 법안은 기업 운영에 ESG를 통합하는 데 기여하고 있다. 정부는 ESG 목표를 지원하기 위해 기업의 법적 부담을 줄이는 한편, 다양한 인센티브와 지원책을 마련하고 있다. 예를 들어, 국내의 많은 대기업은 탄소 배출을 줄이기 위해 태양광 패널 설치와 재생 가능 에너지 사용을 확대하며, 중소기업의 환경 기술 도입을 지원하고 있다.

ESG의 '큰바위 얼굴' 비전을 꿈꾼다

미국 작가 너새니얼 호손(Nathaniel Hawthorne)의 소설 "큰 바위 얼굴(The Great Stone Face)"에서
주인공 어니스트(Ernest)는 공동체의 가치를 내면화하며 이상적인 위인을
찾아간다. 이와 마찬가지로, ESG 경영은 기업이 매출과 이익만을 추구하는 것이 아니라,
환경적·사회적 책임을 다하여 공동체에 긍정적인 영향을 미치는 지속적인 과정이다.

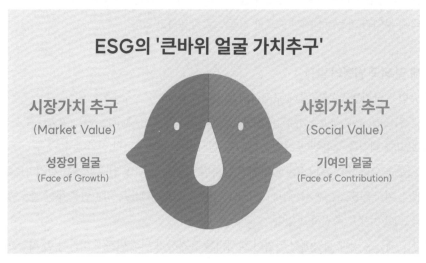

<Copyright by SH Lee>   [그림 5-16 ESG 큰바위 얼굴 비전]

큰바위 얼굴은 '성장의 얼굴'과 '기여의 얼굴'로 나누어 진다.
'성장의 얼굴'은 기업의 '시장가치'를 결정한다. 고객에게 끊임없는 가치를 제공하여 매출과
이익 등 재무적 성과을 이끌어 낸다.
'기여의 얼굴'은 기업의 '사회가치'를 결정한다. 지구환경을 보호하고 사회적 약자에게
도움을 주어, 좋은 기업의 이미지를 만들고, 지속가능 성장을 가능하게 한다.
'성장의 얼굴'과 '기여의 얼굴'이 두 얼굴은 대립하지 않으며, 균형을 이룰 때 기업은 더 높이,
더 멀리 나아갈 수 있다.

기업 경영에서 ESG(Environment, Social, Governance)는 선택이 아닌 필수 요소이다. ESG 경영은 단순히 환경 보호나 사회적 책임을 수행하는 것을 넘어, 기업의 지속 가능성과 장기적인 경쟁력을 확보하는 전략적 접근 방식이다. 이를 위해 기업은 '성장의 얼굴(Face of Growth)'과 '기여의 얼굴(Face of Contribution)'을 조화롭게 유지해야 한다.

도덕적 리더십과 지속 가능성

어니스트는 평생 바위 얼굴을 닮아가며 선한 삶을 살았다. ESG 경영에서도 기업은 단순히 외형적인 성과만이 아니라, 본질적으로 지속 가능한 가치를 추구해야 한다. 윤리적이고 도덕적인 경영은 장기적인 기업의 신뢰도를 높이고 지속 가능한 발전을 이끌어낸다.

환경 보호와 책임감

큰바위 얼굴은 자연 속에서 존재하며, 마을 사람들에게 정신적 지주 역할을 한다. 이는 ESG에서 환경(E) 요소가 강조하는 자연 보호와도 관련이 깊다. 기업은 기후변화 대응과 친환경 기술 도입을 통해 환경을 보호하며, 사회적 가치를 창출해야 한다.

사회적 가치와 공동체 기여

어니스트는 공동체 속에서 도덕적으로 성숙한 삶을 살며 사람들에게 희망과 영감을 주었다. 이는 ESG의 사회(S) 요소와 관련이 있다. 기업이 단순한 이윤 추구를 넘어서 사회적 가치를 창출하고 지역사회와 공존하려는 노력이 필요하다.

투명한 경영과 신뢰 형성

이야기의 핵심은 외적인 모습이 아니라 내면의 성숙이 중요하다는 것이다. ESG의 지배구조(G) 측면에서도 투명한 경영과 윤리적 기업 운영이 강조된다. 기업이 투명한 의사결정과 책임 경영을 통해 장기적인 신뢰를 형성하는 것이 필수적이다.

큰바위 얼굴은 도덕적 리더십과 내면의 성숙이 진정한 위대함을 만든다는 교훈을 전한다. ESG 경영도 이와 마찬가지로 기업이 단순한 성과가 아니라, 윤리적 가치와 지속 가능성을 추구해야 한다는 점에서 공통된 가치를 갖는다. 기업이 ESG를 실천하는 것은 단순한 규제 대응이 아니라, 장기적인 기업 성장과 사회적 책임을 실현하는 길임을 깨닫는 것이 중요하다.

Who

VI. 됨됨이 리더십

덕목이 지식과 행동의 근본이다.

함께 한마음으로 이끌어 가는
리더십의 마지막 열쇠는
리더의 됨됨이 이다.

When

I. 변화의 물결

경영은 변화를
찾아내면서 시작한다.

변화에 대응하고
변화를 기회로 활용한다.

Where

V. 환경과 사회

작은 도움이
더 나은 세상을 만든다.

ESG로 기업이미지를 높여,
한계 이상의 성장을 한다.

인문과 과학으로 보는

통찰경영

What

II. 비전과 목표

인문으로 꿈꾸고
과학으로 관리한다.

크고 담대한 꿈을 이루는
측정가능한 목표를 세운다.

Why

IV. 행동방식

전략의 실행을 가속화시킨다.

핵심가치를 바탕으로
조직의 문화와 일하는 방식이
팀웍과 몰입을 이끌어 낸다.

How

III. 이기는 전략

먼저 이기고, 나중에 싸운다.
선승구전의 경영전략이다.

이기는 환경과 조건을 만들면,
싸워서 반드시 이긴다.

VI. 됨됨이 리더십

덕목이 지식과 행동의 근본이다

▶ 됨됨이 리더십의 의미와 발전

▶ 리더십 광산의 원석

01. 뇌 - 긍정	07. 가슴 - 겸손
02. 눈 - 비전	08. 배 - 용기
03. 귀 - 수용	09. 손 - 신뢰
04. 코 - 대응	10. 둔부 - 회복
05. 입 - 정직	11. 다리 - 혁신
06. 목 - 협력	12. 발 - 열정

▶ 됨됨이 리더십 만들기

▶ 공감 소통의 리더십

이승한

김연성

설도원

⬡ 됨됨이 리더십의 의미와 발전

리더십의 의미

Leadership is Leder's Ship. – 리더십은 리더의 배다 –

리더십은 다양한 사람들을 조직의 비전과 목표를 향해 함께 나아가도록 하는
영향력이다. 나아갈 목표 항구가 없으면 잔잔한 파도에도 표류하게 되고,
나아갈 목표의 항구가 있으면 태풍이 불어도 항해하게 된다.

리더십은

조직의 비전과 목표를
성취하기 위해

조직 내외의 다양한 사람들을
함께 이끌어가는
영향력이다

[그림 6-1 리더십의 의미]

리더십(Leadership)의 어원은 고대 영어 lædere에서 유래했으며, 이는 "길을 안내하다",
"이끌다"라는 뜻을 가지고 있다. 리더십의 본질은 사람과 조직이 목표를 달성하도록
이끄는 영향력의 예술이다. 탁월한 리더는 구성원의 잠재력을 발견하고
이를 극대화하며, 변화와 불확실성 속에서도 명확한 방향을 제시한다.
리더는 비전을 제시하고, 구성원들이 그 비전에 공감하며 스스로 동기부여 될 수 있도록
돕는다. 리더십은 단순히 권위를 행사하거나 명령을 내리는 것이 아니라, 공감소통을 통해
신뢰의 관계를 형성하는 과정이다. 공감소통 이야말로 리더십을 여는 마지막 열쇠이다.

Being behind Knowing and Doing Leadership.

- 덕목의 리더십이 지식과 실행의 근본적인 바탕이다 -

리더가 진정한 덕목이 있어야 조직 내외의 다양한 사람들을 조직의 비전과 목표를 향해 한방향으로 조화롭게 이끌어 갈 수 있다는 뜻이다.

Be-Know-Do 리더십에서 Be는 리더의 인격과 덕목, Know는 지식과 역량, Do는 실행력과 행동, 3가지 핵심요소로 나누어 진다.

Knowing 리더십은 리더가 상황을 이해하고 전략적 결정을 내리기 위한 풍부한 지식과 전문적 역량을 의미하며,

Doing 리더십은 이러한 의사결정을 행동으로 옮겨 탁월한 성과를 창출하는 실천적 과정이다.

Being 리더십은 가치관, 윤리, 신념을 통해 지식(Knowing)과 실행(Doing)의 방향성을 제공하고, 사람들에게 믿음과 신뢰를 통해 목표를 달성할 수 있도록 몰입하는 영향력을 발휘한다.

아무리 뛰어난 지식이나 실행력을 갖추었더라도, 덕목이 부족하면 구성원의 신뢰를 얻기 어렵고, 비윤리적 행동으로 조직을 파괴하고 결국은 실적을 파괴한다.

이 세 가지 리더십은 상호 의존적이며, 덕목(Being)이 바탕이 될 때 지식과 실행이 조화를 이루어 진정한 영향력이 발휘된다.

K-리더십의 본질은 됨됨이 리더십이다.

즉 Being 리더십이다. '됨됨이'는 덕목의 순수한 한국말로, 사람의 품성, 인격, 또는 성품을 의미한다. 한국어에서 특별히 강조되는 문화적 뉘앙스를 담고 있으므로, 영어로 완전히 동일한 의미를 전달하기는 어렵다.

영어로는 상황에 따라 Character, Personality, Virtue, Moral integrity, Nature, Disposition 등 다른 표현으로 번역할 수 있다.

> ### 기산심해(氣山心海)의 됨됨이 리더십
> "기산(氣山) : 기개는 산처럼 높고 강인하고,
> 심해(心海) : 마음은 바다처럼 넓고 깊게 가져라"라는 뜻을 담고 있다.
> "비전의 기개는 높은 산과 같고, 포용의 마음은 모든 강물을 받아 들이는 바다 같아라"라는
> 가르침으로, K-리더십의 가장 본질적인 정신을 담고 있다.

기업가 정신과 리더십

기업가 정신이란 위험을 감수하고 새로운 사업을 시작하고 도전하는 정신이며, 리더십은
그 사업을 비전과 목표를 달성할 수 있도록 사람들을 한 방향으로 끌고가는 영향력이다.
기업가 정신을 가진 리더는 모든 경영 활동에서 보다 나은 세상을 위해
의식있는 사회적 책임을 가지고, 기업의 지속 가능한 성장을 추구해야 한다.

<Copyright by SH Lee>   [그림 6-2 리더십의 써클 모델]

[리더 - 매니저 - 스탭의 상호관계]

리더는 조직이 나아가야 할 비전과 올바른 방향성을 제시하고,
매니저는 비전과 목표를 실현할 수 있는 올바른 방법으로 관리하며,
스탭은 실행의 최전선에서 가장 효율적으로 일해서 성과를 만들어 낸다.

기업가 정신 없이 리더십만 있다면:
혁신과 성장은 제한적일 수 있으며, 기존 시스템의 개선에만 머무를 가능성이 있다.

리더십 없이 기업가 정신만 있다면:
뛰어난 아이디어가 있어도 이를 현실로 만드는 실행력이 부족할 수 있다.

지금, 레스토랑 밖에서 눈이 쌓이고 있다. 당신은 어떻게 하겠는가?

● **경영자(리더): 'Doing right things'**

올바른 방향으로 올바른 결정을 하는 사람이다.

눈이 내려 쌓이기 시작하면 창밖의 상황과 일기예보 등을 파악한 후 바로 눈을 치우도록
결정한다. 리더는 고객들을 위해 지금 바로 눈을 치우는 것이 '올바른 결정'이라 생각하며,
직원에게 영향을 주어 제설 작업을 하게 하고 필요에 따라서는 자신도 함께 작업을 돕는다.

● **관리자(매니저) : 'Doing right things in the right way'**

리더가 결정한 올바른 일을 올바른 방법으로 실행하는 사람이다.

효과적인 제설장비를 동원하고, 사람들을 효율적으로 관리하여 목표를 달성하는 것이
매니저의 몫이다. 매니저가 선택한 방법에 따라 제설 작업의 효율이 크게 달라질 수 있다.
이때 훌륭한 매니저라면 앞으로도 이러한 제설 작업이 반복적으로 일어날 수 있기 때문에
지금보다 더 효율적인 방법을 강구해서 미래를 대비해야 할 것이다.

● **직원(스탭) : 'Doing right things in the right way skillfully'**

올바른 일을 올바른 방법을 동원해 완벽하게 처리하는 사람이다.

동원된 장비를 가지고 제설 작업을 효율적이고도 정확하게 잘 처리해야 하는 것이
바로 장인정신 Craftsmanship이다.

> **주인의식(Ownership) : 'Possessing, Operating, Maintatining things right'**
> 비즈니스를 소유하고 제대로 유지하고 관리 운영하는 사람이다.
> 말 그대로 주인이다. 자기가 소유하고 있는 자산, 즉 레스토랑 비즈니스를 어떻게 잘 관리하여 가치를
> 올리느냐에 가장 큰 관심을 가지고 있다.
> 고객이 접근하기 편리하도록 눈을 치우는 것은 물론 레스토랑의 자산을 더 좋은 상태로 유지하기 위해서
> 눈을 치운다. 주인의식 Ownership은 레스토랑 주인만 가지는 것이 아니라 리더, 매니저는 물론이고
> 스탭까지 조직 구성원 모두가 가져야 할 기본정신이다.
> 신입사원에게도 주인의식을 강조하는 것은 이와 맥락을 같이 한다.

세종의 K-리더십

애민사상(愛民爲樂) 의 군주

"백성이 나를 비판한 내용이 옳다면
그것은 나의 잘못이니 처벌해서는 안 되는 것이다."

경청과 수용의 군주

"경들이 말을 합하여 잘못이라 말하니,
내가 매우 아름답다 여긴다."

열린 리더십
- 세종식 화법
- 자유로운 질문과 토론
- 경연 회의 제도

감동 리더십
- 경청과 설득의 소통
- 노비 출산휴가 제도
- 경로우대의 정치

인재 리더십
- 인재는 나라의 보배
- 강점을 보는 인재관
- 신분 불문 발탁

세종의
K-리더십

지식 리더십
- 집현전, 연구개발 강화
- 싱크탱크 활성화
- 독서와 배움 문화

창조 리더십
- 훈민정음 창제
- 과학기술 발명
- 악보 창안

혁신 리더십
- 기술자 우대
- 혁신적 농법
- 북방 영토 확장

<Copyright by SH Lee>

[그림 6-3 세종의 K-리더십]

[세종 리더십의 10계명]

제 1계명 밥은 백성의 하늘이다.

제 2계명 왕을 추대한 백성들에게 헌신하라.

제 3계명 인재를 기르고 선발하고 맡겨라.

제 4계명 싱크탱크를 활용하고 회의를 잘하라.

제 5계명 억울한 재판이 없게 하라.

열린 리더십 : 세종식 화법으로 자유로운 대화와 토론을 통해 신하들과 신뢰를 구축하고, 상하간의 수평적 소통문화를 형성했다. 경연회의 제도로 학문적 논의를 통해 국정 과제를 심도있게 논의하는 제도를 마련했다.

감동 리더십 : 노비 출산휴가 제도와 같은 정책은 당시로서는 혁신적이었으며, 약자와 소외 계층을 배려한 사회적 안정성을 도모했다.

지식 리더십 : 정책 자문과 연구개발의 중심지로 집현전을 설립하고, 싱크탱크의 운영을 통해 주요한 국가과제를 해결했다. 학문적 성장과 지식기반의 사회문화를 구축했다.

혁신 리더십 : 새로운 기술과 지식을 가진 기술 인재를 적극적으로 등용하고 지원했다. 혁신적 농법을 도입하여 농사직설을 편찬하고 농업 생산성을 높이는 한편, 북방 영토를 확장하기 위해 4군 6진 개척으로 국방과 영토를 강화했다.

창조 리더십 : 세계에서 가장 배우기 쉽고, 미학적(美學的)이며, 표현력이 뛰어난 표음문자인 훈민정음을 창제했다. 특히, 건축적인 구조로 미래사회에 맞는 디지털 문자이다. 앙부일구(해시계), 자격루(물시계) 등 기술개발을 통해 실생활의 편의를 도모했으며, 악보를 창안하여, 예술과 문화를 발전시키고 국가 정체성을 강화했다.

인재 리더십 : 세종은 "인재는 나라의 보배"라는 철학을 바탕으로 능력 중심의 인재를 등용하고, 신분을 초월하여 천민 출신의 장영실을 중용하여 과학기술 발전에 기여했다.

제6계명 외교로 전쟁을 막고 문명국가를 건설하라.
제7계명 영토는 한치도 양보할 수 없다.
제8계명 합리적으로 사고하고 온힘을 기울여 실천하라.
제9계명 자기 관리를 철저히 하라.
제10계명 사회적 약자를 우선적으로 배려하라.

리더의 생각

"내 인생의 80%는 인재를 모으고 교육하는데 시간을 보냈다.
똑똑한 사람을 데려다 바보를 만들면 기업가가 아니다." - 이병철

"불가능하다고? 해보기는 했어?
길을 모르면 길을 찾고 길이 없으면 길을 닦아야지." - 정주영

"인화(人和)는 스스로 풍요롭고 안정감을 가지며,
우리의 힘을 모아 더 큰 일을 해내는 원동력이 된다." - 구자경

"세계는 넓고 할 일은 많다. 한계를 정하지 말라. 스스로의 가능성을 믿어라.
불가능하다고 생각하는 순간 불가능 해진다." - 김우중

"리더란 스스로 새로운 것을 찾아내어 변화를 추구하고
'결과'에 책임을 져야 하는 자리이다." - 구본무

"마누라와 자식 빼고 다 바꿔라.
지행용훈평(知行用訓評) : 리더는 알아야 하고 행동하고 시킬 줄 알고
가르칠 수 있어야 하며사람과 일을 평가할 줄 알아야 한다." - 이건희

백성이 없으면 나라도 없다. 백성이 책을 읽을 수 있어야 나라가 강해진다.
내가 잘못하면 당당히 말하라. 듣지 않으면 내가 죄인이다. - 세종대왕

전쟁에서 가장 중요한 것은 준비와 인내이다.
　　　이길 수 없는 전쟁은 하지 않는다. - 이순신

"탁월한 리더십의 핵심은 권위가 아닌 영향력이다." - 켄 블랜차드

"리더십은 비전을 현실로 구현해내는 능력이다." - 워렌 베니스

"사람을 돌보라. 그러면 그들이 사업을 돌볼 것이다." - 존 맥스웰

"누군가에게 책임을 맡기고 그를 신뢰한다는 사실을 알게 하는 것만큼
한 사람을 성장시키는 일은 없다." - 부커 워싱톤

"나의 일은 사람들을 다정하게 대하는 것이 아니고 나와 함께 하는
위대한 사람들을 다그쳐서 그들이 한층 더 발전하도록 하는 것이다." - 스티브 잡스

"세상을 밝게 하는 두 가지 방법이 있다. 하나는 불을 밝히는 초가 되는 것이고,
다른 하나는 빛을 반사하는 거울이 되는 것이다." - 에디스 와튼

"반드시 밀물이 밀물 때는 온다.
바로 그 날, 나는 바다로 나아가리라." - 앤드류 카네기

갈등이 클수록 승리는 더 위대하다. The harder the conflict, the greater the triumph
전쟁 대비가 평화 유지의 가장 효과적인 방법이다. - 조지 워싱턴

적을 물리치는 가장 좋은 방법은 그들을 친구로 만드는 것이다. - 에이브러험 링컨

왜 됨됨이 K-리더십인가?

덕목의 "됨됨이 리더십"은 한국적 사상과 철학 속에서 오랜 시간 동안 발전해 온 리더십의 중요한 개념이다. 이는 리더의 도덕적 품성과 인격적 역량을 바탕으로 조직과 공동체를 이끄는 리더십을 의미하며, 한국의 유교, 불교, 도교 사상과 전통적 가치 체계에서 그 뿌리를 찾을 수 있다.

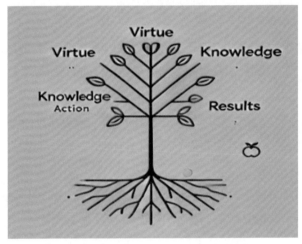

<Copyright by SH Lee>   [그림 6-4 됨됨이 K-리더십]

위 이미지는 "덕목(Virtue), 지식(Knowledge), 실행(Action), 실적(Results)"을 표현한 나무이다. 뿌리는 덕목, 줄기는 지식, 가지는 실행, 열매는 실적을 상징하며, 간결하게 리더십의 핵심 요소를 시각적으로 나타낸다.

> "Being behind Knowing and Doing"
> 모래 위에 지은 집은 금방 무너지지만, 바위 위에 지은 집은 오래도록 견딘다.
> 됨됨이는 리더십의 바위다.
> '수신제가치국평천하(修身齊家治國平天下)'
> 덕목의 리더십으로 자신을 닦고 가정을 바로 세워야 나라를 다스리고 세상을 평화롭게 한다는 뿌리깊은 한국의 전통사상이다.

"됨됨이"는 리더가 갖추어야 할 인간적인 품성과 도덕적 자질을 의미하며,
다음과 같은 한국 전통 사상에서 기원한다.
유교에서 리더는 군자(君子)의 덕목으로 인(仁), 의(義), 예(禮), 지(智)를 갖추어야 한다.
리더가 도덕적으로 올바를 때 조직과 사회가 안정된다고 여긴다.
불교는 자비(慈悲)와 공감(共感)을 리더십의 핵심으로 보며, 도교에서는 무위자연(無爲自然)의
원리를 바탕으로 하며, 기독교에서는 이웃사랑을 리더십의 근본으로 설명한다.
조선시대에는 유교적 가치에 기반하여 성리학의 영향 아래, 리더는 백성을 사랑하고,
정의롭고, 도덕적인 통치자로서 역할을 다해야 했다. 이는 국정운영 철학인 경세치용(經世致用)
과도 연결된다.

한국의 경영에서는 리더의 도덕성과 품성의 "됨됨이 리더십"이 조직의 성과와 지속가능성에
직접적인 영향을 미친다는 점이 강조된다. 삼성의 이건희 회장은
"내가 먼저 변해야 조직이 변한다."는 리더 스스로의 됨됨이가 있는 변화가 조직 전체의
변화를 이끌어낼 수 있음을 보여 주었다.

미래에는 이러한 덕목을 바탕으로 한 한국적 K-리더십의 본질이 Be-Know-Do라는 통합적
리더십 모델과 융합되어, 글로벌 리더십의 기준으로 자리잡을 수 있다고 생각한다.
동서양을 융합한 새로운 K-리더십, 즉 Be-Know-Do K-리더십은 사회적 책임과 공동체의
지속 가능성을 동시에 실현할 수 있는 새로운 글로벌 표준이 될 수 있다.
한국적 가치와 글로벌 리더십 모델의 융합을 통해 K-리더십이 미래의 세계 리더들에게
영감을 주고, 새로운 리더십 패러다임을 제시하길 희망한다.

> 아무리 아는 것이 많고, 뛰어난 성과를 내는 사람이라고 해도 품성과 순수성이 부족하면
> 그는 기업의 가장 가치있는 자원인 사람들을 파괴하고 그는 정신을 파괴하며, 그는 실적까지 파괴한다.
>
> If he lacks in character and integrity, no matter how knowledgeable, how brilliant,
> how successful, he destroys. He destroys people, the most valuable resource of
> the enterprise. He destroys spirit and he destroys performance.

리더십 광산의 12가지 원석

리더십 원석

인체는 귀중한 리더십 원석이 담긴 리더십 광산이다.

중추 기능인 뇌(Brain), 지각 기능인 눈(Eyes), 귀(Ears), 코(Nose), 입(Mouth),

연계 기능인 목(Neck), 가슴(Heart), 배(Belly),

실행 기능인 손(Hands), 둔부(Hip), 다리(Legs), 발(Feet) 등 12가지 리더십 원석이 있다.

이 원석들은 채굴하여 잘 가공하면 아름다운 리더십 보석이

되지만, 채굴되지 않으면 평범한 돌멩이에 불과하다.

리더십을 개발하고, 함양하는 단계는

먼저, 리더십 광산에서 리더십 원석을 채굴하여,

나 자신의 리더십 원석을 가공한 리더십 웹을 만든다.

다음 단계로 리더십을 더욱 반짝이는 보석으로

만들기 위해서 리더십을 함양을 위한

나 자신만의 일상화된 리더십 습관을 만들어야 한다.

중추 기능	뇌	긍 정	Positive	Brain	Central function
인지 기능	눈 귀 코 입	비 전 수 용 대 응 정 직	Visionary Open Responsive Honest	Eyes Ears Nose Mouth	Cognitive function
연결 기능	목 가슴 배	협 력 겸 손 용 기	Supportive Humble Brave	Neck Heart Belly	Connection function
실행 기능	손 둔부 다리 발	신 뢰 회 복 혁 신 열 정	Trustworthy Resilient Innovative Passionate	Hands Hip Legs Feet	Execution function

<Copyright by SH Lee>

[그림 6-5 12가지 리더십 원석]

인체 리더십 광산은 인간의 신체를 비유하여 리더십의 핵심 요소를 설명하는 독창적인 개념이다. 인체의 12가지 부위를 리더십 원석으로 보고, 이를 발견하고 개발하여 균형 잡힌 리더십을 형성하는 데 초점을 맞춘다.

뇌는 긍정적이고 창조적인 사고를 통해 조직의 비전을 설정하고 방향을 제시하는 능력을 상징한다. 열린 마음으로 새로운 아이디어를 수용하고, 장기적인 목표를 설정하며 사고의 폭을 넓히는 연습이 필요하다.

눈은 명확한 관찰력과 비전을 상징한다. 상황을 객관적으로 분석하고 미래를 내다보는 능력을 키우기 위해 정보 수집과 데이터 분석 능력을 강화해야 한다.

귀는 타인의 의견과 피드백을 수용하는 태도로 경청과 공감 능력을 연습해야 한다.

코는 변화와 위험에 민감하게 반응하는 직관력을 뜻하며, 상황 판단력을 기르고 유연성을 높이는 훈련을 통해 개발된다.

입은 정직하고 투명한 소통을 상징하며, 진정성 있는 소통 스킬을 익혀야 한다.

목은 조직 내에서 협력을 이끄는 역할을 담당한다. 신뢰와 조화를 기반으로 한 협력 능력을 키우기 위해 팀워크와 갈등 관리 기술을 배워야 한다.

가슴은 겸손과 배려를 상징하며, 공감과 관심으로 따뜻한 리더십을 구현할 수 있다.

배는 용기와 결단력을 나타낸다. 어려운 결정을 내리고 책임을 지는 태도를 기르기 위해 스스로 도전을 두려워하지 않는 훈련이 필요하다.

손은 신뢰와 책임감을 상징한다. 약속을 지키고 행동으로 보여주는 리더십을 발휘하기 위해 구체적인 목표를 세우고 실행하는 능력이 필요하다.

둔부는 회복 탄력성을 뜻하며, 실패와 역경을 이겨내는 강인함으로 발전시킬 수 있다.

다리는 혁신과 추진력으로, 새로운 아이디어를 실행하고 변화 주도 능력을 강화한다.

발은 열정을 상징하며, 목표를 향해 끊임없이 전진하는 태도를 유지하기 위해 동기 부여와 자기 관리를 실천해야 한다.

12가지 리더십 원석

긍정의 원석 **뇌**	腦	긍정적	Positive thinking
	創	창의적	Creative
	養	경작하는	Cultivating a field of mind

인간의 신체에 있는 가장 중요한 원석은 단연 뇌 腦이다. 뇌는 생각을 하며 그 생각을 인체의 모든 기능에 전달하고 지휘하는 중추 역할을 한다.

사람의 운명은 어떤 생각을 하느냐에 달려 있다. 가장 중요한 것은 뇌가 긍정적이고 창조적으로 생각해야 한다는 것이다. 아무리 뛰어난 두뇌를 가진 사람이라도 부정적인 생각을 창조적으로 사용한다면 오히려 조직이나 사회에 해악을 끼칠 뿐이다.

생각은 한자로 思이다. 마음의 밭이라는 뜻으로 마음의 밭을 경작하고 수확한다.

足品想像 – 걸어다니면서 보이는 것, 모두 바꾸어 보는 상상이 가능하다

비전의 원석 **눈**	目	바라보는	Eyes to look
	超	꿈꾸는	Visionary
	立	세우는	Setting up a vision

눈目은 보는 능력이다. 우리는 눈을 통해 세상을 보고 사물을 본다. 하지만 눈의 역할이 단순히 보이는 것에만 머물러 있지 않다. 의미적으로는 마음의 눈으로 보라는 뜻이 있다. Look beyond the obvious, 보이지 않는 저 너머를 보라.

리더는 과거와 현재에 대한 조명력 'Hindsight'과 통찰력 'Insight'을 가져야 할 뿐만 아니라, 보이지 않는 미래에 대한 선견력 'Foresight'이 있어야 한다.

그러면 미래를 상상하고 꿈꾸는 비저너리 'Visionary' 리더가 될 것이다.

着眼大局 – 보이지 않은 먼 곳을 보라

수용의 원석	耳	듣는	Ears to listen
	開	열린	Open to People
귀	得	쌓이는	Gaining information

귀耳는 듣는 힘이다. 그것은 곧 귀를 열고 귀를 기울여 사람들로부터 지식과 지혜를 얻어내는 得 능력이다. 열린 리더들은 다른 사람들의 이야기를 통해 새로운 정보를 듣고 그것을 자신의 것으로 만들어나갈 수 있다. 내외부로 마음의 귀를 활짝 열고 올바른 사실과 진실을 들을 때 비로소 사람들이 모이고 따르게 된다.

海納百川 – 바다는 수많은 강물을 모두 받아들인다

대응의 원석	鼻	찾는	Nose to smell
	敏	민감한	Sensitive & Responsive
코	應	선제적	Responding quickly

코 鼻로는 냄새를 맡을 수 있다. 변화의 냄새를 민감하게 敏 맡아서 빠르게 대응하는 應 능력이다. 기업이나 개인 모두 변화에 둔감하면 도태되고 만다. 지구상에서 멸종한 종들은 대부분 변화에 둔감한 종들이었다. 덩치가 큰 초식공룡은 천적이 꼬리를 물면 그 반응이 뇌로 전달되는데 10초나 걸렸다고 한다. 둔감한 그의 대응력은 공룡 가운데서도 가장 먼저 멸종의 길을 걷게 만들었다. 강한 자가 살아남는 것이 아니라 변화에 빠르게 적응하는 자가 살아 남는다.

日新又日新 – 매일 새롭게 바꿔보라

정직의 원석 입	口	말하는	Mouth to speak
	眞	정직한	Honest
	通	소통하는	Communicating the truth

입 口은 소통 通, 즉 커뮤니케이션 능력을 상징한다. 하지만 거짓말로 커뮤니케이션을 잘한다면 큰 문제를 야기한다. 진 眞, 즉 정직하고 진실하게 소통通해야 한다. 기업에서 시장조사를 한 후에 나쁜 결과는 빼고 좋은 것만을 소통하지 말고 사실 Facts 자체를 전달해야 한다. 조직 내부는 물론 고객과의 소통에 있어서도 진실하지 못한 소통은 오히려 불통보다도 위험하다.

言行一致 - 정직한 사람은 길을 잃지 않는다

협력의 원석 목	項	지지하는	Neck to support
	連	연결하는	Connective
	協	협력하는	Supporting others

목項은 협력을 통해서 돕고 지원하는 것이다. 이를 위해서는 기업 내부에서 각 조직의 기능이 서로 협력해야 하고, 외부 조직들과도 함께 협력하여 큰 힘이 발휘될 수 있도록 해야 한다. '빨리 가려면 혼자 가고, 멀리 가려면 함께 가라'라는 속담이 있는데, 우리가 사는 요즘 세상에는 맞지 않는 것 같다. 빨리 갈 때도 함께 하고 멀리 갈 때도 함께 가야 한다. 혼자서 모든 것을 전부 다 할 수 없다. 모두가 하나로 함께 연결連되어 다양한 네트워크와 파트너십을 통해 협력할 때 상상도 못했던 일도 해낼 수 있게 된다.

遠行以衆 - 멀리 가려면 함께 가라

겸손의 원석 가슴	胸	느끼는	Heart to feel
♡	純	겸손한	Stay Humble and Warm
	施	도우는	Helping for others

가슴胷은 겸손과 따뜻함의 상징이다. 겸손하고 따뜻한 마음 純을 가지고 보다 나은 세상을 위해 베풀 줄 아는 施 사람을 상징한다.

리더가 교만에 빠지면 조직이 파괴된다. 조직이 구성원이 모르는 사이에 고객 위에 군림하게 될 지 모른다. 자본주의 5.0 시대의 패러다임 변화는 과거보다 더 겸손하고 따뜻한 진정성 있는 리더를 원하고 있다.

同心一助 - Every Little Helps (작은 도움)

용기의 원석 배	腹	쌓아가는	Belly to reserve
(._.)	勇	용감한	Brave
	進	나아가는	Going forward

배 腹는 배짱이 두둑한 것을 의미한다. 두둑한 뱃심으로 뱃속이 꽉 차면 두려움이 사라진다. 리스크를 이기고 헤쳐 나가는 용기 勇가 생기고, 또 변화를 기회로 활용해서 새롭게 도전해 나가는 進 리더십이 생긴다. 따라서 배가 상징하는 의미는 용기와 추진력이다.

無限挑戰 - 임자, 해 보긴 했어?

	手	가리키는	Hands to direct & grasp
신뢰의 원석	信	믿음직한	Trustworthy
손	用	용병하는	Going together

손手은 사람을 신뢰하고 용병하는 힘이다. 상대방에게 손을 내밀어 악수를 한다는 것은
결국 신뢰信를 상징한다. 신뢰를 통해 함께 가도록 이끌고 가는 用 것이다.
오케스트라의 지휘자는 아름다운 화음을 내도록 각기 다른 악기와 음색을 가진
연주자들을 이끌어 나간다. 밸런스와 음정이 서로 다른 수많은 악기 연주자들을 하나로
이끌어 가는 것은 일종의 용병술이다.

無信不立 – 당신을 믿습니다

	臀	앉는	Hip to sit
회복의 원석	續	끈질긴	Resilent
둔부	忍	인내하는	Enduring & never giving up

엉덩이臀는 안정감의 의미이다. 회복탄력성은 안정감에서 나온다. 자신에게 닥치는
온갖 역경과 어려움을 오히려 도약의 발판으로 삼는 능력이다. 회복력이 강한 리더는
나락으로 떨어졌다가도 대부분의 경우 원래 있었던 위치보다 더 높은 곳으로 올라갈 수
있다. 끝까지 포기하지 않는 'Never Give Up'의 정신이 필요하다.

七顚八起 – 실패를 스승으로 삼는다

혁신의 원석	脚	뛰는	Legs to jump
다리	活	혁신적인	Innovative
	跳	도약하는	Leapfroging

다리脚는 달리는 힘이다. 활동적 活이고 높은 곳으로 도약하는 跳 다이내믹한 특성을
가지고 있다. 물리학 용어 중에 대약진을 의미하는 '퀀텀 점프Quantum Jump'라는 말이 있다.
점진적인 변화가 아니라 단기간에 비약적으로 약진하는 극적인 변화를 일으키는
것을 의미한다. 이것이야말로 혁신의 원동력이다.

換骨奪胎 – 마누라 자식 빼고 다 바꿔라

열정의 원석	足	걸어가는	Feel to walk
발	熱	열정적인	Passionate
	發	솔선수범의	Stepping first

발足은 열정이다. 남들보다 한발 먼저 내딛고 發 더 많이 걷는 열정 熱, 즉 솔선수범을
뜻한다. 리더가 몰입하면 사람들도 몰입한다. 아무도 가지 않는 첫 길에는 자신만의
새 발자국이 있기 마련이다.
인류 최초로 달에 착륙한 아폴로 11호의 우주비행사 닐 암스트롱은
달에 첫발을 내디디면서 "한 인간에게는 아주 작은 한 걸음에 불과하지만 인류에게는
위대한 도약이다"라는 명언을 남겼다.

率先垂範 – 스스로 불태우지 않으면 타인을 불태울 수 없다

◯ 됨됨이 리더십 개발과 함양

됨됨이 리더십 개발 과정

됨됨이 리더십 개발은 먼저 자신을 이해해서 깨우고, 정체성을 찾아내는 데서 시작된다.
됨됨이 리더십을 개발하는 과정은 Awake yourself (깨우기), Identify yourself (찾아내기),
Develop yourself(만들기), Build Compassion(공감소통하기)의 네 가지 단계로서
AID-B 모델로 설명할 수 있다.

<Copyright by SH Lee>   [그림 6-7(1) AID-B 모델]

[그림 6-7 나는 누구인가?]

1. Awake Yourself(나 자신 깨우기)

첫 단계는 자기 자신을 깨우는 것이다. 자신의 강점과 약점, 가치관, 목표를 깊이 이해하며 자기 내면을 탐구하는 과정이다. 세상에는 똑같은 사람이 없으며, 각 개인은 독특한 재능과 특징을 가지고 있다. 현재 자신이 어떤 일을 하고 있는지, 무엇을 중요하게 여기는지를 명확히 이해하게 해준다. 스스로를 깨우기 위해선 자신의 현재 모습과 삶의 방향을 냉철하게 받아들이고, 변화의 필요성을 인정하는 태도가 필요하다.

2. Identify Yourself(정체성 찾아내기)

두 번째 단계는 자신의 정체성을 찾아내는 것이다. 자신이 가진 가능성과 재능을 명확히 이해하고 이를 발전시키기 위한 구체적인 계획을 세우는 데 초점이 맞춰져 있다. 영화 라이온 킹은 자신이 누구인지를 깨닫고, 진정한 정체성을 찾아가는 여정을 보여준다. 주인공 심바는 과거의 실수와 두려움으로 인해 자신을 잃어버리지만, 주변 인물들의 지지와 내적 성찰을 통해 자신의 자리로 돌아오게 된다. 자신의 정체성을 찾는다는 것은 과거와 현재를 받아들이고, 자신의 내면 깊은 곳에서 진정한 자신을 발견하는 여정이다.

3. Develop Yourself(나만의 리더십을 만들기)

세번째 단계는 발견한 자신을 끊임없이 가꾸고 성장시키는 것이다. 리더십의 핵심은 지속적인 자기 개선에 있으며, 이 단계에서는 구체적인 행동 계획을 세우고 일상생활에 적용한다. 스스로의 강점을 강화하고, 약점을 보완하며, 도전적인 상황에서도 성장할 수 있는 리더로 자신을 개발해야 한다. 이 과정에서 중요한 것은 목표에 대한 열정과 지속적인 노력이며, 작은 변화와 성공이 쌓여 큰 리더십을 만들어간다.

4. Build Compassion(공감소통하기)

마지막 단계는 공감소통으로 됨됨이 리더십을 완성시킨다. 타인의 입장에서 생각하고 공감하며, 협력과 신뢰를 강화하는 동시에 조직의 유대감을 증진시킨다. 단순한 의사소통의 기술을 넘어, 구성원 간의 관계를 심화시키고 갈등을 예방 및 해결에 중요하다. 됨됨이 리더십 구축의 핵심 요소로, 조직 내 소통 문화의 질적 향상을 이끄는 필수적 도구이다.

AID-B 모델은 서로 연결되어 순환적으로 작용한다. 자신을 깨우는 과정(Awake)이 없다면, 스스로를 발견(Identify)할 수 없고, 발견한 자신을 발전시키는 과정(Develop)으로 나아갈 수 없다. 새로운 강점과 약점을 발견하고 깨우는 순환적 구조를 이루게 된다. 이를 뒷받침하는 공감소통은 신뢰와 협력을 강화하며, 조직 성공의 기반을 제공한다.

12가지 인체 리더십 원석 조감도

	Human Gem stone 원석			Being Dimension 덕목		
중추기능	뇌	腦	Brain	긍정	心	Positive
인지기능	눈	目	Eyes	비전	超	Visionary
	귀	耳	Ears	수용	開	Open
	코	鼻	Nose	대응	敏	Responsive
	입	口	Mouth	정직	眞	Honest
연결기능	목	項	Neck	협력	協	Supportive
	가슴	胸	Heart	겸손	純	Humble
	배	腹	Belly	용기	勇	Brave
실행기능	손	手	Hands	신뢰	信	Trustworthy
	둔부	臀	Hip	회복	續	Resilien
	다리	脚	Legs	혁신	活	Innovative
	발	足	Feet	열정	熱	Passionate

<Copyright by SH Lee>

Knowing/Doing Dimension 실행		Function Dimension 기능		
養	Cultivate	思	Think	중추기능
立	Set up	望	Look	인지기능
得	Gain	聽	Listen	
應	Respond	嗅	Smell	
通	Communicate	食	Speak	
連	Collaborate	支	Support	연결기능
施	Serve	感	Feel	
進	Challenge	積	Reserve	
用	Conduct	握	Grasp	실행기능
忍	Endure	坐	Sit	
跳	Leapfrog	走	Bend	
發	Step First	步	Walk	

[그림 6-8 12가지 인체 리더십 원석]

나 자신 깨우기
- Awake Yourself

나 자신 깨우기는 철학적으로 깊은 의미를 가진 자기 탐구와 깨달음의 여정이다.
이는 단순히 깨어난다는 생리적 상태를 넘어, 자신과 세계에 대한 이해를 심화하고,
삶의 본질적인 가치를 찾아가는 과정으로 해석될 수 있다.

가치 추구는 나침반처럼 삶의 방향을 제시하며, 소중히 여기는 원칙을 찾는 단계다.
꿈과 목표는 별처럼 밤하늘을 밝혀 주는 비전으로, 이루고자 하는 꿈의 위치를 알려준다.
좋아하는 일은 탐험 중 만나는 오아시스와 같아, 기쁨과 에너지를 주는 활동을 찾는 것이다.
잘할 수 있는 일은 나의 능력을 가장 잘 활용하는 방법의 문을 여는 열쇠이다.

[나 자신을 찾아가는 길 - 기본적인 질문과 대답]

가치 추구
- 붙들어야 할 삶의 가치는 무엇인가?
- 우리 회사의 핵심가치는 어떠한가?

꿈과 목표
- 나는 어떤 꿈을 꾸고 있는가?
- 회사의 비전과 목표는 무엇인가?

좋아하는 일
- 내가 맡고 있는 직무는 무엇인가?
- 내가 좋아하는 일은 무엇인가?

잘 할 수 있는 일
- 나는 직무를 잘 수행하는가?
- 내가 잘 할 수 있는 일은 무엇인가?

<Copyright by SH Lee>

[그림 6-9 나의 특별함을 찾는 질문]

'나만의 특별함을 찾는 질문'은 자신만의 정체성을 탐구하며, 삶과 일에 대한 내적 동기와 목표를 구체화할 수 있는 방법이다. 구체적인 질문을 들어 자신의 답을 생각해 보자.

붙들어야 할 삶의 가치는 무엇인가?

"내 삶의 가장 중요한 가치는 정직과 가족이다. 어떤 상황에서도 진실된 행동을 하려고 노력하며, 가족과의 시간을 최우선으로 두고 삶의 균형을 맞추고자 한다."

우리 회사의 핵심 가치는 어떠인가?

"우리 회사는 혁신과 신뢰, 지속 가능성을 중시한다. 기술 혁신을 통해 고객의 삶을 개선하고, 환경을 고려한 지속 가능한 사업 모델을 추구한다."

나는 어떤 꿈을 꾸고 있는가?

"나의 꿈은 환경 보호와 관련된 사회적 기업을 설립하는 것이다. 재활용 기술을 활용해 지속 가능한 제품을 개발하고, 이를 통해 지구 환경에 긍정적인 영향을 미치고 싶다."

회사 비전과 목표는 무엇인가?

"우리 회사의 비전은 전 세계적으로 인정받는 기술 기업이 되는 것이다. 목표는 5년 내 주요 시장에서 점유율 15%를 달성하고, 사회에 기여하는 혁신적 제품을 출시하는 것이다."

내가 맡고 있는 직무는 무엇인가?

"나는 프로젝트 매니저로서 팀의 목표 달성을 위해 계획을 세우고, 자원을 효율적으로 관리하며, 프로젝트가 성공적으로 완료될 수 있도록 조율하는 일을 하고 있다."

내가 좋아하는 일은 무엇인가?

"나는 문제를 창의적으로 해결하고, 새로운 아이디어를 제안하는 일을 좋아한다. 특히 팀원들과 협력하며 목표를 달성하는 과정에서 큰 보람을 느낀다."

내가 잘 할 수 있는 일은 무엇인가?

"나는 복잡한 문제를 체계적으로 분석하고, 해결책을 제시하는 능력이 있다. 또한, 사람들과 효과적으로 소통하며 팀워크를 이끌어내는 데 강점을 가지고 있다."

내가 잘 할 수 없는 일은 무엇인가?

"나는 세부적인 수치 분석에는 약한 편이다. 하지만 이를 보완하기 위해 데이터 분석 도구를 배우고 전문가의 도움을 적극적으로 활용하고 있다."

정체성 찾아내기
- Identify Yourself

"자아정체성을 만드는 12가지 질문"은 리더로서의 자기 진단과 성장 가능성을 평가할 수 있는
유용한 도구로써, 부족한 역량을 인지하고 개선하며, 개인과 조직의 지속 가능성을 위한
리더십을 강화할 수 있다.

[됨됨이 리더십 개발을 위한 기본적인 질문과 평가]

(10점 만점 기준)

리더십 원석		리더십 개발 기본적 질문	현재 (As-is) (25년 2월)	희망 (To-be) (26년 2월)
뇌	긍정	1. 긍정적으로 생각하고 창조적 아이디어를 내는가?	9	9
눈	비전	2. 꿈이 많고 비전이 높은 편인가?	10	10
귀	수용	3. 다른 사람의 말을 경청하고 수용하는가?	7	9
코	대응	4. 세상의 변화에 늘 관심을 가지고 미리 대응하는가?	9	9
입	정직	5. 어떤 일에도 정직하게 말하고 행동하는가?	6	9
목	협력	6. 다른 사람을 도와주고 협력을 잘 하는가?	5	8
가슴	겸손	7. 누구에게나 늘 겸손하게 대하는가?	4	8
배	용기	8. 무슨 일에도 용기 있게 도전하는가?	9	9
손	신뢰	9. 다른 사람으로부터 믿음과 신뢰를 받는가?	5	8
둔부	회복	10. 어려움을 견디고 이겨내는 회복력이 있는가?	9	10
다리	혁신	11. 무엇이든 더 좋게 만들겠다는 혁신적 생각을 하는가?	7	9
발	열정	12. 주어진 하찮은 일에도 몰입하여 열정을 다하는가?	9	9

<Copyright by SH Lee>   [그림 6-10 12가지 리더십 개발 핵심 질문]

질문 1 긍정적으로 생각하고 창조적 아이디어를 내는가?

"회의 중 복잡한 문제에 직면했을 때, '다른 접근 방식을 시도해보자'고 제안하며
브레인스토밍을 주도한다. 팀은 예상치 못한 혁신적 해결책을 발견할 수 있었다."

질문 2 꿈이 많고 비전이 높은 편인가?

"나의 비전은 지속 가능성을 기반으로 한 글로벌 기술 회사를 설립하는 것이다.
환경 문제를 해결하는 기술 개발에 집중하고 있다."

질문 3 다른 사람의 말을 경청하고 수용하는가?

"팀원과 고객의 의견을 존중하며 열린 자세로 결정하고, 다양한 시각을 반영해 최적의

해결책을 찾는다. 소통 과정에서 상대방의 입장을 이해하고 적극적으로 수용하려 노력한다."

질문 4 세상의 변화에 늘 관심을 가지고 미리 대응하는가?

"소비자 행동 변화를 예측하기 위해 매주 시장 트렌드 리포트를 분석하며, 이에 기반한 마케팅

전략을 수립했다."

질문 5 어떤 일에도 정직하게 말하고 행동하는가?

"모든 상황에서 사실을 솔직하게 공유하며, 신뢰를 바탕으로 문제를 해결한다. 어려운

결정이 필요할 때도 정직한 커뮤니케이션을 유지하고, 원칙을 지키며 투명한 태도로 임한다."

질문 6 누군가에게나 늘 존중하며 대하는가?

"회의에서 의견이 잘 받아들여지지 않는 팀원의 아이디어를 적극적으로 지지하며, 모두가

경청할 수 있도록 분위기를 조성했다."

질문 7 누구에게나 늘 겸손하게 대하는가?

성과와 관계없이 동료와 고객의 의견을 존중하며, 다양한 의견을 수용하려 노력한다.

항상 배울 점을 찾고 열린 자세로 소통하며, 협업을 통해 더 나은 결과를 만들어간다."

질문 8 어떤 일에도 용기 있게 도전하는가?

"신규 시장 진출이라는 리스크가 높은 프로젝트를 자원해 맡았고, 철저한 준비와 실행을 통해

성공적으로 마무리했다."

질문 9 다른 사람으로부터 믿음과 신뢰를 받는가?

"고객과의 계약에서 약속한 사항을 철저히 준수하며, 장기적인 신뢰 관계를 구축했다."

질문 10 어려움을 견디고 이겨내는 회복력이 있는가?

"팀이 갑작스러운 예산 삭감에 직면했을 때, 우선순위를 재조정하고 창의적인 대안을 찾아

프로젝트를 완료했다."

질문 11 무엇이든 더 좋게 만들겠다는 혁신적 생각을 하는가?

"사소해 보이는 업무라도 목표와의 연관성을 이해하고, 최선을 다한다."

질문 12 주어진 하찮은 일에도 몰입하여 열정을 다하는가?

"긴급한 고객 요청에도 미소로 응대하며, 업무의 가치를 되새기며 열정적으로 처리한다."

나 자신의 리더십 개발하기
- Develop Yourself

Being Leadership Gemstone Web은 자신의 리더십 역량을 체계적으로 평가하고 발전시킬 수 있도록 돕는 단계적 접근법이다. 거미줄 모양의 Web 평가 틀을 활용하여 현재의 리더십 역량(As-Is)을 정량적으로 측정하고, 희망하는 미래의 목표(To-Be)를 설정한 뒤, 현재와 미래의 갭을 줄이기 위한 구체적인 습관 실행 계획을 수립한다.

예를 들면, 3년 동안 달성 가능한 현실적 목표를 설정하고, 매 6개월마다 중간 평가를 통해 진척 상황을 점검하고 수정한다. 실행 과정에서 제대로 된 나 자신만의 리더십를 완성하기 위해 지속적으로 리더십 습관을 함양한다.

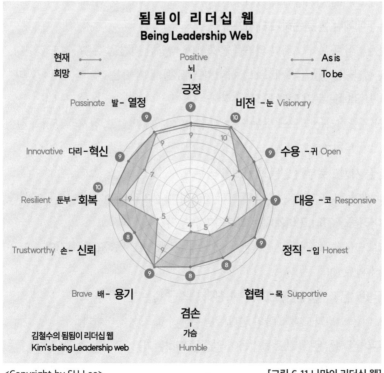

<Copyright by SH Lee>

[그림 6-11 나만의 리더십 웹]

1. 현재 자기 리더십 평가(As-Is)

리더십 개발의 첫 단계는 현재 자신이 보유한 리더십 역량을 평가하는 것이다. Gemstone Web은 12가지 주요 리더십 역량으로 구성되어 있으며, 현재의 강점과 약점을 명확히 파악하여, 어떤 영역을 우선적으로 개발해야 한다. 각 영역에서 현재 수준을 수치로 표현한다. "신뢰성" 5점, "가슴" 4점, "협력" 5점

2. 미래 리더십 목표 설정(To-Be)

두 번째 단계는 미래에 희망하는 리더십 역량 수준을 설정하는 것이다. 각 리더십 영역별로 목표 수준을 수치화하며, 현재와 미래의 갭을 명확히 시각화하여 각 영역별로 발전 방향을 구체화하고, 미래의 이상적인 리더십 모습을 정립한다. 현재 "신뢰성"이 5점이라면, 희망하는 자신의 목표를 8점으로 설정한다.

(현재 상태(As-Is)는 주황색으로 표시하고, 미래 목표(To-Be)는 파란색으로 표시)

3. 리더십 습관 계획 및 함양

마지막 단계는 현재와 미래의 갭을 줄이기 위해 필요한 행동 계획과 리더십 습관을 구체적으로 설계하고 함양하는 것이다. 현재와 미래 수준의 차이(Gap)를 분석하여, 우선적으로 개발해야 할 역량을 식별하고 각 리더십 역량을 향상시키기 위한 구체적인 행동 방안을 마련한다.

Being Leadership Gemstone Web 모델은 현재 리더십 역량의 명확한 평가와 희망하는 목표 설정, 그리고 실질적인 리더십 함양 습관을 통해 리더십 역량을 구체적이고 체계적으로 개선할 수 있도록 돕는다. As-Is와 To-Be 간의 갭을 시각화하여 발전 방향을 명확히 하며, 지속 가능한 리더십 습관을 함양함으로써 리더십 성과를 극대화할 수 있는 강력한 도구로 작용한다.

됨됨이 리더십 습관 만들기
12가지 됨됨이 리더십 습관

1. 긍정의 습관 - 뇌

   긍정적으로 다르게 생각하는 습관

   마음의 밭을 평온하게 가꾸는 습관

2. 비전의 습관 - 눈

   보이지 않는 저 너머를 보는 습관

   크고 담대한 비전을 세우는 습관

3. 열림의 습관 - 귀

   말보다 귀로 경청하는 습관

   지혜와 지식을 쌓아가는 습관

4. 대응의 습관 - 코

   변화의 냄새를 빨리 맡는 습관

   변화를 준비하고 대응하는 습관

5. 정직의 습관 - 입

   정직하게 그대로 말하는 습관

   사실과 진실을 소통하는 습관

The 12 Habits for Being Leadership

1. Positive Habit

2. Visionary Habit

3. Open Habit

4. Responsive Habit

5. Honest Habit

6. Supportive Habit

6. 협력의 습관 - 목

   연결하고 지지하는 습관

   함께 힘을 더해가는 습관

<Copyright by SH Lee>

7. Humble Habit

8. Brave Habit

9. Trustworthy Habit

10. Resilient Habit

11. Innovative Habit

12. Passionate Habit

12. 열정의 습관 - 발
먼저 발을 내딛는 습관
솔선수범으로 함께하는 습관

11. 혁신의 습관 - 다리
무엇이든 바꾸어 보는 습관
파괴적으로 전환시키는 습관

10. 회복력의 습관 - 둔부
참고 견뎌내는 습관
절대 포기하지 않는 습관

9. 신뢰의 습관 - 손
신뢰의 악수를 하는 습관
올바르게 지휘하는 습관

8. 용기의 습관 - 배
위험을 감수하는 습관
과감하게 도전하는 습관

7. 겸손의 습관 - 가슴
겸손하게 대하는 습관
따뜻하게 대하는 습관

됨됨이 리더십 습관 만들기 사례

습관 1 뇌 – 긍정의 습관

일의 흐름	긍 정 관
현상 파악	보이는 현상에 의문을 제기하는가?
새로운 발상	바꿀 수 있는 아이디어를 발상한다
발품 손품	발품을 팔아 최고를 찾는다
가치 추가	다르게 생각하고 가치를 더한다
지속적 추진	새로운 아이디어를 바로 실행한다
설득과 인내	끝까지 포기하지 않고 성취한다

세종 대왕
조선왕조 제 4대 왕
(1397~1450)

조선 사회의 문화, 행정,
학문 발전에 기여

읽고 쓰기 편한 표음문자, 훈민정음 창제
• 반포 당시 자모 28자(자음 17 모음 11)
• 현재 자모 24자(자음 14 모음 10)

조선의 과학기술을 세계 수준으로 향상
• 천민 출신 장영실 등용
• 신과학기술로 해시계, 측우기 등 발명

조선 초기의 문예부흥을 이끌어 냄
• 집현전 설치, 아악/법전/역학 등의 정비

足品想像
보이는 것, 모두 바꾸어 본다

일의 흐름	실 제 사 례
현상 파악	말과 글이 달라 백성들이 소통하기 어렵지 않은가?
새로운 발상	쉽게 소통할 수 있는 새로운 언어 창조의 발상
발품 손품	중국어, 만주어, 몽골어, 산스크리트어 등
가치 추가	모든 소리를 쓰고 말할 수 있는 문자
지속적 추진	표의문자보다 표음문자를 테스트
설득과 인내	최만리 등 집현전 원로학자와 군신들 반대

<Copyright by SH Lee> <사진출처 : 위키백과>

일의 흐름	비 전 습 관
현상 파악	보이는 현상에 의문을 제기하는가 ?
비전 수립	크고 담대한 목표를 세운다
시장 조사	시장과 고객의 니즈를 파악한다
우선 순위	일의 우선 순위를 정한다
목표 설정	실현가능한 구체적인 목표를 세운다
과감한 실행	목표를 과감하게 함께 실행한다

박 정 희
대한민국 5~9대 대통령
(1917~1979)

着眼大局
보이지 않은 먼 곳을 보라

조국 근대화의 비전 제시

- '부강한 나라, 잘사는 나라'를 추구
- 경제개발 5개년 계획, 새마을 운동 등을
  범국민적으로 주도
- 가난에 찌든 나라에서 국민들에게
  '잘 살아보세', '우리도 할 수 있다'는
  신념을 심어 '한강의 기적' 실현

1인당 GDP :
$82(1,961년) $1,636(1979년)
$35,000년(2023)

일의 흐름	실 제 사 례
현상 파악	국가 빈곤의 원인 - 왜 대한민국은 가난한가?
비전 수립	조국 근대화, 잘 살아보세!, 우리도 할 수 있다!
시장 조사	의식주 해결과 부국강병 - 라면부터 미사일까지
우선 순위	국가발전의 산업별 우선순위 - 수출 드라이브 정책
목표 설정	경제개발5개년 계획 - 피와 눈물과 땀의 역사
과감한 실행	전문가 등용의 용병술 - 새마을운동 추진

<Copyright by SH Lee> <사진출처 : 위키백과>

습관 3 코 - 대응의 습관

일의 흐름	대응 습관
실상 파악	현상을 제대로 파악하고 있는가?
관심과 시선	변하는 것은 관심있게 관찰한다
변화 확신	미래 변화에 대해 확신한다
빠른 실행	위험을 감수하고 투자 실행한다
시행 착오	시행착오를 바르게 개선한다
지속 변화	끊임없이 변화에 도전한다

日新又日新
매일 새롭게 바꿔보라

이 병 철
삼성그룹 창업주
(1910~1987)

과감한 결단으로 반도체 투자

일의 흐름	실 제 사 례
실상 파악	한국은 세계의 최빈국, 산업이 없는 나라
관심과 시선	국민 의식주생활과 미래성장 산업을 관찰과 조사
변화 확신	과학자/전문가 그룹과의 토론, 데이터 통한 확신
빠른 실행	도쿄선언 (1983) - VLSI(초대규모직접회로) 투자
시행 착오	세계최초 64K D램개발, 수율
지속 변화	설탕부터 반도체까지, 전방위 미래산업에 투자

- 1983년 도쿄선언 :
  오늘을 기해 삼성은 VLSI(대규모집적회로)
  반도체 사업에 투자하기로 한다.
- 한국정부와 전문가들의 반대
- 일본기업가와 연구소의 비판 :
  삼성이 반도체를 할 수 없는 5가지 이유
- 투자 6개월만에 64K D램 개발('83년 12월)
- 세계 최초로 256M D램 개발('94년 9월)
  - '23년 삼성전자 매출 250조

일의 흐름	겸 손 습 관
실상 파악	현상을 제대로 파악하고 있는가?
우주 속 존재	나는 작은 존재라고 생각한다
고객 존중	고객 의견을 항상 따른다
무지 질문	모르는 것이 있으면 반드시 물어본다
이웃 사랑	내가 사는 지구와 사회를 사랑한다
작은 도움	세상을 위해 작은 도움을 생활화 한다

존 매키
홀푸드마켓 CEO
(1954~)

겸손한 경영자로
자신의 업적보다 직원들을 위해 경영

- 다른 미국 기업들에 비해 직원은
  높은 급여, 임원은 낮은 급여를 받음
- 스톡 옵션의 93%를 임원이 아닌
  일반 직원들이 보유하도록 함

- "이윤 창출이 아닌 사회기여를 위해
  경영하면 소비자, 공급자,
  직원들의 높은 충성도를 이끌어 내
  결국 기업 성장에도 도움이 된다."

同心一助
Every Little Helps
(작은 도움)

일의 흐름	실 제 사 례
실상 파악	식품사업은 잘하지만, 사회에 조직적인 도움 부족
우주 속 존재	항상 자신을 낮추는 겸손한 자세
고객 존중	먼저 고객의 소리를 듣고 실천할 수 있도록 노력
무지 질문	더 나은 세상을 위해 무엇을 할 수 있는지 항상 질문
이웃 사랑	식품으로 지구와 사회에 기여할 수 있는 활동
작은 도움	사회공동체와 함께 지속적인 실천

<Copyright by SH Lee> <사진출처 : 위키백과>

습관 5 둔부 – 회복의 습관

일의 흐름	회복 습관
실상 파악	현상을 제대로 파악하고 있는가?
문제 인식	문제를 제대로 인식한다
가치의 재조명	핵심가치를 다시 조명한다
빠른 대응	빠른 대응 조치를 한다
실패 자산	실패를 스승으로 삼는다
내재화	지속적으로 핵심가치를 내재화한다

도요타 아키오
도요타 대표이사 회장
(1956 ~)

七顚八起
실패를 스승으로 삼는다

일의 흐름	실 제 사 례
실상 파악	도요타 차량 불량사태 발생
문제 인식	자만심, 지나친 원가절감 – 핵심가치의 왜곡
가치의 재조명	'원가'가 아니라 '안전'이라는 핵심가치의 재조명
빠른 대응	불량차량 과감한 리콜 실시 – 전세계 1,200만대
실패 자산	세계 1위 자동차회사로 도약하는 기회로 활용
내재화	핵심가치의 내재화로 지속가능 성장

기본 가치로 돌아가
도요타를 부활시킴

· 2009년 도요타 취임 후 미국발 금융위기, 대량 리콜 사태, 동일본 대지진 등 연속된 대형 악재로 '비운의 아키오'라고 불림

· 기본 가치로 돌아가 철저하게 품질 중심으로 모든 경영 활동을 진행

· 세계 1위 자동차 제조회사 위상 회복

<Copyright by SH Lee> <사진출처 : 위키백과>

습관 6 다리 – 혁신의 습관

일의 흐름	혁 신 습 관
현상의 파악	우리의 현실을 제대로 파악하는가 ?
시장과 기술	시장과 기술변화를 선도한다
비즈 모델	비즈니스의 큰 흐름을 바꾼다
제거와 변화	사소한 일, 가치 없는 일은 제거한다
빠른 실행	완벽보다 빠르게 실행한다
공감 소통	공감소통으로 실행을 가속화한다

이 건 희
전 삼성전자 회장
(1942~2020)

1993년 프랑크푸르트 신경영 선언
- 量 경영에서 質 경영으로
- 삼성을 초일류 기업의 반열로 올려 놓음

삼성전자, 세계 초일류 기업으로 변신
- 삼성전자 매출 280조⁽'21년⁾
- 메모리 반도체 M/S 42%, 휴대폰 23%

전방위 산업 세계 최고 수준으로 성장
- 삼성바이오로직스, 중공업, 건설, 호텔, 의료

換骨奪胎
마누라 자식 빼고 다 바꿔라

일의 흐름	실 제 사 례
현상의 파악	다른 관점으로 변화를 바라본다 – 통찰의 시선
시장과 기술	초격차 기술로 시장 선점 전략
비즈 모델	量에서 質경영으로 / 초일류 기업 추구
제거와 변화	마누라와 자식 빼고 다 바꿔라
빠른 실행	반도체는 시간 산업, 최고로 빠른 의사결정과 실행
공감 소통	비유소통으로 공감 형성과 소통 효과 극대화

<Copyright by SH Lee> <사진출처 : 위키백과>

습관 7 발 – 열정의 습관

일의 흐름	열 정 습 관
현상 파악	나는 어떻게 일하고 있는가 ?
몰입 경지	작은 일에도 최선을 다해 일한다
신바레이션	함께 배우고 즐겁게 일한다
격려 언어	사람을 격려하는 언어를 사용한다
성과 나눔	성과를 함께 나누고 기뻐한다
가치 공유	일하는 이유와 가치를 공유한다

앤드류 카네기
미국 철강 재벌
(1835~1919)

항상 최선을 다하고 최고가 되겠다는
자세로 노력, 철강왕이 됨

率先垂範
**스스로 불태우지 않으면
타인을 불태울 수 없다**

일의 흐름	실 제 사 례
현상 파악	항상 최선을 다하고 최고가 되겠다는 자세
몰입 경지	증기기관 하부 허드렛일에도 몰입
신바레이션	직물공장 등 다양한 직업에서 즐겁게 배우고 일함
격려 언어	밀물은 반드시 온다. 그 날, 나는 바다로 나아가리라!
성과 나눔	직원 성과 보상으로 40명 이상의 백만장자 배출
가치 공유	사회환원 – 3천개 도서관,카네기홀 등 대부분 재산

- 12살부터 방적회사 증기기관 화부,
  직물공장 등 여러 직업에 종사하여
  다양한 경험
- 우편 배달부로 일할 때
  '미국에서 제일가는 우편배달부가
  되겠다'는 마음가짐으로 일해
  우편배달부에서 전신기사로 발탁
- 비즈니스 감각을 익혀 '펜실베이니아
  철도회사' 취직 후, 철도사업 관련
  주식투자로 부를 축적

<Copyright by SH Lee> <사진출처 : 위키백과>

습관 8 손 – 신뢰의 습관

일의 흐름	신 뢰 습 관
실상 파악	현상을 제대로 파악하고 있는가?
인재 발탁	뛰어난 사람을 등용하고 교육한다
권한 이양	함께 일하는 사람을 믿는다
약속 이행	작은 약속도 반드시 지킨다
타인 배려	상대방의 이익을 배려한다
지속 추진	일관성 있게 지속적으로 추진한다

구 본 무
LG 그룹 3대 회장
(1945~2018)

無信不立
당신을 믿습니다

**그룹 전반에 일관성 있는
정도경영 실천**

- 일관성 있는 신뢰 경영, 정도 경영 실천
- 고객 신뢰의 기반이 되는 품질,
  안전 환경 등 기본을 철저히 준수
- 2003년 국내 대기업 최초,
  지주회사 체제로 전환하여 투명하고
  신뢰받을 수 있는 문화 정착
- LG의 글로벌화, 브랜드 강화, 기술 혁신,
  윤리 경영을 바탕으로 그룹의 장기적인
  성장 기반을 구축

일의 흐름	실 제 사 례
실상 파악	미래성장 동력을 위한 현상 파악
인재 발탁	시장선도 위한 업의 개념에 맞는 인재 등용
권한 이양	그룹회사 리더들에게 전권 이양
약속 이행	약속을 잘 지키는 관계중심의 기업문화 형성
타인 배려	직원과 협력업체에 적절한 보상
지속 추진	배터리 사업의 성공

<Copyright by SH Lee> <사진출처 : 위키백과>

습관 9 배 – 용기의 습관

일의 흐름	용기 습관
실상 파악	현상을 제대로 파악하고 있는가?
자신감	할 수 있다는 자신감을 가진다
긍정적 사고	긍정적으로 최선의 생각을 한다
솔선 도전	용기있게 먼저 도전한다
지속 추진	끊임없이 계속 추진한다
실패 자산	실패를 자산으로 삼는다

정 주 영
현대그룹 창업주
(1915~2001)

낙관적인 사고와 자신감으로
한국이 산업화 현대화에
큰 족적을 남김

無限挑戰
임자, 해 보긴 했어 ?

일의 흐름	실 제 사 례
실상 파악	국가발전과 미래변화에 대한 통찰
자신감	"임자, 해 보긴 했어?"
긍정적 사고	거북선 5백원 지폐로 영국은행 설득
솔선 도전	자동차, 조선 사업에 최초로 투자
지속 추진	자동차, 조선사업, 건설중공업 등 지속 도전
실패 자산	"시련은 있어도 실패는 없다"

• 1930년대 쌀 배달부터 시작해,
  자동차 정비업, 건설업 등을 거치며,
  20세기 한국의 경제 성장을 이끔
• 1990년대에 정계 진출하나. 낙선한 후
  1998년에는 소 떼를 이끌고 방북한 것을
  계기로 금강산 관광 등을 유치한 대북
  사업의 선구자 활동
• 자동차, 철강, 석유화학 등
• 현대그룹의 글로벌화

<Copyright by SH Lee> <사진출처 : 위키백과>

일의 흐름	협 력 습 관
현상의 파악	가용자원을 협력해서 활용하는가 ?
정보의 공유	정보와 지식을 파트너와 공유한다
자율 토론	자유토론으로 아이디어를 촉진시킨다
아이디어 격려	새로운 아이디어와 제안을 격려한다
적시 자원 제공	실행위해 시간과 자원, 적시 제공한다
빠른 피드백	빠르고 지속적인 피드백을 제시한다

에릭 슈미트
전 구글 CEO
(1955~)

존재하는 모든 정보를 담는 글로벌 플랫폼
- 안드로이드 생태계 형성
- 모바일 플랫폼에서 IoT 플랫폼 사업 주도

전방위 사업 확장
- AI, VI, 드론, 유튜브 이용 커머스, 클라우드 서비스, 자율주행자, 로봇, 헬스케어, 스마트홈, 캐피탈 사업

무위 리더십
- 틀에 얽매이지 않은 방임형 조직문화로 혁신적 가치들 끊임없이 생산
(창사 20년 만에 연 매출 1천억 달러)

遠行以衆
멀리 가려면 함께 가라

일의 흐름	실 제 사 례
현상의 파악	다양한 파트너와 협력 - 안드로이드 생태계 형성
정보의 공유	파트너간 정보의 연결과 공유 - 개발소스 공유
자율 토론	자유토론과 자율적 의사결정 - 無爲 리더십
아이디어 격려	파트너와 상호 오픈 제안 - 워크플레이스
적시 자원 제공	직원 아이디어에 자원 적시 제공 - 20% 시간제도
빠른 피드백	구글 가이스트 직원 설문조사, 한달 내 피드백

<Copyright by SH Lee> <사진출처 : 위키백과>

습관 11 입 – 정직의 습관

일의 흐름	정 직 습 관
현상 파악	일어난 현상을 제대로 파악하는가 ?
이실 직고	사실을 사실 그대로 정직하게 말한다
손실 감수	손해 되는 말도 사실대로 말한다
열린 경청	듣기 싫은 말도 경청한다
가치 소통	정직의 가치를 지속적으로 심는다
완전 정직	언제나 용감하고 정직하게 말한다

言行一致
정직한 사람은 길을 잃지 않는다

짐 버크
전 존슨앤존슨 CEO
(1925~2012)

정직하고 빠른 대처로 위기를 극복

- 1982년 타이레놀 독극물 주입사건
  7명 사망
- 미국 전역의 타이레놀 전량 수거하여
  파기(리콜)
- 회사의 직접적인 잘못이 없는 것으로
  밝혀진 후에도 해명 광고를 내는 대신,
  병원, 약국, 도매상 등에 주의 환기
  편지 200만 통 발송
- 7%까지 떨어졌던 시장점유율이
  소비자의 신뢰 회복으로 3개월 만에
  40%로 회복

일의 흐름	실 제 사 례
현상 파악	타이레놀 독극물 사망 사건 발생 – 언행일치
이실 직고	소비자경보 발령/모든 정보공개– 200만통 편지 발송
손실 감수	제품 복용금지 홍보 – 3천만병 리콜/1억달러 손해
열린 경청	소비자 불만 수용과 정보 공개
가치 소통	소비자 신뢰회복을 위한 크레도 소통 강화
완전 정직	타이레놀 연간 15억달러 매출로 효자 상품 전환

<Copyright by SH Lee> <사진출처 : 위키백과>

일의 흐름	수용 습관
실상 파악	현상을 제대로 파악하고 있는가?
많이 듣기	말하기보다 더 많이 듣는다
의견 경청	나와 다른 의견도 존중하고 경청한다
감정 이해	상대방의 감정까지 이해하고자 한다
적극 호응	상대의 말에 적극적으로 호응한다
배움 습관	다양한 사람들을 만나 배우고 익힌다

마하트마 간디
인도 종교지도자
(1869~1948)

진실, 인류애 바탕으로
인도 국민을 이끔

- 무상해, 인류애에 의한 폭력성 부정
- 이중 기준을 버린, 진실/비폭력
  이상이라는 도덕적 원칙으로 의사결정
  및 행동
- 자기 조절 능력과 대인 관계능력의 강한
  회복 탄력성으로 인도를 영국에서 독립
- 힌두교/이슬람교/기독교 종교적 관용
- 1999년 NYT : 간디의 비폭력 /무저항
  운동을 1천년 간의 최고의 혁명으로 선정
  노벨평화상 수상후보자 4차례

海納百川
바다는 수많은 강물을
모두 받아들인다

일의 흐름	실 제 사 례
실상 파악	인도의 식민지 위치와 극심한 빈곤 문제
많이 듣기	영국, 남아공에서 듣고 배우고 지식과 지혜를 터득
의견 경청	국민들로부터 어려움과 요구를 경청
감정 이해	인도 국민의 감정과 영국의 입장을 동시 이해 노력
적극 호응	비폭력 무저항주의 실천
배움 습관	끊임없이 듣고 배우고 실천해 나감

<Copyright by SH Lee> <사진출처 : 위키백과>

⬡ 리더십을 완성하는 공감소통

소통의 의미와 중요성

Communication은 라틴어 코뮤니스 'communis'(공통의, 함께 나누는)에서 유래했으며, 여기에서 'Communicare'(공유하다, 나누다) 동사가 파생되었다.

소통이란 『말, 글, 제스처, 행동, 태도, 음악, 시각자료』 등을 통해 이루어지며, 『생각, 느낌, 의도, 기대, 인식, 명령』 등을 나누는 것이다.

"Communication is to share exchange of ideas, feeling, intensions, expectations, perceptions or commands by talking, writing, gestures, behaviors, attitudes, music, and visuals."

'함께 주고받는다'는 의미
라틴어 코뮤니스 (communis) 에서 유래

<Copyright by SH Lee>   [그림 6-14 소통의 의미]

리더십은 소통을 통해 공감을 이끌어 내고 사람들을 비전과 목표를 향해 한 방향으로 함께 나아가게 만드는 영향력이다.

소통은 단순히 정보를 교환하는 행위를 넘어 공감과 신뢰를 형성하고, 협력적인 관계를 구축하며, 개인 간 뿐만 아니라 조직과 사회의 목표를 달성하는 데 있어 매우 중요한 역할을 한다.

> 소통의 가장 큰 문제는 소통이 이루어졌다는 착각이다. - 조지 버나드 쇼
> The single biggest problem in communication is the illusion that it has taken place.
>
> 소통에서 가장 중요한 것은 말하지 않은 것을 듣는 것이다. - 피터 드러커
> The most important thing in communication is hearing what isn't said.
>
> 소통의 기술은 리더십의 언어이다. - 제임스 흄스
> The art of communication is the language of leadership.

현대 사회는 디지털 기술과 글로벌화로 인해 빠르게 변화하고 있다.
이 과정에서 원활한 소통은 개인과 조직이 새로운 정보를 습득하고 변화에 적응하며
경쟁력을 유지하도록 돕는다.

[현대 사회에서 소통의 중요성]

1. 빠르게 변화하는 환경에서의 적응력 향상

디지털 기술과 글로벌화로 인해 현대 사회는 복잡하고 빠르게 변화하고 있다. 이 과정에서
원활한 소통은 개인과 조직이 새로운 정보를 습득하고 변화에 적응하며 경쟁력을 유지하도록
돕는다. 특히, 글로벌 사회에서는 다양한 문화와 언어의 차이를 극복하고 협력하기 위해
소통이 필수적이다.

2. 조직의 생산성과 협력 증진

조직 내에서 효과적인 소통은 구성원 간의 신뢰를 구축하고, 업무 이해도를 높이며, 협업을
촉진한다. 명확한 커뮤니케이션은 목표를 공유하고, 갈등을 줄이며, 생산성을 향상시키는
중요한 도구로 작용한다.

3. 사회적 유대감 형성과 공동체 의식 강화

소통은 개인 간의 관계를 넘어 사회적 유대감을 형성하고, 공동체 의식을 강화하는 데
필수적이다. 현대 사회의 다양한 갈등과 문제를 해결하기 위해서는 상호 이해와 협력을 이끄는
진정한 소통이 필요한다.

4. 디지털 시대의 새로운 소통 방식

SNS, 이메일, 화상 회의 등의 디지털 도구는 소통의 방식을 혁신적으로 바꾸었다.
이러한 도구는 빠르고 효율적인 소통을 가능하게 하지만, 동시에 비대면 환경에서의 오해와
단절을 방지하기 위해 더 높은 수준의 소통 능력이 요구된다.

5. 개인 성장과 리더십 발휘

소통 능력은 리더십의 핵심 요소입니다. 효과적인 리더는 자신의 비전을 명확히 전달하고,
구성원들과 공감하며, 그들의 잠재력을 이끌어낸다.
또한 개인의 성장 과정에서도 소통은 자아 성찰과 관계 형성을 통해 삶의 질을 높이는
중요한 역할을 한다.

공감 소통의 6가지 방법

공감소통은 상대방의 감정, 생각, 그리고 관점을 깊이 이해하고 존중하며 이루어지는
소통 방식으로, 단순한 정보 전달을 넘어 상호 신뢰와 협력을 구축한다.
이는 경청, 공감, 열린 대화를 통해 관계를 강화하며, 조직 내에서는 구성원 간의 이해를
높이고, 팀워크와 목표 달성을 촉진하는 중요한 소통 방식이다.

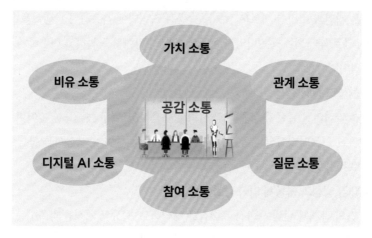

<Copyright by SH Lee>   [그림 6-15 공감 소통의 6가지 방법]

리더는 위의 6가지 다양한 공감소통의 방법들을 활용해 구성원들과의 신뢰를 구축하고,
조직의 목표를 향한 협력을 이끌어낸다.
각각의 소통 방식은 리더가 조직의 방향을 설정하고 구성원과 함께 그 길을 걸어가는 데
필요한 도구로 작용한다.

> They may forget what you said, but they will never forget how you made them feel.
> 그들은 당신이 한 말을 잊을 수 있지만, 당신이 그들에게 느끼게 한 감정은 결코 잊지 못할 것이다.
> - 마야 안젤루

가치 소통(Value Communication)

리더는 조직의 핵심 가치를 명확히 전달한다. 가치 소통은 조직의 정체성과 방향성을 공유하는 과정으로, 리더가 자신의 말과 행동으로 가치를 실천할 때 구성원들이 이를 내면화한다. 등대가 어두운 밤에 방향을 제시하듯 조직의 통일성을 강화하는 역할을 한다.

관계 소통(Relational Communication)

리더십은 관계를 형성하고 유지하는 데서 시작된다. 관계 소통은 신뢰와 유대를 바탕으로 구성원과 깊이 연결되는 과정이다. 다리처럼 사람과 사람을 이어주는 역할을 하며, 협력과 소속감을 증진시킨다.

질문 소통(Inquiry Communication)

리더는 정답을 제시하기보다 올바른 질문을 통해 구성원이 스스로 답을 찾도록 돕는다. 질문 소통은 리더십의 촉매제로 작용하며, 구성원의 창의성과 문제 해결 능력을 이끌어낸다. 씨앗을 심어 나무로 키우는 과정처럼 성장을 돕는다.

참여 소통(Participative Communication)

리더는 구성원들의 목소리를 듣고 의사결정에 참여시킨다. 참여 소통은 구성원들이 조직의 일원으로 존중받는다는 느낌을 주며, 몰입과 동기를 높인다. 공동의 악보로 오케스트라를 조율하는 지휘자처럼 조직의 화음을 만들어낸다.

디지털 AI 소통(Digital AI Communication)

현대 리더는 디지털 기술을 활용해 구성원들과 신속하고 정확하게 연결된다. 디지털 AI 소통은 데이터를 기반으로 투명하고 신뢰성 있는 소통을 가능하게 한다. 거미줄처럼 조직을 연결하는 네트워크 역할을 하며, 효율성과 접근성을 높인다.

비유 소통(Metaphorical Communication)

리더는 복잡한 메시지를 쉽게 이해시키기 위해 비유와 스토리텔링을 활용한다. 비유 소통은 추상적인 개념을 구체화하여 구성원들의 공감을 끌어낸다. 그림을 그리듯 메시지를 전달하는 화가처럼 비전을 효과적으로 전파한다.

가치의 공감 소통

가치 소통은 개인이나 조직이 중요하게 여기는 가치와 신념을 명확히 하고, 이를 구성원들과 공유하며 일관되게 전달하는 소통 방식이다. 이러한 소통은 조직의 목표와 문화를 형성하고, 구성원들이 동일한 방향으로 나아가도록 하는 데 중요한 역할을 한다.

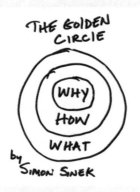

목표 　 – Goal
**What the company does
to fulfill the core belief ?**

전략 　 – Strategy
**How the business fulfills
the core belifs?**

핵심가치 – Core Value
Why the business exists?

<Copyright by SH Lee>　　　　　　　　　　　　　　　[그림 6-15 가치 소통]

애플은 단순히 제품을 판매하는 회사가 아니라, "Think Different"라는 가치를
중심으로 사람들에게 창의적이고 혁신적인 삶의 방식을 제안했다.
스티브 잡스는 직원들과 고객들에게 "우리는 세상을 바꾸기 위해 일한다"는 분명한
목적(Why)을 제시했다. 이 비전은 직원들에게 일에 대한 자부심을 심어주고,
고객들에게 애플 제품을 단순한 기술이 아니라 라이프스타일로 인식하게 했다.
가치소통을 통해 애플은 구성원들의 자발적 열정을 끌어내고, 고객들과 깊은 공감대를
형성하여 브랜드 충성도를 높였다. 이는 단순한 제품 판매를 넘어,
사람들이 애플의 가치를 체험하고 지지하게 만드는 성공적인 가치소통의 사례다.

관계의 공감 소통

관계 소통은 신뢰와 공감을 바탕으로 사람 간의 유대감을 형성하고 협력을 강화하는 소통 방식이다. 이는 가치를 공유하며 상대방의 입장을 존중하고, 관심과 칭찬을 통해 동기를 부여하며, 진정성 있는 보상을 통해 신뢰를 공고히 하는 과정을 포함한다.

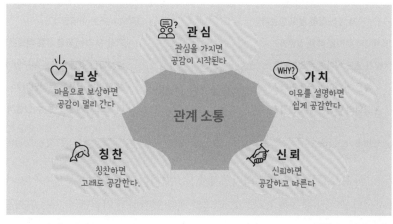

<Copyright by SH Lee>   [그림 6-16 관계 소통]

관심 - 관심은 그늘을 비추는 햇살이며 어둠을 밝히는 등불이다.

넬슨 만델라는 적대적인 상대와 끊임없이 대화로, 관심과 공감을 이끌어냈다.

가치 - 일하는 이유를 잘 설명하면 모두가 일에 몰입한다.

애플은 'Think Different'라는 가치로 직원과 고객이 공감하도록 하여 브랜드 충성도를 높였다.

신뢰 - 신뢰의 물을 주면 공감의 꽃이 핀다.

스타벅스는 직원들과의 정직한 대화를 통해 신뢰를 구축하고 위기 속에서 조직을 재정비했다.

칭찬 - 칭찬은 사람과 사람의 벽을 허문다.

넷플릭스는 직원의 창의성과 성과를 인정하며 자유롭고 동기부여 된 조직 문화를 형성했다.

보상 - 보상이란 가격을 지불하고, 가치는 얻는 것이다.

구글은 직원들에게 유연한 근무 환경과 성장 기회를 제공하여, 공감과 충성도를 높였다.

질문의 공감 소통

질문 소통은 대화를 통해 상대방으 생각, 감정, 또는 의견을 끌어내어 공감과 이해를 증진하는 소통 방식이다. 좋은 질문은 상대방에게 자신이 존중받고 있음을 느끼게 하며, 대화의 주제를 더욱 풍부하고 의미있게 만든다. '질문만 잘 해도, 경영이 잘 된다.'

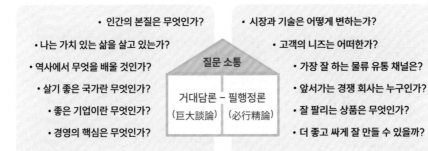

<Copyright by SH Lee>

[그림 6-17 질문 소통]

직원 질문 : "이 프로젝트에서 가장 의미있거나 도전적이라고 느끼는 부분은 무엇인가요?"
- 직원이 자신의 관점과 감정을 표현하고, 리더가 이를 공감하고 지원할 수 있는 기회를 제공

성과 질문 : "팀의 성과를 높이기 위해 우리가 함께 개선할 점은 무엇일까요?"
- 팀원들이 적극적으로 참여하고, 자신들의 목소리의 중요성 인식

고객 질문 : 우리 제품이나 서비스가 당신의 삶에 어떤 영향을 주었나요?
- 고객이 느낀 가치를 리더가 공감하고, 이를 바탕으로 고객 중심의 서비스 강화

비전 질문 : 우리가 추구하는 비전이 당신에게 어떤 의미로 다가오나요?
- 구성원들에게 조직의 목적을 개인적으로 연결할 수 있는 기회 제공

갈등 질문 : 이 상황에서 무엇이 가장 중요하다고 생각하시나요?
상대방의 우선 순위를 파악하며 갈등의 핵심을 공감하고 해결할 수 있는 단서 제공

> "인간이 지닌 탁월함의 최고 형태는 자신과 타인에게 질문하는 것이다." - 소크라테스
> "질문이 없으면 통찰도 없다. 심각한 오류는 잘못된 답 때문에 생기지 않다.
> 정말로 위험한 것은 잘못된 질문을 던지는 것이다." - 피터 드러커

참여의 공감 소통

참여 소통은 단순한 명령 전달이 아닌, 조직은 주요 결정에 대해 구성원들이 이해하고 공감하며 능동적으로 참여하여 '원스톱 의사결정을 하는 공감소통과 실행의 축지법'이다.

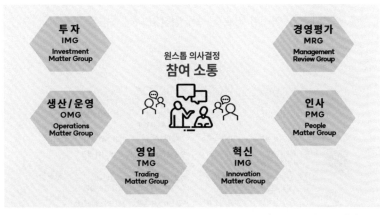

<Copyright by SH Lee>   [그림 6-18 참여 소통]

투자 - 한 글로벌 제조업체는 신제품 개발을 위한 대규모 투자를 결정할 때, R&D와 영업팀의 의견을 반영하여 시장성과 기술 가능성을 조화롭게 평가했다.

생산/운영 - 도요타는 "도요타 생산 시스템(TPS)"을 통해 모든 직원이 품질 개선과 효율화를 위해 자유롭게 의견을 제시하도록 독려했다.

영업 - 스타벅스는 매장에서 얻은 고객 피드백을 바탕으로 신메뉴와 프로모션 전략을 수립하여 매출을 극대화했다.

혁신 - 3M은 직원들이 자유롭게 혁신 아이디어를 제안할 수 있는 문화를 조성해 포스트잇과 같은 혁신 제품을 탄생시켰다.

인사 - 구글은 OKR(Objective and Key Results) 시스템을 통해 직원들이 자신의 목표를 명확히 정의하고 이를 상사와 공유하며 평가받도록 한다.

경영평가 - GE는 '세션 C'라는 경영 평가 프로세스를 통해 조직 내 모든 수준의 리더가 경영 성과와 전략을 논의하며 개선점을 찾는다.

디지털 공감 소통

디지털 AI 소통은 인간과 인공지능(AI) 간의 상호작용을 통해 개인화, 연결성, 효율성을
극대화하는 소통 방식이다. AI가 데이터를 분석해 사용자 맞춤형 정보를 제공하고, 인간의
감정을 이해하며 적응형 대화를 가능하게 만드는 기술에 기반한다. 자연어 처리(NLP),
감정 분석, 예측 알고리즘 등 이러한 기술을 통해 인간의 의사소통 과정이 심화된다.

<Copyright by SH Lee>   [그림 6-20 디지털 소통]

디지털 소통의 하루는 다양한 디지털 플랫폼과 기술을 활용해 효율적이고 다채로운 활동을
수행하는 것을 의미한다.
아침에는 메타버스를 활용한 필라테스 운동, 뉴스 및 일정 확인, 화상통화 등으로 하루를 시작
한다. 이어 이메일과 SNS를 통해 소통하고, 줌(Zoom) 회의 및 대면 미팅으로 업무를 처리한다.
메타버스 기반의 가상 공간에서 부동산 투어를 하거나 데이터 분석 및 현장 조사를 진행하며,
R&D 업무를 디지털 기술과 결합해 수행한다. 쇼핑, 공연 관람, 건강 관리와 같은 개인화된
활동도 디지털 환경에서 이루어진다. 이처럼 디지털 소통은 물리적 제약을 넘어 다양한 활동을
연결하며, 업무와 개인 생활 모두에서 효율성과 연결성을 높인다. 디지털 소통은 이제 시간과
공간의 제약을 넘어 삶과 일의 방식을 재구성하며 인간의 삶을 다차원적으로 혁신하는
핵심 도구로 우리의 삶의 일부분이 되었다.

비유의 공감 소통

비유 소통은 복잡한 개념이나 메시지를 쉽고 효과적으로 전달하기 위해 상징적이고 간결한 표현을 사용하는 소통 방식이다. 철학적으로는 아리스토텔레스가 그의 저서 시학(Poetics)에서 비유를 "새로운 관점과 이해를 열어주는 도구"로 강조하며, 복잡한 개념을 단순화하고 감정적 공감을 이끌어내는 수단으로 설명했다.

비유 소통은 공감소통의 나비효과를 만든다. 많은 사람들이 보다 쉽게 이해하고 빠르게 전파되어 거대한 공감대를 빠르게 형성한다.

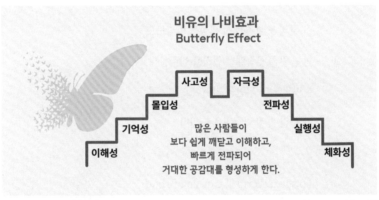

<Copyright by SH Lee>   [그림 6-20 비유 소통]

비유 소통과 나비 효과의 연결점은 작은 메시지가 큰 영향을 미칠 수 있다는 점에서 찾을 수 있다. 비유 소통은 일상적인 언어나 표현으로는 전달하기 어려운 개념이나 감정을 간결하고 강렬하게 전달할 수 있으며, 이는 나비 효과처럼 작은 아이디어나 메시지 같은 작은 변화가 큰 변화를 만들어내는 효과적인 방법이다.

> "내가 비유로 말하는 이유는 사람들이 보아도 보지 못하고 들어도 듣지 못하고 깨닫지 못하기 때문이다." - 마태복음 13장 10~13절
>
> 예수님은 인류 역사상 비유를 가장 적절하게 사용한 소통의 대가이다. 성경은 비유의 보고로 세계 인구의 32%인 26억 명의 기독교인들이 성경 말씀을 따르고 있다.

리더십의 본질은 사유이다.

Auguries of Innocence
순수의 전조

한 알의 모래 속에서 세상을 바라보고

한 송이 들꽃속에서 천국을 바라본다.

손바닥 안에 무한을 거머쥐고

한 순간 속에서 영원을 느낀다.

To see a World in a grain of sand

and a Heaven in a wild flower.

Hold Infinity in the palm of your hand

and Eternity in an hour.

by William Blake

True Travel
진정한 여행

가장 훌륭한 시는 아직 씌어지지 않았다.
가장 아름다운 노래는 아직 불려지지 않았다.
최고의 날들은 아직 살지 않은 날들.
가장 넓은 바다는 아직 항해되지 않았고
가장 먼 여행은 아직 끝나지 않았다.

불멸의 춤은 아직 추어지지 않았으며
가장 빛나는 별은 아직 발견되지 않은 별
무엇을 해야 할지 더 이상 알 수 없을 때
그때 비로소 진정한 무엇인가를 할 수 있다.
어느 길로 가야 할지 더 이상 알 수 없을 때
그때가 비로소 진정한 여행의 시작이다.

the most magnificent poem hasn't been written yet.
the most beautiful song hasn't been sung yet.,
the most glorious day hasn't been lived yet.,
the most immence sea hasn't been pioneered yet.
the most prolonged travel hasn't been done yet.
the immortal dance hasn't been performed yet.
the most shine star hasn't been discovered yet
when we don't know any more what We are supposed to do,
it's the time when we can do something true
when we don't know any more where we are supposed to go,
it's the start when the true travel has just begun.

by Nazim Hikmet

경영의 문을 나가며

Leave the gate to serve your country and mankind.

경영의 쓸모
- 진선미 그리고 용(眞善美用)

'인문과 과학의 시선으로 보는 통찰경영'이란 이 책에서,
우리는 경영(經營)의 6각별(六角星)을 살펴보았다.
When, What, How, Why, Where, Who 여섯 가지 서로 다른 유형의 질문과
그에 합당한 답을 탐색해 보았다.
경영의 문을 나서며, 인류와 국가에 헌신하고 봉사하기 위 한 준비가 되었길 바란다.
경영은 이제 그 쓸모로 우리 가까이에 다가온다. 말로만 하는 그리고 바라만 보는
경영에서 실제로 도움이 되는 경영이 되어야 한다는 점에서, 지고지순한 가치인
진선미(眞善美)에 더해 이를 사용하고 실천하는 또 다른 가치인 용(用)을 이 책을 통해
찾아갈 수 있겠다.

우리가 만나는 현실에서 어려움이 있을 때, 찾아가 조언을 구할 수 있는
경영의 구루(Guru)가 있다면 참으로 도움이 되고도 든든할 것이다.
어떤 문제와 해결방안을 구하고자 할 때, 스스로 물어보고 답을 찾아가기에
도움이 되는 그루의 답변서를 갖고 있으면 더욱 도움이 될 듯하다.
이 책은 오랜 경험과 깊은 학습 그리고 단단한 협력으로 탄생한 새로운 유형의 경영학서라는
점에서 답답함과 불안함을 갖고 있는 경영자와 경영학도에서 시원함과 안정감을 제공하기에
적합한 6각별 모델을 제시한다.
궁금하여 알고 싶은 주제가 있다면, 그 해당 페이지를 찾아서 열어 보면,
왼쪽에는 개념과 이를 설명하는 그림, 그리고 오른쪽에는 그 개념에 따른 해설과
적용가능한 이론과 사례가 등장하니, 마치 요리책(Cook Book)을 보듯 편리할 것이다.

오늘의 요리를 찾아 그 요리를 준비하듯
경영의 주제를 찾아 그 주제를 공부한다.

경영에서 만나는 많은 질문과 그 질문에 대한 답을 찾아 나가는 과정은 경영자가 매일 매일
만나는 일이기도 하고 또 경영을 공부하는 사람들의 공통적인 과제이기도 하다.
이런저런 상황에서 어떻게 대응할 것인 지 궁금하기도 하고, 또 그렇게 대응한다면
무슨 결과가 나올 것인지 기대하게 된다.

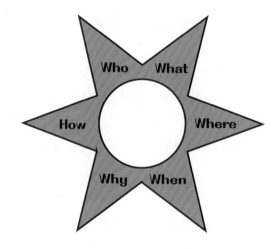

경영에 관한 다양한 문제와 궁금증을 해결해 나가는 방법으로 이 책에서는 목차에서 보듯이
6폭 병풍을 제시했다. 6가지 주요 분야로 경영을 살펴보는 틀(프레임)을 익히고, 각각의
분야에서도 구체적인 질문과 이에 대응하는 핵심 내용을 6가지로 구분해 설명하였다.
스타버스팅(Star-bursting)으로 이끌어 낸 6가지 분야는 When, What, How, Why, Where,
Who이다. 이 책은 단순한 브레인스토밍을 넘어 경영에 관한 지혜와 지식을 인문과 과학의
시선으로 통찰하는 방안을 설명하였다는 점에서 새로운 스타버스팅의 세계로 독자들을
이끌어 가고자 한다.

When 변화의 물결 - 경영은 변화를 찾아 내면서 시작한다.

변화란 무엇인가? 그 중 패러다임의 6가지 변화와 트렌드의 변화를 일목요연하게 정리하여 제시한다. 대전환의 시대에 경영은 어떤 역할을 할 것인지 생각하게 한다.

What 비전과 목표 - 보이지 않는 저 너머를 보라.

비전과 목표는 무엇이며, 어떻게 수립하는가? 목표의 평가와 관리의 6가지 내용을 살피고, 경영요소의 한방향 통합의 의미를 이해하게 한다.

How 이기는 전략 - 먼저 이기고, 나중에 싸운다.

경영전략의 흐름을 분석한다. 이기는 경영전략이란 무엇인가? 이를 위한 6가지 전략의 핵심을 이해하고 사례를 함께 살펴본다. 그래서 K-경영전략은 어떻게 다른가를 살펴본다.

Why 행동방식 - 전략의 실행을 가속화한다.

전략의 실행은 행동방식으로 이어진다. 행동방식이란 무엇을 의미하는가? 우리가 추구할 핵심 가치 6가지와 관련 사례를 살펴본다. 조직문화의 내재화가 왜 필요한지 그리고 일하는 원칙의 실천 방안에는 어떤 요소가 있는지 확인하다.

Where 환경과 사회 - 작은 도움이 더 나은 세상을 만든다.

ESG경영은 새로운 패러다임으로 우리 곁에 다가왔다. ESG의 전략적 접근을 위한 6가지 전략을 이해하여 이에 대응한다. ESG 혁신 평가와 권고 그리고 공시와 확산 등 동향과 전망을 살펴본다.

Who 됨됨이 리더십 - 덕목이 지식과 행동의 근본이다.

됨됨이 리더십의 의미와 발전 과정을 파악한다. 리더십이란 광산을 구성하는 12가지 원석을 가공하여 나만의 됨됨이 리더십을 만들어 가는 과정을 이해한다. 그래서 리더십을 함양하는 습관을 만들어간다.

이제 경영의 문을 나서며
- 통찰경영 활용하기 6단계

문제를 해결하기 위한 생각정리와 행동하기의 6단계 접근법을 통해서 해결 방안을 찾아가면
마침내 만족할 만한 결과를 얻을 수 있을 것이다.

먼저 프레임을 만들어 문제를 정리한다. 그 다음 그 문제에 영향을 주는 요인들이 무엇이
있을지 파악해 본다. 그리고 그 각각의 요인들이 어떤 관계로 얽혀 있을지 살펴본다.

다음은 그래서 무엇이 가장 중요하고도 긴급한 요인일지 밝혀낸다, 그래서 그 원인과 결과의
관계를 구체적으로 살펴보고, 이를 구현해 보는 과정을 수행한다.

1. Problem Framing 프레이밍
문제의 진짜 실제 원인을 찾아내고 해결 방안 이해하기

2. Divergence 발산
다양한 가능성이 있는 대안을 창의적으로 찾아보기

3. Emergence 창발
혼돈 속에서 질서를 찾아내듯 대안 우선순위 등을 정리하기

4. Convergence 수렴
가장 좋은 최선의 대안은 무엇일지 함께 결론을 내려보기

5. Testing 테스팅
그 대안이 실제로 어떤 결과로 나올 것인지 미리 챙겨보기

6. Implementation 구현
이제 찾아낸 대안을 실행에 옮겨보기

감사를 드리고
또 다른 시작을 기대하며

이 시대 최고의 경영 지혜와 지식을 시대정신으로 풀어내어 글로 말로 그리고 감성과
지성으로 전달하는 이승한 회장님과의 공동 저술활동은 경영학자로서 인생 최고의
기회이자 여정이었다.

이미 오래 전에 경영 평가자의 관점에서 CEO 이승한 회장님을 만났던 좋은 기억과
또 EoM 저술 작업에 참여하였던 소중한 경험이 있었지만, 이번 작업은 특히
한국경영학회 회장으로 함께 하여 더욱더 가치롭고 명예로웠다.

이승한 회장의 반세기 이상 축적한 경영 철학과 경영 모델을 바탕으로 한국 경영학회의
학자들이 동참하여 다듬고 담금질하여 균형 잡힌 이론과 사례로 완성해 나가는 과정은
참으로 아름다웠다.
이에, 모든 공저자 들을 대표하여 이승한 회장님께 깊은 감사와 높은 존경을 표한다.

늦은 밤까지, 휴일에도 북쌔즈 우주선에서 하나 하나의 그림과 문장을 다듬고 논의하는
과정을 열정으로 함께 한 공동저자 최동현, 이평수, 이성호, 정연승, 김범수, 설도원 교수님과
유용종 대표님, 양문규 대표님에게 감사의 말씀을 전한다.

이 책의 발간에 즈음하여,
하나의 막이 내려감을 느끼며 동시에 새로운 막이 곧 올라갈 것임을 직감하고 있다.
이제 또 다른 새로운 시작을 준비하며, '인문과 과학으로 보는 통찰경영' 그 이후를
기약하려 한다.

2025년 2월 **김 연 성**
(한국경영학회 제69기 회장)

경영모델 Index

I. 변화의 물결

페이지   경영 모델 그림

26   그림 1-1 변화의 유형

28   그림 1-2 패러다임의 대전환

30   그림 1-3 디지털 대전환의 개요

32   그림 1-4 전방위 산업의 스마트화 사례

34   그림 1-5 스마트-휴머니티 시티

36   그림 1-6 가상현실의 기술 사례

38   그림 1-7 AI 대전환과 협업의 6단계

40   그림 1-8 글로벌 생성형 AI 서비스 현황

42   그림 1-9 AI 휴머노이드의 발전

44   그림 1-10 슈퍼 컴퓨터와 양자 컴퓨터의 비교

46   그림 1-11 공급망 대전환의 개요

48   그림 1-12 글로벌 공급망 재편과 세계 경제 영향 사례

50   그림 1-13 글로벌 공급망 동맹과 전망

52   그림 1-14 미래 공급망 체계의 방향

54   그림 1-15 지구온난화에 따른 생태계 파괴 영향

56   그림 1-16 지구 온난화의 원인

58   그림 1-17 지구 온난화의 결과

60   그림 1-18 환경산업의 규모

62   그림 1-19 사회 대전환의 배경

64	그림 1-20 한국의 사회갈등 의식조사 결과
66	그림 1-21 한국인의 국민의식
68	그림 1-22 왜곡된 시장경제
70	그림 1-23 세계인구 전망
72	그림 1-24 한국 연령구조 예상
74	그림 1-25 한국 적정인구 전망
76	그림 1-26 로봇 밀도 순위
78	그림 1-27 트랜드 변화 6가지
80	그림 1-28 트랜드 변화 : 나만의 자아실현생활
81	그림 1-29 트랜드 변화 : 나홀로 핵개인 생활
82	그림 1-30 트랜드 변화 : 따라하는 디토소비
83	그림 1-31 트랜드 변화 : 우물형 양극화 소비
84	그림 1-32 트랜드 변화 : 전방위 돌봄경제
85	그림 1-33 트랜드 변화 : 소규모 메타니티 경제

II. 비전과 목표

페이지	경영 모델 그림
90	그림 2-1 목표의 3가지 유형
92	그림 2-2 명확한 목표와 성공에 관한 연구결과
94	그림 2-3 목표 수립의 프레임워크
96	그림 2-4 비전의 의미
98	그림 2-5 1900년 파리 만국박람회에서 소개된 100년 후 세상을 상상한 만화
100	그림 2-6 데이터 기반의 귀납적 접근
102	그림 2-7 삼성의 비전 (1)

103   그림 2-7 삼성의 비전 (2)

104   그림 2-8 현대차의 인간 중심 모빌리티 비전

106   그림 2-9 글로벌 한국 기업의 비전

107   그림 2-10 글로벌 외국 기업의 비전

108   그림 2-11 전략적 상위 목표

109   그림 2-12 측정 가능한 36가지 관리 목표 예시

110   그림 2-13 스티어링휠 모델

112   그림 2-14 스티어링휠 모델_고객만족

114   그림 2-15 스티어링휠 모델_ 인프라 구축

116   그림 2-16 스티어링휠 모델_ 경쟁력 강화

118   그림 2-17 스티어링휠 모델_ 인재 육성]

120   그림 2-18 스티어링휠 모델_ 환경·사회 ESG

122   그림 2-19 스티어링휠 모델_재무 성과

124   그림 2-20 홈플러스의 목표관리 사례

126   그림 2-21 IBM의 성장 단계와 관리 목표의 변화

128   그림 2-22 인생 스티어링휠

III. 이기는 전략

페이지   경영 모델 그림

132   그림 3-1 전략의 정의

134   그림 3-2 동서양 전략의 비교

136   그림 3-3 이순신 장군의 선승구전 전략

138   그림 3-4 6가지 이기는 경영 전략

140   그림 3-5 블랙홀 차별화 모델

142   그림 3-6 삼성전자의 애니콜 화형식

144   그림 3-7 다이소의 극한의 가격 차별화 전략

146   그림 3-8 아마존의 구색 차별화 전략

148   그림 3-9 무신사의 트랜드 차별화 전략

150   그림 3-10 쿠팡 로켓배송의 속도별화 전략

152   그림 3-11 카카오톡의 편의 차별화 전략

154   그림 3-12 블루오션 창조 모델

156   그림 3-13 태양의 서커스단의 블루오션 창조 전략

158   그림 3-14 삼성전자 폴더블폰의 상품 창조 전략

160   그림 3-15 카카오톡 선물하기의 서비스 창조 전략

162   그림 3-16 복합문화공간 북쌔즈의 시공간 창조 전략

164   그림 3-17 블록체인의 기술 창조 전략

166   그림 3-18 올리브영의 채널 창조 전략

168   그림 3-19 TOWBID 혁신 모델

170   그림 3-20 쿠팡 풀필먼트 물류센터의 기술 혁신 모델

172   그림 3-21 현대자동차 싱가포르 글로벌 혁신센터의 생산성 혁신 전략

174   그림 3-22 원스톱 의사결정을 통한 효율성 혁신 전략

176   그림 3-23 월마트 EDLP의 구매/판매 혁신 전략

178   그림 3-24 SK주식회사의 자본/투자 혁신 전략

180   그림 3-25 풀필먼트 물류센터의 물류/유통 혁신 전략

182   그림 3-26 CapaCibility 역량 그릇 모델

184   그림 3-27 홈플러스 무의도 아카데미의 인재 역량 전략

186   그림 3-28 CU 심야무인매장의 시스템 역량 전략

187   그림 3-29 테슬라 팩토리의 시스템 역량 전략

188   그림 3-30 삼성전자의 연구개발 역량 전략

190   그림 3-31 고객맞춤형 제품의 상품/서비스 역량 전략

192   그림 3-32 인디텍스의 공급망/물류 역량 전략

194   그림 3-33 JIT 제조 시스템의 생산/운영 역량 전략

196   그림 3-34 Win-Win 협업 모델

198   그림 3-35 홈플러스 못생긴 배추 살리 프로젝트의 공유가치 협업 전략

200   그림 3-36 스타벅스 프라푸치노 RTD 제품의 상품 개발 협업 전략

202   그림 3-37 월마트의 공급망 협업 전략

204   그림 3-38 AI 빅테크 관계도를 통해 본 기술 협업 전략

206   그림 3-39 현대자동차의 마케팅/영업 협업 전략

208   그림 3-40 시중은행과 핀테크 협업 전략

210   그림 3-41 Trustmarks 신뢰 전략 모델

212   그림 3-42 코카콜라의 브랜드 신뢰 전략

214   그림 3-43 애플 비전프로의 오퍼링 신뢰 전략

216   그림 3-44 풀무원의 관계 신뢰 전략

218   그림 3-45 은행의 고객 신뢰 전략

220   그림 3-46 LG 에너지솔루션의 지식 신뢰 전략

222   그림 3-47 픽사의 문화 신뢰 전략

224   그림 3-48 36계 경영 전략

226   그림 3-49 어린왕자의 욕망

IV. 행동방식

페이지   경영 모델 그림

230   그림 4-1 일의 의미

232   그림 4-2 조직 행동방식의 구성 요소

234   그림 4-3 글로벌 기업의 행동 방식

236   그림 4-4 핵심가치의 의미

238   그림 4-5 신념 중심의 가치 체계

238   그림 4-6 신념의 쇼핑 리스트

240   그림 4-7 삼성그룹 핵심가치의 변화

241   그림 4-8 현대차그룹 R&D 센터

244   그림 4-9 이해관계자 중심의 가치 체계

246   그림 4-10 고객가치

247   그림 4-11 직원가치

248   그림 4-12 협력회사 가치

249   그림 4-13 지역사회 가치

250   그림 4-14 국가 가치

251   그림 4-15 주주 가치

252   그림 4-16 도요타 핵심가치 사례

253   그림 4-17 다농 핵심가치 사례

254   그림 4-18 존슨앤존슨의 핵심가치

255   그림 4-19 삼성 신경영의 핵심가치

256   그림 4-20 핵심가치로 미래 변화에 대응한 코닥과 삼성

258   그림 4-21 조직문화의 의미

260   그림 4-22 동서양 조직문화의 비교

262   그림 4-23 국가에 따른 조직문화의 차이

263   그림 4-24 산업에 따른 조직문화의 차이

264   그림 4-25 시대에 따른 조직문화의 차이

265   그림 4-26 세대에 따른 조직문화의 차이

266   그림 4-27 문화-전략 매트릭스, 컬처 레버리지, 존 칠드러스, 2020

268   그림 4-28 코터의 변화 관리 모델

270   그림 4-30 일하는 원칙의 의미

| 272 | 그림 4-31 미래 시장의 일하는 방식의 3가지 도전 |
| 274 | 그림 4-32 네이버의 기술 컨퍼런스 Deview 2024 |

V. 환경과 사회

페이지　경영 모델 그림

280	그림 5-1 ESG의 개념
281	그림 5-2 CSR과 ESG의 비교
282	그림 5-3 Archie B. Carrol's CSR Pyramid Model
284	그림 5-4 ESG 사상 발전 과정
286	그림 5-5 ESG 목걸이 모델
288	그림 5-6 ESG 구조화
290	그림 5-7 ESG 집중화
292	그림 5-8 ESG 연계화
294	그림 5-9 ESG 통합화
296	그림 5-10 ESG 측정화
298	그림 5-11 ESG 내재화
300	그림 5-12 ESG 생태계
302	그림 5-13 KMAC 2023 ESG 혁신 권고안
308	그림 5-14 국민연금 국내 주식 ESG 평가체계
310	그림 5-15 ESG 규범과 법령
312	그림 5-16 ESG 큰바위 얼굴 비전

VI. 됨됨이 리더십

페이지   경영 모델 그림

316   그림 6-1 리더십의 의미

318   그림 6-2 리더십 써클 모델

320   그림 6-3 세종의 K-리더십

324   그림 6-4 됨됨이 K-리더십

326   그림 6-5 12가지 인체 리더십 원석

334   그림 6-6(1) AID-C 모델

334   그림 6-6(2) 나는 누구인가?

336   그림 6-7 12가지 인체 리더십 원석

338   그림 6-8 나의 특별함을 찾는 질문

340   그림 6-9 12가지 리더십 개발 핵심 질문

342   그림 6-10 나만의 리더십 웹

358   그림 6-11 소통의 의미

360   그림 6-12 공감소통의 6가지 방법

362   그림 6-13 가치 소통

363   그림 6-14 관계 소통

364   그림 6-15 질문 소통

365   그림 6-16 참여 소통

366   그림 6-17 디지털 소통

367   그림 6-18 비유 소통

저자소개

대한민국의 대표 기업인이자 학자이다.
영남대 명예 경영학 박사와 한양대에서 도시공학 박사
학위를 취득하였다.
한국 정부로부터 금탑산업훈장과 국민훈장 동백장을,
영국 엘리자베스 여왕으로부터
대영제국지휘관 CBE기사단 훈장
(Commander of British Empire)을 수훈하였다.
숙명여대 석좌교수 및 N&P그룹 회장으로,
후학양성과 사회공헌활동에 전념하고 있다.

1970년 삼성그룹 공채 11기로 입사 후 이병철 회장 시절
그룹비서실에서 기획팀장과 마케팅팀장을 맡았다.
1994년 이건희 회장 시절에는 그룹비서실에서
신경영추진팀장 전무와 보좌역 부사장으로 삼성이 세계 초일류기업으로
탈바꿈하는데 크게 기여하였다.
삼성물산 유통부문 대표 CEO를 거쳐, 1998년부터는 홈플러스 창업자 및
CEO로서 홈플러스를 12년만에 연매출 12조의 업계 선두기업으로 성장시켰다.

이승한
N&P그룹 회장
(홈플러스 창업회장)

유엔글로벌콤팩트(United Nations Global Compact)
한국협회장, ECR Asia Council 공동의장, 세계표준화기구(GS1) 부회장,
창의서울포럼 대표, 체인스토어 협회장, 유통산업연합회
공동회장 등의 사회활동을 역임했다.

학계에서는 숙명여대 재단이사장을 역임하였고,
서울대 지속가능경영포럼 공동주임교수와
서울사이버대학 석좌교수를 지냈다.
보스턴 대학에서 연구교수로
저자의 'SH라운드테이블'을 운영하였고,
하버드 대학 치과대학(HSDM)의 운영이사로 활동했다.

서울대학교에서 경영학 학사, 석사, 박사학위를
취득하였고, 인하대학교 대학원에서
융합고고학전공으로 문학석사를 받았다.
미국 남가주대(USC) 마샬 경영대학원 초빙교수,
국민은행경제연구소 중소기업연구실, 인천테크노파크
전략기술기획단 자문교수, 한국경영학회 회장,
한국고객만족경영학회 회장, 한국품질경영학회 회장,
한국생산관리학회 회장, 서비스디자인연구회 회장,
인하대학교 기획처장, 연구처장, 산학협력단장,
LINC사업단장, 경영지원본부장,
정석학술정보관장 등을 역임하였다.

삼성그룹 공채 26기로 삼성물산에서 근무했고,
벤처기업의 CEO를 맡아 경영의 실전을 쌓았으며,
글로벌 기업은 물론 공공기관 및 중앙정부와 지자체 등
공공 부문의 경영자문과 경영평가 및 강연을 해 왔다.
공공부문 혁신 및 서비스 개선에 기여한 공로를 인정받아 대한민국 정부로부터
홍조근정 훈장과 대통령 표창장을 받았다.
한국경영학회에서 우수경영학술상,
한국품질경영학회에서 품질경영학술상을 받았다.
2권의 대한민국학술원 우수학술도서와
1권의 세종도서학술부문 우수도서를 포함하여
50여 권의 저서를 발간하였고,
국내외 공인학술지에 100여 편의 논문을 게재하였다.

김연성
인하대학교
경영학과 교수

통찰경영의 저자들
북쎄즈 복합문화공간에서

최동현
중앙대학교 경영경제대
국제물류학과 교수

중앙대학교 국제물류학과 교수로 재직 중이며, 연세대학교에서
경영학 학사, 석사를 취득하고 University of Nebraska Lincoln에서
공급사슬 및 운영관리(Supply Chain and Operations Management) 전공으로
박사 학위를 취득하였다. 주요 강의 과목으로는 글로벌 공급사슬관리와 물류시스템과
공급사슬관리가 있으며, 연구 분야는 공급사슬관리, 사회적 네트워크, 혁신,
친환경 공급망, 개방형 혁신, 물류, 항공운송 등을 포함한다.
중앙대학교 부임 전에는 한국항공대학교와 Kansas State University에 재직하였다.
또한, 해운항만물류 전문인력 양성사업단의 사업단장을 맡아
해운항만물류 분야의 전문 인력 양성에 기여하고 있다.
국토부장관 표창을 받았으며 학술 활동으로는 국내외 학술지에
70여 편의 논문을 게재하였다.

경기대학교 경영학부 교수로 재직 중이며, 주요 연구 분야는 생산운영관리,
공급사슬관리, 서비스운영관리다. 인하대학교에서 산업공학 학사를 취득하고,
고려대학교 경영대학에서 Logistics, Service, and Operations Management 전공으로
경영학 박사학위를 받았다. 경기대학교 경영학과와 서비스경영전문대학원에서
주임교수를 역임하였으며, European Journal of Operational Research와 Management
Decision을 포함한 국내외 생산운영 분야 학술지에 40편 이상의 논문을 게재하였다.
또한, 한국생산관리학회 학술위원장을 역임하였으며, 한국경영학회,
한국로지스틱스학회, 한국고객만족경영학회, 한국기업경영학회,
한국서비스경영학회 등에서 활발히 학술활동을 이어가고 있다.

이평수
경기대학교
경영학부 조교수

이성호
서울시립대학교
경영학부 교수

고려대학교 경영학 학사, University of Wisconsin-Madison 경영학 석사(M.B.A.) 이후,
University of Illinois at Urbana-Champaign에서 경영학 박사학위(Ph.D.)를 취득했다.
미국 UIUC에서 Lecturer로, 삼성경제연구소 수석연구원으로,
그 전에는 제일기획에서 A.E. 및 마케터로 근무했다.
교내(서울시립대 경영대학장/경영대학원장, 교수회장 등) 및 학술봉사활동(한국마케팅학회 회장,
한국경영학회 수석부회장 등) 외에 대기업 및 금융권 등에서 기업경영교육 및 자문활동도
활발히 수행했다. Phi Kappa Phi Member, Walter H. Steller Fellow,
Sheth Foundation Fellow, 교내 Best Teaching/Best Research Awards,
우수경영학자상(한국경영학회) 등을 수상했다. 마케팅전략, 기업가정신 및 비즈니스모델 혁신,
브랜드·고객자산 관리 등의 분야에서 활발히 연구 및 저술 활동을 하고 있다.
JAMS 등 국내외 저명학술지에 약 60여 편의 논문을, Strategies for Brand
Communications and Management 국제학술저서,
선제적 B2B 마케팅 관리 등 14권의 저서를 출간했다.

서울대학교 경영학 학사, 석사학위를 취득하였고,
연세대학교에서 경영학 박사학위를 받았다.
현재 단국대학교 경영대학원장으로 있으며, 한국경영학회 수석부회장,
한국마케팅학회와 한국중소기업학회 부회장 등을 맡고 있다.
한국유통학회장, 한국마케팅관리학회장, 서비스마케팅학회장,
단국대학교 취창업지원처장, 판교창업혁신센터장 등을 역임하였다.
현재 기획재정부, 금융감독원, 공정거래위원회, 산업통상자원부,
중소벤처기업부 등에 다양한 정책 자문 및 심의 위원을 맡고 있으며,
쿠팡, 네이버, CJ, 신세계, 롯데 등에 경영 자문과 강연을 해 왔다.
현재 현대해상화재보험 사외이사를 맡고 있으며, 네이버 해피빈
사외이사, 현대자동차, 이노션, 삼성경제연구소, 한국장기신용은행에 근무하였다.
주요 전공 분야는 유통, 커머스, B2B 마케팅, 세일즈, 광고 등이며, 주요 저서로는 49가지
마케팅의 법칙, 굿비즈니스플러스 등이 있고, 국내외 저널에 90여편 논문을 게재하였다.

정연승
단국대학교
경영학부 교수

미국 University of Texas at Austin에서 정보시스템 박사학위를 취득하였고,
연세대학교 정보대학원 교수, 한국지식경영학회 회장, 한국경영정보학회 차기회장
등으로 재직 중이다. 더불어, 연세대학교 바른ICT연구소 소장,
Asia Privacy Bridge Forum 의장으로 AI윤리와 경영, 데이터 거버넌스,
ICT 정책, 격차, 과의존, 정보보호, 국제협력 등의 이슈 중심으로 관련 연구와
교육 활동을 추진하고 있다. 미국 일리노이 주립대학교 교수,
연세대학교 정보대학원 원장, APEC 정보보호 한국대표단, OECD 디지털 거버넌스와
프라이버시(DGP), 정보보호(SPDE) 작업반의 부의장을 역임하였으며, AI시대 공공데이터
활용과 전략, 프라이버시, ESG, 국제협력 및 정책가이드 등을 마련하는데 기여하였다.

김범수
연세대학교
정보대학원 교수

현재 (주)넥스트월드 인사이트 대표로 있으며
중앙대학교에서 경영학 학사, 연세대학교에서 경영석사 MBA와 마케팅전공으로
경영학 박사학위를 취득하였고, 삼성물산, 삼성인력개발원, 삼성테스코에 재직하였으며
홈플러스 공동대표이사 부사장, 한국체인스토어협회 상근부회장,
(주) KOCA 리테일인사이트 대표이사, 한국유통연수원 원장을 역임하였다.
연세대학교 경영전문대학원 겸임교수, 연세대학교 MBA 총동창회장,
한국 MBA총동창회 연합회 회장, EUCCK PR마케팅위원회 위원장,
(주) L-founders of loyalty korea 상임고문,
해양수산부 수산물 유통진흥위원회 위원을 맡았다.
현재 (주) 에이멘에이 최고전략책임자, (주)동성케미컬 사외이사,
한국유통학회 산학부회장으로 있으며 철탑 산업훈장과 창조경영인 대상,
한국 참언론인대상 공로상, 고려대 유통 최고경영자상을 수상하였다.

설도원
(주) 넥스트월드 인사이트 대표

통찰경영

1판 2쇄 발행 | 2025년 2월 24일

대표 저자 | 이승한
공동 저자 | 김연성, 최동현, 이평수, 이성호, 정연승, 김범수, 설도원

발행인 | 엄정희
발행처 | 도서출판 북쌔즈
기획·편집 | 이승한, 김연성, 유용종
경영모델 디자인 | 이승한, 양문규
도서 디자인 | 황지은

출판등록 | 제2017-000141호
등록번호 | 518-95-01466
주소 | 서울특별시 강남구 테헤란로 322 1417호 N&P(한신인터밸리 동관)
전화 | 02-559-6010
팩스 | 02-559-6008
이메일 | joungheeuhm@hanmail.net

ISBN | 979-11 -962972-6-8   (03320)

 통찰경영연구소
홈페이지